“十三五”国家重点图书规划项目

中国特色社会主义
法律体系精释与适用

中华人民共和国民法总则
精释与适用

李永军　主　编
席志国　副主编

中国出版集团
中国民主法制出版社
全国百佳图书
出版单位

2017·北京

图书在版编目（CIP）数据

《中华人民共和国民法总则》精释与适用/李永军主编. —北京：中国民主法制出版社，2017. 3
（中国特色社会主义法律体系精释与适用）
ISBN 978-7-5162-1484-8

Ⅰ. ①中… Ⅱ. ①李… Ⅲ. ①民法—总则—法律解释—中国 ②民法—总则—法律适用—中国 Ⅳ. ①D923. 15

中国版本图书馆 CIP 数据核字（2017）第 060491 号

图书出品人：刘海涛
出 版 统 筹：乔先彪
责 任 编 辑：逯卫光

书名/《中华人民共和国民法总则》精释与适用
《ZHONGHUARENMINGONGHEGUOMINFAZONGZE》JINGSHIYUSHIYONG
作者/李永军 主 编
席志国 副主编

出版·发行/中国民主法制出版社
地址/北京市丰台区右安门外玉林里 7 号（100069）
电话/（010）63055259（总编室） 63057714（发行部）
传真/（010）63056975 63056983
http：// www. npcpub. com
E-mail：mzfz@ npcpub. com
经销/新华书店
开本/16 开 710 毫米 × 1000 毫米
印张/23. 25 **字数**/340 千字
版本/2017 年 4 月第 1 版 2017 年 4 月第 1 次印刷
印刷/北京世汉凌云印刷有限公司

书号/ISBN 978-7-5162-1484-8
定价/48. 00 元

序

我国刚刚通过的《民法总则》是民法典的开篇之作，标志着我国民法典的编纂工作顺利展开。全国人大常委会副委员长李建国在2017年3月8日在第十二届全国人民代表大会第五次会议上就《民法总则（草案)》作说明时指出："编纂民法典是党的十八届四中全会提出的重大立法任务。编纂民法典是对现行民事法律规范进行系统整合，编纂一部适应中国特色社会主义发展要求，符合我国国情和实际，体例科学、结构严谨、规范合理、内容协调一致的法典。编纂民法典不是制定全新的民事法律，而是对现行的民事法律规范进行科学整理；也不是简单的法律汇编，而是对已经不适应现实情况的规定进行修改完善，对经济社会生活中出现的新情况、新问题作出有针对性的新规定。""编纂一部真正属于中国人民的民法典，是新中国几代人的夙愿。新中国成立后，党和国家曾于1954年、1962年、1979年和2001年先后4次启动民法制定工作。第一次和第二次，由于各种原因而未能取得实际成果。1979年第三次启动，由于刚刚进入改革开放新时期，制定一部完备的民法典条件还不具备，因此，按照'成熟一个通过一个'的工作思路，确定先制定民事单行法。现行的继承法、民法通则、担保法、合同法就是在这种背景下制定的。2001年九届全国人大常委会组织起草了《中华人民共和国民法（草案)》，并于2002年进行了一次审议，经讨论，仍确定继续采取分别制定单行法的办法。2003年十届全国人大以来，又先后制定了物权法、侵权责任法、涉外民事关系法律适用法等。由此可以看出，1979年以来我国民事立法是富有成效的，逐步形成了比较完整的民事法律规范体系，为编纂民法典奠定了较好的法律基础和实践基础。现在，编纂民法典条件已经具备。"这两段话非常清楚地定义了"编纂民法典"的含义，非常准确地总结和评价了我国民法典起草的历史情况。

应该说，民法典的起草，尤其是我国民法典的起草模式，并非是哪一个学者或者个别立法参与者的作品，而是一个"集体作品"，因此，每一个人的评价都是不同的。我听到最多的是与《民法通则》的承继关系，柳经纬教授对此有专门的评论文章，江平教授也有相似的评价。在这本书中，我们对此就不再展开讨论了。但我们希望，未来在协调各编的关系时，作为“公因式”的民法典“总则”还是能够按照“总则”的规范来思考。

我们在对《民法总则》进行解释时，力求将条文所表达的客观意思清楚地解释出来，以便于大家理解和准确适用。在进行文本解释时，我们坚持“客观解释原则”，即重要的不是在立法中“谁说过什么”，而是“条文表达出了什么意思”，即看一个没有参与立法的人是如何理解一个条文的真正意思。尽管“主观解释论”有很多的理由，但其很容易将法律的适用引向分歧，不利于法律的准确适用。另外，在我国民事立法中，有很多不是“规范”的规定，而是“倡导性”的条款。按照立法技术来说，这些条款是不能规定在民法典中的，因为法典应该由“规范”构成，而不是由“原则”这类规定构成。例如，在西方的民法典中，基本上不规定所谓的“基本原则”，它们所谓的“基本原则”，是从规范中“引申”或者“总结”出来的。为此，在我国民事立法中，对所规定的“基本原则”如何规范适用，对其应用价值如何具象解释便显得尤为重要。例如，《民法总则》第9条规定：“民事主体从事民事活动，应当有利于节约资源、保护生态环境。”该条规定的原则在实践中如何应用？对其能否解释为：一个民事法律行为不利于“节约资源、保护生态环境”时就是无效的？对此还有待商榷。另外，《民法总则》第7条规定“民事主体从事民事活动，应当遵循诚信原则，秉持诚实，恪守承诺。”在该条规定的“应当遵循诚信原则”中，是否还应该包括“秉持诚实，恪守承诺”？如《瑞士民法典》第2条规定：“行使权利，履行义务，应以诚信为之。”对于诸如此类的原则性规定，我们在条文具体适用的解释时，颇费思量。当然，还有一些制度的建立在立法过程中争议较大，如法人的整体框架结构——以什么样的法人分类来构建中国的法人制度。对此，我在参加立法过程中，曾以书面形式对“营利法人和非营利法人”的法人分类提出过不同意见。所有这些，我们也在解释中作了相应的说明。

在本书中，我们对《民法总则》所作的解释，乃结合我国的立法背景、学理和司法实践中的司法解释和判例规则而为之，并力求贯彻“简洁、明了、实用”的原则，以希望对《民法总则》的理解和适用有所助益。我为此也做出了相应的努力，但能否达到这样的目的实在不敢妄言，还请各位读者批评指正。

李永军

2017年3月

编写说明

2017年3月15日上午，备受关注的《民法总则（草案）》历经全国人大常委会三次审议后，由十二届全国人大五次会议审议通过。《民法总则》的出台，标志着中国向“民法典时代”向前迈进了一大步。为了便于社会各界及读者朋友了解和适用《民法总则》的精髓要义，我们组织编写了《〈中华人民共和国民法总则〉精释与适用》。本书对其法条精释到位，结合《民法总则》和《民法通则》及《合同法》、《侵权责任法》等新旧对照规定作了适用解析。

本书由中国法学会民法典起草领导小组成员李永军教授担纲主编，并负责全书统稿。本书的具体撰稿人和写作分工如下。

李永军：中国政法大学教授、博士生导师、法学博士、博士后，中国法学会民法学会副会长、中国政法大学民商经济法学院副院长。负责本书第一章的写作。

席志国：中国政法大学副教授、硕士生导师、法学博士，美国爱荷华大学访问学者、英国华威大学访问学者。负责本书第二章第一节、第二节，第六章的写作。

郑永宽：厦门大学法学院副教授、硕士生导师、法学博士，美国爱荷华大学访问学者。负责本书第五章的写作。

甑增水：华北电力大学教授、法学博士、硕士生导师。负责本书第七章、第八章的写作。

李遐桢：华北科技学院副教授、法学博士、博士后，华北科技学院人文社会科学学院副院长。负责本书第三章的写作。

王伟伟：法学博士，北京市市委社会科学院法学所助理研究员。负责本书第二章第三节、第四节的写作。

李大何：北京大学法学博士研究生。负责本书第四章、第九章、第十章、第十一章的写作。

本书的编辑出版得到了中国民主法制出版社的关心与支持，在写作中参考了我国学界和实务部门的相关著作和司法案例，在此表示诚挚的谢意。由于时间仓促，书中不足之处在所难免，敬请读者朋友批评指正。

编者
2017 年 3 月

目　　录

第一部分

条文精解与适用

第一章　基本规定

第一条　为了保护民事主体的合法权益，调整民事关系，维护社会和经济秩序，适应中国特色社会主义发展要求，弘扬社会主义核心价值观，根据宪法，制定本法。

【条文释解】

本条规定的是立法目的和指导思想及立法依据。

本条是关于立法目的、指导思想和立法依据的规定。可以说，从世界各国的民法立法史及民法典的编纂来看，都没有这样的立法例，这是我国民事立法的特色，几乎在任何一部民事立法中，第一条都是这样的规定。例如，《民法通则》《合同法》《物权法》《侵权责任法》《公司法》《破产法》《票据法》《证券法》等。

从本条的规定来看，包括三层意思：(1)立法目的：保护民事主体的合法权益，调整民事关系，维护社会和经济秩序。(2)指导思想：中国特色社会主义和社会主义核心价值观。(3)立法依据：根据宪法，制定本法。

1. 立法目的。《民法总则》(我国民法典编纂）的目的确实是更好地保护私主体（民事主体[1]）的利益，从而维护社会和经济秩序。无数的事实和经验证明：只有通过私法上赋予权利义务的方式来具体、切实地保护好民事主体的利益，社会秩序和经济秩序才能得到维护和保持。德国学者指出，要使某人负有的义务在私法上得到实现，最有效的手段就是赋予另一个人一项对应的权利。例如，许多破坏环境的行为就是因为没有赋予对

---

〔1〕 在这里，所谓的“民事主体”，其实就是传统民法中的“私主体”。由于我国采取民商合一的基本原则，因此，这里的“民事主体”也就自然包括民事主体和商事主体。

方私法上的权利而变得猖獗[1]。也就是说，在绝大部分国家，由于在环保方面没有将其界定为私法，而且没有赋予人们具体的私法权利义务，因此，环保方面的社会秩序就不是很好。

2. 指导思想。中国特色社会主义和社会主义核心价值观，是我们编纂民法典的指导思想。李建国副委员长在关于《民法总则（草案）》的说明中指出："编纂民法典的指导思想是，高举中国特色社会主义伟大旗帜，全面贯彻党的十八大和十八届三中、四中、五中、六中全会精神，以马克思列宁主义、毛泽东思想、邓小平理论、'三个代表'重要思想、科学发展观为指导，深入贯彻习近平总书记系列重要讲话精神和治国理政新理念新思想新战略，贯彻统筹推进'五位一体'总体布局和协调推进'四个全面'战略布局要求，贯彻新发展理念，编纂一部具有中国特色、体现时代精神的民法典，正确调整民事关系，更好保护民事主体合法权益，维护社会经济秩序，为实现'两个一百年'奋斗目标、实现中华民族伟大复兴中国梦提供有力法治保障……将社会主义核心价值观融入全过程，弘扬中华民族传统美德，强化规则意识，增强道德约束，倡导契约精神，弘扬公序良俗。"我们在编纂民法典时，时刻不应忘记我们是在制定中国的民法典，因此，要把中国特色社会主义作为基本的指导思想。其实，民法典的编纂者们时刻都在按照这一指导思想在工作。在我们的《民法总则》中也确实体现了这一思想，如《民法总则》第24条规定："不能辨认或者不能完全辨认自己行为的成年人，其利害关系人或者有关组织，可以向人民法院申请认定该成年人为无民事行为能力人或者限制民事行为能力人。被人民法院认定为无民事行为能力人或者限制民事行为能力人的，经本人、利害关系人或者有关组织申请，人民法院可以根据其智力、精神健康恢复的状况，认定该成年人恢复为限制民事行为能力人或者完全民事行为能力人。本条规定的有关组织包括：居民委员会、村民委员会、学校、医疗机构、妇女联合会、残疾人联合会、依法设立的老年人组织、民政部门等。"第32条规定："没有依法具有监护资格的人的，监护人由民政部门担任，也可以由具备履行监护职责条件的被监护人住所地的居民委员会、村民委员会担任。"还有，第54—56条关于"个体工商户和农村承包经营户"的规定、第96—101条关于"特别法人"的规定等，都体现了中国特色社会主

[1] ［德］迪特尔·梅迪库斯：《德国民法总论》，邵建东译，法律出版社2000年版，第65页。

义和核心价值观的指导思想。还有我们未来民法典各部分中，如土地承包经营权、建设用地使用权、宅基地使用权、婚姻家庭部分的父母子女关系等，都会体现这一指导思想。

3. 立法依据。“根据宪法”编纂或者制定民法典这种提法本身没有任何问题，但究竟根据宪法的“什么”制定民法典，是有不同看法的：是根据宪法的“授权”和程序还是根据宪法的内容。这种“根据宪法”制定民法，始自1986年的《民法通则》。《民法通则》第1条就规定：“……根据宪法和我国实际情况，总结民事活动的实践经验，制定本法。”明确规定“根据宪法……制定本法”的提法，开始于2007年的《物权法》第1条。大概是因为，无论是《民法通则》还是《物权法》都受到了“违宪”的指责，因此，本次《民法总则》把《宪法》作为明确的立法依据。

【适用与比较】

“立法目的或者宗旨”的做法始于《民法通则》，之前的《婚姻法》就没有“立法宗旨或者目的”之类的规定，《婚姻法》历经多次修改，现行《婚姻法》也无此规定。《民法通则》第1条规定：“为了保障公民、法人的合法的民事权益，正确调整民事关系，适应社会主义现代化建设事业发展的需要，根据宪法和我国实际情况，总结民事活动的实践经验，制定本法。”对比可以发现，《民法总则》与《民法通则》在“立法宗旨”方面的差异主要表现在以下几个方面：(1) 目的不完全一样，《民法总则》增加了“维护社会和经济秩序，适应中国特色社会主义发展要求”。(2) 明确了“中国特色社会主义和核心价值观”作为指导思想。(3) 更加明确“根据宪法，制定本法”。

尽管“立法宗旨”在民法典中属于一个宏观的宣示性规定，但却反映了时代的需要。《民法总则》中规定的“立法宗旨”之所以区别于《民法通则》，就是因为时代对于立法的需求和要求的不同。

第二条　民法调整平等主体的自然人、法人和非法人组织之间的人身关系和财产关系。

【条文释解】

该条实际上是关于民法典调整对象和调整范围的规定，与原来《民法通则》第2条的规定几乎相同，而《民法通则》的这样一个规定也源于当时民法和经济法“势力范围”的划分争论，最后民法界定在“调整平等主体”之间关系的范围内，而经济法调整“纵向关系”。《民法总则》的该条规定延续了《民法通则》的规定。

该条的含义是：(1) 民法典调整的范围限于“平等主体之间”，这些平等主体包括自然人、法人和非法人组织。(2) 并非平等主体之间的任何关系都受到民法典的调整，民法仅仅调整他们之间的“人身关系和财产关系”。人身关系包括人身权和人格权两大部分；财产关系包括物权关系、债权关系（因合同产生的债，侵权产生的债，因不当得利和无因管理、缔约过失等产生的债权）、知识产权关系以及法律保护的利益（如占有等）。

尽管从比较法上来说，这种规定几乎是见不到的，因为民法的基础就是“市民社会”，平等主体是当然的问题，但在我国，实践和经验告诉我们，这种规定在中国具有重大的意义和作用：它划分了民法与经济法，甚至与行政法的调整范围，特别是在法院的纠纷管辖方面具有重要的意义和作用。

【适用与比较】

该条规定始于《民法通则》第2条的规定：“中华人民共和国民法调整平等主体的公民之间、法人之间、公民和法人之间的财产关系和人身关系。”《民法总则》不同的是，增加了“非法人组织”作为平等主体。在大陆法系国家的民法典中，一般不给予非法人团体以权力能力和主体地位，仅仅是判例承认之。

该条在中国的司法实践中起到了巨大的作用，是法院管辖的基本规则。但是，在实践中也存在很多问题，如土地使用权出让合同，究竟属于民法的调整范围还是行政法的调整范围，就存在很大的争议。行政法学者一般认为这种合同属于行政合同，而且在法院的司法实践中，都属行政庭管辖。但笔者认为，这种做法是不正确的，在《民法总则》出台后，国家及各级政府属于《民法总则》法人一章中规定的“特别法人”。特别法人也是民法上的法人，当其以土地所有者的身份与受让人签订合同时，也是平等主体之间的关系，这时候国家或者各级政府不再是管理者了。所以，应该受到民法的调整。

第三条　民事主体的人身权利、财产权利以及其他合法权益受法律保护，任何组织或者个人不得侵犯。

【条文释解】

该条规定源于《民法通则》第5条的规定，几乎没有改变就继受了。可以说，该条规定了类似传统民法上的基本原则——私权神圣的原则。私有财产权神圣，是指私人财产是当然和自然的权利，权利人对于财产具有排他性和专断性权利，任何人不得侵犯。在现代社会中，私人财产之所以受到人们的普遍关注，主要是基于两个方面的原因：(1) 财产权是个人人格与自由发展的基础与保障，没有财产权，个人的自由与人格完整将无从实现。(2) 私人财产权是对个人自由和推动社会的力量。只有对个人支配的财产赋予排除一切人（包括国家权力）的干预，人的自由意志才有一个安全的空间。就如康德所言："确认财产权是划定一个保护我们免于压迫的私人领域的第一步"。[1] 同时，个人财产只有受到安全的保护，才能激发人们的进取心，进而推动社会的发展。私有财产神圣，最典型地体现在私有权制度中。我国《民法总则》对源于《民法通则》的该条的继受，可以说确定了私人人身权和财产权及其他合法利益受到法律保护（即私权神圣的原则）的基本原则和立场。如果说这一规定相对于1986年的《民法通则》来说，具有鼓励的意义，那么对于当下的中国来说，具有现实意义。因为在1986年《民法通则》制定时期，人们并没有像今天这样有丰富的财产。从1986年至今，已经经过了30多年的时间，人们积累了相当的财富，中产阶级大量崛起，因此，《民法总则》再次规定这一原则是具有重大意义的。

【适用与比较】

该条源于《民法通则》第5条的规定："公民、法人的合法的民事权益受法律保护，任何组织和个人不得侵犯。"从比较法意义上看，在迄今为止的民法典中，最完整表述这一思想的，当数《法国民法典》。该法典

〔1〕［美］路易斯·亨金等：《宪政与权利》，郑戈等译，生活·读书·新知三联书店1996年版，第154页。

第544条规定："所有权是对物绝对的无限制的使用、收益和处分的权利，但法律所禁止的使用不在此限。"法国学者卡伯涅在注释该条时指出，《法国民法典》与它的自由主义和个人主义意识相适应，致力于树立这样一种原则：所有人对其所有权的行使不受来自任何方面的限制，不受其他人所有权的限制，甚至也不受国家的限制。[1] 在带有总则编的立法例中，没有直接表述这种原则，但这种思想都体现在其法典中。

在适用过程中，我们应该注意两个方面的问题：(1) 该条没有规范的意义，也就是说，在民法典中这种规定是没有裁判作用的，因为民法要解决保护的"规范"问题，也就是说，民法拿"什么"保护"民事主体的人身权利、财产权利以及其他合法权益"，而不是仅仅宣示"民事主体的人身权利、财产权利以及其他合法权益受法律保护"；(2) 这种规定似乎应该是《宪法》的宣示性规定，因此，可以说《民法总则》的这一规定具有相当于《宪法》的作用。事实也的确是这样，许多人大代表在讨论《民法总则》时，把它当成是国家的"根本大法"了。

第四条　民事主体在民事活动中的法律地位一律平等。

【条文释解】

这是1986年《民法通则》第3条的再版，该条实际上是规定了"平等原则"。《民法通则》第3条规定："当事人在民事活动中的地位平等。"因此，可以认为，我国民法典再次将我国民事立法一直强调的"平等原则"确认下来。那么，平等原则的真实含义是什么呢?

梁慧星教授认为，平等原则的含义是：参加民事活动的当事人，无论是自然人或者法人，无论其所有制性质如何，无论其经济实力强弱，其在法律地位上一律平等，任何一方不得将自己的意志强加给对方。同时，法律也对双方提供平等的保护。必须特别注意的是，平等原则所要求的平等非是指经济地位上的平等或者经济实力的平等，而是法律地位的平等，是对民事活动当事人的基本要求。[2] 有的学者则直接将这里的"平等原则"

〔1〕［美］詹姆斯·高德利：《法国民法典的奥秘》，张晓军译，载于梁慧星主编：《民商法论丛》第5卷，法律出版社1996年版，第557页。

〔2〕梁慧星：《民法总论》，法律出版社1996年版，第42页。

与“权利能力平等”作相同理解，即这里的法律地位平等就是指权利能力或者人格平等。[1] 这两种观点是不同的，第一种观点显然超出了“权利能力平等”的范畴，还强调法律要对民事主体提供平等保护，这显然是权利能力不能涵盖的。

笔者认为，这里的“法律地位平等”应该是指“权利能力平等”，因为：(1)“法律地位”实际上就是指与权利义务相关的地位，因为所有主体的关系在民法上都必然表现为权利义务，故所谓法律地位就是指在承担权利义务的意义上讲的。(2) 至于平等保护的问题，有两点疑问：其一，民法对任何权利的获得或者义务的界定，都规定了详细的构成要件，法院或者仲裁机构认真适用法律本身就足够了，如果提供额外的保护就是非法，其实这里的平等是没有办法贯彻的；其二，现在的民法，尤其是《德国民法典》将“消费者保护”纳入民法典之后，法律对消费者提供了特别的保护，而不是平等保护。(3) 我国《民法总则》虽然规定了自然人的权利能力，也承认法人及非法人组织具有权利能力，但却未规定这些主体的权利能力是否平等，而这一问题也是学者之间具有争议的问题。平等原则能够使这些主体在权利能力上平等，也就是有学者所说的在“形式上平等”[2]。

【适用与比较】

尽管从比较法的视角看，民法本身就是市民法，就是平等身份的市民之法律，因此，规定地位平等就显得多余。但在我国，这种强调和规定有其现实意义。由于在我国从计划经济向市场经济转型过程中，主体之间的不平等观念已经根深蒂固。在我国的现实生活中，虽然自1986年《民法通则》以来的所有民事立法都强调主体平等的原则，但在实际上，由于存在不同所有制的企业，许多行政机关在民法之外往往给予国有企业特别的待遇，尤其是许多大型国企实际上享有“超法律超国民”待遇，甚至有些审判机关也有明显倾向。尽管这些特殊待遇并非民法给予，民法典规定主体地位平等也不能彻底解决这些问题，但多少或许有些积极影响。

---

〔1〕 尹田主编：《民法学总论》，北京师范大学出版社2010年版，第29页；王卫国主编：《民法》，中国政法大学出版社2012年版，第11页；李永军：《民法总论》，法律出版社2006年版，第88页。

〔2〕 谭启平主编：《中国民法学》，法律出版社2015年版，第55页。

当然，上述说法是观念问题，而这种观念问题往往会在很大程度上影响法院的裁量。但实际上，民法的规范中，已经包含了“平等”的思想。因此，正确地适用法律，其实就是在贯彻“平等原则”。因此，这种平等原则，仅仅是在法院自由裁量权的限度内起作用。

第五条　民事主体从事民事活动，应当遵循自愿原则，按照自己的意思设立、变更、终止民事法律关系。

【条文释解】

该条是从《民法通则》第4条独立出来的，实质上规定了“意思自治原则”。

意思自治原则是我国民法学说普遍承认的基本原则之一，也是私法的本质所在，其基本含义是：民事主体可以按照自己的自主决定自己的权利义务，包括设立、变更和终止民事权利义务关系。对于意思自治原则需要从以下几个方面正确理解：（1）由私法的本质属性所决定。私法的本质就是允许私主体自由决定自己的事务，国家和法律所扮演的是“被动角色”，甚至私主体之间发生纠纷都采取“不告不理”的原则，民法的许多规范，特别是合同法规范，大多是任意性规范，即只要当事人没有约定时，这些规范才起作用。而当事人如果有约定，就按照约定。因此，《法国民法典》第1134条规定：“依法成立的契约，在当事人之间具有相当于法律的效力。”（2）意思自治区分单方法律行为与双方法律行为而有所不同：在单方法律行为中，个人意思自治的程度要高于双方法律行为，只要个人单方意思就可以发生效力。而在双方法律行为中，只有双方意思表示一致（合意）才能发生自治的效果。虽然都属于私人意思自治，但要求是不同的。与此相适应，法律限制也不相同：在单方法律行为中，因为一方意思表示就可以发生法律效果，故只有对他人设定权利时才能够有效。从法律行为的角度看，处分行为多属于单方行为，而负担行为中单方行为较少。在双方法律行为中，由于双方同意，而法律行为的效力也仅仅在双方之间发生法律效力，故法律的限制较少，只是不得为第三人设定义务。（3）意思自治必须在法律允许的范围内才能发生当事人预想的结果，法律虽然允许当事人自治，但任何国家都不允许民事主体在超出法律允许的范围自治。因此，任何损害第三人或者国家利益的、违反法律或者违背公序良俗的自治都不能发生自治的后果，反而会产生被制裁的后果。

【适用与比较】

我国《民法通则》第4条规定："民事活动应当遵循自愿、公平、等价有偿、诚实信用的原则。"其中，就包括"自愿原则"，也就是"意思自治原则"。

从比较法上看，尽管大陆法系各国的民法典都没有明确规定意思自治原则，但其学者都承认其为民法的基本原则，并且其基本思想也都渗透到民法典中，如《法国民法典》第1134条就规定："依法成立的契约，在当事人之间具有相当于法律的效力。"实质上就是对意思自治原则的确认。在我国现实生活中，强调这一原则还是有其积极意义的。但是，在适用过程中，必须注意以下几点：(1) 意思自治原则仅仅在与法律行为有关的领域中才能发生效力，也就是说，仅仅在法律行为和准法律行为中才能适用，主要集中在合同、婚姻和遗嘱等法律行为中。当然，有些是准法律行为，如诉讼时效的中断、撤销权和形成权的行使等方面。(2) 民法典中的意思自治要与行为结果联系起来考虑，即仅仅能够产生民法上法律效果的行为才能适用之，因此，《民法总则》第5条强调"设立、变更、终止民事法律关系"时，才有意义。

第六条　民事主体从事民事活动，应当遵循公平原则，合理确定各方的权利和义务。

【条文释解】

该条是从《民法通则》第4条独立出来的，实质上规定了"公平原则"。在我国民法学界，将"公平原则"视为民法基本原则的学者并不多见〔1〕，有学者仅仅将"公平原则"作为侵权责任法的归责原则〔2〕。相

〔1〕 江平主编：《民法学》（第二版），中国政法大学出版社2011年版；尹田主编：《民法学总论》，北京师范大学出版社2010年版；徐国栋：《民法基本原则解释——诚信原则的历史、实务、法理研究》，北京大学出版社2013年版；谭启平主编：《中国民法学》，法律出版社2015年版；李永军：《民法总论》（第三版），法律出版社2006年版；王卫国主编：《民法》，中国政法大学出版社2012年版；刘凯湘：《民法总论》（第三版），北京大学出版社2011年版等。这些著作和教材都没有把公平原则作为民法的基本原则。

〔2〕 王利明：《侵权责任法研究》（上卷），中国人民大学出版社2010年版，第195页。

反，对将公平原则作为民法基本原则的批评声不断，如于飞教授就指出，由于实践中存在相当多的直接且实质依“公平原则”裁判的案例，故可能引起公平原则有裁判功能的观感。公平原则的本质是追求当事人之间的实质公平或结果公平，也只有在这个意义上才能将其与表征形式公平的平等原则、自愿原则等区分开来。然而，民法以追求形式公平为原则，以追求实质公平为例外，关键在于例外必须是法定的；所以民法中才有了“显失公平”规则（《合同法》第54条第1款第2项）、“公平分担损失”规则（《侵权责任法》第24条）等法定规范。所谓“公平原则”，在体现公平的具体规范之外，不应有适用余地；否则，就意味着追求实质公平的例外不再是法定，而是可以由法官在个案中自由裁量地确定，这是不合理的，也是危险的。[1] 确实，如果将公平原则作为赋予法官在规范外自由裁量的武器，的确危险，尤其是在我国，可能会造成对法律体系的破坏。

笔者觉得，公平确实是民法追求的目标和理想，可以作为民法的基本原则，但要注意以下几点：（1）公平原则不能是规范外法官可以适用的工具，它仅仅是法官在解释法律规范、解释法律行为内容时适用的衡平工具；（2）它绝不是，或者说绝对不仅仅是对当事人的要求，应该是赋予法官裁判的衡平武器，就如《瑞士民法典》第4条的规定一样：“本法指示法官自由裁量、判断情事或者重要原因时，法官应公平合理地裁判。”[2]

【适用与比较】

与《民法通则》第4条的规定比较，我们会发现《民法总则》第6条的规定更加具体：“民事主体从事民事活动，应当遵循公平原则，合理确定各方的权利和义务。”从该条规定看，似乎仅仅是对当事人从事民事活动的要求，而不是对法官裁判案件的要求。但是，从整个民法体系来看，这种规定和解释又似乎太窄了，似乎应解释为不仅是对当事人的要求，更是掌握在法官手中的衡平武器，因为：（1）法律是为法官提供裁判规范的，因此，应该给法官这样一种武器。另外，民法典为何要对当事人提

〔1〕 于飞：《民法基本原则：理论反思与法典表达》，载《法学研究》2016年第3期。
〔2〕 殷生根、王燕译：《瑞士民法典》，中国政法大学出版社1999年版，第3页。

出这种要求？反过来说，当事人不遵守这种要求，但双方都愿意承受这种后果，又当如何？（2）公平在很多情况下是主观的，而不是客观的。例如，一种原材料，A出卖给甲1000元/吨，而出卖给乙则1200元/吨，这种情况就很难说有什么不公平，因为：其一，双方自愿；其二，甲的能力和技术只能出价到1000元/每吨，否则就赔钱，而乙技术先进，即使1200元/吨购买原材料，仍然可以赚钱。因此，每一种东西在不同的人的眼中有不同的价值，也正是因为这一原因，民法上的自愿比公平更重要。（3）从我国民法体系的规范看，公平原则实际上也是法官手中的武器，而不是对当事人的要求。例如，我国《合同法》第114条第2款规定："约定的违约金低于造成的损失的，当事人可以请求人民法院或者仲裁机构予以增加；约定的违约金过分高于造成的损失的，当事人可以请求人民法院或者仲裁机构予以适当减少。"《侵权责任法》第24条规定："受害人和行为人对损害的发生都没有过错的，可以根据实际情况，由双方分担损失。"由此可见，公平原则在我国民法体系内，已经远远不是对当事人的要求了，实际上已经成为法官手中的武器了。甚至在我国民法学界，将"公平原则"视为侵权法上归责原则的人不在少数。

如果将"公平原则"仅仅解释为对当事人的要求，就背离了民法裁判功能的性质，成为一种道德式的宣示。因为，只有将民法典视为"规范"体系才会有意义，法典化也正是在这一意义上才被人们追求。

第七条　民事主体从事民事活动，应当遵循诚信原则，秉持诚实，恪守承诺。

【条文释解】

该条也是从《民法通则》第4条独立出来的，规定了"诚实信用原则"。

学者一致认为：给诚实信用原则下一个确切的定义几乎是不可能的。有的学者甚至直截了当地说："在现代法学家看来，'诚实信用'这一个概念与生俱来地无法被定义。"有些德国学者曾经告诫我们："不要指望找到一条清晰的规则[1]。”因此，迄今为止没有一个被普遍接受或者认同的关于诚实信用的概念。另外，诚实信用原则与公平原则、权利不得滥用原则的关系也着实令人头痛。造成这种结果的大致原因是：（1）诚实信用原则本身是一个含有很强的道德性因素的概念，是一个随着时代变化而变化的概念；（2）诚实信用原则并非是概念法学体系中的抽象性概念，而是来源于社会道德、生活中的一个“活”的变化的概念。更重要的是，诚实信用原则出现并得到普遍的适用，恰恰是自罗马法开始的严格的法律诉讼及后来概念法学所导致的结果。

对于诚实信用原则的具体含义，学者之间也存在不同的见解，如梁慧星教授认为，诚实信用原则为市场经济活动的道德准则，它要求一切市场参与者符合于诚实商人的道德标准，在不损害他人利益和社会公益的前提下，追求自己的利益[2]。刘凯湘教授认为，诚实信用原则包括以下四层含义：（1）民事主体应以忠实、宽宏、体谅的心态进行民事活动，切忌损人利己，谋求不正当利益；（2）应遵循市场一般规律，进行民事活动和处分权利时，充分尊重他人利益和权利，善待他人，及时、完整地履行自己的义务；（3）禁止民事主体滥用自己的权利，损害他人利益和社会利益；（4）在司法实践中，法官应以诚实信用原则解释当事人的意思表示，作为法官解释法律的指导原则，甚至可以在法律没有直接规定时，作为裁判依据[3]。徐国栋教授认为，诚实信用原则应从以下几个方面理解：（1）诚信原则包括主观诚信和客观诚信两个方面，前者是指毋害他人的内心状态，后者是指毋害他人或者有益于他人的行为；（2）诚信原则具有保护弱者的功能；（3）诚信原则不仅是财产法的规则，也适用于人身关系；（4）社会契约论是统一主观诚信与客观诚信的基础[4]。

以上学者的认识和观点都有意义，笔者认为，诚实信用原则仅仅可以列举其含义，但却不能穷尽。诚实信用原则的含义是开放与发展的。我们大致可以归纳（而不是定义）出关于诚实信用的含义：（1）要求当事人言

---

〔1〕［美］詹姆斯·高德利：《中世纪共同法中合同法上的诚信原则》，载［德］莱因哈德·齐默曼等：《欧洲合同法中的诚信原则》，丁广宇等译，法律出版社2005年版，第96页。

〔2〕梁慧星：《民法总论》，法律出版社1996年版，第44页。

〔3〕刘凯湘：《民法总论》（第三版），北京大学出版社2011年版，第29页。

〔4〕徐国栋：《民法基本原则解释——诚信原则的历史、实务、法理研究》，北京大学出版社2013年版，第84—88页。

而有信，遵守已经达成的协议，保护对方的合理期待；（2）善意并尽合理的告知义务与披露义务；（3）任何一方不得以不合理的方式导致另一方的不利益；（4）诚实信用可以以公平合理的方式调整当事人之间的不合理与不公平的权利义务。

【适用与比较】

从比较法的视角看，诚实信用一般是作为债法的基本原则的，如《德国民法典》第242条第1款规定："债务人有义务，依诚实信用原则，同时照顾交易习惯，履行给付。"[1]《法国民法典》第1134条第3款也有类似规定[2]。《荷兰民法典》也将诚实信用原则规定在第6编"债法总则"部分[3]。就如日本学者所指出的："诚信原则，原本是作为债权法的原则得以发展的。这就是，在发生债权债务关系时，其中心问题是债务人的义务履行，其义务履行必须以诚实为之。"[4]但在我国显然是作为民法的基本原则对待的，我们赞成将其作为民法的基本原则。但该条在立法语言上，尚存在道德式说教的味道，要么规定"民事主体从事民事活动，应当遵循诚信原则"，要么规定"民事主体从事民事活动，应当秉持诚实，恪守承诺"，这样的表述有待更加精练。

关于诚实信用原则的功能，学者之间也有不同的理解和观点。笔者认为，我国民法典总则的诚实信用原则应该具有下列功能：（1）它是对民事主体的要求，即民事主体从事民事活动所应当遵循的原则，不仅应该善待自己，也应该善待他人。禁止权利滥用，仅仅关心和追求自己的利益而置他人或者社会公共利益于不顾。（2）诚实信用原则与其他原则不同的是，它具有裁判功能，它要求在行使权利与履行义务时具有"关心、协助、保密"等具体义务。例如，在接受债务人履行时，具有必要的协助等义务；在行使物权、知识产权等权利时，不能损害他人利益，否则就承担赔偿责任。许多"先契约义务"和"后契约义务"都是根据诚实信用原则产生的，如我国《合同法》第42条规定："当事人在订立合同过程中有下列情形之一，给对方造成损失的，应当承担损害赔偿责任：（一）假借订立合同，恶意进行磋商；（二）故意隐瞒与订立合同有关的重要事实或者提供

---

〔1〕 杜景林、卢谌：《德国民法典评注：总则·债法·物权》，法律出版社2011年版，第92页。

〔2〕 马育民译：《法国民法典》，北京大学出版社1982年版，第226页。

〔3〕 王卫国主译：《荷兰民法典》，中国政法大学出版社2006年版，序言第9页。

〔4〕 ［日］近江幸治：《民法讲义Ⅰ民法总则》（第六版补订），渠涛等译，北京大学出版社2015年版，第17页。

虚假情况；（三）有其他违背诚实信用原则的行为。”第92条规定：“合同的权利义务终止后，当事人应当遵循诚实信用原则，根据交易习惯履行通知、协助、保密等义务。”而违反这些义务足以产生赔偿责任。（3）它是法官解释法律行为的指导思想，例如，在解释合同内容时，当事人的真实意思往往是难以确切探明的，其实主要是根据诚实信用原则、公平原则等加以解释，用“一个诚信之人在此时应如何行为”来解释。《德国民法典》第157条就规定：“解释合同，应当符合诚实信用原则的要求，并且应当考虑交易习惯。”〔1〕我国《合同法》第125条也规定诚实信用原则作为解释合同的原则。（4）它是法官具体裁判中的衡平工具。在法官具体的裁判案件中，往往需要对双方的利益或者不利益以诚实信用原则进行衡量〔2〕。《最高人民法院关于审理买卖合同纠纷案件适用法律问题的解释》（2012年3月31日最高人民法院审判委员会第1545次会议通过）第17条规定：“人民法院具体认定合同法第一百五十八条第二款规定的‘合理期间’时，应当综合当事人之间的交易性质、交易目的、交易方式、交易习惯、标的物的种类、数量、性质、安装和使用情况、瑕疵的性质、买受人应尽的合理注意义务、检验方法和难易程度、买受人或者检验人所处的具体环境、自身技能以及其他合理因素，依据诚实信用原则进行判断。”这里显然不是对合同的解释，而是对合同法规范的解释，实际上就是利用诚实信用原则进行衡平。因此，我国《民法总则》仅仅将诚实信用作为对当事人从事民事活动的要求是比较狭窄的，比较1999年的《合同法》都有所退缩，《合同法》第6条类似《瑞士民法典》和《日本民法典》，将诚实信用作为民事主体行使权利履行义务的原则。因此，应对我国《民法总则》中的诚实信用原则作扩大解释。

在适用诚实信用原则时，应注意其适用中的限制。虽然诚实信用原则在当今法律适用中越来越重要，甚至我们已经将其称为“帝王规则”，我国许多法院也有许多直接以诚实信用原则进行裁判的判例，但在具体适用这一原则时，应有所限制：（1）法律有具体规定时，应当首先适用法律的具体规范，不能随便抛弃具体规范而直接适用诚实信用原则。（2）在没有

---

〔1〕杜景林、卢谌：《德国民法典评注：总则·债法·物权》，法律出版社2011年版，第58页。
〔2〕［日］近江幸治：《民法讲义Ⅰ民法总则》（第六版补订），渠涛等译，北京大学出版社2015年版，第18页。

具体规范而需要适用诚实信用原则作为裁判依据时，应当充分阐述诚实信用原则与适用的具体案件之间的关系，以“造法者身份”利用诚实信用原则阐述出当事人的义务，然后课定责任。也就如学者所说的，民法基本原则的不确定性和衡平性，具有授权司法机关进行创造性司法活动的客观作用，诚信原则更是直接授予司法机关在一定范围内创立补充规则的权力[1]。这就是“通过民法典而超越民法典”，通过民法典体系内的原则性规定完善和补充民法典体系本身。

第八条　民事主体从事民事活动，不得违反法律，不得违背公序良俗。

【条文释解】

该条实际上是从《民法通则》第7条的规定演变而来，是对于民事主体从事民事活动的禁止性规定。要求任何民事主体从事民事活动，不得违反法律和公序良俗。但需要指出的是，这里所谓的不违反法律是指法律的强行性规定，而不是任意性规定。至于公序良俗，是我国民事立法首次使用，以前称为“社会公共利益和社会公共道德”。我们应当清楚，“公序良俗”其实包括两个方面：一是“公序”，二是“良俗”。

所谓的“良俗”，是善良风俗的简称。善良风俗与诚实信用原则一样，属于民法中弹性较强的一般条款，其内涵与外延具有较大的伸缩性，并具有随时代变迁而变化的特点。能否对善良风俗进行一般性的定义呢？对于这一问题，存在两种不同的观点：一种观点认为，事实上由于善良风俗本身的特点，不能作出一般性定义，而只能进行类型化考察和研究。例如，德国学者迪特尔·梅迪库斯认为：“所有关于善良风俗的概念表述都有正确的方面，无疑，社会道德具有重要意义，在评判有关行为是否违反善良风俗时，也要考虑这种行为是否与法律共同体的基础和基本制度相符合。但所有这些表述都不理想，因此，我们大概必须放弃对善良风俗作统一定义的尝试，而应当满足于描述同样类型的、可以认定存在善良风俗性的案例。”[2]另一种观点则认为，可以而且应当对善良风俗作出一般性定义。拉

---

〔1〕 徐国栋：《民法基本原则解释——诚信原则的历史、实务、法理研究》，北京大学出版社2013年版，第12页。

〔2〕 [德] 迪特尔·梅迪库斯：《德国民法总论》，邵建东译，法律出版社2000年版，第514页。

伦茨提出了一个解释性的概念，他认为善良风俗包括两方面含义：一是包含了现今社会“占统治地位的道德”性行为标准，二是包含了法制本身内在的伦理性道德价值和原则。但是，下列几点应当注意：（1）“占统治地位的道德”并不是严格意义上的伦理学，并不是私人经验理智的准则，而是社会的行为要求。这一社会的行为要求是基于我们文化团体成员的共同信仰，即大多数民众的道德观点。这些规定不仅运用于宗族生活和家庭生活，而且也运用于商业生活。（2）在一般社会生活和商业生活中，违反“占统治地位的道德”的行为，也是法制本身反对的行为。例如，高利贷、对经济弱者的剥削、利用短缺造成的普遍匮乏为自己私利而不顾后果的掠夺、故意给自己可能的合同对象制造假象，以及其他不公平的商业手段等，这些都是社会普遍反对的。法制本身也反对这种行为。因此，“占统治地位的道德”实际上就是《德国民法典》第138条规定的法律本身内在的伦理原则和价值标准。以事实上的行为方式和综合的评价标准来看，每一种被接受的社会道德或多或少地清楚地表明了它们实际上是一种对行为的要求，善良风俗这一法律概念也意味着是一种对行为的要求，并且，这些对行为的要求来源于法律伦理标准的具体化，而这些法律伦理标准在法律制度中就能够找到它们的痕迹。尽管对善良风俗的概念的解释是多种多样的，比如，一方面是“标准的”解释，即占统治地位的社会道德，另一方面的解释比如是法律伦理的要求，而且这种法律伦理的要求已经存在于现行的法律制度之中，但这两种解释之间存在着内在联系，即这两个解释在法律和社会伦理上是交叉重叠的。（3）法律制度内在的法律伦理原则相对“占统治地位的道德”来说，具有优先地位，因为法院首先是和“法律与法”联系在一起的。法院只有在下列情况下才能适用“占统治地位的道德”标准：当“占统治地位的道德”和现行法律制度的基本原则相符合时，即当“占统治地位的道德”是对现行的法律制度的更好的解释。所以，当“占统治地位的道德”在关于某个问题的规定上不明确，或者相互矛盾或者不清楚时，法院根据它不可能作出明确的判决时，就必须首先适用法律制度的评判标准〔1〕。

笔者认为，在讨论任何问题之前，必须明确我们要讨论的问题是一个

〔1〕［德］卡尔·拉伦茨：《德国民法通论》，王晓晔等译，法律出版社2003年版，第601—602页。

什么样的问题，即首先应当定义它，然后再进行讨论。但在讨论善良风俗这一问题时，当人们试图按照传统的思路作定义时，会遇到两个方面的障碍：(1) 抽象与具体的矛盾。一方面，我们不应该忘记，善良风俗是作为合同法上的行为规范和裁判规范[1]来适用的，因此，必须有适用的标准，这就要求其具体化，即将善良风俗的法律内在价值具体化到行为要求中去。另一方面，在将善良风俗具体化概念化的过程中，却有一种巨大的风险：若内涵过大，就会影响其外延，进而影响其伸缩性，随着社会的发展和道德标准的变化，善良风俗将失去应用的适应性，最终会被人们抛弃。(2) 任何社会的道德标准都存在多元化的特征，“占统治地位的道德”无非就是这多元中的一元，并且，随着社会的变化，“占统治地位的道德”可能也要发生变化，因此，善良风俗必须具有开放性和普适性特点。这两个方面的原因足以令那些试图给善良风俗作定义的人造成畏惧和困惑，因此，至今为止，没有人会自信地认为其对善良风俗的定义是正确甚至是唯一正确的。即使主张给善良风俗作定义的人，也主张对善良风俗作类型化研究。

我们不应当将合同法（民法）上的善良风俗这一行为规范同社会道德规范等同，所以，应当特别强调善良风俗的制度价值。拉伦茨指出：“善良风俗只起到一种消极的作用，即限制当事人的私法自治。当然，这绝不意味着法律要积极地强制某种道德行为的实施，不管那种道德行为是占统治地位的道德，或者是严格伦理学的要求，这是做不到的，它只是意味着法律不承认那些在法制社会中严重违反被大家公认的社会公共道德的法律行为。”[2] 也就是说，是因为法律不可能预见一切损害道德的合同行为并将其包容，故设此抽象与弹性原则，具体到每一个法律行为（合同）是否违反社会利益，立法者只能将其交给法官去具体判断。但是，违反善良风俗的规定，并非是想把道德上的义务变成法律上的义务，而是阻止合同为实施不道德行为提供合法的服务，即当事人不得通过合同使违反道德的行为变为可以强制执行的行为。

所谓“公序”，是公共秩序的简称，而所谓公共秩序，是指一种强制

---

〔1〕 在行为规范和裁判规范的关系上，行为规范必为裁判规范，而裁判规范却不一定是行为规范。善良风俗既是行为规范，也是裁判规范。

〔2〕 [德] 卡尔·拉伦茨：《德国民法通论》，王晓晔等译，法律出版社2003年版，第603页。

性规范，是当事人意志自由的对立物，其本质在于反映和维护国家的根本利益[1]。

关于公共秩序与善良风俗之间的关系问题，学者有不同的看法。德国学理上进行过激烈的争论。西米蒂斯认为，公共秩序就是现存的社会秩序[2]。帕兰特等人则认为，人类为了一个有序的共同生活，必须有一个最低的道德规范。因此，可以这样解释，违反了善良风俗，就是违反了公共秩序[3]。显然，帕兰特等人是将公共秩序作为一个上位阶的概念来适用，而把善良风俗等作为达到人类共同生活秩序的手段，当然也就是一个下位阶概念。但德国学者反对这种试图用公共秩序的观点替代善良风俗。因此，拉伦茨和梅迪库斯都认为：公共秩序涉及公共安全与外部秩序，适用于所有国际私法领域，它被作为外国法在本国适用的界限。所以，人们应该把公共秩序限制在这一范围，而不应该把它扩大适用于解释善良风俗[4]。其实，德国民法典制定时期的理解，公共秩序是指一切宪法性的原则，这些原则是社会秩序、政治秩序的基础；善良风俗是指对私道德的要求和交易上的诚实的一般评价。第二次起草委员会删去了公共秩序，只剩下纯粹以经验为基础的善良风俗，即废除了双重标准。立法者认为把过于广泛、过于不确定的公共秩序标准授权法官使用未免危险[5]。因此，现在的德国民法典上，只有善良风俗的规定，而没有公共秩序的规定。

与德国法不同，《法国民法典》保留有公共秩序的概念，这就是《法国民法典》第6条的规定："不得以特别约定违反有关公共秩序与善良风俗的法律。"法国学者韦尔指出，作为对契约自由的限制，公共秩序与善良风俗表现了社会对个人的一种"至高无上"的地位，即社会强迫个人遵守构成该社会基础的一些规则。正因为如此，对公共秩序与善良风俗的区分就表现出一种人为的特点：由于法律的目的并非直接地对人进行道德教育，所以，某些基本的道德规范之所以应当被遵守，其原因并不在于为了实现该道德本身，而在于为了实现该道德所具有的社会价值，以及它给社

[1] 尹田：《法国现代合同法》，法律出版社1995年版，第170页。
[2] [德] 卡尔·拉伦茨：《德国民法通论》，王晓晔等译，法律出版社2003年版，第598页。
[3] [德] 卡尔·拉伦茨：《德国民法通论》，王晓晔等译，法律出版社2003年版，第597页。
[4] [德] 迪特尔·梅迪库斯：《德国民法总论》，邵建东译，法律出版社2000年版，第514页；卡尔·拉伦茨：《德国民法通论》，王晓晔等译，法律出版社2003年版，第599页。
[5] 沈达明：《德意志法上的法律行为》，对外贸易教育出版社1992年版，第180页。

会所带来的某种秩序。因此，从根本上讲，公共秩序与善良风俗这两个概念并无本质的不同，善良风俗是公共秩序的特殊组成部分[1]。诚然，从法律保护的最终效果上看，无论是善良风俗，还是公共秩序原则，均在于实现某种社会价值，即给社会带来某种秩序，但二者的法律渊源及出发点是不同的。所以，在许多方面具有差异。

与善良风俗不同，公共秩序反映和保护国家与社会的根本利益，表现了国家对社会生活的积极干预。其渊源大多数来自公法，如宪法、行政法等，也有些规定来自私法。根据其内涵不同，可将公共秩序分为政治公共秩序与经济公共秩序。

政治公共秩序的目的在于保护社会的基本结构，使之免受合同当事人个人意志的侵犯，其保护的目标以国家、家庭和社会公共道德为目的。政治公共秩序与财产及劳务的交换，即市场的活动无直接关系，因为市场经济活动应由当事人依照契约自由的原则为之。政治公共秩序仅在于防止对国家和家庭秩序的损害。经济公共秩序，是指为了调整当事人之间的契约关系，即对当事人之间的财产或交换进行干预，其目的在于使双方当事人的交换关系更为平等，或者是为了更好地维护社会整体利益。而从方法上看，这种干预不仅表现为禁止当事人订立某些合同，而且更重要的表现为立法者对法律关系常常直接予以支配，即通过颁布具体的实体法，直接规定某些合同的法律后果[2]。例如，关于消费合同的立法，关于劳动契约的规定等。

【适用与比较】

与《民法通则》比较，《民法总则》有了巨大的进步。《民法通则》第7条规定："民事活动应当尊重社会公德，不得损害社会公共利益，扰乱社会经济秩序。"而《民法总则》第8条没有继续适用"社会公共道德和社会公共利益、社会经济秩序"，而直接适用"公序良俗"，符合民法的规范语言，而且与国际通行规范语言相同，这是一个进步。

但是，需要注意的是，公序良俗在比较法上是一个具体的规范要件，即在具体法律行为中，对法律行为效力的限制性要件，而不是一个一般性

---

〔1〕 尹田：《法国现代合同法》，法律出版社1995年版，第165页。
〔2〕 尹田：《法国现代合同法》，法律出版社1995年版，第173页。

规定。在我国民法典中，则是一个“一般性规定”。

在判断一个法律行为是否违反善良风俗时，对判断对象的确定是首要问题。对此，德国学者弗卢梅指出：善良风俗要评判的是当事人的法律行为，而不是他所从事的行为。德国联邦最高法院的一个判决中指出：在民法典第138条的框架下，关键的问题并不在于对某一人的行为进行评判并对某种不道德的行为进行制裁，而仅仅是判断某项法律行为是否违反了善良风俗。由于是否违反善良风俗的判断涉及的对象是法律行为，因此，即使当事人的行为是应该受到道德指责的，但其从事的法律行为却可能是有效的。反之，如果当事人的行为无可厚非（行为是善意的），但法律行为的结果是不可忍受的，该法律行为也可能违反善良风俗。例如，一位妻子提起离婚诉讼，后因丈夫的下列承诺而撤回诉讼：丈夫承诺在今后不再进行单独的业务活动或者娱乐旅行活动。法院认为：双方的行为意图在道德上是无可非议的，旨在防止丈夫进行进一步实施有害婚姻的行为，但这一承诺作为法律行为违反了善良风俗，因为对丈夫的行动自由作出这样的限制，是违背婚姻的道德本质的[1]。因此，德国联邦最高法院曾经判决一个被继承人在剥夺了其妻子继承权的情况下，立他的情妇为单独继承人的遗嘱行为有效，正是基于善良风俗的判断对象是法律行为的是否具有可指责性，而非行为的是否具有可非难性。

如何判断一个合同或者一项法律行为是否违反善良风俗，判断的对象和标准在我国也存在着问题。德国学者所指出的判断对象尤其重要，即民法善良风俗的判断对象是一个人的法律行为而不是其行为。例如，前面提到的，一个人没有将遗产留给其妻子，而是遗留给其情人的行为，在德国与法国是有效的，而在我国具体的实际存在的案例却被判决为无效，原因恐怕就在于对判断对象的认识错误。民法既然规定一个人可以在不损害他人利益的前提下，有权处分其个人财产。那么，这个人就有权利将财产给予任何人，包括强奸犯、杀人犯、精神病患者等，当然，也包括其情人。只要其权利的行使没有损害其他人利益，其法律行为就是无可指责的，就应该是有效的。其行为是可以指责的，但那属于道德的范畴，而不是法律的范畴。

---

〔1〕［德］迪特尔·梅迪库斯：《德国民法总论》，邵建东译，法律出版社2000年版，第515页。

第九条　民事主体从事民事活动，应当有利于节约资源、保护生态环境。

【条文释解】

该条规定了“绿色环保原则”，即民事主体从事民事活动，应当有利于节约资源、保护生态环境。

绿色环保的这种呼声的确是当代中国的迫切需求和任务，但是否规定在民法典中，或者说与民法典是否有关联，确实存在疑问。比如，如果民事主体的活动违反了绿色环保原则，后果将是什么呢？应该说“如何处理或者说后果”才是民法典的核心问题，但该原则中没有具体后果，而具体的法律规范中也没有用这种原则去影响人们行为的效力，例如，在《民法总则》规定的“民事法律行为”“代理”中，都没有规定违反“绿色环保原则”会影响法律行为或者代理的效力。这与诚实信用、公平、意思自治原则不同，它们在具体规范中都有具体的影响和作用，因此，可以作为民法的基本原则。而这一原则与具体规范没有任何联系和影响，如何能够在民法中贯彻呢？

【适用与比较】

从比较法上看，这一原则没有任何的一个立法例，《民法通则》对此也没有规定。因此，可以说是《民法总则》的一个创举。但如何适用，确实存在疑问：因为它与任何法律行为或者准法律行为没有联系，也不能影响之，如何在民法中“存在”？例如，甲乙双方签订一个加工合同，该合同加工明显不符合绿色环保原则，那么，这个合同会无效吗？为此，对此原则的适用还亟须相关具体的法律规范予以明确规定。

第十条　处理民事纠纷，应当依照法律；法律没有规定的，可以适用习惯，但是不得违背公序良俗。

【条文释解】

该条规定是对《民法通则》第6条的修正，实际上规定了“法源”，是一个很重要的借鉴和发展，具有真正的规范作用。也可以说，在《民法总则》第一章中，其重要性应该列为首要。

笔者认为，这里的“法律”应该是一个广义的概念，不仅包括民法典、民事单行法（民事特别法），立法机关的法律解释，还包括行政法、刑法、环境法等公法。

习惯乃是为不同阶级或者各种群体所普遍遵守的行动习惯或者行为模式。应该说，在今天制定法越来越普遍，习惯作为法律渊源的重要性已经减弱。但是，由于习惯具有被普遍遵守的约束力特征，在法律没有规定时，用习惯调整当事人的权利义务，可能更容易被接受。因为某人长期处于一种习惯的约束环境中，让他接受这种习惯的约束没有任何不合理之处。正因为如此，许多国家的民法典明确规定了习惯的法律渊源性，例如，《瑞士民法典》第八个五年计划规定：“无法从本法得出相应规定时，法官应依习惯法裁判。”在我国这样一个有悠久历史传统的国家，习惯作为法律的渊源更具有说服力。我国最高人民法院西南分院于1951年在一个批复中指出：“如当地有习惯，而不违反政策精神者，可酌情处理。”〔1〕这一批复可以作为我国实践中承认习惯法作为法律渊源的例证。但是，应当注意，在我国由于民族众多，习惯众多，要把握习惯向习惯法的转换也更加重要。笔者认为，一项习惯被法院作为习惯法而承认，应当具备下列条件：(1)待决事项确无制定法规定。(2)要确认的习惯是确实存在的。(3)该习惯长期以来被当作具有约束力的规则来遵守。(4)当事人均属于该习惯的约束范围之中，即当事人双方或者多方都知道这一习惯并受习惯约束。如果只有一方当事人知道该习惯而另一方不知，或者虽然知道却没有被习惯的约束力约束过，都不能确认为习惯法。(5)习惯必须不与法律的基本原则或者公序良俗相抵触。

同时需要思考的一个问题是：交易惯例和商业习惯是否属于法源意义上的习惯或者习惯法呢？对此，拉伦茨指出，交易惯例和商业习惯既不是法律渊源，也不是习惯法，虽然法律规定它们是解释的辅助手段。交易惯例与商业习惯只有在符合法律制度的价值标准的范围内才具有意义，它们本身不能作为认识法律的源泉。不遵守交易惯例者，可能会因此遭受损害，因为法律制度通常保护那些期待或者可以期待其对方当事人遵守交易惯例的一方的利益。然而，违反交易惯例，还不足以使某项行为违法。虽

〔1〕 梁慧星：《民法总论》，法律出版社1996年版，第22页。

然交易惯例往往受到法律制度的重视，但它本身不是法。交易惯例的要求不具备法律要求的意义，对它的承认和遵守，既不是根据其内在的法律信念，也不是根据立法者的权威。习惯法具有与法律相同的地位，而交易惯例永远必须服从法律〔1〕。我国《合同法》第61条规定："合同生效后，当事人就质量、价款或者报酬、履行地点等内容没有约定或者约定不明确的，可以协议补充；不能达成补充协议的，按照合同有关条款或者交易习惯确定。"从这一规定可以看出，交易习惯不是作为法律意义上的习惯使用的，而是作为一种事实认定的参照标准。因此，不能依据该条规定而认为，交易习惯属于法源意义上的习惯。

【适用与比较】

应该说，《民法总则》的这一规定实际上是对《民法通则》第6条的继承和发展。《民法通则》第6条规定："民事活动必须遵守法律，法律没有规定的，应当遵守国家政策。"由于时过境迁，许多学者都反对继续将政策作为法律渊源。《民法总则》放弃了"国家政策"作为法律渊源，而改为符合现代需求和中国现状的"习惯"，同时又对习惯作出了限制——不得违背公序良俗。这种改变反映出两个问题：一是我国法制的发展。在《民法通则》时代，由于法律体系的不完整，政策起到了很重要的作用。而当今，我国的法律体系已经基本建成，政策由于其不确定性，作为法律渊源现在已经不再合适。二是我国司法队伍的整体素质和水平大大提高，将习惯作为法律渊源必须有一支素质很高的法官队伍，否则，在我国习惯众多的情况下，如何适用习惯将成为问题。在《民法通则》制定的时代，难以将习惯作为法律渊源，就是防止滥用习惯。今天，将习惯作为法律渊源的条件已经成熟。

第十一条　其他法律对民事关系有特别规定的，依照其规定。

【条文释解】

这实际上是对民法典之外的特别法的适用方面的规定。这样规定是由

---

〔1〕［德］卡尔·拉伦茨：《德国民法通论》，王晓晔等译，法律出版社2003年版，第17—18页。

于两个方面的原因：（1）这是我国实行“民商合一”的立法政策，民法典之外不可能再另外制定商法典，所以，如《公司法》《破产法》《票据法》《信托法》《海商法》等都会作为对民事法律关系的特别法而存在；（2）即使是民事法律关系，民法典也不能全部包容，在民法典之外也会存在一些处理特殊民事法律关系的特别法。

该条的具体含义就是：如果在民法典之外存在对特别民事关系的特别法时，应按照“特别法优于一般法”的原则，有限适用特别法。当没有特别法或者特别法没有规定时，再适用一般法——民法典。例如，关于公司的法律关系，应该首先适用《公司法》的规定。公司法没有规定的，再适用民法典（《民法总则》中关于“法人”的一般规定）。

【适用与比较】

从比较法的视角看，这种规定是普遍采用的规则。因为，无论在德国还是在法国，民法典或者商法典之外都存在大量的针对特别法律关系的特别法，这些特别法都是针对特别民事法律关系的特别规定，因此，应该适用“特别法优于一般法”的规则。

第十二条　中华人民共和国领域内的民事活动，适用中华人民共和国法律。法律另有规定的，依照其规定。

【条文释解】

该条规定了民法“属地法”特征及涉外民事法律关系的准据法适用问题。原则上来说，中华人民共和国领域内的民事活动，适用中华人民共和国法律。这是一个一般的原则，但如果法律另有规定的，作为例外。这里主要就是指《涉外民事关系法律适用法》以及中国加入或者参加的国家公约或者缔结的国际条约规定的法律适用规则。例如，《涉外民事关系法律适用法》中关于行为能力、结婚条件、继承等都有专门的规定。

【适用与比较】

《民法通则》从第142—150条专门规定了“涉外民事关系的法律适用”，规定得比较详细。但后来我国在2010年制定并通过了《涉外民事关系法律适用法》，并且在该法的第51条专门规定："《中华人民共和国民法通则》第一百四十六条、第一百四十七条，《中华人民共和国继承法》第三十六条，与本法的规定不一致的，适用本法。"这样，《民法总则》对此就不再做详细规定，仅仅规定一个一般原则——"中华人民共和国领域内的民事活动，适用中华人民共和国法律。法律另有规定的，依照其规定。"

第二章　自　然　人

第一节　民事权利能力和民事行为能力

第十三条　自然人从出生时起到死亡时止，具有民事权利能力，依法享有民事权利，承担民事义务。

【条文释解】

本条规定了自然人权利能力的开始与终止。

1. 权利能力的概念

所谓民事权利能力是指能够作为民事主体从而享有民事权利和承担民事义务的资格。是否有民事权利能力由法律规定，法律规定某人具有权利能力则其能够作为法律关系的主体，享有民法上规定的各项权利并承担各项义务；相反若法律没有规定某种人享有权利能力，那么这些人就不能成为法律关系的主体，不受法律的保护，只能作为法律关系的客体而存在。例如罗马法将人分为自由人和奴隶，自由人能够作为法律关系的主体而奴隶则只能作为客体，是交易的对象。法律将权利能力赋予何种社会存在取决于当时社会的法律观念。[1]

2. 自然人权利能力的开始与终止

（1）自然人权利能力始于出生

自然人的权利能力始于出生，因而出生的时间点非常重要。因为在该时间点之前作为胎儿存在，其仍然没有权利能力当然也就不能享有权利和负担义务；相反在此时间点之后则作为婴儿取得了权利能力，从而也就享有民事权利和负担民事义务。关于出生之具体时间的认定存在五种不同的

〔1〕 席志国：《中国民法总论》，中国政法大学出版社2013年版，第166页。

学说，分别为：（1）一部露出说。该种学说认为只要胎儿的身体的一部分从母体中露出即为出生，此时即取得了相应的权利能力。（2）全部露出说。该种学说认为胎儿完全脱离母体之时即为出生。（3）断脐带说。该种学说认为不但胎儿须完全脱离母体，而且还得剪断脐带时才算出生。（4）第一声啼哭说。该种学说认为胎儿的出生时间应该认定为胎儿脱离母体后发出第一声啼哭之时。（5）独立呼吸说。该种学说认为出生应当同时具备两个要件：第一个要件是与母体完全分离，第二个则是必须能够独立呼吸，因而在同时具备这两个条件时则为出生的时间。第五种学说是我国的通说，笔者亦赞同该种观点。[1]

2. 自然人权利能力在自然人死亡时终止

自然人的民事权利能力终于死亡。自然人一旦死亡则丧失民事权利能力，不再是民事主体，人身权消灭，其生前的婚姻关系消灭，其财产权和财产义务依《继承法》的规定转移。

关于自然人死亡的时间认定，在医学上有两种不同的标准，即心脏死亡和脑死亡两种。我国法律对于死亡的认定究竟是以心脏死亡还是脑死亡为标准没有明确之规定，因而在司法实践中也造成不小的混乱。从医学的角度来看，在心脏死亡之后脑会迅速死亡，但是在脑死亡后心脏可能会维持较长时间的跳动而不死亡，此时产生了我们通常所说的植物人。如果从保护死者的角度来看，应当以死亡在后的时间为准，也就是说只有脑和心脏全部死亡之后才能作为死者对待，但是若严格地执行该标准，器官移植就出现障碍，因为若一个人脑和心脏全部死亡之后器官基本上无法进行移植，从这个角度而言又应当以死亡在前者为准。因此这个问题涉及了医学问题、伦理问题、对生命的认识问题等等，这也许是我国立法上没有明确规定统一之标准的根本原因吧。[2]

【适用与比较】

本条规定与《民法通则》第9条的规定基本相同，只是在用语上将公民修改为自然人，从而表明了我国民法典对于所有自然人的平等保护，既包括本国公民又包括外国人和无国籍人在内。

---

〔1〕 席志国：《中国民法总论》，中国政法大学出版社2013年版，第16—169页。
〔2〕 席志国：《中国民法总论》，中国政法大学出版社2013年版，第170页。

第十四条　自然人的民事权利能力一律平等。

【条文释解】

本条规定的是自然人权利能力平等原则，这是民法平等原则的主要体现，民法典的平等原则首先体现在自然人权利能力平等上。所谓权利能力平等是指自然人都可以平等地享有民法上所规定的所有民事权利，当然也可以负担民法上所规定的全部民事义务。但是需要注意的是，所谓民事权利能力平等，仅指具有平等地享有权利和负担义务的资格，而不是意味着在实际上所有的人都完全平等地享有着所有的民事权利和负担着平等的民事义务。例如任何人都可以享有民法上的所有权，但是如果其没有购买汽车，那么当然就没有实际享有汽车的所有权。同样每一个自然人均可以作为债务人，如果该自然人从来没有和他人签订借款合同，那么该自然人就没有负担任何债务。不过，自然人的人格权是基于出生就享有的，所以所有的自然人都平等地享有所有的人格权。

【适用与比较】

本条规定与《民法通则》第 10 条的规定完全相同，也只是在用语上将公民改为自然人。

第十五条　自然人的出生时间和死亡时间，以出生证明、死亡证明记载的时间为准；没有出生证明、死亡证明的，以户籍登记或者其他有效身份登记记载的时间为准。有其他证据足以推翻以上记载时间的，以该证据证明的时间为准。

【条文释解】

本条规定的是自然人出生时间与死亡时间的认定。因此关于出生的时间的认定应当按照下列顺序确定：

1. 确凿的证明出生时间的证据所证明的该自然人出生或者死亡的实际时间。

2. 没有上述证明的，则应当以医院出具的出生证明、死亡证明所记载的时间为准。

3. 若上述证明都没有的则以户籍登记或者其他有效身份证明上所记载的时间为准。

【比较与适用】

这条规定来源于《民通意见》第 1 条规定，但是进行了修改和调整。修改主要体现在两个方面，首先是统一规定了出生与死亡时间的认定，而《民通意见》第 1 条只是规定了出生时间的认定而没有规定死亡时间的认定；其次是在认定的证据证明力上进行了调整。即以真实的出生与死亡时间为准，而不再是以户籍证明的为准了，换言之，户籍只是出生时间、死亡时间的证据之一，而且不是效力最强的证据。这样修改是正确的，因为户籍登记等是以出生证明、死亡证明或者其他证据为准的，换言之，出生证明等是更为原始和直接的证据，故其证明力要比户籍等身份证明更强。

第十六条　涉及遗产继承、接受赠与等胎儿利益保护的，胎儿视为具有民事权利能力。但是胎儿娩出时为死体的，其民事权利能力自始不存在。

【条文释解】

本条规定的是对胎儿利益的特别保护。对胎儿的利益进行法律保护基本上已经成为世界各国通行的做法了，其做法是将胎儿视为已经出生，赋予其权利能力，但是仅限于其出生是活体的，换言之，对于出生时是死胎的则对于其胎儿期间的利益不再予以保护。故胎儿利益的保护是附条件的，即以出生时是活体的为条件。当然对于该条件究竟是停止条件抑或是解除条件在学说上则有所争论。我国《民法总则》第 16 条开启了对于胎儿法律保护的道路。依据该规定可以肯定能够得到保障的是胎儿的继承利益和接受赠与的利益，此时胎儿视为有权利能力。实际上对胎儿利益的保护更为重要的是侵权行为法上的保护，即解决胎儿在母亲怀孕期间被侵害而该侵害所产生的损害则持续到胎儿出生之后的损害赔偿请求权的问题。本条规定对此没有直接回应，但是由于其使用了“涉及遗产继承、接受赠与等胎儿利益保护的”，解释上应当认定该法条不是封闭性的规定，并不是限于遗产继承与接收赠与两种情形，而是包括了一切对胎儿有利益的情形所在。基于此，笔者认为胎儿利益之保护至少应当包括但不限于下列之

情形：[1]

1. 原则上基于对于母亲身体之侵害，而侵害到胎儿之机理并且该侵害的事实为胎儿出生后所承受的，则该胎儿可以基于侵权行为的请求权基础主张损害赔偿。即依据《侵权责任法》第2条，第6条和第7条之规定，向侵害其母亲身体从而侵害到该胎儿之利益的人请求损害赔偿。例如，因交通事故而撞伤孕妇，从而致使胎儿出生后残障等情形，该出生后的胎儿即可对肇事者主张损害赔偿。再例如，因医院之过失而为孕妇输入了感染了艾滋病毒、梅毒等不洁血液，不但感染了孕妇而且也感染了胎儿，该胎儿出生之后亦可依据侵权行为之规范基础而主张损害赔偿。即系依据我国《侵权责任法》第54—64条的规定而为相应之请求。

2. 对胎儿之父母的侵害，虽然未侵害到胎儿自身的生理机能，但是该胎儿之父母因侵害行为而至残疾、或者父亲因侵害行为而死亡的，该胎儿得请求相应之抚养费。即此时之胎儿相当于已经出生之被害人之子女，得向致其父母残疾或者死亡者请求抚养费。

3. 即便是父、母对于胎儿之加害行为也应当按照《侵权责任法》的规定承担责任。因此"生父患有梅毒，传染于胎儿，母服药物堕胎未成致胎儿遭受损害者，均应负侵权责任。唯在下列二种情形，不成立侵权行为：（1）所谓'不法使人出生'，例如甲以结婚为诱饵诱乙同居，其所生之非婚生子丙不得依侵权行为之规定，向甲请求损害赔偿，该'非婚生'非属损害也。（2）遗传性疾病之传染，该生育行为乃'现行法律秩序'所承认之基本价值，不具违法性也。"[2]

【适用与比较】

本条规定是一条全新的规定，我国固有法律没有，我国既有法律对于胎儿的保护只有《继承法》。《继承法》第28条规定了继承开始时应当为胎儿保留必要的份额。其余的关于胎儿利益的保护一概没有规定，因此，《民法总则》第16条必然会成为大量侵权案件的法律依据，必将在司法实践中适用。

---

〔1〕 席志国：《中国民法总论》，中国政法大学出版社2013年版，第173—174页。

〔2〕 王泽鉴：《对未出生者之保护》，载王泽鉴：《民法学说与判例研究》（第四册），中国政法大学出版社1998年版，第290页。

第十七条　十八周岁以上的自然人为成年人。不满十八周岁的自然人为未成年人。

第十八条　成年人为完全民事行为能力人，可以独立实施民事法律行为。

十六周岁以上的未成年人，以自己的劳动收入为主要生活来源的，视为完全民事行为能力人。

【条文释解】

以上法条规定的是完全民事行为能力人，我国法律将自然人的行为能力区分为三种：即完全民事行为能力、限制民事行为能力和无民事行为能力人。

行为能力是指能够独立实施有效的民事法律行为的资格，即指民事主体能够通过自己的意思表示行为，为自己取得民事权利和创设民事义务的资格。

行为能力在法律上的现实意义在于：有行为能力的人才能够实施法律行为，才能够通过有效的法律行为为自己取得权利和负担义务，如果没有行为能力，其实施的法律行为不能发生法律效力，从而也就不能为自己取得权利和负担义务，甚至没有行为能力的人也无法行使自己的权利，因为有些权利的行使需要以法律行为的方式进行。

行为能力是以人的认知能力或者说是意思能力为前提的，而人的意思能力是由两个方面的因素所决定的，即年龄和精神健康状况。故法律规定成年人且没有任何认知障碍的人即为完全民事行为能力人。在我国，成年的年龄标准是18周岁，即从过了18周岁生日的第二天即为成年也即成为完全民事行为能力人。完全民事行为能力人可以独立实施任何民事法律行为，也能够对于自己所实施的不法行为负责，从而承担民事责任。我国法律还规定了拟制承诺制度。16周岁以上不满18周岁的自然人，以自己的劳动收入为主要生活来源的，视为完全民事行为能力人。该部分人本来不具备完全民事行为能力，但是由于其已经参加了工作，若不赋予其完全民事行为能力则无法正常从事相关工作，对其明显不利。基于行为能力之立法目的在于保护欠缺意思能力者而非在于限制其参与交易，在此情形下承认其有完全民事行为能力完全符合该未成人的根本利益，所以法律将其视为成年人赋予其相应的行为能力。

【适用与比较】

本条规定与《民法通则》第 11 条的规定完全相同，适用上不会产生任何差异。

第十九条　八周岁以上的未成年人为限制民事行为能力人，实施民事法律行为由其法定代理人代理或者经其法定代理人同意、追认，但是可以独立实施纯获利益的民事法律行为或者与其年龄、智力相适应的民事法律行为。

第二十条　不满八周岁的未成年人为无民事行为能力人，由其法定代理人代理实施民事法律行为。

第二十一条　不能辨认自己行为的成年人为无民事行为能力人，由其法定代理人代理实施民事法律行为。

八周岁以上的未成年人不能辨认自己行为的，适用前款规定。

第二十二条　不能完全辨认自己行为的成年人为限制民事行为能力人，实施民事法律行为由其法定代理人代理或者经其法定代理人同意、追认，但是可以独立实施纯获利益的民事法律行为或者与其智力、精神健康状况相适应的民事法律行为。

第二十三条　无民事行为能力人、限制民事行为能力人的监护人是其法定代理人。

【条文释解】

上述 5 个条文应当统一掌握。这 5 个条文规定了限制民事行为能力人和无民事行为能力人的范围以及其具体法律效果。下面将分限制民事行为能力人与无民事行为能力人分别详细阐释。

1. 限制民事行为能力人

（1）意义

所谓限制民事行为能力，是指能够独立实施部分法律行为的能力，其余的法律行为则需要征得其法定代理人的同意或者由其法定代理人代理其实施。在完全具备意思能力和彻底不具备意思能力之间存在一部分人，其虽然具有意思能力但却不完全成熟。这部分人对于性质不太复杂的行为已经能够认识其法律后果，也能够认识到对自己是否有利，而且他们必须独立实施一些法律行为，如购买生活的必须用品、乘坐公共汽车等，如不承认其实施的法律行为有效则这些人无法正常地生活。

（2）范围

一是8周岁以上无精神病的未成年人。此种类型的限制民事行为能力人应当同时满足以下两个方面的条件：首先，需要年满8周岁但是尚未达到成年年龄，而且也没有被作为拟制成年者（即非属于）；其次，需要无精神障碍，即精神正常而无精神病也非属痴呆型人。

二是认知能力有一定障碍的人。这类限制行为能力人必须是成年人，但其有一定认知障碍，其障碍程度没有严重到使其毫无意思能力的状态，对于性质不复杂的比较简单的交易可以做出正确的判断，因而法律允许其独立实施，而对于内容复杂、性质重大的行为则仍然须借助其法定代理人实施。依据《民法总则》第22条之规定，不能完全辨认自己行为的成年人是限制民事行为能力人，可以进行与其智力、精神健康状况相适应的民事活动；其他民事活动由其法定代理人代理，或者征得其法定代理人同意。

（3）行为效果

作为限制民事行为能力人可以独立实施两类法律行为：一是纯获法律上利益不负担任何义务的法律行为。所谓纯获法律上利益的行为必须是该行为生效后，限制民事行为能力人一方只享有权利而不负担任何义务，如限制民事行为能力人作为受赠人的赠与合同即为有效。一旦限制民事行为能力人一方负担义务即便其取得的权利价值远远高于其负担的义务，仍然不属于纯获法律上利益的行为。例如，完全民事行为能力人甲将价值50万元的房子以10万元的价格卖给限制民事行为能力人乙，仍然不属于纯获法律上利益的行为。二是与其年龄、认知能力等相适应的法律行为。限制民事行为能力的精神病人进行的民事活动，是否与其精神健康状况相适应，可以从行为与本人生活相关联的程度、本人的精神状态能否理解其行为，并预见相应的行为后果，以及行为标的数额等方面认定。

2. 无民事行为能力人

（1）意义

所谓无民事行为能力，是指不具有独立实施任何法律行为的资格，其所有法律行为均须其法定代理人予以代理的情形。

（2）范围

一是不满8周岁的未成年人。依据《民法总则》第20条之规定，不满8周岁的未成年人是无民事行为能力人。所谓不满8周岁，是指尚未过8岁的生日，包括8周岁生日当日。从过了8周岁生日的第二天起自然人即为限制民事行为能力人。

二是完全欠缺认知能力的人。需要注意，只要完全不能辨认自己行为后果的人即为无民事行为能力人，即便其是成年人也是无民事行为能力人。至于是基于什么原因不能辨认自己行为后果的则在所不问，可以是精神病人，也可以是痴呆型人，还可以是植物人等等。

（3）行为效果

无民事行为能力人因为没有意思能力，所以不能实施任何有效的意思表示，所有法律行为都应当由其法律代理人代理，否则无效。《民通意见》第6条规定：“无民事行为能力、限制民事行为能力人接受奖励、赠与、报酬，他人不得以行为人无民事行为能力、限制民事行为能力为由，主张以上行为无效。”此次《民法总则》没有采纳该司法解释，仍然规定无民事行为能力人实施的法律行为一律无效。

【适用与比较】

关于自然人的行为能力问题，《民法总则》对《民法通则》进行了两点修改，在适用时需要加以注意：首先，是将限制民事行为能力人和无民事行为能力人之间的年龄界限由原来的10周岁降低到了8周岁。其次，是将以前的“完全不能辨认自己行为的精神病人”修改为“完全不能辨认自己行为的人”；将“不能完全辨认自己行为的精神病人”也修改为“不能完全辨认自己行为的人”，从而扩大了无民事行为能力人和限制民事行为能力人的范围。

第二十四条　不能辨认或者不能完全辨认自己行为的成年人，其利害关系人或者有关组织，可以向人民法院申请认定该成年人为无民事行为能力人或者限制民事行为能力人。

被人民法院认定为无民事行为能力人或者限制民事行为能力人的，经本人、利害关系人或者有关组织申请，人民法院可以根据其智力、精神健康恢复的状况，认定该成年人恢复为限制民事行为能力人或者完全民事行为能力人。

本条规定的有关组织包括：居民委员会、村民委员会、学校、医疗机构、妇女联合会、残疾人联合会、依法设立的老年人组织、民政部门等。

【条文释解】

本条规定的是无民事行为能力人与限制民事行为能力人宣告制度。无民事行为能力人或者限制民事行为能力人实施的法律行为或者无效或者效力待定，因此会影响交易相对人的利益，故为了保障交易安全，我国法律创设了对成年的但是由于精神障碍等原因欠缺认知能力的人进行无民事行为能力或者限制民事行为能力人宣告制度。通过法院的宣告，一方面确定被申请人是否真的欠缺相应的认知能力，另一方面也向社会公开其为无民事行为能力人或者限制民事行为能力人的事实，从而使交易相对人知晓该事实，防止因此受有损害。无民事行为能力人或者限制民事行为能力人的宣告须具备如下几个方面的要件。

1. 申请人必须是被申请人的利害关系人或者法定的社会组织。

（1）利害关系人。所谓利害关系人必须满足两个条件，即：首先必须是与被申请人具有民事权利义务关系；其次必须是因宣告被申请人为无民事行为能力人或者限制民事行为能力人而致其权利或义务会受有影响。其具体范围主要包括两种人：被申请人的近亲属；需要和该被申请人实施法律行为的人。

（2）有关社会组织。依据《民法总则》第 24 条第 3 款的规定，可以向法院申请宣告无民事行为能力或者限制民事行为能力的社会组织包括居民委员会、村民委员会、学校、医疗机构、妇女联合会、残疾人联合会、依法设立的老年人组织、民政部门等。尽管《民法总则》没有明确规定，但是解释上应当认定这些组织应当仅限于是被申请人所在地的组织。

2. 被申请人应当是具有认知障碍的成年人。即不能完全辨认自己行为后果的人或者完全不能辨认自己行为后果的人。这里需要注意的是，被申请人是否有认知障碍，人民法院应当根据司法精神病学界定或者参照医院的诊断、鉴定等加以确认。

3. 人民法院须依法定程序进行认定和宣告。我国《民事诉讼法》第 15 章特别程序第 4 节专门规定了认定无民事行为能力、限制民事行为能力的特别程序。

被人民法院认定为无民事行为能力人或者限制民事行为能力人的，经本人、利害关系人或者有关组织申请，人民法院可以根据其智力、精神健康恢复的状况，认定该成年人恢复为限制民事行为能力人或者完全民事行为能力人。这里还需要进一步说明的是，由人民法院宣告无民事行为能力、限制民事行为能力，不是自然人成为无民事行为能力人或者限制民事行为能力人的必要条件。即便没有经申请和宣告，若自然人没有任何认知能力仍然是无民事行为能力人；若不具备完全认知能力的人则仍然是限制民事行为能力人。

【适用与比较】

该条规定与《民法通则》第19条相比较而言，增加了宣告无民事行为能力人或者限制民事行为能力人的申请人的范围，即扩张到了居民委员会、村民委员会、学校、医疗机构、妇女联合会、残疾人联合会、依法设立的老年人组织、民政部门等。

第二十五条　自然人以户籍登记或者其他有效身份登记记载的居所为住所；经常居所与住所不一致的，经常居所视为住所。

【条文释解】

本条规定了自然人的住所地。住所地的确定在民事法律上都有重要的意义。主要价值表现在如下几个方面：（1）确定诉讼管辖法院。民事主体之间因民事权利义务关系发生争议，需要诉讼到法院时，必须首先确定管辖法院，管辖法院的确定主要依据就是当事人的住所地，一般情况下由被告住所地的法院进行管辖，被称之为“原告就被告原则”。（2）确定自然人失踪的空间标准。上文我们所讲述的自然人宣告失踪和宣告死亡都必须有被申请人失踪的事实，而所谓失踪则必须是离开“住所地”下落不明的状态，也就是说是否失踪是自被申请人离开住所地而言，被申请人可能在其他地方仍然活着并从事法律活动。（3）确定债务履行地。债务履行地点的确定决定着是由债务人还是债权人承担运输费用、运送中的风险等实质性利益非常重要，往往在合同中加以约定。但是若没有约定履行地点则应当依据当事人的住所加以确定，对此《合同法》第62条规定，交付金钱的，在债权人“住所地”履行，交付金钱以外的其他标的在债务人“住所地”履行。（4）确定个体工商户的登记管辖。个体工商户是我国自然人商事主体资格的体现，作为商人必须进行登记，而自然人登记个体工商户应当在其住所地的工商局进行。（5）确定婚姻登记地。结婚登记应当在男女一方的住所地进行登记。[1]

【适用与比较】

与既有法律相比较，关于自然人住所地的规定，本条增加了户籍以外的其他身份登记所记载的居所作为住宅地，这在某种程度上进一步反映了住所自由设定的原则。

依据《民法总则》第24条的规定，住所地的确定首先是依据户籍或者其他有效身份证明上所记载的地址为其住所地。这里的其他有效身份证明应当包括居住证、暂住证、军官证、护照等在内。如果自然人的经常居住地与上述证件证明的住所地不一致，那么以实际的经常居住地作为住所地。所谓经常居住地就是指连续居住一年以上的地点。

第二节　监　　护

第二十六条　父母对未成年子女负有抚养、教育和保护的义务。成年子女对父母负有赡养、扶助和保护的义务。

【本条释解】

本条规定了亲权关系，即父母和子女之间的权利义务关系。父母和子女之间的权利义务关系，配偶相互之间的权利义务关系，祖父母、外祖父母与孙子女、外孙子女之间的权利义务关系，兄弟姐妹相互之间的权利义务关系共同构成了身份权关系。身份权主要是家庭法规范的内容，在我国属于《婚姻法》所规范的对象，但是在《民法总则》中则规定了父母对未成年子女负有抚养、教育和保护的义务；成年子女对父母负有赡养、扶助和保护的义务。这里的父母和子女既可以是亲生的父母与子女，也可以是养父母与养子女。在我国立法上，在父母与子女之间的亲权实际上吸收了监护权，也就是说亲权人自然而然地就是法定的监护人，亲权、亲属权、配偶权是我国法定监护人的基础，只有没有这些权利的人才会另行产生监护人。本条之所以规定父母与子女之间的亲权关系，其目的在于为下面监

---

〔1〕 席志国：《中国民法总论》，中国政法大学出版社2013年版，第195—196页。

护人的确定提供基础。当然该条既然规定了父母之间的权利义务，那么当然就能够成为父母和子女之间相互请求对方支付抚养费、赡养费及提供其他帮助和保护行为的请求权基础。不过需要说明的是，这条规定并不能全部涵盖父母与子女之间的全部权利义务关系。

【适用与比较】

该条规定实际上就是《婚姻法》第21条与第23条的规定。不过增加了成年子女对于父母扶助和保护的义务。这样就完全实现了父母对未成年子女和成年子女对于父母义务的对等性。

第二十七条　父母是未成年子女的监护人。

未成年人的父母已经死亡或者没有监护能力的，由下列有监护能力的人按顺序担任监护人：

（一）祖父母、外祖父母；

（二）兄、姐；

（三）其他愿意担任监护人的个人或者组织，但是须经未成年人住所地的居民委员会、村民委员会或者民政部门同意。

【本条释解】

本条规定了未成年人的法定监护人。所谓监护，是指为无民事行为能力或限制民事行为能力的未成年人、或者认知能力有缺陷的成年人设立保护人，保护其人身、管理其财产的法律制度。无民事行为能力人和限制民事行为能力人虽然有权利能力能够享有民事权利和承担民事义务，但是却不能通过自己的行为为自己取得权利和负担义务，法律规定这些人有权利能力就等于形同虚设。这有违民法平等保护所有人的基本原则。为此，法律创设监护制度，即为无民事行为能力人和限制民事行为能力人设立一个专人，让其来保护无民事行为能力人和限制民事行为能力人并代替他们实施法律行为，为他们取得权利和负担义务。

未成年人的法定监护人，是根据法律规定直接产生的，依据《民法总则》第27条的规定，法定监护人应当按照下列顺序产生：（1）父母。父母如果健在并且有监护能力的，则只能由父母担任监护人而不能由其他人担任监护人，这既是父母的权利也是父母的义务。父母双方均健在且均有监护能力的，则父母双方均是未成年人的监护人；若一方死亡或者没有监护能力的，则另一方单独为监护人。（2）祖父母、外祖父母。在父母双亡或者均无监护能力的情形下，祖父母、外祖父母则作为未成年人的法定监护人。祖父母、外祖父母可以共同担任，也可以仅祖父母或者仅外祖父母担任，具体则应当由其进行协商解决。（3）兄、姐。祖父母、外祖父母均死亡或者均无监护能力的，则应当由其已经成年的有监护能力的兄、姐担任监护人。兄、姐如果为二人以上的可以共同担任，也以是由其中一人担任，具体应当通过协商予以确定。（4）没有上述监护人的，其他人或者组织愿意担任监护人的，经未成年人住所地的居民委员会、村民委员会或者民政部门同意。之所以须经村民委员会、居民委员会或者民政部门的同意，主要是担心这些人由于不属于未成年人的近亲属，从而容易出现对未成年人保护不力乃至于侵害未成年人利益的情形发生。

【适用与比较】

本条规定与《民法通则》的规定相比较，在于修改了近亲属之外的可以担任监护人的范围和条件。即在下面两个方面发生了变化：首先，是任何人或者组织都可以自愿担任未成年人的法定监护人，而不再限于关系密切的其他亲属、朋友；其次，是须经同意的主体也发生了变化，即仅限于未成年人所在地的村民委员会、居民委员会或者民政部门。原来《民法通则》规定须经未成年人的父、母的所在单位或者未成年人住所地的居民委员会、村民委员会同意。

第二十八条　无民事行为能力或者限制民事行为能力的成年人，由下列有监护能力的人按顺序担任监护人：

（一）配偶；

（二）父母、子女；

（三）其他近亲属；

（四）其他愿意担任监护人的个人或者组织，但是须经被监护人住所地的居民委员会、村民委员会或者民政部门同意。

【本条释解】

本条规定的是成年但是却因缺乏认知能力而成为无民事行为能力人或

者限制民事行为能力人的法定监护人的确定。与未成年人一样，作为无民事行为能力人或者限制民事行为能力人的成年人也需要有法定监护人保护其人身、管理其财产并代理其实施法律行为和诉讼行为。不过成年无民事行为能力人与限制民事行为能力人的法定监护人的顺序与未成年人稍有不同而已。具体而言，依照下列顺序确定其监护人。

1. 配偶。成年无民事行为能力人和限制民事行为能力人若有配偶且配偶有监护能力的，则配偶当然为其监护人。

2. 父母、子女。若该成年无民事行为能力人或者限制民事行为能力人没配偶或者配偶丧失了监护能力，如也为无民事行为能力人或者限制民事行为能力人的，则由其父母、子女作为监护人。父母与子女是同一顺序的监护人，故可以共同担任监护人也可以仅由其中部分人担任，具体则由其协商解决。

3. 其他近亲属。若该成年无民事行为能力人或者限制民事行为能力人没有父母、子女的或者其父母、子女均没有监护能力的，则应当由其他近亲属担任监护人。其他近亲属包括其兄弟姐妹、祖父母与外祖父母、孙子女与外孙子女在内。这些人是统一顺序，因此可以共同担任也可以通过协议约定仅由部分人来担任。

4. 其他愿意担任监护人的个人或者组织，但是须经被监护人住所地的居民委员会、村民委员会或者民政部门同意。

【适用与比较】

本条规定与《民法通则》之规定相比而言，也是将近亲属之外的其他监护人进行了修改，从而与未成年人的监护人完全一致，其改变之处可参照上一条的“适用与比较”。

第二十九条　被监护人的父母担任监护人的，可以通过遗嘱指定监护人。

【本条释解】

本条规定的是遗嘱监护人。依据本条规定，只要是父母作为监护人的，无论该被监护人是未成年人抑或是成年的认知能力有障碍的人均可以由其父母以遗嘱的方式指定监护人。通过遗嘱指定的监护人没有范围的限制，既可以是该被监护人的近亲属也可以是其他父母所信任的人，既可以是自然人也可以是社会福利机构等组织。不过还需要注意的是，由于遗嘱是单方法律行为，故其生效不需要与其他人合意，因此若遗嘱指定的人不愿意担任监护人的，并且其没有担任监护人的义务的，则其完全可以拒绝担任。因为没有人能够单方面为他人创设义务，这是民法意思自治原则的（我国民法上称之为自愿原则）基本要求。另外既然指导监护人的遗嘱也是遗嘱的一种，因此其必须符合《继承法》所规定的遗嘱的全部形式要件和实质要件才能够发生法律效力，自不必多说。通过遗嘱指定监护人的立遗嘱人仅限于被监护人的父母，其他法定监护人均不能通过遗嘱再行指定监护人。法律之所以允许担任监护人的父母通过遗嘱指定监护人，是基于“父母与子女之间的关系最为密切，父母最了解谁能给最好的照顾和保护该无行为能力人或者限制行为能力人的利益”这样的判断所作出的规定。在《德国民法典》第1776—1777条中有此规定。

【适用与比较】

父母通过遗嘱为子女设定监护人是我国《民法总则》的首次规定，这是一种全新的法律制度。从《民法总则》生效后必将产生一系列这样的实践，并产生相应的法律纠纷。

第三十条　依法具有监护资格的人之间可以协议确定监护人。协议确定监护人应当尊重被监护人的真实意愿。

【本条释解】

本条规定的是依法具有监护权利和义务的人之间可以通过协议确定监护人，也可以称之为监护协议。这条协议需要注意如下几点：首先，可以签订协议的主体是依据《民法总则》第27条规定和第28条规定对于无民事行为能力人和限制民事行为能力人负有监护义务的人。对于被监护人没有监护权利和监护义务的人不能作为该主体签订有关确定监护人的协议。其次，该协议既可以是同一顺序的监护人相互之间签订协议仅确定部分人作为监护人，也可以是不同顺序的监护人之间相互签订协议从而由后顺序的监护人担任监护人。再次，如果被监护人有一定的认知能力，各监护人之间签订协议不得违背被监护人的真实意愿，否则其监护协议无效。最后，该监护协议也是双方法律行为的一种，因此其必须符合民事法律行为的全部生效要件才能够发生法律效力。

【适用与比较】

该条规定来源于最高人民法院的《民通意见》第15条的规定，只是增加了一个限制即“应当尊重被监护人的真实意愿。”这体现了更加尊重被监护人利益的原则。

第三十一条　对监护人的确定有争议的，由被监护人住所地的居民委员会、村民委员会或者民政部门指定监护人，有关当事人对指定不服的，可以向人民法院申请指定监护人；有关当事人也可以直接向人民法院申请指定监护人。

居民委员会、村民委员会、民政部门或者人民法院应当尊重被监护人的真实意愿，按照最有利于被监护人的原则在依法具有监护资格的人中指定监护人。

依照本条第一款规定指定监护人前，被监护人的人身权利、财产权利以及其他合法权益处于无人保护状态的，由被监护人住所地的居民委员会、村民委员会、法律规定的有关组织或者民政部门担任临时监护人。

监护人被指定后，不得擅自变更；擅自变更的，不免除被指定的监护人的责任。

【本条释解】

本条规定的是监护人争议的解决方式。这种情形主要发生在同一顺序监护人有两个以上的情形，此时这些人都有监护的权利和义务，因此既可能发生相互之间推诿均不愿意担任监护人的情况，也可能发生相互之间因争当监护人而争执不下的情形。对此，依据本条的规定应当按照以下方式进行处理。

1. 请求有关机关指定

（1）当事人可以选择如下两种方法解决期间的争议：

其一，请有权部门指定。当事人可以请被监护人住所地的居民委员会、村民委员会或者民政部门指定，对于指定不服的人可以向人民法院起诉由人民法院予以指定。

其二，向人民法院起诉。当事人可以直接向人民法院起诉，请求人民法院予以指定监护人。

（2）有关部门直接指定。若由于有监护资格的人相互之间的争议导致监护人无法确定下来，且没有人向有权进行指定的居民委员会、村民委员会或者民政部门申请指定监护人，也没有人向人民法院申请指定监护人，则居民委员会、村民委员会或者民政部门可以不经申请主动以职权进行指定。当然对于指定不服的监护人或者其他有监护资格的人也可以向法院提起诉讼，诉请法院指定。

无论是居民委员会、村民委员会或者民政部门，还是人民法院指定监护人时都应当本着被监护人利益最大化的原则而进行，应当考虑以下两个方面的因素：被指定人的履行监护职责的各种能力，包括财产方面的和非财产方面的；被指定人主观上对于被监护人的态度问题，包括其是否诚实守法具有较高的道德水平等。若被监护人有一定程度上的认知能力，则应当征求其意见，了解其对于被指定人的态度，尊重其真实的意愿。

2. 设置临时监护人

被监护人的人身权利、财产权利以及其他合法权益处于无人保护状态的，由被监护人住所地的居民委员会、村民委员会、法律规定的有关组织或者民政部门担任临时监护人。

【适用与比较】

本条内容来源于最高人民法院《民通意见》第16条、第17条、第18条、第19条的规定。《民法总则》的该条规定与前述司法解释相比较有如下4点区别在适用上须注意：(1)依据《民通意见》的规定，当事人对于担任监护人有争议的必须先经有权组织进行指定，不能直接起诉到人民法院予以指定。而《民法总则》则允许当事人直接向人民法院提起诉讼，诉请人民法院直接指定。(2)有权进行指定的组织予以明确，且仅限于被监护人所在地的居民委员会、村民委员会或者民政部门。(3)指定监护人时明确了其指定的基本原则，即被监护人利益最大化的原则。(4)在指定之前设立临时监护的制度。

第三十二条　没有依法具有监护资格的人的，监护人由民政部门担任，也可以由具备履行监护职责条件的被监护人住所地的居民委员会、村民委员会担任。

【本条释解】

本条规定的是国家监护制度。作为社会主义国家，国家对于其公民负有保护和照顾的义务，因此在没有任何个人或者非政府组织担任无民事行为能力人或者限制民事行为能力人的监护人的，国家必须承担起监护责任。国家承担监护责任时通过其所设立的国家机构即民政部门来担任监护人的方法予以实现，当然民政部门要通过设立孤儿院、福利院、养老院等公益服务机构的方式来予以落实其监护责任。因此在没有监护人的情形下，民政部门必须作为监护人，这是其法定的职责。在没有监护人的情形下，如果被监护人所在地的居民委员会或者村民委员会具有监护条件的也可以作为监护人。

【适用与比较】

这条规定来源于《民法通则》第16条和第17条，但是与这两条相比较，《民法总则》第32条的规定明确了民政部门是最终责任人，即只要没有其他监护人的民政部门必须担任监护人，这样能够杜绝各部门之间相互推诿的现象。

第三十三条　具有完全民事行为能力的成年人，可以与其近亲属、其他愿意担任监护人的个人或者组织事先协商，以书面形式确定自己的监护人。协商确定的监护人在该成年人丧失或者部分丧失民事行为能力时，履行监护职责。

【本条释解】

本条规定的是完全民事行为能力人为自己设立监护人的制度。即完全民事行为能力人为了防止自己将来陷于无民事行为能力或者限制民事行为能力的状态而事先可以通过契约为自己设立监护人。这属于意思自治原则在监护制度领域的进一步扩张，充分尊重当事人自己的真实意愿，即认为当事人是自己利益最佳的判断者。协议确定监护人需要具备下列要件：(1) 双方当事人均须是完全民事行为能力人。无民事行为能力人或者限制民事行为能力人不能与他人签订协议为自己设立监护人。(2) 双方当事人必须达成书面协议。换言之，约定监护人的合同是书面要式行为，因此仅以口头约定不发生法律效力。(3) 须双当事人自由达成协议，即其协议不存在欺诈、胁迫等违背当事人真实意思的情形存在。(4) 该协议属于附条件的法律行为，因此只有在订立协议的当事人成为无民事行为能力人或者限制民事行为能力人时才发生效力。

【适用与比较】

该条规定的情形是《民法总则》首次创设的制度，原有法律没有规定。未来必然产生这样的监护人，也因此而会发生纠纷，从而适用该条规定予以解决。

第三十四条　监护人的职责是代理被监护人实施民事法律行为，保护被监护人的人身权利、财产权利以及其他合法权益等。

监护人依法履行监护职责产生的权利，受法律保护。

监护人不履行监护职责或者侵害被监护人合法权益的，应当承担法律责任。

第三十五条　监护人应当按照最有利于被监护人的原则履行监护职责。监护人除为维护被监护人利益外，不得处分被监护人的财产。

未成年人的监护人履行监护职责，在作出与被监护人利益有关的决定时，应当根据被监护人的年龄和智力状况，尊重被监护人的真实意愿。

成年人的监护人履行监护职责，应当最大程度地尊重被监护人的真实意愿，保障并协助被监护人实施与其智力、精神健康状况相适应的民事法律行为。对被监护人有能力独立处理的事务，监护人不得干涉。

【本条释解】

《民法总则》第34条与第35条这两个条文规定了监护权的内容，也即监护人的具体职责。具体而言分为权利和义务两个方面。这里需要注意的是，监护权是身份权的一种，与其他民事权利有所不同，其本身既包含有权利也包含有义务或者责任。

1. 监护人的职权

（1）作为被监护人的法定代理人。监护人的首要权利是作为被监护人的法定代理人，可以代理被监护人实施一切民事法律行为，其效果归属于被监护人。作为法定代理人，在被监护人的利益遭受侵害后可以代理被监护人提起民事诉讼，若被监护人作为被告被提起诉讼的，则监护人代理被监护人应诉。

（2）保护被监护人的人身权利及财产权不受侵害。被监护人所有法律上的利益均由监护人来予以保护，既包括人身权也包括财产权，任何人侵害被监护人的权利时监护人均可以当作其自身权利被侵害而采取各种合法的措施来加以防护。

（3）对被监护人进行教育和管束。尽管本条没有明确规定，但是依据相关法律法规的规定，可以得出监护人有权利也有义务对被监护人进行教育和管束。因此，若其未尽到对被监护人的教育与管束的义务，从而被监护人造成他人损害的，监护人应当承担相应的法律责任。（参见《侵权责任法》第32条的规定）。

（4）管理和处分被监护人的财产。由于被监护人没有民事行为能力或者系限制民事行为能力且不能很好地管理自己的财产，更不能任意处分其财产，所以其财产必须由监护人管理和处分。监护人处分被监护人的财产不属于无权处分，因此是有效的。唯须注意的是监护人处分被监护人的财产必须是为了被监护人的利益，而不是为了自己的利益，也不能为了公共利益，否则即属于无效。例如，监护人将被监护人的财产捐助给希望工程或者捐助给灾区用以救灾扶贫等均是无效的，为了保护被监护人的利益，在这种情形下不保护善意的相对人。

2. 监护权的行使

监护人行使监护权应当遵循以下两个原则：

（1）被监护人利益最大化的原则。监护权的目的在于保护被监护人，因此监护人行使监护权必须本着被监护人利益最大化的原则而实施。当然这里的利益最大化并非仅从个别行为判断而是应从整体上进行判断，例如，将被监护人的财产用于投入教育，那么从整体上来看是有利于被监护人的，故应当是符合该原则的。

（2）尊重被监护人的意愿的原则。未成年人的监护人履行监护职责，在作出与被监护人利益有关的决定时，应当根据被监护人的年龄和智力状况，尊重被监护人的真实意愿。成年人的监护人履行监护职责，应当最大程度地尊重被监护人的真实意愿，保障并协助被监护人实施与其智力、精神健康状况相适应的民事法律行为。对被监护人有能力独立处理的事务，监护人不得干涉。

3. 监护权受法律保护

监护权属于身份权的一种，与其他人身权一样受法律保护。依据《侵权责任法》第2条的规定，监护权被侵害的亦得构成侵权行为，故监护人得请求加害人依据《侵权责任法》的相关规定承担侵权责任。

4. 监护人责任

由于监护权是一种职权，故不仅仅有权利的成分，而且还有义务的成分在内。监护人必须依法履行其监护职责，否则即应当承担法律责任。

（1）监护人责任的要件：①必须是被监护人的监护人。②必须存在滥用监护权的情形或者是怠于履行其监护职责的情形。所谓滥用监护权，是指不以被监护人的利益为目的而实施监护行为从而致使被监护人受有损害的情形。如对被监护人实施虐待的行为，而不是为了对其进行教育与管束；再如不是为了被监护人的利益，而是为了自己的利益处分被监护人的财产等致使被监护人受有损害的。③被监护人受有损害。被监护人受有损害既包括人身伤害也包括财产损失在内。④被监护人受有损害必须与监护人滥用监护权或者怠于履行监护职责有法律上的因果关系。

（2）监护人承担责任的方式：①损害赔偿。监护人滥用监护权或者怠于履行监护职责给被监护人造成损害的，应当承担损害赔偿责任。②丧失监护权。其他有监护资格的个人或者组织，可以依据本法第36条的规定申请人民法院撤销其监护人资格，从而终止其监护权。

【适用与比较】

这两条规定来源于《民法通则》第18条，但是与该规定相比较，《民法总则》的规定更加详细准确，更加便于法律适用，在内容上没有根本性的变化。

第三十六条　监护人有下列情形之一的，人民法院根据有关个人或者组织的申请，撤销其监护人资格，安排必要的临时监护措施，并按照最有利于被监护人的原则依法指定监护人：

（一）实施严重损害被监护人身心健康行为的；

（二）怠于履行监护职责，或者无法履行监护职责并且拒绝将监护职责部分或者全部委托给他人，导致被监护人处于危困状态的；

（三）实施严重侵害被监护人合法权益的其他行为的。

本条规定的有关个人和组织包括：其他依法具有监护资格的人，居民委员会、村民委员会、学校、医疗机构、妇女联合会、残疾人联合会、未成年人保护组织、依法设立的老年人组织、民政部门等。

前款规定的个人和民政部门以外的组织未及时向人民法院申请撤销监护人资格的，民政部门应当向人民法院申请。

【本条释解】

本条规定的是监护人资格的撤销。为了保护被监护人的利益，在一定条件下人民法院得依法通过判决的方式撤销监护人的监护资格，从而为被监护人指定新的监护人。人民法院撤销监护人须具备下述要件。

1. 须经有资格的个人或者组织申请。申请人须是被申请人之外的，其他有监护资格的个人或者组织。例如未成年人的父母担任监护人的，则祖父母、外祖父母、兄姐等被监护人的近亲属均可以作为申请人。而所谓有监护资格的组织则包括居民委员会、村民委员会、学校、医疗机构、妇女联合会、残疾人联合会、未成年人保护组织、依法设立的老年人组织、民政部门等。

2. 须监护人存在下列损害被监护人利益的情形之一。

（1）实施严重损害被监护人身心健康的行为。例如，经常虐待被监护人致使被监护人身体或者心理健康受有较为严重的损害，再例如，男性监护人对女性被监护人实施性侵犯等情形。

（2）怠于履行监护职责，或者无法履行监护职责并且拒绝将监护职责部分或者全部委托给他人，导致被监护人处于危困状态。例如，父母作为未成年人的监护人，均到外地打工但是不能或者不愿意带着被监护人，将被监护人留给年老无力的爷爷奶奶导致孩子无法正常生活。

（3）实施严重侵害被监护人合法权益的其他行为。例如，侵占被监护人的财产等。

3. 须经人民法院依法予以认定。人民法院必须在有充分证据证明上述情形的前提下，始得撤销监护人的监护权。

另外需要注意的是，若监护人存在上述滥用监护权或者怠于履行监护职责侵害被监护人利益情形严重的，致使再继续维持其监护人资格的则被监护人的利益将受到严重损害，则在向人民法院申请撤销该监护人的，则被监护人所在地的民政局有义务和责任申请人民法院撤销该监护人的监护资格。

人民法院依据申请人的申请撤销监护人资格的，则必须同时为被监护人另行指定监护人，人民法院为被监护人指定监护人则必须按照对于被监护人利益最大化的原则进行。

【适用与比较】

本条规定来源于《民法通则》第 18 条第 3 款和《民通意见》第 20 条。主要几个变化需要注意：首先，明确了申请人的范围，并且将申请人的范围扩大到了有关社会组织。其次，规定了没有人申请的则民政局有申请的义务，赋予民政局以申请的义务，这样会使被监护人的利益得到更好的保护，防止无人过问的情形发生。再次，明确了具体的可以撤销监护人监护资格的具体情形。

第三十七条　依法负担被监护人抚养费、赡养费、扶养费的父母、子女、配偶等，被人民法院撤销监护人资格后，应当继续履行负担的义务。

【本条释解】

本条规定了监护权与抚养、赡养、扶养义务相分离原则。基于配偶关系、父母子女关系以及其他近亲属关系相互之间负有抚养、赡养或者扶养义务的是一种法定的义务，任何人均不得不履行，若不履行其义务的，则权利人当然可以诉至法院，请求法院通过判决加以确认并加以强制执行。一般而言，对于无民事行为能力人或者限制民事行为能力人负有支付抚养费、赡养费或者扶养费的人也通常都是其法定监护人，但是若其滥用监护权或者不履行监护义务，则可能导致法院撤销其监护人资格。需要明确，撤销其监护人资格并不是终止其与被监护人之间的亲属关系，也不是终止其对于该等无民事行为能力人或者限制民事行为能力人所负有的支付抚养费、赡养费或者扶养费的义务。若被撤销监护资格的监护人不履行其依据法律规定应当承担的前述义务，则新选任的监护人可以代理无民事行为能力人或者限制民事行为能力人提起诉讼以行使权利。

【适用与比较】

本条是一个新的规定，明确了监护权和身份权之间的关系。原有法律没有如此明确的规定，但是在司法实践中一直通过对既有法律的解释而遵循同样的规则，故该条规定并不会带来实质上的不同。

第三十八条　被监护人的父母或者子女被人民法院撤销监护人资格后，除对被监护人实施故意犯罪的外，确有悔改表现的，经其申请，人民法院可以在尊重被监护人真实意愿的前提下，视情况恢复其监护人资格，人民法院指定的监护人与被监护人的监护关系同时终止。

【本条释解】

本条规定的是特定情形下恢复父母或者子女对对方监护权的情形。该条适用须符合如下几个要件：(1)必须是被监护人的父母或者子女。(2)该父母或者子女的监护权是被人民法院依法撤销的。(3)该父母或者子女须向人民法院提出恢复其监护权的申请。(4)必须其本人确有悔改的表现。所谓有悔改的表现必须是通过客观的外在可以认识的行为所表现出来的事实，而不能仅仅停留在语言层面的悔改。(5)被监护人不反对恢复其监护关系。(6)申请人必须没有对被监护人实施有故意犯罪行为。人民法院恢复了该申请人的监护资格以后，原来人民法院所指定的监护人与被监护人之间的监护关系自动终止。

【适用与比较】

这条规定也是《民法总则》的全新规定，原来《民法通则》中并没有相应的法律规定，适用上须加以注意，应严格掌握其构成要件。

第三十九条 有下列情形之一的，监护关系终止：

（一）被监护人取得或者恢复完全民事行为能力；

（二）监护人丧失监护能力；

（三）被监护人或者监护人死亡；

（四）人民法院认定监护关系终止的其他情形。

监护关系终止后，被监护人仍然需要监护的，应当依法另行确定监护人。

【本条释解】

本条规定的是监护人监护资格终止的法定情形。详细阐述如下。

1. 被监护人取得或者恢复完全民事行为能力。只要被监护人成为完全行为能力人的，则其不再需要监护人了，故原监护人与其之间的监护关系自动终止。所谓被监护人取得完全民事行为能力系指未成年人年满18周岁而言，此时其监护人的监护权自动终止；而所谓被监护人恢复完全民事行为能力系指缺乏相应认知能力的成年人恢复了认知能力，如精神病人经过治疗恢复了健康，则其监护人的监护资格也自动终止。

2. 监护人丧失监护能力或者死亡。监护人丧失了监护能力的，则其监护资格也自动终止。但是此时若被监护人仍然是无民事行为能力人或者限制民事行为能力人，则仍然需要监护人，那么后顺序的监护人即自动成为监护人。没有后顺序的法定监护人的，则需要依据《民法总则》第32条的规定确定监护人。

3. 被监护人死亡。被监护人死亡的，那么也不再需要监护人了，故监护人的监护权终止。

4. 人民法院认定监护关系终止的其他情形。

【适用与比较】

本条规定也属于新增加的规定，不过该规定的内容属于当然之理，故在法律适用上不会有任何变化。

第三节 宣告失踪和宣告死亡

第四十条 自然人下落不明满二年的，利害关系人可以向人民法院申请宣告该自然人为失踪人。

第四十一条 自然人下落不明的时间从其失去音讯之日起计算。战争期间下落不明的，下落不明的时间自战争结束之日或者有关机关确定的下落不明之日起计算。

【条文释解】

《民法总则》第40条、第41条为关于自然人宣告失踪构成要件的规定，从立法简洁的角度两者可合并为一条。基于此，我们将两者合并阐释。对于宣告失踪的构成要件为：

第一，在适用主体上应为自然人，但不以具有完全行为能力的自然人为限。未成年人及精神障碍者有其法定监护人，虽不存在需要通过宣告失踪制度而予以保护的必要，但仍然可作为被宣告失踪人。

第二，关于宣告失踪的条件为自然人下落不明满二年。按照我国《民事诉讼法》第183条规定，公民下落不明满二年，利害关系人申请宣告其失踪的，向下落不明人住所地基层人民法院提出。因此，下落不明应指的是在其住所下落不明满二年，而非任意的居住地。所谓“下落不明”，按照《最高人民法院关于贯彻执行〈中华人民共和国民法通则〉若干问题的意见》第26条规定，是指公民离开最后居住地后没有音讯的状况。对于我国在台湾地区或者在国外，无法正常通信联系的，不得以下落不明宣告死亡。而所谓没有或失去音讯，我国法律并没有进一步的明确规定。我国有学者主张不应将失踪与住所地相关联。[1]这种观点在理论上是不成立的，在实践上也是无益处的。从语义的角度，下落不明应指与住所地和经常居住地的社会关系完全中断、与亲朋好友和曾经联系过的人员没有通信，也没有亲自现身住所地或经常居住地的情况。可以明确的是，杳无音讯应限于其住所及经常居住地范围内。也就是说，应理解为从离开最后居

〔1〕 欧阳梦春：《从人权保护的视角考察宣告死亡制度》，载于《河北法学》2005年第8期；欧阳梦春：《失踪概念之质疑与确定》，载于《怀化学院学报》2007年第7期。

住地开始计算，在住所和经常居住地的范围内杳无音讯满二年。同时，对于杳无音讯应延续地满二年，虽满两年但中间有音讯的，不能满足法定的条件。当然，最后居住地也可以理解为最后的经常居住地。对此，取决于司法实践中进行具体的裁判。由于我国所实现的暂住登记和住所登记制度在实践中执行得并不严格，居住地登记制度对于宣告失踪的实际意义有限。从司法实践来看，宣告失踪制度也不与暂住登记相关联，既不需要申请人证明被宣告人最后登记居住地，也不需要法院主动查证被宣告人最后登记居住地的情况。从司法裁判来看，往往采取与申请人或被申请宣告人有生活交叉关系的证人证言，以及户口所在街道、公安等机关开出杳无音讯证明等证据进行综合认定。

第三，申请宣告失踪应为有利害关系的人。所谓利害关系应为法律上的利害关系，并非任何利害关系均可满足申请条件。按照《最高人民法院关于贯彻执行〈中华人民共和国民法通则〉若干问题的意见》第24条规定，申请宣告失踪的利害关系人，包括被申请宣告失踪人的配偶、父母、子女、兄弟姐妹、祖父母、外祖父母、孙子女、外孙子女以及其他与被申请人有民事权利义务关系的人。可见，可以申请宣告失踪的主体范围包括被申请人的直系亲属，即使未成年子女以及无行为能力亲属，仍可由其法定代理人提出宣告申请。值得注意的是，所谓与被申请人有权利义务关系的人，应限于有财产权利义务关系的主体，而不包括法定亲属之外的其他有人身利害关系的主体。因宣告失踪的目的在于为被宣告主体设置财产代管人，不发生人身关系的变动。也就是说，被申请人的旁系亲属不得作为申请人提出申请。所以此处所谓有民事权利义务关系的人不能作扩大解释。

对于申请宣告的顺位关系，《民法总则》《民法通则》《最高人民法院关于贯彻执行〈中华人民共和国民法通则〉若干问题的意见》并没有作出明确的规定。因宣告失踪主要在于解决财产法律问题，故没有顺位要求。即使其他利害关系人对于宣告失踪申请有异议，除非提出相反的证据，否则也不影响宣告被申请人为失踪人。

第四，战争期间下落不明的，下落不明的时间自战争结束之日或者有关机关确定的下落不明之日起计算。战争等社会非正常状态对于宣告失踪和宣告死亡制度的发展变化有重要影响，德国的《失踪法》可能即与战后社会现实有关系。我国《民法总则》将战争导致失踪的问题单独规定，体现出对战争问题的关注。由于民法可以参照比附适用，战争情况下的下落不明对于《民法总则》“下落不明”含义的理解可能提供参考，即为限缩解释提供了参照点，即下落不明应达到生死未卜的状态。当然，这种理论上的可能是否有必要转化为规则，还值得探讨。同时，战争为其他意外事件提供了参考，自然灾害、空难等意外事件可以类比战争期间下落不明的规定。战争期间下落不明的时间“自战争结束之日或者有关机关确定的下落不明之日起计算”故无问题，但对于战争等灾难事件中的下落不明，应考虑缩短宣告失踪的等待期，即规定较短的下落不明期间，而不必拘泥于二年的规定。

虽然宣告失踪制度不解决身份关系问题，但失踪事实对于身份关系有其意义。根据《最高人民法院关于审理离婚案件如何认定夫妻感情确已破裂的若干具体意见》第12条的规定，一方下落不明满二年，对方起诉离婚，经公告查找确无下落的，视为夫妻感情破裂，故对原告要求离婚的诉讼请求，法院依法予以支持。可以说，失踪事实对于解决婚姻等身份关系有重要影响。

【适用与比较】

《民法通则》第20条规定，“公民下落不明满二年的，利害关系人可以向人民法院申请宣告他为失踪人。战争期间下落不明的，下落不明的时间从战争结束之日起计算”。《民法总则》与之相比，并无大的变化。只是将其拆分为两条，并规定“自然人下落不明的时间从其失去音讯之日起计算”。从立法目的来看，该句在于杳无音讯起算点明确之目的。然而，失去音讯为一消极事实，具有延续性而没有开始的起算点问题。从理解的角度而言，应为从最后一次有音讯延续两年均无音讯的意思。从《民法通则》与《民法总则》的延续性来看，两者均强调下落不明、失去音讯。至于这种下落不明和失去音讯是否达到生死未卜的状态，没有言明。这里涉及宣告失踪与宣告死亡构成要件的严苛程度是否相同的问题。《民法总则》立法甚至有意同化两者构成要件的相似性。至少从我国法律的用语来看，我国法律并不要求达到被宣告人生死未卜，甚至更不要求被宣告人达到确信其死亡可能较大的程度。这属于重大立法政策，还是值得重视的。实际上，学界对于宣告失踪的要件一直以来都有学理上的主张，只是没有完全反映到立法和司法实践中去，或者说立法和司法实践对学理有所忽视。

从各国立法来看，失踪应以生死未卜而非杳无音讯为条件。《法国民法典》采取设立财产代管人、宣告失踪、宣告死亡逐级递进的立法模式。但是，《法国民法典》的立法模式在后来被法国于1977年12月28日颁布的第77—1447号法律所修改，该法律明确规定“宣告失踪的判决自其登录之日起，即具有确认失踪人已经死亡的全部效力”(第128条第1款)。[1]可以说，法国立法上宣告失踪与宣告死亡所可能具有的人文主义关怀上的差异化处理，已经因修法而发生改变，法国立法上的宣告失踪具有死亡宣告的效力。[2]据此，宣告失踪也应是达到可宣告死亡的构成要件标准。德国立法上不存在宣告失踪制度，但失踪（Verschollen）是宣告死亡的前提条件。德国《失踪法》第1条规定，所谓失踪，是“在相当长时间内其行踪（Aufenthalt）不明，没有该人在这段时间内或生或死的消息，且根据此种情况，其继续生存的可能性严重存疑已能够成立”。

对于我国的宣告失踪制度，采取何种适用标准，是值得探讨的。从适用的角度，考虑对《民法总则》“下落不明”“失去音讯”作严格解释，以下落不明、失去音讯达到生死未卜、生存的可能性不大的情况存在或发生为必要。当然，宣告失踪的构成要件及其与宣告死亡制度的关系，取决于宣告失踪制度的目的。从设置财产代管人的角度而言，宣告失踪可与宣告死亡错落有致，承载不同的制度功能。而不必完全以他国立法为圭臬。据此，对于宣告失踪制度是否达到对于被宣告者不在人世的确信，还可探讨。从设置财产代管人的目的考虑，可不要求达到被宣告者不在人世的可能性较大，而单纯以没有音讯作为宣告条件。

第四十二条　失踪人的财产由其配偶、成年子女、父母或者其他愿意担任财产代管人的人代管。

代管有争议，没有前款规定的人，或者前款规定的人无代管能力的，由人民法院指定的人代管。

【条文释解】

宣告失踪制度的主要功能在于为宣告失踪人设立财产代管人。所谓财

[1] 尹田：《论宣告失踪与宣告死亡》，《法学研究》2001年第6期。
[2] 尹田：《论宣告失踪与宣告死亡》，《法学研究》2001年第6期。

产代管人，即代失踪人管理其财产之人。财产代管人的法律地位类似于法定代理人、监护人，但限于财产法领域。财产代管人对内管理失踪人财产，对外可以自己或被宣告失踪人名义为法律行为或事实行为。鉴于被宣告失踪人的权利能力尚未消灭，财产代管人以被宣告失踪人名义从事活动应在法律允许的范围之内。至于以自己的名义，鉴于法定代理人及监护人可以自己名义或被监护人名义，并表明代理人或监护人的身份，被宣告人的财产代管人也得以自己名义管理被宣告人的财产。

关于代管人的范围，以失踪人的配偶、成年子女、父母或其他愿意担任财产代管人的人担任，兜底性的“其他愿意担任财产代管人”的规定为被宣告人设立了任意代管人的规则。被宣告人的财产代管人应为具有完全民事行为能力的人，限制行为能力或无民事行为能力人或其他处于他人监护之下的主体不得为财产代管人。代管人可以为自然人，但法人或其他组织是否可做代管人没有明确规定。《最高人民法院关于贯彻执行〈中华人民共和国民法通则〉若干问题的意见》规定，人民法院可以指定有关组织担任财产代管人。在人民法院未指定，且配偶子女等亲属没有或不愿担任财产代管人的情况下，由有关组织担任代管人不违反之前的司法裁判观点以及该条的文义解释。从条文表述来看，代管人也并未限定于自然人。有观点认为，失踪人所在的村委会、居委会等组织可承担代管人之责。对此，应持谨慎态度，毕竟这些组织与被宣告人的利害关系较弱。鉴于我国目前正在发展社会公益组织，可成立失踪人财产代管的志愿组织或社会组织，并由这些组织担任财产代管职责。在无近亲属或愿意承担代管之责的情形下，可由其担任。另外，监护人为被监护人的财产管理人，被监护人失踪无须另设代管人。监护人本人失踪的，则被监护人的代管人对被监护人的财产继续承担监护职责。如还有其他监护人的，其他监护人履行监护职责。至于设置监护人的财产代管人后，是否有必要要求由代管人取代其他监护人继续履行财产方面的监护职责，似没有必要。

关于代管人的确定还涉及代管顺位的问题。《民法总则》《民法通则》《最高人民法院关于贯彻执行〈中华人民共和国民法通则〉若干问题的意见》对此没有明文规定。财产代管人顺位的确定可考虑有利于被宣告人利益的保护、与被宣告人的关系、是否有足够的财产管理能力等因素。按照《最高人民法院关于贯彻执行〈中华人民共和国民法通则〉若干问题的意见》第25条规定，我国宣告死亡的利害关系人顺序为：（1）配偶；（2）父母、子女；（3）兄弟姐妹、祖父母、外祖父母、孙子女、外孙子女；（4）其他有民事权利义务关系的人。在有争议的情形下，财产代管人顺位的确定可参照上述标准。

鉴于我国法律并未对财产代管人的顺位作强制规定，关于代管人顺位的确定需关注法院的自由裁量权问题。按照《民法总则》第42条第2款的规定，代管有争议，没有前款规定的人，或者前款规定的人无代管能力的，由人民法院指定的人代管。人民法院在进行指定时可不必然按照亲疏远近关系进行指定，而是以保护被宣告失踪人及其利害关系人的利益为出发点，自由裁量指定。

【适用与比较】

《民法通则》第21条规定，“失踪人的财产由他的配偶、父母、成年子女或者关系密切的其他亲属、朋友代管。代管有争议的，没有以上规定的人或者以上规定的人无能力代管的，由人民法院指定的人代管”。《民法总则》与之相比，将“或者关系密切的其他亲属、朋友”改为“其他愿意担任财产代管人的人”。这有简化法律适用的效果，关系密切的亲属、朋友相对于其他愿意担任财产代管人的人而言，属于额外的限定条件。《民法总则》仅以是否愿意作为担任代管人的条件，这有利于扩大被宣告人财产代管人的范围，有助于解决财产无人代管的情况。不过，这种不考虑身份和主体关系而仅以主观意愿为标准的法律规定也具有一定的风险。这极易造成宣告失踪申请人与代管人同一的效果，往往是宣告失踪申请人对于宣告失踪具有利害关系，而该等利害关系往往是财产权利义务关系。如债权人申请被宣告人失踪，则债权人往往乐于作为财产代管人处置被宣告人的财产。

如债权人或其他与代管财产具有直接利害关系的人，甚至可能会出现侵害被宣告人财产权利的人申请作为财产代管人，则需考虑财产代管制度的目的是保护被宣告人还是保护利害关系人的问题，或者优先保护何者利益的问题。如立法目的在于保护利害关系人，则将代管人放宽为愿意代管的人故无问题。即便如此，也应要求代管人在进行自我交易的情形下，由法院或者相关机构确认自我交易的有效性或者公平性，避免被宣告人的财产利益遭受不必要的损害。从维护被宣告人利益的角度考虑，则不宜将债权人等作为被宣告人的财产代管人，而是由能够有效保护被宣告人利益的人担任财产代管人。当然，由于代管人需对自己的代管行为负责，即使债权人作为代管人，也不必然导致对被宣告人利益造成严重损害。

《民法通则》《民法总则》均对代管能力有所要求。对于代管能力应达到何种水平，我国法律没有明确规定。代管能力与代管行为的范围有关，如仅为消极的保存行为则对于代管能力要求自然较低，而如代管涉及积极的管理甚至处分乃至于投资甚至专业的技能，则对代管人代管能力的要求就较高。对此，在代管人管理财产的义务部分进一步予以阐述。

第四十三条　财产代管人应当妥善管理失踪人的财产，维护其财产权益。

失踪人所欠税款、债务和应付的其他费用，由财产代管人从失踪人的财产中支付。

财产代管人因故意或者重大过失造成失踪人财产损失的，应当承担赔偿责任。

【条文释解】

本条是关于财产代管人代管行为的规定。财产代管人应妥善管理失踪人的财产，维护其合法权益。所谓妥善管理，并非严格的法律术语，何为妥善或不妥善难以言说。但从本条第3款来看，至少财产代管人因故意或重大过失造成失踪人财产损失的，应构成不妥善。然而，妥善作为行为义务，不应仅仅局限于消极保存，而不涉及积极的处置。仅仅从反面尚不能解释出财产管理人的行为范围和界限。

对于财产代管人具体的行为范围，第43条第2款作了列举式的规定，失踪人所欠税款、债务和应付的其他费用，由财产代管人从失踪人的财产中支付。失踪人的税款或债务及应付费用，属于按照法律规定或失踪人的意思表示而发生的债务，代管人进行偿还自然符合代管人的意思。但是，对于已经超过诉讼时效或有其他抗辩事由的债务，财产代管人不得自行放弃或处置，而是应当积极主张。

关于财产代管人的注意义务。《民法总则》规定财产代管人仅在故意及重大过失情形才承担赔偿责任。如此规定乃考虑到财产代管人所为代管行为一般均为无偿行为。我国《合同法》第374条规定：“保管期间，因保管人保管不善造成保管物毁损、灭失的，保管人应当承担损害赔偿责任，但保管是无偿的，保管人证明自己没有重大过失的，不承担损害赔偿责任”。比照保管合同，对于无偿性的财产代管行为以故意或重大过失为责任条件，是合理的。然而，对此不可一概而论。有的财产代管人可能并非完全或主要为被宣告人利益行事，特别是与被宣告人有债权债务关系的财产代管人，通过自我交易或其他方式处置被宣告人的财产，其处置行为不应仅在故意或重大过失情形下担责，而是应该适用普通的过失责任。另外，不排除财产代管人因代管行为取得适当费用补偿甚至报酬并从代管财产中支付的可能。对于有偿的财产代管，自然不能适用故意或重大过失规则。

【适用与比较】

《民法通则》仅规定，失踪人所欠税款、债务和应付的其他费用，由代管人从失踪人的财产中支付。《民法总则》增加第1款、第3款，丰富了宣告失踪财产代管人行为界限以及行为责任的规则。然而，如上所述，新增加的条款在表述以及规则内容本身尚有值得完善之处。在司法实践中，应注意通过司法裁判观点对《民法总则》的规定进行补充完善，以求个案公正与规则统一适用、相互协调。

对于代管人在代管行为中给他人造成的损害，缺乏明文规定。对此，可参照职务行为，以所代管财产作为承担对外责任的客体。并根据代管人是否构成重大过失或在特定情形以普通过失为判断，确定代管人是否对被宣告人承担赔偿责任。由于被宣告人无法对代管人主张赔偿，此项赔偿应以代管人自行履行为首要实现方式。如代管人为积极履行内部赔偿责任，则被宣告人及其财产继承人在不能行使权利期间的时效内应适用中止规则，在可得主张之际开始计算时效。

关于损益相抵规则，并不适用于代管人。代管人通过其代管行为增加了所代管财产的价值，但不意味着可以抵消其给被宣告人财产所造成的损失。基于代管行为的性质，代管财产的增值也与代管人的积极管理和额外投入关系不大，即便有关系也不宜损益相抵。两者属于不同事实和不同法律的关系，不应适用损益相抵规则。

第四十四条　财产代管人不履行代管职责、侵害失踪人财产权益或者丧失代管能力的，失踪人的利害关系人可以向人民法院申请变更财产代管人。

财产代管人有正当理由的，可以向人民法院申请变更财产代管人。

人民法院变更财产代管人的，变更后的财产代管人有权要求原财产代管人及时移交有关财产并报告财产代管情况。

【条文释解】

本条是关于财产代管人变更的规定。财产代管人在人民法院经宣告确定失踪程序后，如不履行代管职责、侵害失踪人财产权益或丧失财产代管能力的，失踪人的利害关系人可以主张变更财产代管人。

第一，所谓不履行代管职责，自然包括完全不履行代管职责弃代管财产于不顾的情形，除此之外，尚应包括不适当履行代管职责的情形。所谓不适当履行，可类比债法上的不完全履行制度，包括时间上的迟延以及内容上的不完整等内容。虽然不履行代管职责并不必然导致损害赔偿，但不履行代管职责不以达到重大过失而承担损害赔偿责任为必要。代管人对于所代管财产仍应尽到善良管理人的注意义务。所谓善良管理人的注意义务，即管理人应忠实勤勉，积极地维护失踪人的财产利益。代管人未全面履行代管职责，是否应撤销其代管人资格，应根据具体情况判断。除考虑代管人不履行代管职责的严重程度外，不应因轻微的不履行即撤销其代管人资格，而是尚需考虑新的候选代管人是否能够更好地履行代管人职责，即使现代管人存在不履行代管职责的情形，但新的代管人更无法维护失踪人权益的，不应变更代管人。但这并不意味着不追究代管人的不履行责任，除重大过失情形的赔偿责任外，尚可考虑其他的承担责任方式。

第二，侵害失踪人财产权益。代管人侵害失踪人财产权益，自然包括侵权行为，即代管人以故意或过失造成失踪人财产权益遭受损害的情形。除此之外，也包括代管人在管理代管财产过程中发生的其他损害失踪人财产权益的情形。当然，从严格字面解释，侵害失踪人财产权益应仅指侵权行为，而不包括基于管理行为而对第三人承担违约等其他责任，后一种情形也尚可归入不适当履行代管职责范围。具体取决于司法裁判机关的裁判观点尺度。从维护失踪人权益目的出发，应以广义扩张解释较为合理，即因债务不履行而导致失踪人财产利益遭受损害的，也属于侵害失踪人财产权益的情形。

第三，所谓丧失代管能力。丧失代管能力可分为一般和具体情形予以阐述。代管人丧失或部分丧失行为能力，固然属于丧失代管能力，因年迈、身体或精神原因导致不适于担任财产代管人的，也构成丧失代管能力。相对于代管财产需要特定的技能或资质，而此种技能或资质丧失的，也属于丧失代管能力。代管能力是否丧失，应以司法实践中具体案件事实中的具体裁判观点为据。

第四，关于利害关系人。本条的利害关系人仍为失踪人的利害关系人，包括其父母、子女、兄弟姐妹等亲属。失踪人的朋友甚至与失踪人无特别关系的主体能否作为利害关系人存在疑问。从财产代管人的确定来看，愿意担任财产代管职责的人可作为利害关系人提出变更申请。该主体因愿意承担代管职责而成为失踪人的利害关系人，可以提出变更申请。

第五，财产代管人可以自行主张变更财产代管人。按照本条规定，财产代管人自行主张辞去代管人职责，应以具有正当理由为前提条件。但何为正当理由需要探讨。代管人自我主张其不具备代管能力、不履行代管职责甚至侵害代管人权益，固属于正当理由。除此之外，代管人住所地的变更、工作等方面的变动等也可以作为变更的正当理由。代管责任的履行属于长期的债务关系，而长期债务关系一般均得依据正当事由解除。此处需要注意的是，变更财产代管人与辞去财产代管人有所不同。尚不能完全类比长期债务关系处理财产代管人变更事宜。财产代管人申请变更需提供新的财产代管人，这在利害关系申请人财产代管人变更时也是如此。实际上，对于财产代管人主张变更代管人的，正当理由的条件往往难以严格把握，因代管乃需要财产代管人积极的行为。如不允许财产代管人辞去代管人职责，其又不积极履行代管职责，对失踪人财产利益的维护是不利的。故此，财产代管人主张辞去代管人责任的，应由人民法院依法重新指定财产代管人，较为适宜。

【适用与比较】

《民法总则》第44条属于新增条款。《最高人民法院关于贯彻执行〈中华人民共和国民法通则〉若干问题的意见》第35条规定："失踪人的财产代管人以无力履行代管职责，申请变更代管人的，人民法院比照特别程序进行审理。失踪人的财产代管人不履行代管职责或者侵犯失踪人财产权益的，失踪人的利害关系人可以向人民法院请求财产代管人承担民事责任。……”对照来看，两者差异不大。

本条同时规定，人民法院变更财产代管人的，变更后的财产代管人有权要求原财产代管人及时移交有关财产并报告财产代管情况。由新的财产代管人要求原财产代管人提供代管财产的代管情况的说明或报告，固然是可以的。但是，原财产代管人应在财产代管人变更程序中，向人民法院作出代管财产情况的报告，而非代管变更后作出报告。比照《最高人民法院关于贯彻执行〈中华人民共和国民法通则〉若干问题的意见》第34条，也应由法院在变更程序中要求原财产代管人作出说明，并确定新的财产代管范围较为适宜。在变更程序中对失踪人财产状况进行确认，还有助于解决原财产代管人的赔偿责任问题。故此，本条规定固然可以赋予新的财产代管人此种权利，但要求原财产代管人在人民法院变更之际即予以明确更为合适。

第四十五条　失踪人重新出现，经本人或者利害关系人申请，人民法院应当撤销失踪宣告。

失踪人重新出现，有权要求财产代管人及时移交有关财产并报告财产代管情况。

【条文释解】

宣告失踪是对失踪人与原住所地及其生活关系的一种事实和法律上的认定，不涉及对失踪人权利能力及行为能力问题。失踪人重新出现，意味着被宣告人失踪状态结束，宣告失踪应失去其法律效力。为明确之目的，经本人或利害关系人申请，由人民法院作出撤销宣告失踪的判决。所谓重新出现，即被宣告失踪人不再下落不明，其生存或死亡状态得到确认。失踪人不限于在其住所或经常居住地重新出现，包括其与利害关系人或亲朋好友等通过电话或书信等取得联系，还包括任意的第三人确知被宣告人的具体信息等情形。也就是说，重新出现应作扩张解释。但重新出现的扩张解释，也应具有相对的确定性，不以取得被宣告人的蛛丝马迹为撤销失踪宣告的充分条件。

关于撤销宣告失踪的效力。宣告失踪人结束失踪状态的，并不导致财产代管人在宣告失踪期间的代管行为无效。但失踪人认为财产代管人的行为侵害其财产权益的，可以主张撤销财产代管人的行为。失踪人对代管人财产损害赔偿责任的诉讼时效在其失踪期间中止，在出现后可向财产代管人继续主张。当然，撤销被宣告人的行为涉及第三人利益的保护，特别是善意取得的问题等。

失踪人结束失踪状态的，代管人的财产代管权限因此消灭，不以人民法院作出确认为必要。失踪人有权要求财产代管人移交代管的财产，并对财产代管情况作出报告。所谓移交，即将代管财产的事实控制、占有返还给失踪人，不再继续履行代管职责。但若宣告失踪不撤销，在相对人为善意情形，财产代管人以财产代管人身份所为的行为对被宣告人仍然有效。故此，撤销失踪宣告及财产代管人对于失踪人本人有益。

【适用与比较】

《民法通则》第22条规定，被宣告失踪人“确知他的下落”的，利害关系人可以申请撤销他的失踪宣告。《民法总则》删除了这一字句，而仅规定“重新出现”作为撤销宣告失踪的要件。

对此，如上所述，不应对重新出现作严格的字面解释，而是应从宣告失踪的制度目的出发，以本人是否生存，能否继续行使其财产处置权利或表达处理其处置、管理财产的意思出发进行判断。就此点而言，即使获得被宣告失踪人的些许信息，但仍无法从失踪人处得到财产管理和处置可能的，仍不宜撤销对其的失踪宣告。确知被宣告人死亡的，从目的解释角度，仍应认定为重新出现，以便于财产继承以及死者亲属处理相关事宜。在确知被宣告人死亡情形，被宣告人的继承人、受遗赠人以及遗产管理人等，可取得被宣告人失踪人财产的处置权限。对于财产管理人的权限是否以撤销失踪宣告及撤销财产代管人为必要，应持否定态度。但如财产代管人与继承人等就宣告失踪人的代管权限发生争议，可以通过撤销失踪宣告解决。在撤销失踪宣告中，财产代管人应作为第三人参加到特别程序中来，由法院对撤销失踪宣告与否作出裁判。另外，对于被宣告人失踪状态结束，但仍然无法管理其财产，也无合适的财产管理人的，财产代管人仍应继续代管其财产，直到其本人或利害关系人取代财产代管人为止。

第四十六条　自然人有下列情形之一的，利害关系人可以向人民法院申请宣告该自然人死亡：

（一）下落不明满四年；

（二）因意外事件，下落不明满二年。

因意外事件下落不明，经有关机关证明该自然人不可能生存的，申请宣告死亡不受二年时间的限制。

【条文释解】

本条文是关于宣告死亡的规定。自然人下落不明满四年或因意外事件下落不明满二年，可以经利害关系人申请，由法院裁判失踪人宣告死亡。所谓下落不明，法律并没有在此明确规定。《民法总则》第 41 条关于宣告失踪的规定中有“失去音讯”的表述，对于宣告死亡下落不明的认定有意义。从字面来看，宣告失踪与宣告死亡所要求的均为下落不明，两者的差异仅在于下落不明的时间为二年还是四年。然而，基于宣告失踪与宣告死亡制度目的的不同，两者构成要件是否有差异还是值得探讨的。

我国宣告失踪制度的目的在于为失踪人设立财产代管人，不在于结束被宣告人的主体地位和身份关系。这是我国宣告失踪制度的独特之处，与宣告失踪发生身份关系变更的立法例存在差异。而宣告死亡制度在于结束和清理被宣告人的财产和人身关系，结束法律关系不稳定和悬而未决的状态，明确权利义务关系的归属主体。宣告死亡具有自然死亡类似或者相同的法律效果。因此，宣告失踪与宣告死亡的制度目的存在明显的差异，两者的构成要件也不应相同。仅以二年的时间差作为宣告失踪与宣告死亡制度的区别标准，似显区分度不够。

从立法例来看，我国台湾民法在宣告死亡的构成要件上，以被宣告人生死不明为条件，即不能证明生存或者死亡。我国台湾学者认为，如果死亡通常可认定，纵未发现尸体，仍得直接认定死亡。[1]德国的《失踪法》第 1 条对死亡宣告失踪标准的规定为，自然人长时间没有音讯，在此期间该人生存还是死亡无从知晓，以至于根据情况来判断，继续生存的可能严

〔1〕 王泽鉴：《民法总则》（增订版），中国政法大学出版社 2001 年版，第 111 页。

重存疑已经能够成立。按照德国的规定，宣告死亡需要以被宣告人生存的可能性不大作为构成要件。相比于我国台湾地区，德国的死亡宣告构成要件更为严格。但是，我国台湾地区死亡宣告的下落不明时间较长，一般失踪情形需达到7年，80岁以上者为3年，灾难发生时为灾难终了后1年。可以说，我国死亡宣告的构成要件过于宽泛。

鉴于我国同时规定宣告失踪与宣告死亡制度，其立法例与设立财产代管人及宣告死亡制度颇为相似。我国有必要调整宣告失踪与宣告死亡的构成要件差异，严格宣告死亡的构成要件。在宣告死亡下落不明的认定上，应指自然人离开住所或经常居住地生死未卜、没有音讯的状态，除此之外，尚应达到被申请人生存可能性较小能够得到确认或具有高度盖然性的程度。否则，宣告失踪与宣告死亡制度同化，无法实现宣告死亡对被宣告者利益的兼顾保护。鉴于宣告死亡影响被宣告者利益极大，还是应该严格适用标准，这对被宣告者及其利害关系人，都是有益的制度安排。

【适用与比较】

相较于《民法通则》，《民法总则》增加了“因意外事件下落不明，经有关机关证明该自然人不可能生存的，申请宣告死亡不受二年时间的限制”的规定。所谓意外事件，包括战争、自然灾害、火灾、空难等重大自然灾害或社会事件所导致的自然人生死未卜的状态。值得注意的是“有关机关证明”。所谓有关机关一般应指公安机关或其他公权机关，有关机关的证明成为意外事件中自然人生死的裁判标准。在意外事件中，公安机关或其他直接负责事故处理的机关的确直接掌握事故中的人员情况以及生者和下落不明者的信息，由其开出证明具有一定的可信度。但是，应防止的是未参与处理的公安等机关开出死亡证明，即不宜泛化有关机关的范围。

在意外事故中下落不明的，且经有关机关证明该自然人不可能生存的，可即时申请宣告死亡，不受死亡宣告下落不明期间的限制。然而，这里也可能存在争议的是，既然公安机关已经开出死亡证明或证明死亡的证明，是否还有必要经人民法院宣告死亡。德国《失踪法》第22a条规定，失踪人的死亡已经登入死亡登记册（Sterbregister），在死亡宣告程序中该登记册不具有证据效力。也就是说，司法机关依据死亡宣告的规定，从规范目的出发，对被申请人是否符合死亡宣告条件作出独立判断，不受其他公权机关出具的文件或记载的影响。

人民法院作为司法裁判机关，可以径直依据对意外事件及相关事实的判断，根据死亡宣告的构成要件，而不必以有关机关的证明为作出死亡宣告裁判的证据条件。否则，不免造成推诿、权威冲突或者增加社会生活成本的不利局面。

我国的死亡宣告制度与宣告失踪制度并不冲突。如失踪人先被宣告失踪，复又被宣告死亡，则宣告死亡不以宣告失踪撤销为条件，宣告失踪自动终止，财产代管关系失效，但财产代管人应有义务处理继承及遗产处置事宜。故此，财产代管人的代管义务并未完全终止。如依据《继承法》，遗产另有管理人的，则财产代管人应与之完成交接。遗产管理人并有权就遗产追回和处置事宜与财产代管人发生追偿等法律关系。

第四十七条　对同一自然人，有的利害关系人申请宣告死亡，有的利害关系人申请宣告失踪，符合本法规定的宣告死亡条件的，人民法院应当宣告死亡。

【条文释解】

《民法总则》同时规定宣告失踪与宣告死亡制度。但两者具有不同的制度目的，这是两者并行的合理性所在。按照本条规定，对于同一自然人，宣告失踪和宣告死亡申请出现冲突时，应当宣告死亡。其理由在于，宣告死亡的法律效果更为直接、更为终局性，仅宣告失踪并设立财产代管人，不能终结失踪人的权利义务关系，不能达到宣告死亡的制度目的。

对于宣告死亡的利害关系人，该条并没有明确规定。其理由可能在于宣告失踪已经对利害关系人进行了列举，此处出于节省文字和简洁的目的而不重复。然而，对于宣告死亡是否有顺序的问题，尚有探讨必要。对此，一种观点认为，前一顺序人未申请宣告死亡的，后一顺序人不得申请，但同一顺序不受影响；另一种观点认为，宣告死亡申请不应有顺位之别，利害关系人均享有同等的申请权，不受前顺序人是否申请或反对申请或申请宣告失踪的影响。

我国有观点认为，所谓配偶的身份利益是虚幻的，应让位于其他身份主体的继承等财产利益。[1]应该说，从死亡宣告乃对被宣告人事实状态的判断来看，应允许利害关系人提出，而不论其与被宣告人的亲疏远近。然而，鉴于我国的死亡宣告制度有较多的拟制成分，即不以被宣告人死亡可能性较大，而单纯以被宣告人杳无音讯的时间经过即可宣告。如不能严格死亡宣告的适用条件，还是应当顾及顺位利益的。特别是配偶的身份利益应特别重视。完全不考虑配偶的身份利益而只考虑继承人的财产利益，也忽视了继承乃是最后的财产取得方式的制度属性，继承的财产利益自然应当让位于被宣告人的身份利益。

【适用与比较】

《民法总则》本条规定试图解决不同利害关系人申请冲突的问题。但是，该条仅考虑到同一层面的申请人，而忽视了不同层级的申请顺位问题。

按照《最高人民法院关于贯彻执行〈中华人民共和国民法通则〉若干问题的意见》第25条规定，申请宣告死亡的利害关系人的顺序是：(1) 配偶；(2) 父母、子女；(3) 兄弟姐妹、祖父母、外祖父母、孙子女、外孙子女；(4) 其他有民事权利义务关系的人。基于该规定，第一顺位的配偶不积极主张宣告死亡的或者不存在第一顺位主体的，第二顺位的父母、子女可以提出申请。但是，第一顺位主体不同意、反对申请宣告死亡的，如何处理还不明确。从司法解释来看，应为第二顺位不得申请。这种申请顺位说遭到部分学者的批评，死亡宣告主要不在于保护被宣告人的利益，而在于保护被宣告人利害关系人的利益，利害关系人应没有顺位限制。[2]如上所述，宣告死亡是否受申请顺位的限制，需结合宣告死亡对于利害关系人的影响而为判断。宣告死亡申请人乃基于自身与失踪人之间的利害关系而为申请，且宣告死亡乃基于一定事实而作出的宣示性判断，其制度目的在于解决申请人与失踪人之间的权利义务关系。对于死亡宣告的申请顺位问题，也应结合该制度的具体构成要件以及制度目的而为判断。如果死亡宣告更接近于对被宣告者死亡事实的确认和宣示，即基于被宣告者生还的可能性较低而对其死亡作出权威的认定并以司法裁判的方式对外

---

〔1〕黄忠：《误解的冲突与虚幻的利益——宣告死亡申请人顺位之辨》，载于《社会科学论坛：学术研究卷》2009年第5期。

〔2〕梁慧星：《民法总论》（第四版），法律出版社2011年版，第115页。

公告，即作为单纯的事实判断，则不应设置申请顺位。然而，如果死亡宣告制度的构成要件较为宽松，对被申请人死亡的宣告含有较多的拟制成分，则设置相对严格的顺位规则，较为合理。从我国目前的死亡宣告要件来看，宣告死亡不要求对被宣告人生存可能性较低得到确信的程度，而是以杳无音讯达到四年即可宣告。故此，仍应坚持宣告申请的顺位规则继续有效。对于本条规定，应采取严格解释的原则，即对于“有的利害关系人申请宣告死亡，有的利害关系人申请宣告失踪”，应指同一顺位的利害关系人提出不同的申请而言，不同顺位的利害关系人提出的，应尊重优先顺位申请利害关系人的意见，优先顺位不同意死亡宣告的，后一顺位仅得提出宣告失踪申请，不得提出宣告死亡，这对于保护配偶的身份利益是极为有益的。宣告失踪制度为被宣告人设置了财产代管人，可处理其财产法律问题，不至于因不得宣告死亡而有所影响。采取顺位也不至于影响到利害关系人的清偿利益。

本条关于申请冲突的规定，且没有合理性，应在司法裁判中作限缩解释，继续坚持司法解释所确立的规则。当然，如能严格宣告死亡制度的构成要件，增加死亡宣告的严肃性，使死亡宣告严格区分于失踪宣告，则可考虑弱化顺位规则。

第四十八条　被宣告死亡的人，人民法院宣告死亡的判决作出之日视为其死亡的日期；因意外事件下落不明宣告死亡的，意外事件发生之日视为其死亡的日期。

【条文释解】

本条是关于宣告死亡效力的规定，即以判决作出之日视为被宣告人的死亡日期。也即被申请人死亡的判决文书不必确定被宣告死亡人的死亡日期，被宣告人的死亡日期系根据判决作出之日确定。从死亡宣告作为非诉事件来看，死亡宣告一审终结并不得上诉，判决作出立即生效。德国《失踪法》规定死亡宣告得因申请而参与到死亡宣告的一审程序中，并得以提起上诉。我国的死亡宣告采取判决的形式，但又不准提起上诉。对此，在学理上可能还值得商榷。

本条规定，对于“因意外事件下落不明宣告死亡的，意外事件发生之日视为其死亡的日期”。该条对意外事件死亡日期的确定作了特别规定，不以判决作出日为死亡日。意外事件中下落不明，如在火灾、空难中下落不明，的确生还可能性较低，以意外事件发生之日为死亡日期，与被宣告者实际死亡日期重合的可能性大。这体现出立法者将死亡宣告作为事实判断的倾向。

可以说，本条所规定的意外事件死亡日期与普通宣告死亡中的死亡日期确定的方法，是存在差异的。虽然两款均有“视为”字样，但第一个“视为”更倾向于拟制，即无论事实真假而予以确定，而第二个“视为”更倾向于推定，即根据事实情况推定被宣告者事实上死亡。两款看似相同，实则立法理念完全不同，前者是无论生死而拟制其已死，后者是生存可能不大推定其已死。然而，作为对被宣告人死亡进行宣告的制度，两者具有如此的区别，还是不尽合理的。

德国立法上的死亡宣告制度更接近于对被宣告死亡者的确已死亡事实的认定，并以最接近被宣告者死亡的日期作为宣告死亡生效日期。我国宣告死亡立法并未完全贯彻体现这一思路。对于宣告自然人死亡这种制度，还是应该持较为慎重的态度，特别是考虑到我国已经同时设有宣告失踪制度的情况下，更应将宣告失踪与宣告死亡制度的关系区别开来，将死亡宣告定位为被宣告者确已死亡而加以宣告的制度。因此，以判决作出之日作为被宣告者死亡日期的规定还是值得商榷的，只有在无法确定被宣告者具体死亡日期时，作为被宣告者死亡日期才较为合理。

【适用与比较】

《最高人民法院关于贯彻执行〈中华人民共和国民法通则〉若干问题的意见》第36条规定，被宣告死亡的人，判决宣告之日为其死亡的日期，并未区分是否为意外事件中死亡。司法解释规定对于补充《民法通则》规定的不足有其历史意义，但死亡宣告日期的规定值得商榷，司法裁判机关自我赋权，以判决日期作为死亡日期，也有自我减轻查证负担的嫌疑。《民法总则》将意外事件中下落不明的死亡日期作出不同的规定，是值得赞同的进步。对此，学理的推动可能功不可没。[1]

---

〔1〕 王伊琳、李西臣：《宣告死亡与人寿保险的相关问题研究》，载于《保险职业学院学报》2011年第5期；薛军：《论被宣告死亡者死亡日期的确定——以中国民法典编纂为背景的论述》，载于《政治与法律》2016年第6期。

对于普通宣告死亡程序中死亡日期的确定，虽不排除以判决作出日为被宣告者死亡日期的规则，但应限于无法具体确定被宣告者死亡日期的情形。就此而言，应扩张解释意外事件的范围，除将火灾、地震等自然灾害，以及空难、战争等社会及人为事件中作为意外事件，尽量将导致被宣告者失踪的事件解释为意外事件，以使得被宣告死亡时间与实际死亡时间更趋近。同时，应限缩非意外事件死亡宣告的适用条件，避免单纯依据失踪人下落不明、杳无音讯，而无论其生死，即对被申请者进行死亡宣告的适用，增加死亡宣告判驳的力度。

宣告死亡制度中被宣告人死亡日期的确定具有重要的法律意义。《最高人民法院关于适用〈中华人民共和国保险法〉若干问题的解释（三）》第 24 条第 2 款规定，被保险人被宣告死亡之日在保险责任期间之外，但有证据证明下落不明之日在保险责任期间之内，当事人要求保险人按照保险合同约定给付保险金的，人民法院应予以支持。该款规定是为了弥补保险责任年期间与死亡宣告日期不匹配而设置的条款。该解释条款仍然要求理赔人证明被宣告人的下落不明在保险责任期间之内，对于理赔仍然是一种举证负担。而《民法总则》本条款规定：意外事件发生之日视为其死亡日期，这对于简化保险理赔、保护被保险人及受益人的合法利益是有益的。

第四十九条　自然人被宣告死亡但是并未死亡的，不影响该自然人在被宣告死亡期间实施的民事法律行为的效力。

【条文释解】

本条是关于宣告死亡对被宣告人行为效力的规定，涉及死亡宣告对被宣告人权利能力存续的影响等问题。按照本条规定，被宣告人在宣告死亡期间从事的民事活动不受死亡宣告的影响。但应注意本条使用的是民事法律行为的效力这样的表述。虽然民事法律行为与民事活动不完全等同，但在此应作广义解释较为合理。其中的理由在于，区分民事法律行为与民事活动在死亡宣告效力问题上不具有关联性。也就是说，原则上不仅仅宣告人的民事法律行为的效力不受影响，其所从事的一切具有法律意义的活动都不应受到影响。

本条实际涉及死亡宣告是否导致被宣告人权利能力丧失的问题。对此，《民法总则》并未予以明确。从学理而言，有观点认为，自然人被宣告死亡，仅终结其住所和经常居住地的生活和法律关系，不影响其权利能力及在住所和经常居住地之外所从事民事活动的效力。还有的观点认为，宣告死亡导致自然人权利能力终止，但被宣告者未死亡的应溯及地恢复其权利能力。也有的观点认为宣告死亡不导致被宣告者权利能力受到影响，只是终结其在宣告死亡期间的民事权利义务关系。从该条的规定来看，也无法得出明确的结论。笔者以为，至少应在被宣告者住所或经常居住地范围内，使被宣告者丧失权利能力，方能发生死亡宣告的法律后果，否则无法解释终结其身份及财产关系的合理性。无论如何，被宣告人在宣告期间所从事的民事活动不因死亡宣告而无效，而是作为权利能力主体而继续有效。

在逻辑上，被宣告死亡人未死亡的，其所从事的民事活动可能与死亡宣告后果相冲突。按照本条规定，被宣告死亡人未死亡的，在宣告期间所从事的民事行为的效力不受影响。被宣告死亡人在宣告期间可能设立遗嘱或签订遗赠抚养协议，在外地收养子女等，而被宣告死亡后其继承人已按照法定继承分配其遗产。按照本条的规定，仍应以被宣告人所设立遗嘱和从事民事行为的效力优先，而已经继承的遗产需要退还或进行相应的补偿。而继承人很可能已经将所继承财产纳入自己的生活，给予其利益固然是对其的优惠，但是要求其返还则可能造成剥夺感，也无法实现被宣告者的法律关系稳定和终局的状态。被宣告死亡人所从事行为的效力不受影响，可能会影响死亡宣告的制度功能的发挥，对被宣告人的利害关系人可能也并不公平。

为实现被宣告死亡主体事实未死亡与死亡宣告所保护的利害关系人之间的利益平衡，应限制被宣告死亡主体所从事的民事行为对死亡宣告效力的影响。固然可以采纳被宣告者所从事民事行为继续有效的规则。但是，如继续有效的民事行为的效力与死亡宣告的效力相冲突的，则也应为被宣告主体未死亡期间所从事民事行为设置一个效力期间，即在一定期间被宣告主体未死亡，且在宣告期间所从事的民事行为的效力可以优先于死亡宣告的效力。至于与死亡宣告不相冲突的民事活动的效力，自然不应因死亡宣告而受到影响。对此，应没有疑义。

【适用与比较】

《民法通则》第 24 条第 2 款规定:“有民事行为能力人在被宣告死亡期

间实施的民事法律行为有效”。《民法总则》基本延续了《民法通则》的规范内容，对于司法裁判的影响不大。

值得关注的是，死亡宣告的效力与被宣告死亡人未死亡期间所从事民事行为的法律后果相互抵触的，坚持以被宣告主体所实施行为为准的裁判思路。《最高人民法院关于贯彻执行〈中华人民共和国民法通则〉若干问题的意见》第36条第2款规定：“被宣告死亡和自然死亡的时间不一致的，被宣告死亡所引起的法律后果仍然有效，但自然死亡前实施的民事法律行为与被宣告死亡引起的法律后果相抵触的，则以其实施的民事法律行为为准”。对此，应继续予以坚持。但是，应注意平衡被宣告死亡人的利害关系人的利益与被宣告者之间的利益，已如上述。

第五十条　被宣告死亡的人重新出现，经本人或者利害关系人申请，人民法院应当撤销死亡宣告。

【条文释解】

死亡宣告乃基于客观情况对自然人再生存可能不大而作出的制度安排。但宣告死亡毕竟为对自然人死亡的一种推断或拟制，与自然死亡存在事实上的差异。被宣告死亡的人重新出现，意味着死亡宣告所依赖的事实不存在，被宣告者生死不明的状态结束。故此，本人或利害关系人得申请撤销死亡宣告。

死亡宣告撤销以被宣告人生死未卜的状态终结为前提。所谓重新出现，并不应当要求达到重新出现在其住所或经常居住地，而是其生死状态得到终局的确认。被宣告人确定死亡的，但其死亡日期与死亡宣告日期不一致的，利害关系人可以请求撤销死亡宣告。所谓利害关系人，即与被宣告人有人身或财产权利义务关系的人。本人或利害关系人撤销死亡宣告的，死亡宣告的法律后果视为自始不发生，也即被宣告人自始未死亡，其权利能力自始至终无间断地存续。

如本人和利害关系人不撤销死亡宣告，而该被宣告死亡主体确定未死亡，并继续参与民事法律活动，则其法律效力值得探讨。基于《民法总则》第49条的规定，被宣告死亡人在宣告死亡期间所实施的法律行为有效。即使本人不为死亡宣告的撤销，其仍可继续实施法律行为，而其效力不受影响。故此，被宣告死亡人的民事权利能力不因是否撤销死亡宣告而丧失，死亡宣告是否撤销不影响其继续参与民事生活。

然而，死亡宣告对被宣告人既有的人身关系和财产关系发生影响，例如财产继承、婚姻关系存续等。撤销死亡宣告对于被宣告者的既存权益有重要意义。被宣告人并未死亡，则死亡宣告为错误。被宣告人是否得以直接主张返还财产还是以撤销死亡宣告为条件，可能有不同观点。从程序而言，一般应首先提出撤销死亡宣告的申请，然后通过诉讼主张返还财产。利害关系人主张基于死亡宣告而发生的保险金、赔偿金等返还的，一般也应首先提起死亡宣告撤销申请，再向相关主体主张利益返还。

【适用与比较】

《民法通则》第 24 条规定，被宣告死亡的人重新出现或者确知他没有死亡，经本人或者利害关系人申请，人民法院应当撤销对他的死亡宣告。《民法总则》删除“确知他没有死亡”表述，应在于避免重复，且被宣告死亡的人重新出现尚应包括确知被宣告死亡人的死亡日期与宣告日期不一致的情形，而确知没有死亡的表述将此种情形排除。

在当前的司法裁判中，人民法院作出死亡宣告的为判决书，撤销死亡宣告的为裁定书，有学者对以裁定书撤销判决书的做法提出异议，认为不符合民事诉讼法的基本原理。对此，应认为以裁定撤销判决并没有太大的问题。只不过，对于宣告死亡能否上诉可以有不同的考量。

第五十一条　被宣告死亡的人的婚姻关系，自死亡宣告之日起消灭。死亡宣告被撤销的，婚姻关系自撤销死亡宣告之日起自行恢复，但是其配偶再婚或者向婚姻登记机关书面声明不愿意恢复的除外。

【条文释解】

本条规定了被宣告死亡主体婚姻关系的效力问题。鉴于配偶对于被宣告人的婚姻关系有直接的利害关系，且与失踪人之间的财产法律关系，可由宣告失踪制度解决。应保护失踪人配偶对死亡宣告的优先权利，失踪人配偶不同意宣告死亡的，其他顺位主体不得申请。如失踪人的配偶或其他利害关系主体提出申请并经法院裁判宣告死亡，被宣告死亡的人的婚姻关系消灭。被宣告死亡主体的配偶可以再婚，其再婚受法律保护。

这里值得探讨的是，被宣告死亡的人因宣告死亡而结束与配偶的婚姻关系，则如其事实上并未死亡，能否基于已被宣告死亡的效果而与第三方再婚，如其再婚是否构成刑法上的重婚罪。对此，有观点认为，至少应区分被宣告死亡者再婚的主观状态而为判断。对于不知死亡宣告而再婚者，自然应认定为重婚成立；对于知道死亡宣告误以为可再婚者，应不构成重婚罪。[1]对此，在结果上应予以赞同。然而，不知法律能否豁免刑责，属于法律认识错误问题，能否构成犯罪以及是否免除刑事责任需据此判断。

对于被宣告主体能否再婚的判断，取决于死亡宣告对被宣告者的效力，如果能够得出死亡宣告导致被宣告者与其配偶的婚姻关系完全彻底地终结，并不因被宣告主体未死亡而恢复，则应允许被宣告者不经撤销死亡宣告而再婚。然而，我国法律并未采取如此严格的立法。按照我国法律规定，死亡宣告被撤销的，被宣告死亡人的婚姻关系在撤销死亡宣告后自行恢复，但仍以撤销死亡宣告为条件。并且如果被宣告死亡主体的配偶再婚或向婚姻登记机关书面声明不愿意恢复的，婚姻关系不恢复。据此，应当认为死亡宣告具有较为确定的终结婚姻关系的效力。应当允许被宣告主体不经撤销死亡宣告程序而再婚。在我国司法实践中，曾出现被宣告死亡主体的配偶，在被宣告主体再次出现而向法院诉讼离婚的判例，法院以死亡宣告未撤销为由驳回离婚诉讼请求。对此，既然死亡宣告未撤销，婚姻关系即未恢复，相关主体自不必提起诉讼。如果各方均不撤销死亡宣告，则可以各自安排自己的生活。当然，这里可能有这样的疑问，即被宣告主体已被宣告死亡，但既然法律规定，宣告死亡不影响该自然人在被宣告死亡期间实施的民事法律行为的效力。则死亡宣告对于被宣告人继续生活而言，也属于妨碍不大，可以再婚。当然，从情感角度而言，被宣告者及其利害关系人还是撤销死亡宣告为宜。

另外，宣告死亡可能有公法上的效果，如选举权等。是否撤销死亡宣告除由被宣告人及利害关系人主张外，国外也有由公权机构作为申请及撤销死亡宣告的立法例。我国也有观点主张，可由检察院作为死亡宣告的申请和撤销主体。

【适用与比较】

《最高人民法院关于贯彻执行〈中华人民共和国民法通则〉若干问题

---

[1] 尚铮铮：《论宣告死亡制度对被宣告死亡人配偶权益的影响》，载于《辽宁公安司法管理干部学院学报》2011年第1期。

的意见》第37条规定，被宣告死亡的人与配偶的婚姻关系，自死亡宣告之日起消灭。死亡宣告被人民法院撤销，如果其配偶尚未再婚的，夫妻关系从撤销死亡宣告之日起自行恢复；如果其配偶再婚后又离婚或者再婚后配偶又死亡的，则不得认定夫妻关系自行恢复。《民法总则》部分继受了司法解释的规定，将“如果其配偶再婚后又离婚或者再婚后配偶又死亡的，则不得认定夫妻关系自行恢复”删去，应是该表述过于复杂的缘故。从法律适用的角度而言，不能认为《民法总则》将该句删去，意在否定其继续有效。司法解释的该句继续有效，不受影响。

我国《民法总则》以死亡宣告撤销后婚姻关系自行恢复，并以配偶再婚及不愿恢复为例外，较好地平衡了配偶双方的利益。既然配偶一方不愿恢复的可以不恢复，应不以向婚姻登记机关办理离婚手续或进行离婚诉讼为必要。

第五十二条　被宣告死亡的人在被宣告死亡期间，其子女被他人依法收养的，在死亡宣告被撤销后，不得以未经本人同意为由主张收养关系无效。

【条文释解】

宣告死亡具有终结身份关系的效力，但不意味着终结父母和子女关系。即使失踪人被宣告死亡，也不影响其与父母、子女的血亲身份关系。由于失踪人被宣告死亡，其监护资格消灭，有监护权的父母或其他亲属、朋友在被宣告失踪子女的在世父母无力抚养子女的情况下，可以与有收养能力和资格的主体建立未成年子女的收养关系。基于收养关系和收养协议，被宣告死亡的人的子女与收养人建立拟制血亲关系，被收养人与其原父母的法律上的亲属关系终止。

如被宣告主体并未死亡，则其权利能力自始未消灭，被宣告人视为并未宣告死亡，其权利能力及监护资格自始存在，则即使死亡宣告被撤销，也不得主张收养关系无效，被宣告人无法自行恢复其与子女的法律上的亲属关系。

虽然被宣告人不得仅以未经本人同意为由主张收养无效，但他撤销或主张收养关系无效的其他事由不受影响。如收养行为不符合法定的程序要件、收养人不具备收养资格、未进行收养登记等。如收养存在效力瑕疵，被宣告人作为利害关系人，主张撤销或宣告收养无效，并恢复与子女的法律上的亲属关系。

【适用与比较】

《最高人民法院关于贯彻执行〈中华人民共和国民法通则〉若干问题的意见》第38条规定，被宣告死亡的人在被宣告死亡期间，其子女被他人依法收养，被宣告死亡的人在死亡宣告被撤销后，仅以未经本人同意而主张收养关系无效的，一般不应准许，但收养人和被收养人同意的除外。相对于该规定，《民法总则》未提及“收养人和被收养人同意的除外”，盖因此等情形乃理所当然，不规定也不影响终结收养的效力。

值得探讨的是，按照法律规定，被宣告人主张恢复收养关系，以申请撤销死亡宣告为必要，未首先撤销死亡宣告的，不得主张收养无效或可撤销。然而，可以探讨的是，自然人的民事权利能力不以法律规定为前提，而是因出生之完成而自然具有。如果被宣告死亡人虽然重新出现，但却未撤销死亡宣告，则其权利能力是否自动恢复？对此，还是应该认为其权利能力不以申请撤销死亡宣告为必要，被宣告人与其子女的亲子关系不以撤销死亡宣告为必要，而自动恢复。至于发生收养或其他终结亲子关系的，则另当别论。

第五十三条　被撤销死亡宣告的人有权请求依照继承法取得其财产的民事主体返还财产。无法返还的，应当给予适当补偿。

利害关系人隐瞒真实情况，致使他人被宣告死亡取得其财产的，除应当返还财产外，还应当对由此造成的损失承担赔偿责任。

【条文释解】

被宣告死亡的主体终结其失踪状态的，则死亡宣告为错误。其财产因死亡宣告而发生继承的，应由继承人返还，无法返还的应当给予适当补偿。鉴于民事主体的权利能力的存续不取决于法律的规定以及司法裁判，被宣告人终结失踪状态的，则既往以其权利能力丧失为基础的法律关系是否自动恢复，尚可探讨。但是，自然人权利能力的恢复应不以撤销死亡宣告为前提。故此，不应以撤销死亡宣告作为被宣告人主张返还财产的实体条件。

鉴于被宣告死亡的主体的继承人继承被宣告死者的财产，乃基于死亡宣告申请及法院的裁判，具有法律上的正当理由。故此，继承人返还财产原则上应以现有财产为限，原财产形态既存的应返还原物及孳息；原财产发生转化的，应返还转化物。原财产已经消耗或毁损灭失的，无须返还原物，但应当给予适当补偿。对于何为适当，应以继承发生时被继承遗产的社会功能及财产价值为考量因素。考虑到继承人与被继承人之间的身份关系以及由此发生的抚养及赡养义务，也不宜给继承人施以过重的返还负担。所谓适当，即在原财产功能及价值基础上，考虑到失踪人的需要及继承人的负担能力所酌定的返还价值和形态。

利害关系人恶意申请他人宣告死亡的，除应当按照原物及原财产价值返还外，给被宣告人造成其他财产或精神损失的，应承担赔偿责任。所谓恶意申请他人宣告死亡，包括明知他人并未失踪或死亡而申请，考虑到死亡宣告对被宣告人的利益影响较大，因重大过失而不知者也应包含在恶意申请的范围之内。至于因过失而不知他人下落是否构成恶意，即宣告人是否应首先查找被宣告人的下落，查找无望才能申请宣告，则不无疑问。但是，我国法律只采取较为严格的“利害关系人隐瞒真实情况”，即隐瞒被宣告人并未失踪、并未下落不明、并未杳无音讯等事实，并未规定过失情形，自应承担较为严格的财产返还责任，并赔偿被宣告人的损害赔偿责任。

至于精神损害赔偿的问题，宣告他人死亡本身尚不能构成精神损害，但宣告死亡会对被宣告人的人身关系造成重大影响，恶意宣告导致被宣告人人身关系发生变化而无法恢复，并导致被宣告人遭受精神痛苦的，应支持其精神损害赔偿请求。也就是说，恶意宣告死亡的损害赔偿中，应包含精神损害赔偿在内。

【适用与比较】

《民法通则》第 25 条规定:“被撤销死亡宣告的人有权请求返还财产。依照继承法取得他的财产的公民或者组织，应当返还原物；原物不存在的，给予适当补偿。”《最高人民法院关于贯彻执行〈中华人民共和国民法通则〉若干问题的意见》第 39 条规定：“利害关系人隐瞒真实情况使他人被宣告死亡而取得其财产的，除应返还原物及孳息外，还应对造成的损失予以赔偿。”《民法总则》的条文表述与之略有差异，但内容和规范意旨基本相同。

在被宣告死亡期间，围绕被宣告主体仍可能发生权利义务关系，被宣告人在结束失踪状态后原则上应得以主张。被宣告死亡主体终结下落不明状态后，可向因其下落不明期间侵害其财产权益的主体主张损害赔偿，其失踪期间应作为诉讼时效中止期间予以排除。另外，被宣告死亡主体在被宣告死亡期间，因其他主体死亡或被宣告死亡而得以享有的继承权，因其并未死亡，应予以恢复和保护，并发生与其他继承人之间的份额以及顺位权利义务关系。

对于被宣告人与他人合谋将自己陷于宣告死亡，并因此侵害第三人利益的，我国法律并未规定。对此，该等第三人应可以主张撤销死亡宣告，或在有证据证明该人并未失踪或死亡的情况下，径直要求利害关系人返还或赔偿基于死亡宣告支付的死亡赔偿金等财产利益。

第四节　个体工商户和农村承包经营户

第五十四条　自然人从事工商业经营，经依法登记，为个体工商户。个体工商户可以起字号。

【条文释解】

本条为个体工商户与自然人关系规定，即自然人从事工商业经营活动，经依法登记成为个体工商户。从该规定可以看出，自然人从事工商业活动，是否登记为个体工商户不是必然的。自然人选择登记为个体工商户固然没有问题，但选择不登记为个体工商户仍可从事工商业经营活动。当然，这是从民事实体基本法出发而得出的解释，在具体的工商登记实践中，是否会导致相关规定的修改尚不确定。至少目前的工商登记实践中，似乎并没有个人营业执照的类型。鉴于个体工商户已经成为一种颇为成熟的操作模式，单列出个人营业执照似乎也没有必要。至于无照经营的合法性问题，可以继续探讨。

个体工商户从事民事活动涉及名义的问题。按照《个体工商户名称登记管理办法》第 2 条规定，个体工商户可以不使用名称。个体工商户决定使用名称的，其名称的登记应按照该办法执行。个体工商户没有名称字号的，则以登记的自然人加上个体户字样对外开展活动，个体工商户有字号的则以该字号对外开展民事活动。按照该办法规定，个体工商户的字号可以包含“厂”“店”“馆”“部”“行”“中心”等字样，但不得使用“企业”“公司”“农民专业合作社”字样。个体工商户仍是工商行政管理部门的监管对象，需满足一定的条件和程序方可完成个体工商户的登记注册，并在商业活动中标明个体工商户的身份。

自然人取得个体工商户执照后，自然应以个体工商户名义开展经营活动，可以个体工商户名义签订合同、进行交易自然没有问题。《个体工商户条例》也规定，个体工商户应当依法与招用的从业人员订立劳动合同。个体工商户能否以个体工商户的名义取得不动产登记尚需研讨。按照操作实践中的做法，至少有的地方是可以以个体工商户名义进行不动产登记的。然而，个体工商户取得不动产还涉及住宅与商用的区别，以及个体工商户歇业后的产权变更等问题。鉴于个体工商户可以家庭经营，以住宅登记为经营场所应当允许。当不动产登记在个体工商户名下时，则不动产与经营个体工商户的自然人的关系颇为微妙。应当认为，该不动产仍为该自然人所有的不动产，不存在个体工商户区别于自然人的不动产所有权和使用权等权益。有鉴于此，笔者以为，还是应当限制以个体工商户名义登记不动产权属，而以自然人作为不动产的登记权利人。

【适用与比较】

《民法通则》第26条规定：“公民在法律允许的范围内，依法经核准登记，从事工商业经营的，为个体工商户。个体工商户可以起字号。”《民法总则》相对于《民法通则》的规定略有变化。对于两者的差异，有学者作了总结：其一，自然人的表述较公民科学；其二，删除在法律允许的范围内，体现了私法自治；其三，“依法登记”反映了工商登记制度改革的成果，具有时代气息。[1]固然，法律的用词至关重要，应以“法教义学”的学说理论为支撑，字斟句酌。不过，《民法总则》的修改对于司法裁判而言，也并无实质改变的意义。

《民法总则》明确个体工商户为自然人还是有重要实践意义的。个体工商户没有独立的法律人格，其债权人债务和财产归属均由个体工商户背

---

〔1〕 杨震：《民法总则“自然人”立法研究》，载于《法学家》2016年第5期。

后的自然人承担，不存在个体工商户的独立财产和独立责任，也不存在自然人与个体工商户的责任分离和补充责任的问题。

第五十五条　农村集体经济组织的成员，依法取得农村土地承包经营权，从事家庭承包经营的，为农村承包经营户。

【条文释解】

农村集体经济组织一般指的是具有土地所有权并与农村集体经济组织成员建立土地承包经营关系的组织，也就是农业生产合作社。[1]但合作社与农民的关系以及合作社的主体性仍存在现实和理论上的问题。《物权法》《村民委员会组织法》等法律均对集体经济组织有所涉及，但并未明确规定集体经济组织的形态和主体地位。《民法总则》虽然明确了集体经济组织可依法取得法人资格，但是并未明确集体经济组织的范围和具体形态。且所谓的依法取得法人资格所依者为何种法律，能否溯及以及溯及到何时并不明确。从实际情况来看，当前可作为土地所有权归属主体的农村集体经济组织有村民小组、村集体经济组织、乡镇集体经济组织三级形态。这些集体经济组织虽仍属集体经济组织，但具有历史遗存的感觉，其实体功能和内部组织关系多已不复存在。随着农村集体经济组织所有权的实在化，以及土地资产的价值化、资本化，农村集体经济组织的主体性功能可能将被重新发现，并日益显现其重要性。

农村集体经济组织的成员资格是极为重要的问题，农村集体经济组织存在的意义即在于集体经济组织的成员，没有成员集体经济组织将不复存在。而《民法总则》规定农村集体经济组织成员的也只有本节的几个条文，农村集体经济组织及成员的规则体系尚未完全建立。农村集体经济组织以村民个体还是家庭户为集体经济组织的成员也具有一定的法律意义，至少农村承包经营户与户的成员关系也是个问题。农村集体经济组织的社员身份应定位于个人较为符合实情。但作为农村土地承包经营的主体则是农村承包经营户。也就是说，社员资格是取得土地承包经营权的条件，但应以家庭户的名义从事家庭承包经营，并因此取得农村承包经营户的

---

〔1〕张俊浩主编：《民法学原理》（修订第三版）（上册），中国政法大学出版社2000年版，第135页。

资格。

鉴于农村土地三权分置改革，农村土地承包经营权取得类所有权的基础权利属性，即使农村承包经营户不直接从事家庭生产经营活动，仍不影响其农村承包经营户的法律地位或法律资格。土地承包经营权不必然包含家庭共同生产经营的内涵，农村承包经营户成为纯粹的物权归属主体，而不以从事直接的生产经营为必要。农村土地承包经营权内涵的这种变化，以社会经济生活本身的变化为依托，是社会经济生活发生转变的产物。

【适用与比较】

《民法通则》第27条规定："农村集体经济组织的成员，在法律允许的范围内，按照承包合同规定从事商品经营的，为农村承包经营户"。与之相比，《民法总则》删除"按照承包合同"字样，增加"依法取得农村土地承包经营权"，强化承包经营权而淡化承包合同，彰显了农村承包经营户的权利地位，有积极意义。同时，《民法总则》删去"在法律允许的范围内"，意在表达农村土地承包经营权的权利属性和处分自由，即在不违反法律的禁止性规定以及善良风俗的情况下，承包经营权人可以自由经营和处分其土地承包经营权，享有合同自由和物权人的处分自由。这同样具有积极意义。这些修改是根据国家既有的法律和政策变化而作出的，《民法总则》是否会推动相关法律修改则不无疑问。

农村承包经营户固然是相对于土地发包人而言的，但在土地承包经营权多元利用的现实情况下，农村承包经营户也会以户的名义对外发生权利义务关系。从法律适用角度而言，应强调尊重农村承包经营户的土地承包经营权，正确处理农村土地承包经营合同与农村土地承包经营权的关系，区分债权合同与物权归属，依法保护农村土地承包经营权的物权属性。对于土地承包经营权人处分土地承包经营权，包括进行以土地承包经营权出资，经营权转让、出租等，不应以没有法律明文规定为由而否定其效力。

农地三权分置改革的政策，使经营权成为土地承包经营权的派生权利。应该说，所谓的三权分置改革以及从土地承包经营权再派生出经营权的制度安排，固然是有利于丰富农地的利用方式，但从法律角度而言，经营权本就属于农村土地承包经营权所固有的权利内容。《民法总则》删除在法律允许的范围内以及按照承包经营合同的表述，对于明确土地承包经营权人的物权自由有实践意义。

第五十六条　个体工商户的债务，个人经营的，以个人财产承担；家庭经营的，以家庭财产承担；无法区分的，以家庭财产承担。

农村承包经营户的债务，以从事农村土地承包经营的农户财产承担；事实上由农户部分成员经营的，以该部分成员的财产承担。

【条文释解】

个体工商户在经营的过程中发生的债务应如何承担，取决于个体工商户的主体地位及与投资者的关系。对此，有观点认为，个体工商户由家庭成员中特定个人或几个人出资，并由出资人经营，而户的财产也清楚确定的，由户独立承担债务的清偿责任。[1]也有观点认为，个体工商户和农村承包经营户应定位于非法人组织，具有其相对独立的法律人格。[2]对此，笔者并不赞同。个体工商户不具有独立的主体资格，个体工商户背后的自然人即为个体工商户的法律人格，个体工商户的债务也就是该自然人的债务，不存在个体工商户的独立债务。个体工商户的债务取决于个体工商户的自然人本身。

对于个体工商户的债务，个人经营的个体工商户，以个人财产承担责任；家庭经营的个体工商户，以家庭财产承担责任。这里的经营，应包含投资、管理的含义，不宜理解为单纯的经营管理。

需要明确的是，个人经营的个体工商户，以个人财产承担责任，不意味着不成立夫妻共同债务。所谓个人责任并不是单纯绝对的个人责任，不能认为个体工商户由夫或妻一方经营的，只是夫或妻的单方债务而不成立共同债务。将个体工商户的责任限于夫妻一方，与夫妻共同财产制无法协调，是不成立的。所谓的个人经营或家庭经营，更多的是在父与子的经营关系上有意义，即成年子女个人经营的，不得以其父母的家庭财产承担责任；父与子共同经营的，则以家庭财产承担责任。无法区分个人经营还是家庭经营，也更多的是在家庭内部成员关系，而不是在夫妻关系意义上

---

〔1〕张俊浩主编：《民法学原理》（修订第三版）（上册），中国政法大学出版社 2000 年版，第 135 页。

〔2〕梁慧星：《民法总论》（第四版），法律出版社 2011 年版，第 125 页。

理解。

按照本条第2款的规定，对于农村承包经营户的债务，以从事农村土地承包经营的农户财产承担。这里的农户，实际上指的是承包经营土地的家庭户。户具有户口管理上的意义，户可能由父母子女组成，不等同于夫妻关系意义上的家庭。也就是说，农村土地承包经营权意义上的农村承包经营户可能含有父与子的两个或多个婚姻法意义上的家庭，并在户口管理及土地承包的意义上合并为一户。一般而言，这些家庭成员共同从事农村土地承包经营，内部实行财产的共有制，也即家父或户主主导下的共同财产制，这种财产制以户主支配为主，但不排除民主因素。也存在由部分成员经营农户土地的情况，则不参与经营的成员不承担责任。这里部分家庭成员应作狭义解释，应指的是不参与经营的父母或子女，如为父母实际经营，则由父母承担责任；如为子女实际经营，则由子女共同承担责任。如无法分清部分与全体的关系，则由家庭全部财产承担责任，即以父母、子女的共同财产承担责任。至于夫妻关系，则适用婚姻法的夫妻财产制。

可以说，本条关于两户财产责任的规则安排，还是较为独特的。在我国婚姻家庭法上，并没有家庭财产制而仅有夫妻财产制，而《民法总则》规定两户并创造性地提出两户的财产责任，造成家庭财产责任与夫妻财产制的交叉和不一致。虽然我国婚姻法所规定的家庭结构与社会现实生活中尚存的家长制家庭结构还有差异，而《民法通则》《民法总则》顾及了家长制家庭结构的现实。但《民法总则》《民法通则》两户财产规则的合理性，还是值得进一步探讨和反思的。

在城乡二元结构下，农村人口外出务工较为普遍，人户分离的现象突出，的确存在部分家庭成员独自经营农村土地的情况。对此，能否认为不成立夫妻共同债务，存在疑问。不能以人户分离及部分家庭成员耕种或经营农地，即否定夫妻共同财产制。除非根据事实情况，能够得出夫妻双方实行分别财产制的约定，才可以由一方承担经营责任。但这往往又是困难的，毕竟夫妻分别财产制在中国是例外情况。而对于父母、子女关系，成年子女已在法律上脱离父母的抚养义务，具有独立的法律人格和行为能力，为独立的民事责任主体。但在中国的实际中，未结婚或未分家独立的子女与父母同住，并且财产关系纠缠不清。本条以事实经营确定财产责任，例如，父亲为户主，并以父亲名义签订承包经营合同，但父母年迈，由子女实际耕种土地的，子女在经营土地过程中对外负债，则即使父母名下尚有独立财产，也不以父母财产承担责任。然而，子女作为独立的民事责任承担主体，本就不应以父母的财产承担责任。如果是几个未婚子女共同经营土地，则应由子女共同承担对外债务，也不涉及以父母财产承担责任的问题。

总体而言，《民法总则》关于两户财产责任的规定似乎还不是特别清晰，在法律逻辑上有不通透之感。两户作为没有独立法律主体资格的自然人的表现，还是应以其户的全体成员为财产归属和责任主体，至于是否实际经营不应成为区分责任的标准。至于户的成员确定，原则上应按照户口制度解决，对于未在户籍登记的成员资格的认定，可结合实践中的做法及司法裁判观点，整合出确定的规则。学理在这方面已经有一定的研究。〔1〕

【适用与比较】

《民法通则》第29条规定:“个体工商户、农村承包经营户的债务，个人经营的，以个人财产承担；家庭经营的，以家庭财产承担。”《最高人民法院关于贯彻执行〈中华人民共和国民法通则〉若干问题的意见》第42条规定：“以公民个人名义申请登记的个体工商户和个人承包的农村承包经营户，用家庭共有财产投资，或者收益的主要部分供家庭成员享用的，其债务应以家庭共有财产清偿。”有学者认为，个体工商户的债务应区分于农村承包经营户，个体工商户的个人色彩更为浓厚。〔2〕故此，《民法总则》将两者分别规定是合理的。

个体工商户和农村承包经营户为完全不同的主体，两者没有可比性。将两者放在一起规定，可能具有历史合理性，但已不具有现实和逻辑合理性。两者固然可以作为自然人的特殊存在形式，但将两者的债务承担规则放在一起规定没有依据，应将本条关于个体工商户和农村承包经营户的债务承担规则删除，相关内容调整后归入个体工商户和农村承包经营户。

从法律政策而言，个体工商户和农村承包经营户在《民法通则》规定具有历史上的积极意义，但从民事主体角度而言，则应为自然人及个人合伙所取代。个体工商户可作为自然人的特殊形态规定，农村承包经营户则或者为个人或者为个人合伙。个体工商户和农村承包经营户并没有值得在《民法总则》单独规定的法律必要和意义。

---

〔1〕 戴威：《农村集体经济组织成员资格制度研究》，载于《法商研究》2016年第6期。
〔2〕 杨震：《民法总则“自然人”立法研究》，载于《法学家》2016年第5期。

第三章　法　　人

第一节　一般规定

第五十七条　法人是具有民事权利能力和民事行为能力，依法独立享有民事权利和承担民事义务的组织。

【条文释解】

本条的法律意义在于确定了法人的概念。在现实生活中，参与民事活动的主体除了自然人之外，还有组织体。在各种组织体中，有的组织体具有民事权利能力和民事行为能力，即法人。罗马法上，尚无抽象的“法人”概念。法人作为法学术语，是12世纪至13世纪的注释法学派创立的，但当时仅仅用来说明团体的法律地位。真正将团体赋予抽象人格，确立现代意义上的法人概念的是教会法学者。而法人作为制定法上的概念，首先出现在1794年《普鲁士国家的普通邦法》中，并被1896年《德国民法典》采用，但没有对法人的概念作出界定。现在世界上绝大多数国家的民法确立了法人制度，但对法人的概念界定各有差异，有的从不同法人类型中抽象出一般特征的概括式定义，有的通过概括和列举的双重方式对法人进行界定。有的国家虽未对法人进行比较明确的概念界定，但在法人的权利能力、设立标准等相关方面作了具体规定。本条虽然是关于法人概念的界定，但从该概念可以看出，法人具有以下三个方面的特征：

第一，法人的组织体性。不同于自然人，法人既可以是其成员的变更与其存在没有关系的人的联合体，也可以是为着一定目的并具有为此目的而筹集的财产，因此而组建起来的组织体。[1] 法人的组织体性可以有两种

〔1〕［德］卡尔·拉伦茨:《德国民法通论》(上册)，王晓晔等译，法律出版社2013年版，第178页。

表现形式：一种是人的团体，另一种是财产的集合。我国《公司法》上承认一人有限责任公司，但并不能由此否定法人的组织体性，对此，民商法理论界对其进行了很多解释，主要有股份社团说、潜在社团说和特别财产说。[1] 所以，一人有限责任公司并非对法人组织体性的否认，只是社团型法人的一种例外。

第二，法人具有主体资格。社会组织体种类很多，并非任何社会组织体都具有法律主体资格，也并非所有社会组织都能够以自己的名义享有民事权利并承担民事义务，只有那些依法成立的具有民事权利能力的组织体才具有民事主体资格。就主体资格而言，法人的权利能力与自然人的权利能力一样，是组织体能够成为民事法律关系的主体资格。法人具有独立的主体资格应从以下三个方面进行理解：首先，法人的权利能力与自然人的权利能力是平等的，否则法人与自然人就无法平等地进行民事活动。其次，法人的权利能力独立于法人成员的权利能力，如美国《路易斯安那民法典》第24条第2款规定：法人是被法律赋予人格的实体，如公司和合伙。法人的人格独立于其成员。最后，法人的权利能力独立于法定代表人。一方面，法定代表人是法人的机关，其以法人名义从事的民事活动，由法人承担法律后果；另一方面，法定代表人又是自然人，可以自己的名义为生产、生活需要而从事民事活动。法人能够以自己的名义享有民事权利、承担民事义务，其权利和义务具有独立性。正因为法人的权利能力独立于其成员，法人之生命超越生死，具有永久性，并不因成员死亡而消灭。

第三，法人的目的性。作为人的集合或财产的集合，组织体取得法人资格必有其目的。有的为了营利，如公司；有的为了公益事业，如公益性法人。法人的目的事业不得违反法律、不得危害公序良俗。

【适用与比较】

本条与《民法通则》第36条第1款的规定保持一致性：“法人是具有民事权利能力和民事行为能力，依法独立享有民事权利和承担民事义务的组织。”在适用本条时，应该注意以下几点。

第一，法人的本质采纳了组织体说。关于法人的本质，学者之间的观

---

[1] 赵旭东：《公司法学》（第三版），高等教育出版社2012年版，第86—87页。

点并不一致，主要形成了以下几种观点：（1）法人拟制说。该说以罗马法上的法律思想为依据。在罗马法上，法律意义上的人与生物意义上的人是不一致的，这就为解释现代社会中的法人提供了历史素材。该说认为，只有自然人才是完全行为能力人，法人不过是国家运用法律手段人为地拟制而成，仅是法律的虚构，或者说仅在观念上存在，是法律凭借立法技术使人工拟制出来的现实生活中并未存在但却存在于法律世界之中的一种民事权利主体。法人拟制说承认了法人的拟制民事主体资格，并区分了法人与其成员的财产、人格和责任，成为后来法人人格独立制、法人独立财产制、有限责任制的理论基础，对于现代民商法中法人制度的建立有着不可磨灭的贡献。但该说未能将法律规定和社会经济关系联系起来，因而无法适应社会经济的发展，后为各国立法逐渐抛弃。（2）法人否认说。法人否认说是从实证的角度不承认法人存在的一种学说。该说认为，在国家和个人之间不应该出现一个“中介”即法人，因为法人只不过是多数个人的集合或财产的集合。根据此种学说，权利的最终归属均是个人，法人自身本无独立的利益，故不能成为法律主体。法人否认说对法人财产归属的分析已经接触到了法人的实体问题，较法人拟制说有一定进步。但该说从根本上否认了法人作为主体而存在，实质上相当于否认了现实生活中社会组织的客观存在，不能适应社会经济生活的需要。（3）法人实在说。法人实在说与法人拟制说和法人否认说有着质的区别。该说认为，法人不是法律拟制的主体，而是一种实实在在的客观存在的实体，和自然人一样，有自己的意思表示能力，也可以依法独立享有民事权利和承担民事义务，故法人可以称为团体人，是超出自然人生命之外的一个统一体，是一种独立的民事权利主体。根据对法人这种社会实在的性质的不同认识，可以将法人实在说分为两派：其一，法人有机体说。法人有机体说又称为“团体人格说”或者“意思的实在说”。此说认为，法人和自然人一样都有自己特殊机体和意思表示能力。因此，法人享有法律人格，可以享有人格权和财产权。其二，法人组织体说。此说认为，法人的本质并不是作为社会的有机体，而是宜于作为权利能力的组织体。法人有区别于其成员的个人利益的团体利益，有团体意思和代表机关。所以法律赋予法人这种社会组织体以法律人格，并承认其为独立的民事主体。该说基本获得各国民事立法的肯定，本条将法人界定为“组织”，系采此说。

第二，组织体是一个真实的存在，但它并非自然人，从自然属性上与生物意义上的人存在很大的差别，差别的客观性决定了法人没有生命、健康、自由、安全以及人类尊严等基本价值。法律之所以给特定的组织以权利能力，这不过是一种抽象的法律主体地位的标志符号，除此之外没有任何意义。因此，仅存在一个法人，其仿佛是人，但其实不是道德的，更不是一个神秘的超人，而是一个能够拥有财产的、人为设定的主体。一些专属于法人的权利，如某项特种经营权，自然人亦不得享有。

第五十八条　法人应当依法成立。

法人应当有自己的名称、组织机构、住所、财产或者经费。法人成立的具体条件和程序，依照法律、行政法规的规定。

设立法人，法律、行政法规规定须经有关机关批准的，依照其规定。

【条文释解】

本条是关于依法成立法人的规定，根据本条之规定，法人之成立应从以下几个方面理解。

1. 法人应当依法成立。法人必须是依法成立的组织。法人资格或法律地位不是其自身固有的或者自由取得的，而是法律承认的结果。实证主义法学大师凯尔森提出："将自然人界说为人是不正确的。生物学意义上的人与法律意义上的人是不同的，不能同等对待。自然人的概念是法律构造的，是实定法上的，从实证主义的角度看，自然人其实就是一种'法'人。"[1] 凯尔森的这种观点抽掉了自然人的理论性，是非常不合适的，但它却可以准确地解释法人的法律地位的取得，即组织体要取得法人资格，必须依法设立。这里的依法设立包括依据法律规定的条件和法律规定的程序设立两个方面的内容。不同的法人，其设立的具体条件和程序不同，例如我国《公司法》对公司设立条件和程序作了规定，再如《商业银行法》对商业银行的设立条件和程序作了规定。再如，有的法人成立时不需要办理登记手续，有的法人设立时需要办理登记手续。

2. 法人成立的一般条件。本条第 2 款对法人成立的一般条件作了规

〔1〕［奥］凯尔森：《法与国家的一般理论》，沈宗灵译，中国大百科全书出版社 1996 年版，第 106 页。

定，在《民法总则》中规定法人设立的一般条件，一方面是立法技术的考虑，避免分则条文与特别法条文的重复；另一方面是在特殊类型的法人设立无特别法可依时，可直接依据《民法总则》的规定申请设立。[1] 根据本条款的规定，法人成立要有自己的名称、组织机构、住所、财产或者经费。

（1）法人的名称。与自然人的姓名相对应，法人要有自己的名称，法人的名称是法人在对外从事民事活动时用以表征其身份的标志。法人的类型不同，其名称构成也存在差异，例如作为法人的高校名称与作为法人的公司名称就存在很大差别。即使同为公司，股份有限公司和有限责任公司的名称也存在差异，例如我国《公司法》规定，有限责任公司名称中必须包含“有限责任公司”或“有限公司”字样，股份有限公司名称中必须包含“股份有限公司”或“股份公司”字样。

（2）法人应当有组织机构。法人是社会组织，因自然属性限制，其本身不能进行民事活动，因此其活动是由不同建构的组织依据章程被统一起来，一个法人如果想正常运转，必须有自己健全的、必要的组织机构。[2] 法人的组织机构也称法人机关，是指依法律、条例、章程规定产生的，设立于法人内部的，不需特别委托授权就能够以法人名义对外代表法人进行民事活动，对内管理法人事务的组织或个人。法人机关是法人的组成部分，无独立人格，法人机关的行为就是法人的行为。法人机关对外以法人名义从事民事活动时，与法人之间属于民法上的代表关系。故如无相反证据，法人机关的行为即为法人的行为，法律后果由法人承担。不同类型的法人，其组织机构存在差别。在社团法人，意思机关就是社员大会，而财团法人没有自己的成员，故没有自己的意思机关。以股份公司为例，其法人机关包括：股东大会（权力机关、决策机关、意思机关）、董事会（业务执行机关）、监事会（监督机关）、总经理（辅助业务执行机关）。

（3）法人要有住所。住所是法人从事主要民事活动的所在地，它关系到合同的履行、送达地点以及人民法院对民事纠纷的管辖等，在民商法上具有特别重要的意义，因此法人的成立要有住所。

（4）法人要有自己的财产或经费。法人拥有独立的财产或经费，是法

[1] 王利明：《中国民法典学者建议稿及立法理由·总则编》，法律出版社2005年版，第132页。
[2] 李永军：《民法总论》（第二版），法律出版社2009年版，第307页。

人作为民事主体维持正常活动，对外独立承担责任，并与其他民事主体相互区别的必要条件。不同类型的法人，法律对其财产或经费的要求不同，例如《商业银行法》对商业银行规定了比较高的最低注册资本额。不同类型的法人，其财产或经费来源也不相同，例如公司的财产来自于股东的投资，而国家机关法人的财产或经费来自于国家财政拨款。

3. 法律、行政法规定对法人成立的具体条件和程序另有规定的，依照法律、行政法规的规定。本款虽然对法人成立的一般条件进行了规定，但只是一般性规定，如果其他法律、行政法规对法人的成立条件作出特别规定的，按照特别法优于一般法的原则，应按照特别法规定的法人成立条件设立公司。例如，我国《公司法》对公司的成立条件和成立程序作了具体规定，《企业法人登记管理条例》对企业法人登记程序作了规定等，都属于特别法对法人成立的具体条件或程序的规定，应按照《公司法》和《企业法人登记管理条例》的规定成立公司。

4. 设立法人，法律、行政法规规定须经有关机关批准的，依照其规定。

从世界范围来看，法人设立有多种原则：（1）自由设立主义。自由设立主义，又称为放任主义，即国家对于法人的设立，不加任何干涉和限制。（2）特许设立主义。特许设立主义，也称立法特许主义，即法人的设立必须经特别立法或国家元首的许可。（3）核准主义。核准主义，又称行政许可主义，指法人设立时除了应符合法律规定的条件外，还要经过主管行政官署的批准，主管机关依照规定进行审查，作出批准或不批准的决定。（4）准则设立主义。准则设立主义，也称注册登记主义，指法律对于法人的设立预先规定一定的条件，设立人可依照该条件设立，一旦符合法人的成立条件，无须经过主管部门批准，就可直接到登记机关办理登记，法人即可成立。（5）强制设立主义，即国家以法令规定某种行业或某种情况下必须设立一定法人组织的设立原则。从我国立法看，公司的设立主要采纳了准则设立主义，但例外采纳了核准主义，即有些类型的公司需要经过有关机关批准才能够设立，例如成立拍卖公司就需要公安机关批准；没有经过批准的，不能登记注册为法人。

【适用与比较】

《民法通则》第37条规定，法人应当具备下列条件：（1）依法成立；

（2）有必要的财产或者经费；（3）有自己的名称、组织机构和场所；（4）能够独立承担民事责任。《民法总则》第58条的规定是对《民法通则》第37条规定的继承与发展。通过对比发现，这两条仍有较大差别，在适用中要注意以下几个方面：

第一，《民法通则》第37条将“能够独立承担民事责任”作为法人成立的条件，而《民法总则》在第60条规定了“法人以其全部财产独立承担民事责任”。将独立承担民事责任排除在法人成立条件之外，主要原因在于：独立承担民事责任是团体取得法人资格后才具有的，是法人的特征，而不是法人成立的条件。[1] 因此，独立的民事责任不能成为衡量一个团体能否取得法人资格的条件。[2]

第二，《民法总则》对法人成立的程序作了规定，完善了《民法通则》。根据本条的规定，法人成立的程序需要批准的，先批准才可设立。其他法律、行政法规对法人成立的程序有特别规定的，按照其他法律、行政法规的规定。

第三，增加了援引其他法律、行政法规的规定。本条除了规定法人成立的一般条件之外，还对援引其他法律、行政法规规定的法人条件和程序作了援引性规定，在立法技术上更为成熟。

第四，将《民法通则》中的“场所”修订为“住所”，立法语言更为严谨。

第五十九条　法人的民事权利能力和民事行为能力，从法人成立时产生，到法人终止时消灭。

【条文释解】

本条是关于法人的民事权利能力和民事行为能力产生和终止时间的规定。

法人的权利能力是指法人依法享有民事权利和承担民事义务的资格。法人的权利能力是法人实施民事行为，参与民事法律关系的前提，是法人具有法律上之人格的表现。法人的行为能力是法人能够以自己的意志从事

[1] 李永军：《民法总论》（第二版），法律出版社2009年版，第307页。
[2] 江平主编：《法人制度论》，中国政法大学出版社1994年版，第132页。

民事行为，取得民事权利和承担民事义务的资格。法人的民事权利能力和民事行为能力的取得时间和终止时间是一致的，即从法人依法成立时法人取得民事权利能力和民事行为能力，终止时法人的民事权利能力和民事行为能力消灭，这与自然人的民事权利能力和民事行为能力不同时取得存在差别。

法人的类型不同，其成立的具体时点有所不同。根据《民通意见》的规定，有独立经费的机关法人从成立之日起具有法人资格；具备法人条件的事业单位、社会团体，依法不需要办理法人登记的，从成立之日起，具有法人资格；依法需要办理法人登记的，经核准登记，取得法人资格。法人终止的时间应是法人清算完结登记注销之日，法人终止的原因包括撤销、解散、宣告破产等。

【适用与比较】

本条是《民法通则》第36条第2款的移植，二者在具体表述上并无不同。有疑问的是法人的权利能力是否能被剥夺或限制。

有人提出法人的权利能力是法律给的，所以法律也可以剥夺某一个法人的权利能力，让其丧失主体资格。这种看法是不正确的，法人人格否认理论并不是对法人主体资格的剥夺，而是当法人的成员与法人的权利能力发生混淆的情况下，为了保护特定债权人的利益，在特定的法律关系中否认法人人格的独立性，让法人背后的成员出来承担责任。法人人格否认并没有剥夺法人的主体资格，法人的主体资格仍然存在。与自然人的肉体消失并且其权利能力终止一样，法人赖以存在的团体消失后其权利能力也就消失了。

法人的权利能力不能被剥夺，那么，法人的权利能力能否被限制呢？有人对此回答道：可以。与自然人的权利能力相比，法人的权利能力的范围是有限制的。例如，他们不能享有亲属法上的权利。[1] 台湾学者王泽鉴认为，权利能力为人之尊严的表现，法律虽可加以限制（如矿业权等），但须有正当理由。[2] 也有人认为，权利能力不受剥夺与限制。[3] 法人的

---

〔1〕［德］卡尔·拉伦茨：《德国民法通论》，王晓晔等译，法律出版社2013年版，第123页。
〔2〕王泽鉴：《民法总则》（增订版），中国政法大学出版社2001年版，第105页。
〔3〕龙卫球：《民法总论》，中国法制出版社2001年版，第229页。

权利能力能够受到限制，这说明在有权利能力与无权利能力中间还存在一个有限的权利能力。对此，德国法学家法布里丘斯最早提出，传统理论赋予主体资格过于追求平等抽象，没有体现应有的差别，并简单排除其他形体得为主体，难说合力。由此，他提出"相对权利能力"理论，试图改革德国民法的抽象权利能力概念。"相对权利能力"理论提出后，得到穆恩切那儿、吉特尔、帕特兰、海因雷彻斯、朴罗斯基等呼应和发展，成为德国法学的一股重要潮流。[1] 当然，对法布里丘斯的观点也有持否定意见的学者，他们认为，法布里丘斯的权利能力的相对化，有害而无益。[2]

权利能力的概念使自然人、法人之间实现了法律世界的机械性的统一，缺乏感性的法律的人不会患上机械化病。权利能力变成了一个"以自己的名义享有权利承担义务的"标签。权利能力平等是一种抽象的平等而非具体平等，是一种资格或者说是一种取得权利的可能性的平等，而非具体权利的平等。也就是说，是一种起点平等而非结果平等。[3] 主张法人的权利能力受到限制或者应该承认部分权利能力的观点是深受人的特殊性的影响的，但权利能力确实是不考虑人的特殊性的。

第六十条　法人以其全部财产独立承担民事责任。

【条文释解】

本条是法人独立承担民事责任的规定。本条之规定，具有以下三层含义：

第一，独立承担民事责任是其法律主体地位的必然要求。依据本法规定，法人是依法设立的能够独立享有民事权利和承担民事义务的组织。法人作为具有独立人格的民事主体，具有独立的民事权利能力和民事行为能力，任何民事主体均应以其全部财产承担清偿全部债务的责任，即任何民事主体对其债务要承担无限责任。

第二，法人要以自己的全部财产对其承担的债务承担责任，仍然是"无限责任"。但是相比一般的民事主体，法人所承担的责任在通常情况下为一种"有限责任"。这里的"有限责任"并不是指法人之债权人只能就

〔1〕 龙卫球：《民法总论》，中国法制出版社2001年版，第191页。
〔2〕［德］迪特尔·梅迪库斯：《德国民法总论》，邵建东译，法律出版社2001年版，第781页。
〔3〕 李永军：《论权利能力的本质》，载于《比较法研究》2005年第2期，第43页。

法人的部分财产请求清偿，或是法人作为债务人可以只用部分财产进行清偿，而是说在法人资不抵债时，法人之债权人只能就法人自身的全部财产请求清偿债务，不得要求法人的发起人对法人的债务承担责任，换言之，法人的发起人对法人的债务仅以设立法人时的出资承担责任。[1]

第三，法人的责任独立于法人成员的责任。法人的财产独立于法人成员，法人成员的财产也独立于法人的财产。所以，不能以法人的财产清偿法人成员的债务。法人成员对法人的债务也不承担责任。但是，在法律另有规定时，其他人可能要对法人的债务承担责任。如《公司法》第20条规定：公司股东滥用股东权利给公司或者其他股东造成损失的，应当依法承担赔偿责任。公司股东滥用公司法人独立地位和股东有限责任，逃避债务，严重损害公司债权人利益的，应当对公司债务承担连带责任。根据《公司法》第21条的规定，公司的控股股东、实际控制人、董事、监事、高级管理人员不得利用其关联关系损害公司利益。否则，给公司造成损失的，应当承担赔偿责任。

【适用与比较】

本条将《民法通则》第37条规定的“能够独立承担民事责任”修订为法人的特征；需要明确，“独立承担民事责任”不再是法人成立的条件，而是法人成立后的法律效果，是法人的特征。

第六十一条　依照法律或者法人章程的规定，代表法人从事民事活动的负责人，为法人的法定代表人。

法定代表人以法人名义从事的民事活动，其法律后果由法人承受。

法人章程或者法人权力机构对法定代表人代表权的限制，不得对抗善意相对人。

【条文释解】

本条是关于法人的法定代表人以及代表权的规定。本条主要有以下三层含义：

---

〔1〕李永军主编：《中国民法典总则编草案建议稿及理由》，中国政法大学出版社2016年版，第92—93页。

第一，法定代表人的概念。本条第 1 款对法定代表人的概念进行了界定，法人的法定代表人是指依照法律或者法人章程的规定，代表法人从事民事活动的负责人。法定代表人是法人机关的一种。关于如何代表法人，存在共同代表制、单独代表制、单一代表制三种立法例。[1] 共同代表制如德国，由董事会代表社团，董事会具有法定代理人的地位。单独代表制下，法人的每个董事或者理事对外都可以代表法人，如我国台湾地区。单一代表制则由单一的法定代表人作为法人机关代表法人从事民事活动，我国采纳单一代表制。法定代表人是否一定为自然人，理论上有不同的认识，但实务中应肯定仅自然人可以为法人的法定代表人。

第二，法定代表人对外代表法人，享有代表权，即法定代表人所为的法律行为视为法人的行为。法定代表人是法人的机关，其身份赋予其实施法律行为的地位和权利，无须法人另行授权。法定代表人的代表权原则上并无限制，但法人章程或者权力机构对法定代表人的代表权进行限制的，不得对抗善意相对人。我国《公司法》第 25 条与第 81 条都规定，公司章程应当规定公司的法定代表人，当然包括对其职权进行限制，但这种限制不能对抗善意第三人。“善意第三人”是指“法人章程或权力机构对法定代表人的代表权进行限制的事实不知情或者不应当知情”。

第三，法定代表人是自然人，他的法律身份具有二重性：一方面作为自然人，法定代表人可以为生产、生活需要从事民事法律行为；另一方面作为法定代表人，为了法人的利益而进行民事法律行为。那么，如何判断法定代表人的民事法律行为是为了个人利益还是法人利益呢？本条采纳了“名义说”，即法定代表人以“法人名义”从事的民事活动，其法律后果由法人承受。

【适用与比较】

《民法通则》第 38 条规定：“依照法律或者法人组织章程规定，代表法人行使职权的负责人，是法人的法定代表人。”第 43 条规定：“企业法人对它的法定代表人和其他工作人员的经营活动，承担民事责任。”本条是对《民法通则》第 38 条、第 43 条规定的继承发展。适用本条时，应注意以下几点：

第一，《民法通则》第 43 条将法人承担责任的范围限于“经营活动”，

---

〔1〕 李永军：《民法总论》（第二版），法律出版社 2009 年版，第 316 页。

《民通意见》第58条进一步限制了第43条的适用范围，规定："企业法人的法定代表人和其他工作人员，以法人名义从事的经营活动，给他人造成经济损失的，企业法人应当承担民事责任。"《民法总则》第61条采纳了"名义说"，是对《民通意见》第58条的坚持，但将"经营活动"修订为"民事活动"，扩大了适用范围。法定代表人以法人名义从事的民事活动，既产生义务，又产生权利，权利义务由法人承受，所以将"给他人造成经济损失的，企业法人应当承担民事责任"修订为"其法律后果由法人承受"。

第二，区分"代表权"和"代理权"。"代表权"说明，法定代表人是法人的机关，法定代表人的行为就是法人的行为；"代理权"则说明，存在两个民事主体，其中一个是代理人，另一个是被代理人，法人的其他工作人员不是法人的机关，其为独立的民事主体，其以法人的名义从事民事活动，适用代理制度。

第三，法定代表人超越代表权限从事的民事活动是有效的，但第三人明知或应知其超越代表权限而仍然与其从事民事活动的，民事活动无效。例如，我国《合同法》第50条规定："法人或者其他组织的法定代表人、负责人超越权限订立的合同，除相对人知道或者应当知道其超越权限的以外，该代表行为有效。"

第四，《民法总则》第61条第2款限于"民事活动"，这里的"民事活动"不包括侵权行为且主要是指经营行为，即订立合同的行为。法定代表人实施侵权行为的，适用本法第62条的规定，不适用本条的规定。《民法总则》明确区分法人对法定代表人的民事活动和职务致害责任的承担为两种不同的制度并分别进行立法，更加科学合理。

第六十二条　法定代表人因执行职务造成他人损害的，由法人承担民事责任。

法人承担民事责任后，依照法律或者法人章程的规定，可以向有过错的法定代表人追偿。

【条文释解】

本条是关于法人侵权责任能力的规定。本条主要涉及两个方面的问题：其一，法人的法定代表人职务侵权的，由法人承担民事责任；其二，法人承担民事责任后的追偿权。

1. 法人具有侵权责任能力

由于法人与自然人存在天然的区别，法人不像自然人那样辨识自己的行为后果并控制自己的行为，所以法人是否能够实施侵权行为并承担侵权责任，存在代表说和代理说两种不同的观点。代理说认为，法人既无行为能力，也无侵权责任能力，法人不能自己行为，而是由董事（董事长）以代理人的身份从事法律行为，在执行法人事务过程中构成侵权行为时，应该按照代理关系的规定决定法人是否应当承担责任，即法人的董事（董事长）侵权的，法人承担的是替代责任，而非自己责任。代表说认为，法人有自己的机关，法人机关的行为就是法人的行为。所以，董事（董事长）执行职务的行为是法人自己的行为，因此而产生的侵权行为是法人的侵权行为，法人要对此承担属于自己责任而非替代责任。代表说以法人本质为实在说为前提，我国也采纳了“代表说”。

法定代表人职务侵权是指法人的法定代表人在执行职务中致人损害引发的侵权责任。根据本条以及《侵权责任法》关于侵权责任构成要件的规定，法定代表人职务侵权除了要符合侵权责任的构成要件外，还包括“执行职务”这一特殊要件。“执行职务”是划分法人与其法定代表人侵权行为的界线，法定代表人在执行职务时所为的行为，不管是合法行为，还是违法行为，都应视为法人的行为，其法律后果由法人承受。

2. 法人对法定代表人的追偿权

所谓法人对法定代表人的追偿权是指法定代表人因过错而致法人侵权的，法人在承担责任后，可以向法定代表人追偿。法人的追偿权应符合下列条件：

第一，时间条件。法人对法定代表人须在承担了民事责任后才能追偿，在承担民事责任前不能向法定代表人追偿。

第二，法定代表人有过错。《公司法》第 147 条第 1 款规定：“董事、监事、高级管理人员应当遵守法律、行政法规和公司章程，对公司负有忠实义务和勤勉义务。”法人对法定代表人的追偿权来源于法定代表人的忠实义务和勤勉义务，法定代表人在执行职务过程中应尽到忠实义务和勤勉义务，防止代表法人的行为造成损害，如果法定代表人未尽到相应义务，主观上即有过错，造成法人损失的，法人有权向法定代表人追偿。

第三，法人行使追偿权时，应该依照法律或者法人章程的规定进行。

【适用与比较】

在我国，与法定代表人职务侵权相关的立法散见于《民法通则》《国家赔偿法》《侵权责任法》以及相关司法解释之中。结合这些规定，在适用本条时，应该注意以下三点：

第一，区分自己责任与使用人责任。《侵权责任法》第34条第1款规定："用人单位的工作人员因执行工作任务造成他人损害的，由用人单位承担侵权责任。"该条是对使用人责任的规定。而《民法通则》第121条规定："国家机关或者国家机关工作人员在执行职务中，侵犯公民、法人的合法权益造成损害的，应当承担民事责任。"《民通意见》第152条规定："国家机关工作人员在执行职务中，给公民、法人的合法权益造成损害的，国家机关应当承担民事责任。"《最高人民法院关于审理人身损害赔偿案件适用法律若干问题的解释》第8条规定："法人或者其他组织的法定代表人、负责人以及工作人员，在执行职务中致人损害的，依照民法通则第一百二十一条的规定，由该法人或者其他组织承担民事责任……"这三条将法人之法定代表人执行职务过程中产生的职务侵权与法人之使用人在执行职务过程中的侵权合并规定，混淆了法人的自己责任和替代责任。

所谓法人的自己责任，是指法人对自己的行为承担的侵权责任。法人承担自己责任的情形主要有两种：其一，法人自身的侵权行为，是指不以其成员的侵权为媒介而造成他人损害应该承担民事责任的行为，例如法人对环境的污染或者其他公害行为等。其二，法人的法定代表人执行职务过程中产生的侵权行为。所谓法人的替代责任是指法人对其工作人员在执行工作任务过程中造成的损害而承担的民事责任。之所以称之为替代责任原因在于：法人之工作人员并非法人机关，二者是两个独立的民事主体，工作人员为代理人，法人为被代理人，工作人员完成工作任务过程的行为并非法人的行为，但法人对该行为造成的损害承担责任，是对他人行为负责的特殊侵权行为，是典型的替代责任。[1] 用人者责任具有如下特征：其一，用人者责任本质上是一种替代责任。用人者本质上并不是为自己的行

〔1〕 杨立新主编：《侵权责任法》，复旦大学出版社2010年版，第178页。

为承担责任，而是为他人的行为承担责任，承担责任的根据主要是基于用人者与被用人之间存在着特定的关系。其二，被用人须在为用人者的利益而进行职务行为。首先，被用人是为用人者的利益服务；其次，被用人的行为须是职务行为。其三，用人者对被用人具有指挥、监督权力。“使用”即指挥、监督被用人执行自己的意图以实现自己的利益。其中指挥权具有决定性的意义。如，使用人对被用人不享有指挥、监督权，特别是不享有指挥权，则非使用人责任中的使用关系。如委托代理、承揽中，委托人均对代理人和承揽人没有指挥权，故不属于这种类型。其四，被用人在执行职务中对第三人造成损害。如没有对第三人造成损害，用人者的对第三人责任无从谈起。用人者责任构成要件为：其一，工作人员的职务行为构成侵权责任，即用人者责任的成立首先需要工作人员的职务行为构成对第三人权益的侵权责任。其二，工作人员的行为必须是职务行为。用人单位承担侵权责任的前提是工作人员的行为与“执行工作任务”有关。工作人员应当按照用人单位的授权或者指示进行工作。与工作无关的行为，即使发生在工作时间内，用人单位也不承担侵权责任，该责任由工作人员自己承担。其三，用人单位和工作人员之间必须存在合法的劳动关系。如果二者之间没有合法的劳动关系，用人单位承担用人责任的根据就不存在。

第二，区分国家赔偿与民事赔偿。国家机关也属于法人，国家机关法定代表人在执行职务过程中造成损害的，应适用《最高人民法院关于审理人身损害赔偿案件适用法律若干问题的解释》第 8 条第 2 款的规定，依照《国家赔偿法》的规定处理。

第三，区分职务行为与非职务行为。关于法人要对法定代表人的哪些侵权行为承担责任，理论界有不同的学说，主要有经营活动说、法人名义说、执行职务说三种观点。[1] 笔者认为，法定代表人为法人的利益从事经营活动的，属于民事法律行为的范畴，与侵权责任不同，不能以经营活动作为认定执行职务的标准。其次，法定代表人以法人名义从事民事活动，法人要承担责任，属于本法第 61 条调整的范围，不属于法定代表人职务侵权的判断标准。那么如何理解“执行职务”，有的学者指出，判断是否执行职务的标准是：第一，是否以法人的名义；第二，是否在外观上足以被认定为是执行职务；第三，是否以社会共同经验足以认为与法人职务有相

[1] 魏振瀛：《民法》（第六版），北京大学出版社、高等教育出版社 2016 年版。

当关联。[1] 我国立法上虽无关于“执行职务”的认定标准的规定，但《最高人民法院关于审理人身损害赔偿案件适用法律若干问题的解释》第9条第2款规定“从事雇佣活动”，是指从事雇主授权或者指示范围内的生产经营活动或者其他劳务活动。雇员的行为超出授权范围，但其表现形式是履行职务或者与履行职务有内在联系的，应当认定为“从事雇佣活动”。本条规定可供作为认定“执行职务”的参考。法人要对法定代表人在执行职务过程中造成的损害承担民事责任。

第六十三条　法人以其主要办事机构所在地为住所。依法需要办理法人登记的，应当将主要办事机构所在地登记为住所。

【条文释解】

本条是关于法人住所的规定。

1. 法人的住所的概念和法律意义

法人的住所是法人的法律关系的中心地。法人住所具有重要的法律意义，如决定债务履行地、决定法人的登记地、决定诉讼管辖，决定法律文书的送达的处所，决定涉外民事关系的准据法等。具体而言，确立法人住所的法律意义主要包括：（1）充分体现了尊重当事人意思自治原则，法人的住所以该法人向行政主管部门申报的地点为准，给予法人更多的选择自己住所地的权利，是民法学中意思自治原则的体现。[2] （2）法人的住所是判断法人国籍的重要标志之一。在民商事案件中，常常依据法人的住所来判断法人的国籍。（3）确立法人的住所有助于解决国内法律纠纷。法人住所与《民事诉讼法》关于案件管辖、法律文书送达等的内容密切相关。（4）确立法人的住所有助于解决国际法律纠纷。法人的住所地是国际私法中一个非常重要的连接点，因此确立法人的住所对于快速高效解决国际民商事案件具有重要意义。（5）确立法人的住所，有利于民商事交往的双方当事人获得更加丰富的信息，提醒当事人注意防范法律风险，有助于市场交易更加透明，从而有利于维护市场交易的风险。（6）住所是法人成立的

[1] 魏振瀛：《民法》（第六版），北京大学出版社、高等教育出版社2016年版。

[2] 李永军主编：《中国民法典总则编草案建议稿及理由》，中国政法大学出版社2016年版，第92—93页。

重要条件之一，也是作为法人的重要组成部分，没有住所，不得成立法人。

2. 法人住所的具体确定

一个法人只能有一个住所。各国对法人住所的规定主要有登记对抗主义和登记要件主义。各国民法多以管理所在地，即法人主要事务所的所在地为法人住所。多数国家采取登记对抗主义，非经登记，不得对抗第三人。如日本采取了对抗主义，这显然是基于外部观点的考虑结果，以维护第三人的信赖利益，满足交易安全的需要。另一些国家，则采取登记要件主义，非经登记，一律视为没有发生。我国对法人的住所登记，采登记要件主义。[1] 按照本条的规定，法人的主要办事机构所在地为法人的住所。法人的住所需要登记的，应该以主要办事机构所在地为登记住所地。可见，我国对法人（尤其是企业法人与社会团体法人）的住所登记，采登记要件主义。一个法人的住所无须登记的，又同时具有多个在不同地区的办事机构，那么应该认定该法人主要的办事机构所在地为其住所。

【适用与比较】

《民法通则》第39条规定："法人以它的主要办事机构所在地为住所。"本条是对《民法通则》第39条的进一步发展，在具体适用中，应注意以下三点：

第一，法人住所不同于法人的场所。法人的住所是一个具有法律意义的概念，法人的场所就是法人从事业务活动或生产经营活动的处所。法人必须要有自己的场所才能开展正常的民事活动，法人的场所既包括法人的机关所在地，也包括法人的生产经营场所及其分支机构所在地。一个法人可以有多个场所，但一个法人只有一个住所。[2] 法人的场所可以是自己所有的，也可以是租赁他人的。住所只是法人活动场所中的那个主要办事机构所在地的场所，《民法总则》第58条将法人的住所作为法人的成立要件，比将"场所"作为法人的成立要件更加科学。

第二，《民法通则》对法人住所的规定比较简单，对住所的登记制度

---

〔1〕 龙卫球：《民法总论》（第二版），中国法制出版社2002年版，第396页。
〔2〕 江平主编：《民法学》，中国政法大学出版社2000年版，第130页。

没有作出规定，《民法总则》虽然也将“主要办事机构所在地”作为法人的住所，但对住所应当登记的，应选择主要办事机构所在地作为登记住所。

第三，哪些类型的法人住所需要登记，在我国多以行政法规的形式进行了规定。主要涉及以下四类法人：（1）《事业单位登记管理暂行条例》将住所列为事业单位法人的登记事项。[1]（2）《企业法人登记管理条例》也将住所列为企业法人的登记事项。[2]（3）《社会团体登记管理条例》则将住所作为社会团体法人的登记事项。[3]（4）《基金会管理条例》将住所列为基金会的登记事项。[4]

第六十四条　法人存续期间登记事项发生变化的，应当依法向登记机关申请变更登记。

【条文释解】

本条是关于法人变更登记的规定。法人的变更登记是指法人登记事项发生变化的，应该向登记机关提出申请，由登记机关审核后对原登记事项进行变更而进行的登记。并非任何类型的法人都需要办理登记，只有需要办理登记的法人才需要办理登记，需要办理登记的法人也并非任何事项都需要登记，只有登记事项发生变更的，才应当依法向登记机关申请变更登记。

《基金会管理条例》第 11 条规定，基金会设立登记的事项包括：名称、住所、类型、宗旨、公益活动的业务范围、原始基金数额和法定代表人。《社会团体登记管理条例》第 12 条规定，社会团体登记事项包括名称、住所、宗旨、业务范围、活动地域、法定代表人、活动资金和业务主管单位。《事业单位登记管理暂行条例》第 8 条规定，事业单位法人登记事项包括：名称、住所、宗旨和业务范围、法定代表人、经费来源（开办资金）等情况。《企业法人登记管理条例》第 9 条规定，企业法人登记注册的主要事项：企业法人名称、住所、经营场所、法定代表人、经济性

---

〔1〕参见《事业单位登记管理暂行条例》第 8 条。
〔2〕参见《企业法人登记管理条例》第 9 条。
〔3〕参见《社会团体登记管理条例》第 12 条。
〔4〕参见《基金会管理条例》第 11 条。

质、经营范围、经营方式、注册资金、从业人数、经营期限、分支机构。可见，不同法人的登记事项是不同的，法人登记事项发生变更的，应当办理变更登记。例如，《企业法人登记管理条例》第17条规定："企业法人改变名称、住所、经营场所、法定代表人、经济性质、经营范围、经营方式、注册资金、经营期限，以及增设或者撤销分支机构，应当申请办理变更登记"。《事业单位登记管理暂行条例》第10条规定："事业单位的登记事项需要变更的，应当向登记管理机关办理变更登记。"

变更登记应依法向登记机关提出申请，不同类型的法人，其登记机构存在差异。例如，根据《事业单位登记管理暂行条例》第5条规定，县级以上各级人民政府机构编制管理机关所属的事业单位登记管理机构负责实施事业单位的登记管理工作，而企业法人登记主管机关则是国家工商行政管理局和地方各级工商行政管理局。

申请法人变更登记的，一般应履行下列程序：（1）变更登记申请书；（2）提交相关证明文件和登记管理机关要求提交的其他相关文件；（3）登记机关对申请书和相关文件进行审查；（4）进行变更登记，换发新的登记证书。

【适用与比较】

法人存续期间，其组织形式、目的等各种重大事项有可能发生变更，法人的变更涉及第三人利益即交易安全的保护，各国民法均规定法人变更必须进行登记。[1] 例如，我国《民法通则》第44条第1款规定："企业法人分立、合并或者有其他重要事项变更，应当向登记机关办理登记并公告。"我国《民法总则》第64条是对《民法通则》第44条的进一步拓展，要求法人所有的登记事项的变更都应当办理变更登记。如果法人登记事项变更而进行变更登记的，应适用《民法总则》第65条的规定，不得对抗善意相对人。

第六十五条　法人的实际情况与登记的事项不一致的，不得对抗善意相对人。

〔1〕 梁慧星：《中国民法典草案建议稿附理由：总则编》，法律出版社2013年版，第167页。

【条文释解】

本条是关于法人登记效力的规定。

对有些法人，登记是法人取得民事权利能力和民事行为能力，享有民事权利和承担民事义务的要件，也是其变更其民事权利和民事义务范围的要件，甚至是其民事权利能力和民事行为能力消灭的要件。法人登记的目的在于保护相对人的利益，维护交易安全。特别是对于以营利为目的的企业法人，其登记对第三人利益影响尤为显著。所以，我国法律上对很多法人规定了登记制度。除了不需要进行登记的法人以外，法人登记通常包括法人的设立登记、变更登记和注销登记。《民法总则》第63条对法人住所登记、第64条对法人变更登记进行了规定，而本条主要涉及对法人登记效力的规定。

从我国立法来看，法人登记的效力或为生效要件，或为对抗要件。[1]例如，按照《民法通则》第41条的规定，经主管机关核准登记是取得法人资格的生效要件；《民法总则》第77条规定，营利法人经依法登记成立。此外，《基金会管理条例》等也将登记作为组织体取得法人资格的生效要件。所以，从设立登记的角度看，设立登记是法人取得权利能力和行为能力的程序性要件。所以，设立登记，登记为法人成立要件，必经办理登记，始生法人成立、取得权利能力之效力，称之为登记要件主义。[2]

法人登记涉及对法人名称、住所、法定代表人等事项的具体登记记载，对这些事项的登记具有对抗效力，如果登记记载的事项与实际情况不相符合，不能以实际情况来否定善意第三人对登记事项的信赖。例如，某企业的登记住所与主要办事机构所在地不一致的，不能以此对抗善意第三人对登记的住所的信赖，即对善意第三人仍以登记的住所为法人的住所。所以，就登记事项而言，登记具有对抗效力。所谓登记对抗主义，则以登记为对抗第三人的要件，仅有宣示性的效力，法人应登记事项而虽未登记，在法人内部有效，但未经登记则不得以其事实对抗第三人。[3]不得对抗第三人是指法人不得以该不登记或者不为变更登记之事项，对于依法应

[1] 魏振瀛：《民法》（第六版），北京大学出版社、高等教育出版社2016年版。

[2] 姚瑞光：《民法总则论》，中国政法大学出版社2011年版，第96页。

[3] 施启扬：《民法总则》，中国法制出版社2010年版，第131页。

申请登记以外之人主张其效力而言。[1]

【适用与比较】

我国《公司法》第32条第3款规定："公司应当将股东的姓名或者名称向公司登记机关登记；登记事项发生变更的，应当办理变更登记。未经登记或者变更登记的，不得对抗第三人。"本条来自于《公司法》第32条第3款，本条之规定适用于所有的法人，比《公司法》的规定适用范围更广泛。

第六十六条　登记机关应当依法及时公示法人登记的有关信息。

【条文释解】

本条是关于法人登记信息公示的规定。法人登记是登记机关将登记事项进行记载的行政行为，登记的效力或为生效要件主义，或为对抗要件主义，但不论何种"主义"，登记机关应将登记事项公之于众，才会为社会所知晓，目的在于保护第三人利益和交易安全。我国《民法通则》虽未对法人登记信息的公示作出规定，但我国关于法人登记的相关行政法规中对法人登记信息的公示都作了规定。例如，《企业法人登记管理条例》第23条规定："登记主管机关应当将企业法人登记、备案信息通过企业信用信息公示系统向社会公示。"《事业单位登记管理暂行条例》第14条规定："事业单位的登记、备案或者变更名称、住所以及注销登记或者注销备案，由登记管理机关予以公告。"本条之规定源于上述行政法规关于法人登记的公告。本条之规定应从以下五个方面来理解：

第一，公示的内容是法人的登记信息，不同类型法人的登记信息不同，其公示的具体信息存在差异。

第二，"应当"公示而非可以公示，即凡是需要办理登记的法人，其登记事项都应当公示。

第三，"依法"公示要求公示的内容、公示的方式和范围、公示的程序等要符合法律的规定。

第四，"及时"是对公示时间的要求，公示是否及时应从公示的内容、

---

〔1〕姚瑞光：《民法总则论》，中国政法大学出版社2011年版，第96页。

公示的范围、公示的手段等各方面综合判定。

第五，公示法人的登记信息实乃登记机关的一项义务，应该公示而未公示的，登记机关的工作人员未履行职责的，要承担相应的法律责任。例如，《企业法人登记管理条例》第33条规定："主管部门、审批机关、登记主管机关的工作人员违反本条例规定，严重失职、滥用职权、营私舞弊、索贿受贿或者侵害企业法人合法权益的，应当根据情节给予行政处分和经济处罚；触犯刑律的，由司法机关依法追究刑事责任。"

【适用与比较】

《企业法人登记管理条例》第23条规定："登记主管机关应当将企业法人登记、备案信息通过企业信用信息公示系统向社会公示。"《事业单位登记管理暂行条例》第14条规定："事业单位的登记、备案或者变更名称、住所以及注销登记或者注销备案，由登记管理机关予以公告。"本条来自于上述行政法规，通过本条将上述行政法规上升为法律，效力层次得到了提高，同时也扩大了适用范围。

第六十七条　法人合并的，其权利和义务由合并后的法人享有和承担。

法人分立的，其权利和义务由分立后的法人享有连带债权，承担连带债务，但是债权人和债务人另有约定的除外。

【条文释解】

本条是关于法人合并、分立对债权债务影响的规定。

法人合并是指两个或两个以上的法人合并为一个法人。《公司法》第172条规定："公司合并可以采取吸收合并或者新设合并。一个公司吸收其他公司为吸收合并，被吸收的公司解散。两个以上公司合并设立一个新的公司为新设合并，合并各方解散。"所以，法人合并分为吸收合并和新设合并。吸收合并是指一个法人归并到另一个法人，被归并的法人资格消灭，而另一个法人继续存在并吸收了已经消灭的法人。例如，A公司被并入B公司，A公司法人资格消灭，而B公司法人资格继续存在。新设合并是指两个以上的法人合并为一个新法人，原来的法人都消灭，新的法人产生。例如，甲公司和乙公司合并为丙公司，甲公司、乙公司法人资格消灭，丙公司法人资格存续。

对于法人合并后其权利义务关系的处理，根据本条的规定，由合并后的法人享有和承担。在上述第一个案例中，B 公司吸收了 A 公司，A 公司被吸收之前的债权债务由继续存续的 B 公司承担。在上述第二个案例中，甲公司、乙公司在合并为丙公司之前的债权债务由新设立的丙公司承担。

法人分立是指一个法人分成两个以上的法人。法人分立有新设分立和派生分立两种。新设分立即解散原法人，而分立为两个以上的新法人。例如，A 公司分立为 B 公司、C 公司，A 公司消灭，此为新设分立。派生分立，即原法人存续，但从中分立出新的法人。例如，甲公司派生设立了乙公司，甲公司继续存续，乙公司是从甲公司派生而来。

对于法人分立后原权利义务的处理，按照本条的规定，由分立后的法人享有连带债权，承担连带债务，债权人和债务人另有约定的除外。所以，法人分立的权利义务处理，首先要看债权人和债务人是否有约定，如果有约定的按照约定；如果没有约定的，分立后的法人享有连带债权、承担连带债务。例如，甲公司在分立为乙公司和丙公司之前，对外享有 20 万元债权，承担了 30 万元债务。那么，乙公司和丙公司对 30 万元债务承担连带责任，即债权人可以要求乙公司或丙公司清偿全部债务，即使乙公司和丙公司内部有约定的债务承担份额，但该约定不能对抗债权人，即该约定在乙公司和丙公司内部发生效力。换言之，债权人向乙公司或丙公司主张债权后，乙公司或丙公司不能依据内部的约定拒绝向债权人清偿债务，乙公司或丙公司承担债务之后，可以按照内部约定的比例向对方追偿。乙公司和丙公司对甲公司的 20 万元债权享有连带债权，乙公司或丙公司可以向债务人主张全部债权，但乙公司、丙公司与债务人另有约定的除外。

【适用与比较】

关于法人合并、分立后的债权债务处理，《民法通则》第 44 条规定："企业法人分立、合并或者有其他重要事项变更，应当向登记机关办理登记并公告。企业法人分立、合并，它的权利和义务由变更后的法人享有和承担。"《公司法》第 172—176 条、第 179 条对公司的合并与分立作了详细规定。《合同法》第 90 条对合同当事人合并、分立对合同权利义务的影响也作了专门规定。《民法总则》第 67 条之规定与其他法律的相关规定相比，在适用上应注意以下两点：

第一，《民法总则》关于法人合并、分立对权利义务的承受的规定具有一般性，而《民法通则》第44条的规定仅限于企业法人，《公司法》的规定仅限于公司，《合同法》第90条的规定仅限于合同债权债务的承受，这些规定仅为特殊规定，《民法总则》第67条的规定具有一般性，其适用于全部法人的合并、分立，既涉及债权债务等民事权利义务的承受和分担问题，还涉及其他民事权利义务的承受和分担问题。

第二，《民法总则》关于法人合并、分立的程序没有作出规定，应参考《民法通则》《公司法》中关于企业法人、公司合并、分立程序的规定。一般而言，法人合并需要经过下列程序：（1）由合并各方签订合并协议；（2）编制资产负债表及财产清单；（3）作出合并决定；（4）通知债权人并进行公告；（5）公司债务清偿或者向债权人提供相应的担保；（6）办理注销登记、变更登记或新设登记。法人分立需经过下列程序：（1）法人的出资人作出分立的决议；（2）由分立各方就分立的有关具体事项订立协议；（3）依法办理有关审批手续；（4）处理债权、债务等各项分立事宜；（5）依法办理变更登记、注销登记或新设登记等手续。

第六十八条　有下列原因之一并依法完成清算、注销登记的，法人终止：

（一）法人解散；

（二）法人被宣告破产；

（三）法律规定的其他原因。

法人终止，法律、行政法规规定须经有关机关批准的，依照其规定。

【条文释解】

本条是关于法人终止事由的规定。

法人的终止，也称法人的消灭，是指法人丧失民事权利能力和民事行为能力，终止民事主体资格。法人终止后，其民事权利能力和民事行为能力丧失，不能再以法人的名义对外从事民事活动。法人终止的原因，是导致法人丧失民事主体资格的情形。根据本条的规定，法人终止的原因包括：（1）法人解散。法人解散分为自行解散和强制解散，本法第69条对法人解散作了详细规定，其具体内容参见本书对于《民法总则》第69条的“条文释解”部分。(2)法人被宣告破产。企业法人不能清偿到期债务时，人民法院可根据企业的法定代表人、主管部门以及债权人的申请，依法宣告其破产。按照《企业破产法》关于企业破产程序的相关规定，在对企业法人财产、债权和债务进行清理的基础上，注销法人登记，终止其民事主体资格。(3)法律规定的其他原因。如法人的合并、分立、国家经济政策的调整和发生战争等。同时，我国存在营利性法人、非营利性法人，不同类型的法人其终止的具体原因也存在差别。例如，事业单位法人违反规定接受、使用捐赠、资助，情节严重的，经审批机关同意，予以撤销登记，收缴事业单位法人证书和印章。

法人资格终止的程序主要包括：(1)进行清算，我国《民法总则》对法人清算作了规定，详细解释可以参见本书对于《民法总则》第70条、第71条、第72条的“条文释解”部分；(2)注销登记，这是指登记主管机关依法对法人的登记进行注销，终止法人资格的行为；(3)需要经过有关机关批准的，要经过批准后才能办理注销登记。有些法人在注册登记为法人，取得法人资格之前，需要按照法律、行政法规规定经有关机关批准。针对这些需要经过批准设立的法人，法人资格终止的，也应当依照法律、行政法规的规定，须经有关机关批准。例如，《社会团体登记管理条例》第21条第1款规定：“社会团体应当自清算结束之日起15日内向登记管理机关办理注销登记。办理注销登记，应当提交法定代表人签署的注销登记申请书、业务主管单位的审查文件和清算报告书。”

【适用与比较】

《民法通则》第45条规定：“企业法人由于下列原因之一终止：(一)依法被撤销；(二)解散；(三)依法宣告破产；(四)其他原因。”第46条规定：“企业法人终止，应当向登记机关办理注销登记并公告。”《民法总则》第68条的规定是对《民法通则》第45条、第46条的发展，在适用第68条的规定时，应该注意以下两点：

第一，《民法总则》没有将“依法被撤销”作为法人终止的事由，而是将“依法被撤销”作为第69条中规定的法人解散的事由之一。所以，“依法被撤销”不再是与解散并列的事由而是法人解散的一种情形。

第二，《民法通则》第45条、第46条的规定仅适用于企业法人，而

《民法总则》第68条的规定具有一般性，不限于企业法人，还可以适用于事业单位法人等，当然“法人被宣告破产”适用于企业法人。

第六十九条　有下列情形之一的，法人解散：

（一）法人章程规定的存续期间届满或者法人章程规定的其他解散事由出现；

（二）法人的权力机构决议解散；

（三）因法人合并或者分立需要解散；

（四）法人依法被吊销营业执照、登记证书，被责令关闭或者被撤销；

（五）法律规定的其他情形。

【条文释解】

本条是关于法人解散事由的规定。所谓法人的解散事由是指法人解散的具体情形，法人解散的事由可以分为自行解散和强制解散。自行解散是指法人的目的事业完成或者无法完成，按照法人机关的决议、法人章程规定的存续期限届满或者解散事由的发生而自动解散的情况。[1] 根据本条的规定，法人自行解散的事由主要包括：（1）法人章程规定的存续期间届满或者法人章程规定的其他解散事由出现。（2）法人的权力机构决议解散。法人的权力机构主要是指法人的意思机构，即能够通过决议形成法人意思的机构，例如公司的股东大会等，如果法人章程规定不允许法人解散，而全体成员共同决定解散，则应当视为对原章程进行了修改。[2] （3）因为设立法人的目的已经实现或确定无法实现而解散。（4）因法人合并或者分立需要解散。法人合并包括新设合并和吸收合并，在吸收合并中，被吸收的法人需要解散。法人分立分为派生分立和新设分立。在新设分立中，原法人解散。法人强制解散是指法人在出现了法律规定的事由后，由国家机关依法解散法人。《民法通则》将法人的强制解散界定为“依法被撤销”，并将其与法人解散并列作为法人终止的事由，它实际上属于法人的强制解散，一般不依赖于法人自己的决定，而是由法律规定或者行政命令决定的。

---

〔1〕 翟新辉主编：《民法学总论》（第二版），中国政法大学出版社2015年版，第123页。

〔2〕 翟新辉主编：《民法学总论》（第二版），中国政法大学出版社2015年版，第123页。

其他法律、行政法规规定的法人解散的其他事由。如《公司法》第180条第1款第5项规定:“人民法院依照本法第一百八十二条的规定予以解散。”

【适用与比较】

我国《公司法》第180条规定:“公司因下列原因解散:(一)公司章程规定的营业期限届满或者公司章程规定的其他解散事由出现;(二)股东会或者股东大会决议解散;(三)因公司合并或者分立需要解散;(四)依法被吊销营业执照、责令关闭或者被撤销;(五)人民法院依照本法第一百八十二条的规定予以解散。”《民法总则》第69条关于法人解散事由的规定与《公司法》第180条之规定如出一辙,不过是将第180条的适用范围扩大到了公司之外的其他法人。

第七十条 法人解散的,除合并或者分立的情形外,清算义务人应当及时组成清算组进行清算。

法人的董事、理事等执行机构或者决策机构的成员为清算义务人。法律、行政法规另有规定的,依照其规定。

清算义务人未及时履行清算义务,造成损害的,应当承担民事责任;主管机关或者利害关系人可以申请人民法院指定有关人员组成清算组进行清算。

【条文释解】

本条是关于法人清算义务人的规定。

法人清算是指法人在终止前,清算义务人依照法律规定的程序对其财产进行清理并了解法人债权债务的行为。[1] 对于营利性法人而言,清算是其终止前的必经程序;对非营利性但曾实施了营利性活动的法人如社会团体法人、事业单位法人而言,也必经清算程序才能使法人资格归于消灭;对于不从事任何营利性活动的国家机关法人、事业单位法人等公法人而言,一般不需要经过清算即可直接归于消灭。[2]

法人清算分为破产清算和一般清算。破产清算要按照《民法总则》第

---

〔1〕 王利明等著:《民法学》(第二版),法律出版社2008年版,第74页。

〔2〕 刘凯湘:《民法总论》(第二版),北京大学出版社2008年版,第206页。

73条的规定和《企业破产法》的规定进行。一般清算也称非破产清算，是指不以破产法程序进行的清算，一般清算适用于营利性法人非破产原因进行的清算以及事业单位法人、社会团体法人、基金会法人等非营利性法人终止时的清算。但在进行一般清算时，清算组发现企业法人存在破产原因时，应当按照破产程序处理。按照本条的规定，法人解散的，应当进行清算，但法人合并与分立时，无须进行清算；而《民法总则》第69条对法人解散的事由进行了规定，所以出现第69条规定的除法人合并与分立的情形外，法人解散的，要进行清算。

一般清算中，要由清算义务人组成清算组进行法人清算。清算义务人是法人的董事、理事等执行机构或者决策机构的成员，清算义务人应当成立清算组负责法人清算。所谓清算组是指负责进行清算的组织或者个人，又称清算人。[1] 不同类型的法人，其清算组的成员不同，例如《社会团体登记管理条例》第20条规定，社会团体在办理注销登记前，应当在业务主管单位及其他有关机关的指导下，成立清算组织，完成清算工作。根据本条的规定，社会团体法人的清算组成员由业务主管单位及其他有关机关决定。在破产清算中，要由主管机关或者人民法院组成有关机关或者有关人员成立清算组织，进行清算，在我国破产法中称之为"管理人"。

清算义务人应及时组成清算组进行清算，根据本条的规定，清算义务人未及时履行清算义务，造成损害的，应当承担民事责任。清算义务人未及时履行清算义务的行为主要是指未及时成立清算组开展清算活动，或者虽然成立清算组但对清算活动采取消极态度，不及时履行清算义务，拖延清算事务的进行。清算义务人未及时履行清算义务，则会给债权人造成损害，应该承担民事责任。例如，清算义务人在法人财产未对债权人进行清偿前，擅自将其分配给出资人，或者清算义务人对个别债权人进行清偿，造成债权人利益受到损害的，清算义务人应该承担民事责任。因清算义务人与债权人之间并无关于清算的约定，所以此处的"民事责任"在性质上应为侵权责任，应以清算义务人存在过错为构成要件。清算义务人逾期不成立清算组进行清算的，主管机关或者利害关系人可以申请人民法院指定有关人员组成清算组进行清算。

按照《民通意见》第60条第3款的规定，以逃避债务责任为目的而

〔1〕 魏振瀛：《民法》（第六版），北京大学出版社、高等教育出版社2016年版，第96页。

成立的清算组织，其实施的民事行为无效。

【适用与比较】

《民法通则》第47条规定：“企业法人解散，应当成立清算组织，进行清算。企业法人被撤销、被宣告破产的，应当由主管机关或者人民法院组织有关机关和有关人员成立清算组织，进行清算。”《民通意见》第60条规定：“清算组织是以清算企业法人债权、债务为目的而依法成立的组织。它负责对终止的企业法人的财产进行保管、清理、估价、处理和清偿。对于涉及终止的企业法人债权、债务的民事诉讼，清算组织可以用自己的名义参加诉讼。以逃避债务责任为目的而成立的清算组织，其实施的民事行为无效。”根据《公司法》第183条的规定，当公司出现了除公司合并或者分立需要解散之外的解散事由外，应当在解散事由出现之日起15日内成立清算组，开始清算。有限责任公司的清算组由股东组成，股份有限公司的清算组由董事或者股东大会确定的人员组成。逾期不成立清算组进行清算的，债权人可以申请人民法院指定有关人员组成清算组进行清算。人民法院应当受理该申请，并及时组织清算组进行清算。而依据《公司法》第189条的规定，清算组成员应当忠于职守，依法履行清算义务。清算组成员不得利用职权收受贿赂或者其他非法收入，不得侵占公司财产。清算组成员因故意或者重大过失给公司或者债权人造成损失的，应当承担赔偿责任。《民法总则》第70条是对《民法通则》《公司法》上述规定的发展，在适用本条时，应该注意以下三点：

第一，《民法总则》关于法人清算的规定具有一般性，而《公司法》仅适用于公司清算，具有特殊性，公司清算的，应该按照《公司法》的规定进行，公司之外的法人清算则适用《民法总则》的规定。《民法通则》的规定仅适用于企业法人。

第二，清算义务人组织方面存在差异。法人清算的，由法人的董事、理事等执行机构或者决策机构的成员为清算义务人。而有限责任公司的清算义务人是股东，股份有限公司的清算义务人是董事或者股东大会确定的人员。《民法通则》规定，企业法人被撤销的，其清算组应当由主管机关或者人民法院组织有关机关和有关人员组成。

第三，法人清算义务人承担的是过错责任，即清算义务人未及时履行清算义务，造成损害的，应当承担民事责任。而公司清算义务人虽也承担过错责任，但只有存在故意或者重大过失时，才承担责任，存在一般过失的，不承担民事责任。

第七十一条　法人的清算程序和清算组职权，依照有关法律的规定；没有规定的，参照适用公司法的有关规定。

【条文释解】

本条是关于法人的清算程序和清算组职权的规定。

法人的清算程序和清算组职权，依照有关法律的规定。例如，破产清算程序应适用《企业破产法》关于破产清算程序和管理人职权的规定。再如，事业单位法人的清算程序依据《事业单位登记管理暂行条例》《事业单位登记管理暂行条例实施细则》《审计法》的规定。如果有关法律对清算程序和清算组职权没有规定或者规定不明确的，参照我国《公司法》规定的公司清算程序和清算组职权。

公司清算程序主要包括：（1）确定清算义务人，组成清算组。有限责任公司的清算义务人是股东，股份有限公司的清算义务人是董事或者股东大会确定的人员。（2）通知债权人。清算组应当自成立之日起10日内通知债权人，并于60日内在报纸上公告。（3）债权人向清算组申报债权。债权人应当自接到通知书之日起30日内，未接到通知书的自公告之日起45日内，向清算组申报其债权。债权人申报债权，应当说明债权的有关事项，并提供证明材料。清算组应当对债权进行登记。在申报债权期间，清算组不得对债权人进行清偿。（4）制订清算方案。清算组在清理公司财产、编制资产负债表和财产清单后，应当制订清算方案，并报股东会、股东大会或者人民法院确认。（5）公司财产分配。公司财产在分别支付清算费用、职工的工资、社会保险费用和法定补偿金，缴纳所欠税款，清偿公司债务后的剩余财产，有限责任公司按照股东的出资比例分配，股份有限公司按照股东持有的股份比例分配。（6）制作清算报告。公司清算结束后，清算组应当制作清算报告，报股东会、股东大会或者人民法院确认。（7）申请注销公司登记。清算组将清算报告报送公司登记机关，申请注销公司登记，公告公司终止。

清算组在清理公司财产、编制资产负债表和财产清单后，发现公司财产不足以清偿债务的，应当依法向人民法院申请宣告破产。公司经人民法院裁定宣告破产后，清算组应当将清算事务移交给人民法院。

清算组负责对终止的企业法人的财产进行保管、清理、估价、处理和清偿，具体而言，在清算期间清算组行使下列职权：(1)清理公司财产，分别编制资产负债表和财产清单；(2)通知、公告债权人；(3)处理与清算有关的公司未了结的业务；(4)清缴所欠税款以及清算过程中产生的税款；(5)清理债权、债务；(6)处理公司清偿债务后的剩余财产；(7) 代表公司参与民事诉讼活动。

【适用与比较】

我国《民法总则》第 71 条是一条关于清算程序和清算职权援引条款的规定，在法人进行清算时应注意特别法的规定。例如，基金会法人之清算首先应按照《基金会管理条例》以及其他关于基金会法人清算的相关规定，在没有规定或者规定不明确时，参照适用《公司法》关于公司清算程序和清算职权的规定。

第七十二条　清算期间法人存续，但是不得从事与清算无关的活动。

法人清算后的剩余财产，根据法人章程的规定或者法人权力机构的决议处理。法律另有规定的，依照其规定。

清算结束并完成法人注销登记时，法人终止；依法不需要办理法人登记的，清算结束时，法人终止。

【条文释解】

本条是关于清算终结的规定。

法人在清算期间的法律地位如何，学术界争议比较大。归纳起来主要有三种观点：[1] (1)清算法人说。该说认为，法人一经解散，即为法人终止，法人的民事主体资格消灭。但是为了便于清算，应在清算时把原法人视为一个以清算为目的的清算法人，清算法人不享有原法人的民事权利能力和民事行为能力。(2) 同一法人说。该说认为，法人的解散并不等同于

---

〔1〕 魏振瀛：《民法》(第六版)，北京大学出版社、高等教育出版社 2016 年版，第 96 页。

法人的消灭，只有清算终结时，法人资格才归于消灭。虽然法人在清算期间，已经不能进行各种积极的民事活动，但其还必须以原法人的名义，对外享有债权和负担债务。在法人清算期间，法人资格仍然存在。（3）拟制法人说。该说认为，法人解散即为法人消灭，只是为了清算的目的，法律上拟制法人在清算目的范围内享有民事权利能力，从法人解散至清算完结视为法人仍然存续。从本条第1款“清算期间法人存续，但是不得从事与清算无关的活动”的规定来看，我国《民法总则》采纳了“同一法人说”，这表明清算是法人的终止程序，清算中的法人与清算前的法人具有同一人格，只是其活动范围受到限制，“不得”从事与清算无关的活动，例如清算期间的法人不能继续开展经营活动等。

清算组依照特别法或参照公司法规定的清算程序履行清算职责，将清算财产分别用于支付清算费用、职工的工资、社会保险费用和法定补偿金，缴纳所欠税款，清偿债务，有剩余财产的，剩余财产的处理根据法人章程的规定或者法人权力机构的决议处理，但法律另有规定的，依照其规定。如《公司法》第186条第2款规定，清偿公司债务后的剩余财产，有限责任公司按照股东的出资比例分配，股份有限公司按照股东持有的股份比例分配。再如，《基金会管理条例》第33条规定，基金会注销后的剩余财产应当按照章程的规定用于公益目的；无法按照章程规定处理的，由登记管理机关组织捐赠给与该基金会性质、宗旨相同的社会公益组织。社会团体法人注销后的剩余财产的处分，按照国家有关规定办理。

法人清算终结与法人资格终止的关系因法人是否需要办理注销登记而不同。法人资格终止以办理注销登记为条件的，法人清算是法人资格终止的程序，法人清算终结是法人办理注销登记的前置程序，未经清算的，不能注销其法人资格。所以，法人在向登记机关申请办理注销登记的，应当出具清算报告。对于那些不以办理注销登记作为法人资格终止的法人而言，法人清算结束时，法人主体资格消灭。例如，不需要办理登记的事业单位法人，从清算结束时，法人主体资格消灭。

【适用与比较】

《民法通则》第40条规定：法人终止，应当依法进行清算，停止清算范围外的活动。《民法总则》第72条第1款的规定来源于本条，但在措辞方面存在差别，《民法总则》在措辞上明确了三个方面的问题：第一，清算期间法人仍然存续；第二，清算期间，法人活动范围限于“清算有关的活动”；第三，“不得”说明法人在清算期间实施的超越清算事务的活动无效。

《民法总则》第72条第2款是在总结了《公司法》第186条等相关规定的基础上提出来的，本条是新增加的条款，不仅适用于公司、也适用于其他企业法人、社会团体法人等。

《民法通则》第46条规定：“企业法人终止，应当向登记机关办理注销登记并公告。”《民法总则》第72条第3款之规定源于此，但有发展和超越，明确了清算终结与法人主体资格消灭的关系，具有普遍适用性。

第七十三条　法人被宣告破产的，依法进行破产清算并完成法人注销登记时，法人终止。

【条文释解】

本条是关于破产清算后法人资格消灭的规定。

破产宣告是指人民法院对具备破产原因的事实作出有法律效力的认定。法人被人民法院进行破产宣告的，债务人变为破产人，债务人财产成为破产财产，债权成为破产债权。人民法院受理破产申请后，应该指定管理人。在人民法院宣告企业法人破产后，管理人应依法对企业法人进行破产清算，其基本程序如下：第一，及时拟订破产财产变价方案，提交债权人会议讨论。第二，按照债权人会议通过的或者人民法院已裁定的破产财产变价方案，适时变价出售破产财产。第三，清偿破产费用和共益债务。破产财产在优先清偿破产费用和共益债务后，依照下列顺序清偿：（1）破产人所欠职工的工资和医疗、伤残补助、抚恤费用，所欠的应当划入职工个人账户的基本养老保险、基本医疗保险费用，以及法律、行政法规规定应当支付给职工的补偿金；（2）破产人欠缴的除前项规定以外的社会保险费用和破产人所欠税款；（3）普通破产债权。破产财产不足以清偿同一顺序的清偿要求的，按照比例分配。第四，分配破产财产。破产财产的分配应当以货币分配方式进行。但是，债权人会议另有决议的除外。管理人应当及时拟订破产财产分配方案，提交债权人会议讨论。破产财产分配方案应当载明下列事项：（1）参加破产财产分配的债权人名称或者姓名、住所；（2）参加破产财产分配的债权额；(3)可供分配的破产财产数额；(4)破产财产分配的顺序、比例及数额；(5)实施破产财产分配的方法。债权人会议通过破产财产分配方案后，由管理人将该方案提请人民法院裁定认可。破产财产分配方案经人民法院裁定认可后，由管理人执行。管理人按照破产财产分配方案实施多次分配的，应当公告本次分配的财产额和债权额。

破产清算程序终结的原因主要有：(1)清算程序因财产不足而终结。债务人财产不足以清偿破产费用的，管理人应当提请人民法院终结破产程序。人民法院应当自收到请求之日起15日内裁定终结破产程序，并予以公告。破产人无财产可供分配的，管理人应当请求人民法院裁定终结破产程序。(2）清算程序因破产分配而终结。管理人在最后分配完结后，应当及时向人民法院提交破产财产分配报告，并提请人民法院裁定终结破产程序。(3）清算程序因其他原因而终结。例如，破产企业与债权人自行和解等。

管理人应当自破产程序终结之日起10日内，持人民法院终结破产程序的裁定，向破产人的原登记机关办理注销登记。破产程序终结之日起2年内，发现破产人有应当供分配的其他财产的，债权人可以请求人民法院按照破产财产分配方案进行追加分配。我国《企业破产法》适用的对象限于企业法人以及合伙企业，而企业法人之设立、变更和消灭均需办理登记手续。因此，破产清算程序终止后，应当办理法人注销登记，法人自注销登记之日起主体资格消灭。

【适用与比较】

本条虽然是关于法人破产清算的规定，但我国《企业破产法》仅适用于企业法人，而企业法人之外的其他法人通常不适用破产清算制度。企业法人破产清算主要适用《企业破产法》的规定，本条也是一个援引性条款。

第七十四条 法人可以依法设立分支机构。法律、行政法规规定分支机构应当登记的，依照其规定。

分支机构以自己的名义从事民事活动，产生的民事责任由法人承担；也可以先以该分支机构管理的财产承担，不足以承担的，由法人承担。

【条文释解】

本条是关于法人分支机构的规定。

法人的分支机构是指法人在某一区域设置的完成法人部分职能的业务活动机构。[1] 根据设立分支机构的法人的国籍来分，可将法人的分支机构分为国外法人的分支机构和中国法人的分支机构。《公司法》第 11 章专门规定了外国公司的分支机构问题。而《保险法》和《商业银行法》都规定，保险公司和商业银行可以在中国境内外设立机构。这就是说，外国法人可以在中国境内设立分支机构，中国法人也被允许到外国设立分支机构。

法人为了在某一区域开展民事活动，可以在该区域设置活动机构，设立分支机构是否需要办理登记，要依据法律、行政法规的规定，一般而言，设立法人需要登记的，法人要设立分支机构的，就应该进行分支机构的设立登记。例如，《企业法人登记管理条例》第 34 条第 1 款规定，企业法人申请设立分支机构的，由该企业法人申请登记，经登记主管机关批准，领取营业执照，在核准登记的经营范围内从事经营活动。有些法人设立分支机构需要取得相关部门的批准。例如，商业银行在我国境内外设立分支机构，必须经中国人民银行审查批准，由中国人民银行颁发经营许可证，并凭许可证向工商行政管理部门办理登记，领取营业执照。法人的分支机构通常有自己的名称、组织机构和场所，也有一定的财产或者活动经费。[2]

法人的分支机构是否具有民事主体地位，主要存在三种不同的学说：第一种观点为否定说，该说认为法人的分支机构不是法人，不具有独立的民事主体地位。第二种观点为肯定说，该说认为，法人的分支机构具有权

---

〔1〕 江平主编：《法人制度论》，中国政法大学出版社 1994 年版，第 101 页。

〔2〕 魏振瀛：《民法》（第六版），北京大学出版社、高等教育出版社 2016 年版，第 91 页。

利能力，具备独立的民事主体地位。第三种观点为折中说，该说认为，法人的分支机构虽然不是民事主体，但可以成为民事活动的主体和诉讼主体，可以在营业登记所确定的范围内从事各种民事活动。[1] 根据本条的规定，法人的分支机构可以自己的名义对外从事民事活动，但由此而产生的民事责任由法人承担。换言之，法人分支机构并非独立于法人，而是法人的组成部分，在本质上并非民事主体，故其对外活动应取得法人的授权。虽然本条第2款规定，分支机构以自己名义产生的民事责任也可以先以该分支机构管理的财产承担，不足以承担的，由法人承担。本条规定并非承认了分支机构的财产独立于法人财产，分支机构是法人的组成部分，分支机构的财产也属于法人的财产，所以本条规定并非说明法人承担的是补充责任，法人仍然承担全部民事责任。

法人分支机构未取得法人授权而进行民事活动的，其效力如何？主要有无效说、有效说和效力待定说。无效说认为，未经法人授权的，分支机构订立的合同是无效的。如《担保法解释》第17条第1款规定，企业法人的分支机构未经法人书面授权提供保证的，保证合同无效。有效说认为，未经法人授权的，分支机构订立的合同是有效的，法人要对该合同承担民事责任。理由是：我国《合同法》第2条认为“其他组织”可以成为合同订立的主体，其订立的合同是有效的，分支机构可以作为“其他组织”，其订立的合同有效。效力待定说认为，未经法人授权的，分支机构订立的合同效力待定，经过法人的追认就有效，法人未追认的，合同无效。从本条的规定来看，法人以自己名义从事民事活动的民事责任，由法人承担，说明未经授权的，分支机构订立的合同是有效的。

【适用与比较】

《企业法人登记管理条例》第34条规定，企业法人设立不能独立承担民事责任的分支机构，由该企业法人申请登记，经登记主管机关核准，领取营业执照，在核准登记的经营范围内从事经营活动。按照《担保法解释》第17条的规定，企业法人的分支机构未经法人书面授权提供保证的，保证合同无效。企业法人的分支机构经法人书面授权提供保证的，如果法人的书面授权范围不明，法人的分支机构应当对保证合同约定的全部债务

---

[1] 江平主编：《法人制度论》，中国政法大学出版社1994年版，第110页。

承担保证责任。企业法人的分支机构经营管理的财产不足以承担保证责任的，由企业法人承担民事责任。企业法人的分支机构提供的保证无效后应当承担赔偿责任的，由分支机构经营管理的财产承担。按照《合同法司法解释一》第10条规定："当事人超越经营范围订立合同，人民法院不因此认定合同无效。但违反国家限制经营、特许经营以及法律、行政法规禁止经营规定的除外。"结合上述规定，法人分支机构超越经营范围订立的合同应认定为有效，但该合同违反国家限制经营、特许经营以及法律、行政法规禁止经营规定的，应认定为无效。

第七十五条　设立人为设立法人从事的民事活动，其法律后果由法人承受；法人未成立的，其法律后果由设立人承受，设立人为二人以上的，享有连带债权，承担连带债务。

设立人为设立法人以自己的名义从事民事活动产生的民事责任，第三人有权选择请求法人或者设立人承担。

【条文释解】

本条是关于设立中法人的规定。

法人设立行为是为取得法人资格而由设立人进行的一系列法律行为的总称，具体而言是指设立人在法人成立之前，为组建法人而进行的、目的在于取得法律主体资格的活动。

设立中的法人法律地位如何，主要存在非法人团体说、准法人说、设立中社团说、同一体说和修正的同一体说。非法人团体说也称无权利能力社团说，该说认为，设立中的法人尚未取得法人资格，因而不具有权利能力，在性质上属于无权利能力社团。该种学说承认设立中的法人的团体性，即承认设立中的法人是独立于其成员的个性，承认设立中的法人具有有限的法律人格，可以以自己的名义从事公司设立行为，在设立法人过程中是享有权利，并在一定范围内承担义务和责任的主体。但是，设立中的法人与一般的非法人团体或者无权利能力社团在设立程序、财产的独立性、名称、机关和责任上存在区别，所以认定设立中法人是一种具有自身特性的非法人团体。[1] 准法人说认为，设立中的公司是“准法人”，设立中公司存在的目的在于使自身获得法人资格，具有明显的“准法人”性质。“准法人”应当是介乎于团体与法人之间的一种民事主体形式，他接近于法人团体的属性，因此也可以称之为“准法人”。[2] 设立中社团说认为：“设立中社团是以一定的人和财产为基础，具有一定的权利能力和行为能力，享有一定的权利，承担一定的义务，能承担一定的责任，但不具有独立承担责任的能力，应当认为是设立中的法人社团”。[3] 同一体说认为，设立中公司与成立后的公司是一同主体，只不过二者处于不同的阶段而已。这种学说对设立中的公司与成立后的公司不作严格区分，认为二者在组织形态上并无实质差别。在二者权利义务的继承关系上，该说主张成立后的公司对设立中公司的行为后果不加区分的概括继承。[4] 修正的同一体说，是对“同一体说”的一种修正，该说认为从设立中公司到成立后公司是一个连续过程，但二者之间存在严格的界限，即成立后的公司由于获准登记而取得主体资格，而设立中公司却没有主体资格。在二者权利义务的归属上，该说主张设立中公司的行为只有为设立公司所必需时，成立后的公司才予以当然继承。[5] 从本条规定来看，设立人要对设立行为负责，法人设立后，设立行为产生的债权债务由法人承受。所以，设立中的法人与法人是不同的，设立中的法人并非法人，其不能以自己的名义享有民事权利、承担民事义务。

关于设立人的法律地位，学界主要有无因管理说、为第三人利益契约说、设立中的法人机关说及当然继承说。无因管理说认为，设立人与设立中的法人之间属于无因管理关系，在法人成立后，因设立人的设立行为所产生的权利义务，依据无因管理的法理转移归于法人。为第三人利益契约说认为，设立人因设立行为而与他人间所成立的法律关系，是以将来成立的法人为第三人（受益人）而订立的为第三人契约。设立中的法人机关说认为，设立人为设立中法人的机关。当然继承说认为，设立人是未经登记

〔1〕 范建：《设立中公司及其法律责任研究》，载于王保树：《商事法论集》（第2卷），法律出版社1997年版，第150页。

〔2〕 周友苏：《新公司法论》，法律出版社2006年版，第167页。

〔3〕 曹顺明：《设立中公司法律问题研究》，载于《政法论坛》2001年第5期。

〔4〕 赵旭东：《公司法学》（第三版），高等教育出版社2012年版，第145页。

〔5〕 赵旭东：《公司法学》（第三版），高等教育出版社2012年版，第145页。

成立的法人代理人。[1]

以上四种观点都有片面性，均不能全面说明设立人的法律地位，从设立中法人与设立人的关系来讲，设立人应当属于设立中法人的机关，由于设立中法人与成立后法人其实体是同一的，所以由设立人之设立行为所产生的权利义务自然归属于将来成立的公司；从设立人之间的关系来看，他们之间为合伙关系，所以如果公司未能合法成立，他们应当对设立行为产生的义务向第三人负连带责任。[2]

法人的设立与法人的成立是两个既相互联系又相互区别的概念。没有法人的设立行为就不会有法人的成立，凡法人成立必经法人设立，法人成立是法人设立的结果。但二者之间的区别也很明显：其一，两者的性质不同。法人的设立是一种准备行为，这种准备行为既有法律性质上的，也有非法律性质上的；而法人的成立则不同，它属于法人产生的形成阶段，其行为性质均属于法律意义上的行为。其二，二者的要件不同。法人的设立一般要有合法的设立人，存在设立基础和设立行为本身合法等要件；而法人的成立一般应具备依法成立，有必要的财产或者经费以及有自己的名称、组织机构和住所等要件。因此，法人的设立并不当然导致法人的成立，当设立无效时，法人就不能成立。其三，二者的效力不同。法人在设立阶段，仍不具有法人资格，其行为是非法人组织的行为，所发生的债权债务，由设立后的法人享有和承受；如果法人不能成立，则由设立人承担设立行为产生的债务，两个以上设立人的，承担连带债务。而法人成立后，即享有民事主体资格，所发生的债权和债务，由法人享有和承担。[3]

设立人为设立法人从事的民事活动，是为了成立法人，在成立法人后，应该由法人承受权利义务。法人未成立的，设立法人产生的权利义务由设立人承受，两个以上设立人的，设立人要对产生的债务承担连带责任，对产生的债权享有连带债权。

为了设立法人，在设立过程中设立人以自己的名义从事民事活动而产生民事责任的，第三人享有选择权，可以选择成立后的法人承担民事责任，也可以请求设立人承担责任，成立后的法人与设立人对第三人的债务

---

〔1〕 赵旭东：《公司法学》（第三版），高等教育出版社 2012 年版，第 112 页。

〔2〕 赵旭东：《公司法学》（第三版），高等教育出版社 2012 年版，第 113 页。

〔3〕 魏振瀛：《民法》（第六版），北京大学出版社、高等教育出版社 2016 年版，第 91 页。

不承担连带责任。此处的“选择权”应解释为形成权，第三人一旦选定就不能变更。

【适用与比较】

《公司法》第94条规定：“股份有限公司的发起人应当承担下列责任：（一）公司不能成立时，对设立行为所产生的债务和费用负连带责任；（二）公司不能成立时，对认股人已缴纳的股款，负返还股款并加算银行同期存款利息的连带责任；（三）在公司设立过程中，由于发起人的过失致使公司利益受到损害的，应当对公司承担赔偿责任。”《民法总则》第75条之规定来自于《公司法》本条的规定，同时又有所发展：(1) 进一步扩大了适用范围。《公司法》第94条仅适用于股份有限公司，而《民法总则》本条之规定适用于所有法人。(2)明确了法人设立后对设立行为产生债务的承受。(3) 增加了第三人的选择权。

第二节　营利法人

第七十六条　以取得利润并分配给股东等出资人为目的成立的法人，为营利法人。

营利法人包括有限责任公司、股份有限公司和其他企业法人等。

【条文释解】

本条是关于营利法人概念和范围的规定。

根据本条的规定，营利法人是指以取得利润并分配给股东等出资人为目的成立的法人。营利法人是与非营利法人相对应的法人类型，它具备法人的组织体性等基本特征，此外营利法人具有以下几个方面的特征：

第一，营利法人是以成员投资为基础组成的社团法人。在传统民商法上，一般把法人分为社团法人与财团法人两大类。所谓社团法人是指由二人以上集合组成的法人，社团法人成立的目的，有的是谋取利润，如公司等；有的是谋求成员的非经济利益，如各种协会、俱乐部等。所谓财团法人是指通过设定财产，使其独立取得权利、承担义务而组成的法人。其成立的目的一般是社会公益事业，如教育、文化、慈善、宗教事业等。社团法人是以人的集合为基础，而财团法人则以财产的集合为基础。营利法人是以成员投资为基础，但其目的是为成员谋求利润，营利法人必为社团法人。[1]

第二，营利法人是以营利为目的的法人。所谓营利是指通过经营获取利润并将利润分配给其成员。获取利润并非营利法人所独有，如有些事业单位法人也获取利润，但其并未将利润分配给其成员，而是为了更好地实现法人的宗旨或者某种社会公益事业，这类法人就不是营利法人。因此，营利法人的营利性应从获取利润并将利润分配给成员两个方面理解，而不能仅强调获取利润。营利法人不仅从事收益事业，而且向其成员分配利益。故而区分营利法人与非营利法人的关键并非依法人是否从事经济行为并谋取经济利益，而是依其所得利益的归属，如果所得利益被分配给法人成员，则属于营利法人；如果所得利益归属于法人，用于实现法人设立宗旨，则为非营利性法人。[2] 纵使仅将部分盈余给予成员，其余大部分为公益而支出，仍然是营利法人。[3]“营利”并非仅指简单的赚钱，而是通过经营或营业而取得盈利。所谓营业，首先是以营利为目的。其次，营业内容必须具有确定性，即从事何种营业活动，必须预先明确规定，即营利法人要有自己的法定经营范围。再次，营业还必须具有连续性或稳定性，偶尔进行的营利活动不构成营业。最后，营业还具有行业性的特点，某些行业的经营活动虽也是以营利为目的，但不是作为法人的营业活动，从事这种活动的组织一般不称为营利法人。[4]

第三，营利法人的类型多为强制。法律对于营利法人之具体组织形态多设一定的类型，采取类型强制。营利法人包括有限责任公司、股份有限公司和其他企业法人等。有限责任公司是指根据《公司登记管理条例》规定登记注册，由50个以下的股东出资设立，每个股东以其所认缴的出资额对公司承担有限责任，公司法人以其全部资产对公司债务承担全部责任的经济组织。有限责任公司包括国有独资公司以及其他有限责任公司。股份公司是指公司资本为股份所组成的公司，股东以其认购的股份为限对公司

---

〔1〕 施启扬：《民法总则》，中国法制出版社2010年版，第125页。
〔2〕 李永军：《中国民法典总则编草案建议稿及理由》，中国政法大学出版社2016年版，第122页。
〔3〕 施启扬：《民法总则》，中国法制出版社2010年版，第125页。
〔4〕 赵旭东：《公司法学》（第三版），高等教育出版社2012年版，第3页。

承担责任的企业法人。企业法人是指具有符合国家法律规定的资金数额、企业名称、组织章程、组织机构、住所等法定条件，能够独立承担民事责任，经主管机关核准登记取得法人资格的社会经济组织。

【适用与比较】

本条是一个新规定，明确了营利法人的概念和范围，以前无相关立法可供比较。

第七十七条　营利法人经依法登记成立。

【条文释解】

本条是关于营利法人成立的规定。

对于营利法人，其设立目的是取得经济利益并分配给其成员，故设立营利法人须遵循法律、行政法规的规定，并于依法办理登记时成立。法律、行政法规规定设立营利法人需要办理批准手续的，应该先取得有关机关的审批。

关于营利法人的成立，多数国家和地区立法例采取准则主义，即营利法人的设立一般无须经过有关机关的许可（审批），只需遵循法律、行政法规规定的条件，向登记机关申请登记，营利法人经依法登记成立。从我国《公司法》等法律的规定来看，公司的设立原则上采取准则主义，例外采取许可主义。所以，设立有限责任公司或者股份有限公司的，符合《公司法》有关公司设立的具体条件，并经工商行政管理机关登记，取得法人资格；但是对一些从事特定行业的公司，法律、行政法规规定应该先取得行政许可后，再向工商行政管理部门申请设立登记。例如，从事危化品生产、经营、存储的公司，要先取得安全生产行政管理部门的审批，然后再向工商行政管理部门申请设立登记。有限责任公司、股份有限公司之外的其他企业法人，也多采取准则主义，但是国有独资的非公司形式的国有企业须经有关机关审核批准，然后经工商行政管理部门登记而设立。

如果设立中的法人未获得登记而没有取得权利能力，那么设立人对设立行为的后果承担无限连带责任。

营利法人的登记分为设立登记、变更登记、注销登记。其中，设立登记是设立营利法人过程中所作的登记，它是营利法人设立过程的最后一个环节。设立登记的意义有：第一，通过设立登记，可以从法律上确认营利法人设立的事实。营利法人设立一经登记，即告合法成立，取得了从事营利行为的资格。未经登记，不得以营利法人的名义从事经营活动。第二，通过设立登记，可以确认营利法人的注册地，进而确认营利法人的住所和营业场所。第三，设立登记可以让交易相对人了解营利法人的基本信息，如法定代表人、资本数额、经营范围等。第四，通过设立登记，国家可以对营利法人进行监督管理，并依法保护营利法人的合法权益。

【适用与比较】

《民法总则》第77条关于营利法人登记成立的规定来自于《民法通则》。我国《民法通则》第41条规定："全民所有制企业、集体所有制企业有符合国家规定的资金数额，有组织章程、组织机构和场所，能够独立承担民事责任，经主管机关核准登记，取得法人资格。在中华人民共和国领域内设立的中外合资经营企业、中外合作经营企业和外资企业，具备法人条件的，依法经工商行政管理机关核准登记，取得中国法人资格。"从《民法通则》第41条的规定来看，登记是企业法人成立的必备要件。

按照《公司登记管理条例》《企业法人登记管理条例》等相关规定，营利法人登记的基本程序如下：

第一，提出申请。一般而言，营利法人设立登记的，由设立人向拟设立的营利法人所在地的工商行政管理机关提出设立登记申请。例如，《企业法人登记管理条例》第8条规定："企业办理企业法人登记，由该企业的组建负责人申请。独立承担民事责任的联营企业办理企业法人登记，由联营企业的组建负责人申请"。申请不同类型的营利法人，提交的材料也不同。法律、行政法规规定需要经有关部门审批的，应当在申请设立登记时提交批准文件。申请人可以到登记机关提交申请，也可以通过信函、电报、电传、传真、电子数据交换和电子邮件等方式提出申请。通过电报、电传、传真、电子数据交换和电子邮件等方式提出申请的，应当提供申请人的联系方式以及通信地址。

第二，审核审查。登记主管机关对设立登记申请的各种文件进行审查，符合法律规定的，依法办理登记。例如，《公司登记管理条例》第51条规定：公司登记机关应当根据下列情况分别作出是否受理的决定：

（1）申请文件、材料齐全，符合法定形式的，或者申请人按照公司登记机关的要求提交全部补正申请文件、材料的，应当决定予以受理。（2）申请文件、材料齐全，符合法定形式，但公司登记机关认为申请文件、材料需要核实的，应当决定予以受理，同时书面告知申请人需要核实的事项、理由以及时间。（3）申请文件、材料存在可以当场更正的错误的，应当允许申请人当场予以更正，由申请人在更正处签名或者盖章，注明更正日期；经确认申请文件、材料齐全，符合法定形式的，应当决定予以受理。（4）申请文件、材料不齐全或者不符合法定形式的，应当当场或者在5日内一次告知申请人需要补正的全部内容；当场告知时，应当将申请文件、材料退回申请人；属于5日内告知的，应当收取申请文件、材料并出具收到申请文件、材料的凭据，逾期不告知的，自收到申请文件、材料之日起即为受理。（5）不属于公司登记范畴或者不属于本机关登记管辖范围的事项，应当即时决定不予受理，并告知申请人向有关行政机关申请。公司登记机关对通过信函、电报、电传、传真、电子数据交换和电子邮件等方式提出申请的，应当自收到申请文件、材料之日起5日内作出是否受理的决定。公司登记机关决定予以受理的，应当出具《受理通知书》；决定不予受理的，应当出具《不予受理通知书》，说明不予受理的理由，并告知申请人享有依法申请行政复议或者提起行政诉讼的权利。

第三，公告。登记主管机关核准登记后，应发布营利法人登记公告。

第七十八条　依法设立的营利法人，由登记机关发给营利法人营业执照。营业执照签发日期为营利法人的成立日期。

【条文释解】

本条是关于营利法人成立日期的规定。

营利法人采取类型法定主义，成立任何一种形态的营利法人，都必须要有相应的法律依据。所以，“依法设立”指法人设立要由法律规范作为依据。在广义上，依法设立还包括设立条件和程序的合法。[1]

营利法人的设立原则上采取准则主义，但要由登记机关进行登记。所以，本条规定设立营利法人的，由登记机关发给营利法人营业执照。营业

〔1〕龙卫球：《民法总论》，中国法制出版社2002年版，第386页。

执照是工商行政管理机关发给工商企业、个体经营者的准许从事某项生产经营活动的凭证。其格式由国家工商行政管理局统一规定。营业执照上记载的事项主要包括名称、地址、负责人、资金数额、经济成分、经营范围、经营方式、从业人数、经营期限等。营业执照分正本和副本，二者具有相同的法律效力。正本应当置于公司住所或营业场所的醒目位置，营业执照不得伪造、涂改、出租、出借、转让。没有营业执照的营利法人一律不许开业，不得刻制公章、签订合同、注册商标、刊登广告，银行不予开立账户。营业执照记载的事项发生变更的，应当依法办理变更登记，由登记机关换发营业执照。

关于法人成立日期，有不同的看法。有的学者认为，法人未经登记不能取得法人资格，没有权利能力，营业执照并非法人取得民事主体资格的条件。我国《公司登记管理条例》第 3 条规定，公司经公司登记机关依法登记，领取企业法人营业执照，方取得企业法人资格。该条存在一个概念上的错误在于，法人资格与营业执照应该属于两个不同的范畴：法人资格属于权利能力范畴，而营业执照属于行为能力范畴。为什么一个法人先取得营业执照才能取得法人资格呢？这样一个错误直接影响了我国的司法实践：一个被吊销了营业执照的法人，是否还有权利能力而作为诉讼的原告或被告呢？答案当然是肯定的。我们只能说，法人自登记之日起取得法人资格并同时领取营业执照取得行为能力。[1] 有的学者认为，公司营业执照签发之日，为公司成立之日，公司自成立之日起，取得法人资格，开始对外营业。[2] 本条规定的营业执照签发日期为营利法人的成立日期，采纳了第二种观点，将签发营业执照作为营利法人取得民事权利能力的要件，其合理性值得怀疑。

【适用与比较】

《公司法》第 7 条第 1 款规定："依法设立的公司，由公司登记机关发给公司营业执照。公司营业执照签发日期为公司成立日期。"《公司登记管理条例》第 3 条第 1 款规定："公司经公司登记机关依法登记，领取《企业法人营业执照》，方取得企业法人资格。"《企业法人登记管理条例》第

〔1〕 李永军：《民法总论》（第二版），法律出版社 2009 年版，第 308 页。
〔2〕 江平主编：《新编公司法教程》，法律出版社 2003 年版，第 136 页。

3条第1款规定："申请企业法人登记，经企业法人登记主管机关审核，准予登记注册的，领取《企业法人营业执照》，取得法人资格，其合法权益受国家法律保护。"

第七十九条　设立营利法人应当依法制定法人章程。

【条文释解】

本条是关于营利法人法人章程的规定。

法人章程是指以设立社团为目的，就社团的名称、宗旨、组织及社员地位等重要事项加以规定，是社团运作及社员权利义务的确定所依据的法律文件。社团成立后，章程为社团运行及社员权利义务的主要依据与基本规范，章程是法人组织及活动的基础。根据本条的规定，营利法人应当依法制定法人章程，法人章程是营利法人成立的条件之一。

法人章程具有法定性的特点。所谓法人章程的法定性是指法人章程的制定、内容、效力和修改均由法律、行政法规明确规定。例如，《公司法》对公司章程的规定等。法人章程的法定性体现在以下几个方面：其一，法人章程是营利法人成立的法定要件之一。例如，《公司法》第11条规定："设立公司必须依法制定公司章程……"其二，法人章程的内容具有法定性，不同类型的营利法人，其章程记载事项存在差别，但其记载事项多为法律明确规定。章程的记载内容，从法律规范的要求及效力来看，可以分为必要记载事项、任意记载事项及不得记载事项。所谓必须记载事项是指若不记载，相关法律行为无效或不成立。主要有法人设立的目的、法人的名称、董事的人数、社员的出资、订立章程的时间等。例如，我国《公司法》第25条和第81条分别对有限责任公司和股份有限公司的公司章程的记载事项进行了规定。所谓任意记载事项是指该事项因为记载而有效，如对社员表决权的限制、利益的分配和损失的分担等。这主要是因为社团本身是私法自治的结果，而章程则是社团之团体的自治性规范，因此在不违反法律与公序良俗的前提下，可以进行自由的约定。当然，如果章程没有规定，则适用法律的补充性规定。如法人利益的分配与损失的分担，章程可以约定不论出资多少均平均分配与分担。但如果章程没有约定，则依法律的补充性规定，即按照出资比例分配利益分担损失。[1] 不得记载事项是指某种事项为法律的强行性要求，章程不得作出规定，否则产生无效的后果。例如，法律规定必须由社员大会决定的事项在章程中变为由董事会决议。其三，法人章程的法律效力是由法律赋予的，如我国《公司法》第11条规定，公司章程对公司、股东、董事、监事、高级管理人员具有约束力。其四，法人章程修改权限和程序的法定性。法人章程的修改必须遵照法律的明确规定。例如《公司法》对公司章程的修改权限和程序作了明确规定。其五，法人章程须经登记。我国《公司法》将公司章程作为登记报送的材料之一，公司章程内容变更的，要办理相应的变更登记。

法人章程是指发起人以设立社团为共同目的并给予此目的而为的意思表示一致的行为，故应为全体成员的团体性共同法律行为。章程的制定，最初由发起人订立，在法人设立后成为该法人的自律规范，不仅对发起人有约束力，对其后加入的社员，也产生规范上的约束力。

【适用与比较】

《公司法》第11条规定:“设立公司必须依法制定公司章程。公司章程对公司、股东、董事、监事、高级管理人员具有约束力。”第12条规定:“公司的经营范围由公司章程规定，并依法登记。公司可以修改公司章程，改变经营范围，但是应当办理变更登记。公司的经营范围中属于法律、行政法规规定须经批准的项目，应当依法经过批准。”本条是对《公司法》上述规定的总结和升华，使其适用于所有的营利法人。而《公司法》关于公司章程的规定，则仅适用于有限责任公司和股份有限公司。

第八十条　营利法人应当设权力机构。

权力机构行使修改法人章程，选举或者更换执行机构、监督机构成员，以及法人章程规定的其他职权。

【条文释解】

本条是关于营利法人权力机构的规定。

权力机构也称最高权力机关或者意思机关，是法人的“意思”形成机

---

〔1〕 李永军:《民法总论》(第二版)，法律出版社2009年版，第305页。

关。权力机构具有以下法律意义：第一，权力机构由社员构成，所以这一机关通常可以称为“社员大会”或者“成员大会”。第二，权力机构为营利法人的必备机关。营利法人必须有此机关，否则就是“无头的苍蝇”。[1] 第三，权力机构是营利法人的意思机关，董事会为执行机关，监事会为监督机关。第四，权力机构为营利法人的最高机关。

权力机构是由若干社员组成，原则上所有社员都参与对营利法人事务的决定，为此目的，他们就必须按照一定规则召开大会。社员大会以与会的多数作出决议。[2] 社员大会的主要职责是进行决议，其决议对象多为营利法人的重大事项。所以，本条规定：权力机构行使修改法人章程，选举或者更换执行机构、监督机构成员，以及法人章程规定的其他职权。但是社员大会一般不直接支配法人的财产，也不直接与第三人发生关系，也就是说，社会大会不能对外代表法人。

按照我国《公司法》的规定，有限责任公司股东会由全体股东组成。股东会是公司的权力机构。股东会行使下列职权：（1）决定公司的经营方针和投资计划；（2）选举和更换非由职工代表担任的董事、监事，决定有关董事、监事的报酬事项；（3）审议批准董事会的报告；（4）审议批准监事会或者监事的报告；（5）审议批准公司的年度财务预算方案、决算方案；（6）审议批准公司的利润分配方案和弥补亏损方案；（7）对公司增加或者减少注册资本作出决议；（8）对发行公司债券作出决议；（9）对公司合并、分立、解散、清算或者变更公司形式作出决议；（10）修改公司章程；（11）公司章程规定的其他职权。股东以书面形式一致表示同意的，可以不召开股东会会议，直接作出决定，并由全体股东在决定文件上签名、盖章。

股份有限公司的权力机构是股东大会，其职权与有限责任公司股东会的职权相同。

如果权力机构的决议违反实体法或程序法的规定，或者侵犯成员合法权益的，成员有权通过诉讼请求救济。

权力机构是社团法人特有的机关，财团法人及公法人均无这一机关。

---

〔1〕 李永军：《民法总论》（第二版），法律出版社2009年版，第314页。
〔2〕 ［德］卡尔·拉伦茨：《德国民法通论》，王晓晔等译，法律出版社2013年版，第209页。

【适用与比较】

《公司法》第36条规定："有限责任公司股东会由全体股东组成。股东会是公司的权力机构，依照本法行使职权。"第98条规定："股份有限公司股东大会由全体股东组成。股东大会是公司的权力机构，依照本法行使职权。"这两条说明股东会或者股东大会是有限责任公司或者股份有限公司的权力机构。《民法总则》本条第1款的规定来源于上述两条规定。在适用范围上，《民法总则》的规定具有一般性，即除了有限责任公司、股份有限公司外的其他营利法人也必须设立权力机构。

《民法总则》本条第2款的规定是《公司法》第37条、第98条对股东会、股东大会的职权的提炼与总结，具有一般性。

第八十一条　营利法人应当设执行机构。

执行机构行使召集权力机构会议，决定法人的经营计划和投资方案，决定法人内部管理机构的设置，以及法人章程规定的其他职权。

执行机构为董事会或者执行董事的，董事长、执行董事或者经理按照法人章程的规定担任法定代表人；未设董事会或者执行董事的，法人章程规定的主要负责人为其执行机构和法定代表人。

【条文释解】

本条是关于营利法人执行机构的规定。

执行机构是执行权力机构的决策或者执行法人章程规定事项的机关。任何法人必须有执行机构。本条规定：营利法人应当设执行机构。执行机构是营利法人设立的必备机关，没有执行机构，权力机构的决定就无法得到落实。执行机构的成员由权力机构选举产生。例如，按照我国《公司法》的规定，有限责任公司与股份有限公司的执行机构为董事会，董事会由公司权力机关选举产生。执行机构具有以下特点：

第一，执行机构成员由权力机构选举产生，执行机构对权力机构负责，执行权力机构的决定。

第二，执行机构是营利法人的常设机构，自营利法人成立之日起一直存在，其成员变动并不影响执行机构的存在。

第三，执行机构对外代表营利法人，执行机构的活动具有对外效力，董事长、执行董事或者经理可担任法人的法定代表人。

第四，执行机构是营利法人的经营决策机关。执行机构执行权力机构决议，负责营利法人的经营决策，它有自己独立的职权，在法律和章程规定的范围内对公司的经营管理行使决策权，执行营利法人的日常经营事务。

第五，由于执行机构决策事务得由全体董事一人一票的表决权进行，因而董事会的组成人员应当是单数。例如，《公司法》规定，有限责任公司的董事会，由3~13人组成，规模较小的有限责任公司或者一人有限责任公司可选择不设董事会，但设一人担任执行董事，其职权与董事会相当，执行董事为公司的法定代表人；股份有限公司的董事会由5~19人组成。

执行机构的职权主要有：(1) 召集权力机构会议；(2) 决定法人的经营计划和投资方案；(3) 决定法人内部管理机构的设置；(4) 法人章程规定的其他职权。例如，根据《公司法》第46条的规定，董事会对股东会负责，行使下列职权：(1) 召集股东会会议，并向股东会报告工作；(2) 执行股东会的决议；(3) 决定公司的经营计划和投资方案；(4) 制订公司的年度财务预算方案、决算方案；(5) 制订公司的利润分配方案和弥补亏损方案；(6) 制订公司增加或者减少注册资本以及发行公司债券的方案；(7) 制订公司合并、分立、解散或者变更公司形式的方案；(8) 决定公司内部管理机构的设置；(9) 决定聘任或者解聘公司经理及其报酬事项，并根据经理的提名决定聘任或者解聘公司副经理、财务负责人及其报酬事项；(10) 制定公司的基本管理制度；(11) 公司章程规定的其他职权。

营利法人的法定代表人的确定：如果营利法人的执行机构为董事会或者执行董事的，董事长、执行董事或者经理按照法人章程的规定担任法定代表人；未设董事会或者执行董事的，法人章程规定的主要负责人为其执行机构和法定代表人。

【适用与比较】

本条关于营利法人的执行机构的规定主要参考借鉴了《公司法》关于有限责任公司和股份有限公司的董事会的相关规定，《公司法》之规定适用于有限责任公司和股份有限公司，而本条之规定具有一般性，其不仅适用于有限责任公司和股份有限公司，还可以适用于其他企业法人。同时，《公司法》关于执行机构的相关规定，对公司之外的其他企业法人具有参照意义。

第八十二条　营利法人设监事会或者监事等监督机构的，监督机构依法行使检查法人财务，监督执行机构成员、高级管理人员执行法人职务的行为，以及法人章程规定的其他职权。

【条文释解】

本条是关于营利法人监督机构的规定。

由于营利法人的财产来源于成员的出资，成员组成的社员大会作为权力机构不可能天天伴随法人事务的执行机构，因此法人的社员为了自己的利益设立一个向自己负责并报告工作的机构，以监督执行机构的行为及财务状况。这便是我们常说的法人的监督机构。监督机构并非任何法人的必设机构，公法人及财团法人就没有这一机构，在我国监督机构是公司法人的必设机构。因为按照我国《公司法》第51条、第70条、第117条的规定，监督机构为公司的必需机构。而对于非公司法人则是任设机构。[1]

有限责任公司设监事会，其成员不得少于3人。股东人数较少或者规模较小的有限责任公司，可以设1～2名监事，不设监事会。股份有限公司设监事会，其成员不得少于3人。监事会应当包括股东代表和适当比例的公司职工代表，其中职工代表的比例不得低于1/3，具体比例由公司章程规定。监事会中的职工代表由公司职工通过职工代表大会、职工大会或者其他形式民主选举产生。监事会设主席一人，由全体监事过半数选举产生。监事会主席召集和主持监事会会议；监事会主席不能履行职务或者不履行职务的，由半数以上监事共同推举一名监事召集和主持监事会会议。

董事、高级管理人员不得兼任监事。监事的任期每届为3年。监事任期届满，连选可以连任。监事任期届满未及时改选，或者监事在任期内辞职导致监事会成员低于法定人数的，在改选出的监事就任前，原监事仍应当依照法律、行政法规和公司章程的规定，履行监事职务。

---

〔1〕 李永军：《民法总论》（第二版），法律出版社2009年版，第317页。

根据本条的规定，监督机构的职权主要有：（1）依法行使检查法人财务；（2）监督执行机构成员、高级管理人员执行法人职务的行为；（3）法人章程规定的其他职权。我国《公司法》第53条对公司监事会或监事的职权作了规定，监事会、不设监事会的公司的监事行使下列职权：（1）检查公司财务；（2）对董事、高级管理人员执行公司职务的行为进行监督，对违反法律、行政法规、公司章程或者股东会决议的董事、高级管理人员提出罢免的建议；（3）当董事、高级管理人员的行为损害公司的利益时，要求董事、高级管理人员予以纠正；（4）提议召开临时股东会会议，在董事会不履行本法规定的召集和主持股东会会议职责时召集和主持股东会会议；（5）向股东会会议提出提案；（6）依照公司法第151条对董事、高级管理人员提起诉讼；（7）公司章程规定的其他职权。

【适用与比较】

本条关于营利法人的监督机构的规定主要参考借鉴了《公司法》关于有限责任公司和股份有限公司的监事会的相关规定，《公司法》之规定适用于有限责任公司和股份有限公司，而本条之规定具有一般性，其不仅适用于有限责任公司和股份有限公司，还可以适用于其他企业法人。同时，《公司法》关于监事会或监事的相关规定，对公司之外的其他企业法人具有参照意义。

第八十三条　营利法人的出资人不得滥用出资人权利损害法人或者其他出资人的利益。滥用出资人权利给法人或者其他出资人造成损失的，应当依法承担民事责任。

营利法人的出资人不得滥用法人独立地位和出资人有限责任损害法人的债权人利益。滥用法人独立地位和出资人有限责任，逃避债务，严重损害法人的债权人利益的，应当对法人债务承担连带责任。

【条文释解】

本条是关于出资人滥用权利的规定。按照本条的规定，营利法人的出资人滥用权利主要有两种情形：其一，滥用出资人权利损害法人或者其他出资人的权益；其二，滥用出资人有限责任损害法人的债权人利益。

营利性法人的出资人享有表决权，出资额越多，其表决权所占比重也就越大，主要出资人甚至可以控制法人的权力机关、执行机构，执行机构成了个别出资人的利益代表，出资人利用自己在出资额方面的优势，可能会损害其他出资人的利益或者法人的利益。

对此，本条第1款规定，滥用出资人权利给法人或者其他出资人造成损失的，应当依法承担民事责任。第1款分为两种情形：其一，滥用出资人权利侵害法人的利益。法人之执行机构应以法人名义向滥用出资人权利者要求赔偿。为了保护法人利益，我国《公司法》还规定了股东派生诉讼制度。股东派生诉讼，也称股东代表诉讼，是指当公司权益受到侵犯，而由于各种原因公司不能或怠于行使诉权，股东有权为了公司的利益，代表公司并以股东自己的名义向加害于公司的人提起诉讼。[1] 但我国《公司法》第149条的适用范围限于“董事、监事、高级管理人员执行公司职务时违反法律、行政法规或者公司章程的规定，给公司造成损失的，应当承担赔偿责任”的情形，股东侵害法人利益的，其他股东是否有权提起代表诉讼，立法上尚不明确。《民法总则》第83条第1款对此也没有进行明确，应该作出肯定性解释。其二，滥用出资人权利侵害其他出资人的利益。权利受到损害的出资人可以通过直接提起诉讼的方式要求滥用出资人权利者承担民事责任，此处应该赋予受害者对滥用出资人权利者的诉权，这属于出资人直接诉讼的范畴。出资人直接诉讼是指出资人基于出资而享有股权，针对权利侵害人对其个人造成的损害提起诉讼。

公司内部股东如因控制股东的滥用行为导致利益受损，可以通过股东的直接诉讼和代位诉讼加以救济，但不可提起法人人格否认之诉。[2] 所以，本条第1款的规定，并非“法人人格否认”。

本条第2款是关于营利法人人格否认的规定。

按照法人的一般理论，法人的主体资格与出资人的主体资格是相互独立的，法人不为其出资人的债务承担责任，其出资人也不对法人的债务承担责任。但是，当法人在运行过程中出现了有悖法人责任独立的前提时，许多国家的法理和实践认为这时应该否认法人的人格，让其背后的出资人承担责任，这就是“法人人格否认”或者“揭开公司面纱”。所谓法人人

---

〔1〕 赵旭东：《公司法学》（第三版），高等教育出版社2012年版，第291页。

〔2〕 赵旭东：《法人人格否认的构成要件分析》，载于《人民司法》2011年第17期。

格否认是指法人虽为独立的主体，承担独立于其成员的责任，但当出现有悖法人存在目的及独立责任的情形时，若再坚持形式上的独立人格与独立责任，将有悖公平时，在具体个案中视法人的独立人格于不顾，直接将法人的责任归结为法人成员的责任。[1]

法人人格否认是在个案中对法人独立人格的否认，而不是对该法人人格的全面、彻底、永久的否认，其效力不涉及该法人的其他法律关系，不影响该法人作为一个独立实体合法的继续存在。该制度的目标主要是保护债权人的利益，适用于民事责任或私法责任的追究，而不适用于其他法律责任。[2]

我国关于法人人格否认的立法经历了一个逐步发展的过程。自1993年《公司法》颁布以来，我国公司制度得到了迅速发展，但也出现了许多公司人格和股东有限责任被股东滥用的行为，“皮包公司”和人格形骸化的公司等普遍存在，严重损害了债权人的利益，破坏了交易秩序。由此，公司法人人格否认理论受到学术界和司法实践界的重视。司法实践界在审理公司案件中也开始逐渐接受了法人人格否认理论，一些司法解释性的文件不同程度地体现了这一理论。2005年《公司法》的修订，正式规定了公司人格否认制度，将公司法人人格否认理论立法化，这在世界公司立法史上是一个重大的制度突破和创新。

法人人格否认具体适用的要件如下：第一，主体要件。法人人格否认的适用对象必须是具体的双方当事人：一是营利法人独立人格的滥用者，即滥用法人人格的出资人，且该出资人一般是营利法人中具有支配地位的出资人；二是由于法人人格被滥用而受到损害并有权提起诉讼的原告，只能是该法人的债权人。第二，行为要件。法人人格否认的行为要件体现为“出资人滥用法人独立地位和出资人有限责任，逃避债务，严重损害法人的债权人利益的”行为。第三，主观要件。出资人滥用法人人格和出资人有限责任的目的在于逃避债务，侵害债权人利益，所以，出资人对受侵害之债权人承担侵权责任。有学者认为，法人人格否认的主观要件应该采取过错推定的方式，即如果股东没有足够证据证明自己不存在故意，就可以从客观的行为表现上推定股东的主观过错，股东就要对其滥用法人人格的

[1] 李永军：《民法总论》（第二版），法律出版社2009年版，第319页。

[2] 赵旭东：《公司法学》（第三版），高等教育出版社2012年版，第8页。

行为承担赔偿责任。[1] 笔者认为，出资人应具备主观上的故意方可构成法人人格的滥用，即出资人以滥用法人人格和出资人有限责任的方式故意逃避债务，侵害法人债权人利益，但在举证责任分配上宜采举证责任倒置，即法律推定出资人有侵害债权人利益的故意，除非出资人能够证明其无故意。第四，债权人利益受到严重损害，这是法人人格否认理论适用中的结果要件。如果虽然存在股东滥用公司人格的行为，但是并未产生实际的损害结果，也就没有必要否认公司法人人格。而所谓的实际损害结果，须是公司的资产不足以清偿债务，使债权人的权益无法得到充分保障。如果公司资产足以清偿其债务时仍允许债权人提起法人人格否认之诉，无疑会大大降低该制度的门槛，造成法人人格否认制度的滥用，并会造成诉讼资源的浪费。[2] 第五，滥用法人人格的行为与债权人受损害之间具有因果关系，受损害的债权人必须能够证明其利益受损的结果是由出资人滥用法人人格而造成的。

一旦符合“法人人格滥用的构成要件”，法人之独立责任和出资人之有限责任就被否定，滥用法人人格之出资人与法人对债权人的损害承担连带责任。“法人人格否认”仅在个案中适用，即在因出资人滥用法人人格而侵害了某个或某些债权人利益时适用，并不是从根本上否认法人的主体资格和出资人的有限责任，对那些没有因滥用法人人格而遭受损害的债权人而言，法人人格独立和出资人有限责任仍然适用。

【适用与比较】

《公司法》第20条规定：“公司股东应当遵守法律、行政法规和公司章程，依法行使股东权利，不得滥用股东权利损害公司或者其他股东的利益；不得滥用公司法人独立地位和股东有限责任损害公司债权人的利益。公司股东滥用股东权利给公司或者其他股东造成损失的，应当依法承担赔偿责任。公司股东滥用公司法人独立地位和股东有限责任，逃避债务，严重损害公司债权人利益的，应当对公司债务承担连带责任。”《民法总则》第83条的规定来自于《公司法》的上述规定，是对公司法上述规定的进一步抽象化。因《公司法》对滥用出资人权利侵害股东利益、公司利益或

[1] 赵旭东：《法人人格否认的构成要件分析》，载于《人民司法》2011年第17期。
[2] 赵旭东：《法人人格否认的构成要件分析》，载于《人民司法》2011年第17期。

者债权人利益的行为进行了规范，根据特别法优于一般法的法律适用规则，有限责任公司和股份有限公司应适用《公司法》的规定，本条主要适用于有限责任公司和股份有限公司之外的其他企业法人。同时，《公司法》为了配合该法第 20 条的具体实施，对股东直接诉讼、股东派生诉讼等法律制度作了比较具体的规定，可供《民法总则》第 83 条具体适用时参照。

第八十四条　营利法人的控股出资人、实际控制人、董事、监事、高级管理人员不得利用其关联关系损害法人的利益。利用关联关系给法人造成损失的，应当承担赔偿责任。

【条文释解】

本条是关于利用关联关系侵害法人利益的赔偿责任的规定。

利用关联关系侵害法人权益的行为，属于侵权行为，应该承担侵权责任，其构成要件包括：

第一，侵权人包括控股出资人、实际控制人、董事、监事、高级管理人员。本条虽然没有对“控股出资人”“实际控制人”“高级管理人员”进行界定，但《公司法》第 216 条对“控股股东”“实际控制人”“高级管理人员”进行了界定，可供参照。根据《公司法》第 216 条的规定，控股股东，是指其出资额占有限责任公司资本总额 50% 以上或者其持有的股份占股份有限公司股本总额 50% 以上的股东；出资额或者持有股份的比例虽然不足 50%，但依其出资额或者持有的股份所享有的表决权已足以对股东会、股东大会的决议产生重大影响的股东。高级管理人员，是指公司的经理、副经理、财务负责人，上市公司董事会秘书和公司章程规定的其他人员。实际控制人，是指虽不是公司的股东，但通过投资关系、协议或者其他安排，能够实际支配公司行为的人。董事是董事会的成员，一般为自然人，是董事会职权的实际执行者，他是由公司股东会选举产生的具有实际权力和权威的管理公司事务的人员，是公司内部治理的主要力量，对内管理公司事务，对外代表公司进行经济活动。监事，又称“监察人”，负责监督公司的财务情况，公司高级管理人员的职务执行情况，以及其他由法人章程规定的监督职责。控股出资人、实际控制人、董事、监事、高级管理人员有控制法人权力机构、执行机构、监督机构的权力，能够运用这种控制能力损害公司的利益。本条规定的受害人为“法人”，而不包括其他股东或者法人的债权人。

第二，利用“关联关系”实施了侵害法人的行为。何谓“关联关系”，本条也未作出明确规定，但《公司法》第216条对“关联关系”进行了规定，“关联关系，是指公司控股股东、实际控制人、董事、监事、高级管理人员与其直接或者间接控制的企业之间的关系，以及可能导致公司利益转移的其他关系。但是，国家控股的企业之间不仅因为同受国家控股而具有关联关系”，可供参考。

第三，给法人造成了损失。没有损失就无救济，侵权人必须利用“关联关系”而造成了法人损失，如实际控制人利用自己的控制力与法人进行交易，造成法人的利益受到损失。

第四，利用“关联关系”与法人之间的损失存在因果关系，没有因果关系的，法人也不能要求赔偿损失。

第五，控股出资人、实际控制人、董事、监事、高级管理人员要有侵权的故意，即利用“关联关系”获取不正当利益，给法人造成损失，对法人的损害持故意态度。在认定侵权人是否有“故意”时，应采用举证责任倒置的方式，即控股出资人、实际控制人、董事、监事、高级管理人员要证明自己没有侵害法人利益的故意，否则应认定其有侵权故意。

法人之利益受损害的，法人之法定代表人等应该以法人名义向利用关联关系损害法人利益的控股出资人、实际控制人、董事、监事、高级管理人员主张损害赔偿。法人之法定代表人等不履行职责的，出资人可以代表法人提起诉讼，在《公司法》上也被称为股东派生诉讼。我国《公司法》第151条规定的股东派生诉讼制度，其被告限于董事、监事、高级管理人员，而不包括控股股东、实际控制人。但有学者在解释时认为，我国《公司法》规定的股东派生诉讼，可诉行为包括两种情形：(1) 董事、监事、高级管理人员执行公司职务时违反法律、行政法规或者公司章程的规定，给公司造成损失的，应当承担赔偿责任。(2) 他人侵犯公司合法权益，应当承担赔偿责任的情形。[1]

【适用与比较】

《公司法》第21条规定：“公司的控股股东、实际控制人、董事、监

---

〔1〕 赵旭东：《公司法学》（第三版），高等教育出版社2012年版，第297页。

事、高级管理人员不得利用其关联关系损害公司利益。违反前款规定，给公司造成损失的，应当承担赔偿责任。”《民法总则》的本条规定直接来源于《公司法》第21条的规定，但将“控股股东”扩大为“控股出资人”，其适用范围扩大到公司之外的其他企业法人。同时，《民法总则》关于“关联关系”“控股出资人”“实际控制人”“高级管理人员”等概念的解释以及出资人代表诉讼制度等应参照《公司法》第216条的规定。

第八十五条　营利法人的权力机构、执行机构作出决议的会议召集程序、表决方式违反法律、行政法规、法人章程，或者决议内容违反法人章程的，营利法人的出资人可以请求人民法院撤销该决议，但是营利法人依据该决议与善意相对人形成的民事法律关系不受影响。

【条文释解】

本条是关于出资人撤销权的规定。

根据本条的规定，出资人撤销权行使的情形包括以下三种：（1）营利法人的权力机构、执行机构作出决议的会议召集程序违反法律、行政法规、法人章程；（2）营利法人的权力机构、执行机构作出决议的表决方式违反法律、行政法规、法人章程；（3）营利法人的权力机构、执行机构作出的决议内容违反法人章程。

出资人撤销权行使的方式是通过诉讼行使，即请求人民法院撤销权力机构、执行机构的决议。撤销权属于形成权，应该在法定期间内行使，不及时行使的，权利消灭，出资人在撤销权期满后申请人民法院撤销的，人民法院不予受理。

营利法人依据权力机构、执行机构形成的决议与善意第三人形成的民事法律关系不受影响。这里的“善意第三人”是指对“形成该决议的会议召集程序、表决方式违反法律、行政法规、法人章程或者该决议内容违反法人章程”不知情或不应当知情。此处的“不受影响”是指民事法律关系的效力判断不受决议撤销的影响，其效力判断不考虑决议撤销这一因素。

【适用与比较】

我国《公司法》第22条规定：“公司股东会或者股东大会、董事会的决议内容违反法律、行政法规的无效。股东会或者股东大会、董事会的会议召集程序、表决方式违反法律、行政法规或者公司章程，或者决议内容违反公司章程的，股东可以自决议作出之日起六十日内，请求人民法院撤销。股东依照前款规定提起诉讼的，人民法院可以应公司的请求，要求股东提供相应担保。公司根据股东会或者股东大会、董事会决议已办理变更登记的，人民法院宣告该决议无效或者撤销该决议后，公司应当向公司登记机关申请撤销变更登记。”《民法总则》的这条规定直接来自于《公司法》第22条，但《民法总则》的这条内容对撤销权的行使期限、行使撤销权的担保、撤销变更登记等内容并未作出规定，出资人在行使撤销权时，应该参照《公司法》第22条的规定。

第八十六条　营利法人从事经营活动，应当遵守商业道德，维护交易安全，接受政府和社会的监督，承担社会责任。

【条文释解】

本条是关于营利法人应承担社会责任的规定。

营利法人之目的在于营利并将所得利益分配给成员。但营利法人在获取营利的同时，应该兼顾他人利益和社会利益，在行使私法上的权利、履行私法上的义务时，应恪守信用，诚信为之，自觉履行自己的义务。如果营利法人只把“营利”最大化作为唯一目标，它就可能为了实现这一目标而不择手段，侵害出资人以外的其他利害关系人的合法权益，甚至为牟取暴利而制售假冒伪劣商品，无视对劳动力资源的保护，以不正当手段侵害竞争对手，污染破坏环境。因此，不能再将公司的责任仅归结为股东利益最大化，公司对股东以外的其他个人、群体同样负有责任，这就是公司的社会责任。[1]

何谓营利法人之社会责任，立法上并未明确。我国《公司法》第5条对公司社会责任作了规定，但未对公司的社会责任进行界定，其含义含混不清，由此造成了司法适用上的困难。[2] 理论界对公司社会责任有不同的

〔1〕 张士元、刘丽：《论公司的社会责任》，载于《法商研究》2001年第6期。

〔2〕 罗培新：《我国公司社会责任的司法裁判困境及若干解决思路》，载于《法学》2007年第12期。

看法。有的学者认为，公司为所处社会的全面和长远利益而必须关心、全力履行的责任和义务，表现为公司对社会的适应和发展的参与。[1] 也有的学者将其定义为：公司的社会责任是指公司不能仅仅以最大限度地为股东们营利或赚钱作为自己的唯一存在目的，而应当最大限度地增进股东利益之外的其他所有社会利益。[2] 还有的学者认为，公司社会责任的恰当定义应为：公司在谋取自身及其股东最大经济利益的同时，从促进国民经济和社会发展的目标出发，为其他利害关系人履行某方面的社会义务。[3] 还有学者认为，公司的社会责任是指公司应对股东这一利益群体以外的，与公司发生各种关系的其他相关利益群体和政府代表的公共利益负有的一定责任，主要是指对公司债权人、雇员、供应商、消费者、当地居民以及政府代表的税收收益等。[4] 公司社会责任在可以预见的将来仍将是一个令人捉摸不透的概念。[5] 但正如斯通所言，"公司社会责任的含义固然模糊不清，但恰恰由于该词模糊不清而获得了社会各界的广泛支持"。公司社会责任是一个非常抽象的概念，它与商业道德相联系，其难以界定，可能其本身也无须进行界定，这样才可能更好地发挥公司社会责任的制度价值。

《民法总则》中规定了营利法人的社会责任条款，不仅是强制性、倡导性的法律规定，而且对于统率营利法人的相关立法、指导法官和律师解释适用《公司法》等具有重要的现实意义，在营利法人设立、治理、运营、重组、破产等各个环节适用与解释营利法人相关立法时，也应始终弘扬营利法人社会责任的精神。

【适用与比较】

《公司法》第5条第1款规定："公司从事经营活动，必须遵守法律、行政法规，遵守社会公德、商业道德，诚实守信，接受政府和社会公众的监督，承担社会责任。"《民法总则》将《公司法》第5条的规定进行了改

---

〔1〕马风光：《企业的社会责任模式论》，载于《学术评论》2000年第12期。
〔2〕刘俊海：《公司的社会责任》，法律出版社1999年版，第7页，第51页。
〔3〕张士元、刘丽：《论公司的社会责任》，载于《法商研究》2001年第6期。
〔4〕朱慈蕴：《公司的社会责任：游走于法律责任与道德准则之间》，载于《中外法学》2008年第1期。
〔5〕罗培新：《我国公司社会责任的司法裁判困境及若干解决思路》，载于《法学》2007年第12期。

造、吸收，让所有的营利法人承担社会责任，比《公司法》更具有统帅意义。

第三节　非营利法人

第八十七条　为公益目的或者其他非营利目的成立，不向出资人、设立人或者会员分配所取得利润的法人，为非营利法人。

非营利法人包括事业单位、社会团体、基金会、社会服务机构等。

【条文释解】

本条是关于非营利法人的分类的规定。以法人成立的基础，传统民法将法人分为社团法人与财团法人。凡是以人的集合为基础成立的法人为社团法人；而以财产为基础成立的法人为财团法人。我国《民法总则》没有采纳这种分类，也没有坚持《民法通则》关于企业法人与非企业法人的分类，而是采取了营利法人、非营利法人的分类。根据本条的规定，非营利法人是指为公益目的或者其他非营利目的成立，不向出资人、设立人或者会员分配所取得利润的法人。非营利法人包括事业单位法人、社会团体法人、基金会、社会服务机构等。

事业单位法人是指国家为了社会公益目的，由国家机关举办或者其他组织利用国有资产举办的，从事教育、科技、文化、卫生等活动的社会服务组织。

社会团体法人是指中国公民自愿组成，为实现会员共同意愿，按照其章程开展活动的非营利性社会组织。

基金会是指利用自然人、法人或者其他组织捐赠的财产，以从事公益事业为目的，按照《基金会管理条例》的规定成立的非营利性法人。

社会服务机构是指自然人、法人或者其他组织为了提供社会服务，主要利用非国有资产设立的非营利性法人。

【适用与比较】

我国民法由于受社会制度的长期影响，对于法人的分类，没有采取大陆法系传统的分类标准与方法，而是根据其管理职能或者所有制来划分法人。以是否从事营业活动为标准，将法人分为企业法人与非企业法人。按照有无涉外因素，企业法人又进一步分为中外合资经营企业法人、外资企业法人、中外合作经营企业法人。按照所有制性质，将非涉外企业法人可进一步分为全民所有制企业法人、集体所有制企业法人及民营企业法人。以职能和设立方式为标准，非企业法人进一步分为机关法人、事业单位法人和社会团体法人。

《民法总则》在借鉴域外立法、中国实际立法和实践经验的基础上，将法人分为营利法人、非营利法人和特别法人。营利法人包括有限责任公司、股份有限公司和其他企业法人等。非营利法人包括事业单位、社会团体、基金会、社会服务机构等。非营利法人中基金会、社会服务机构属于捐助法人。特别法人包括机关法人、农村集体经济组织法人、城镇农村的合作经济组织法人、基层群众性自治组织法人等。

第八十八条　具备法人条件，为适应经济社会发展需要，提供公益服务设立的事业单位，经依法登记成立，取得事业单位法人资格；依法不需要办理法人登记的，从成立之日起，具有事业单位法人资格。

【条文释解】

本条是关于事业单位法人资格取得时间的规定。

设立事业单位，应经县级以上各级人民政府及其有关主管部门批准。但事业单位法人有的需要办理登记，有的不需要办理登记。需要办理登记的，经依法登记成立，取得事业单位法人资格；依法不需要办理法人登记的，从成立之日起，具有事业单位法人资格。不需要办理登记的事业单位法人主要包括两类：（1）法律规定具备法人条件、自批准设立之日起即取得法人资格的事业单位；（2）法律、其他行政法规规定具备法人条件、经有关主管部门依法审核或者登记，已经取得相应的执业许可证书的事业单位，不再办理事业单位法人登记，由有关主管部门按照分级登记管理的规定向登记管理机关备案。

事业单位的登记管理机关是县级以上各级人民政府机构编制管理机关所属的事业单位登记管理机构。事业单位实行分级登记管理。分级登记管理的具体办法由国务院机构编制管理机关规定。

申请事业单位法人登记，应当具备下列条件：（1）经审批机关批准设立；（2）有自己的名称、组织机构和住所；（3）有与其业务活动相适应的从业人员；（4）有与其业务活动相适应的经费来源；（5）能够独立承担民事责任。[1]

申请事业单位法人登记，应当向登记管理机关提交下列文件：（1）登记申请书；（2）审批机关的批准文件；（3）场所使用权证明；（4）经费来源证明；（5）其他有关证明文件。[2]

登记管理机关应当自收到登记申请书之日起30日内依照本条例的规定进行审查，作出准予登记或者不予登记的决定。准予登记的，发给事业单位法人证书；不予登记的，应当说明理由。事业单位法人登记事项包括：名称、住所、宗旨和业务范围、法定代表人、经费来源（开办资金）等情况。[3]

【适用与比较】

《民法通则》第50条规定：“有独立经费的机关从成立之日起，具有法人资格。具备法人条件的事业单位、社会团体，依法不需要办理法人登记的，从成立之日起，具有法人资格；依法需要办理法人登记的，经核准登记，取得法人资格。”本条是对《民法通则》第50条中关于事业单位规定的进一步发展，也是对我国《事业单位登记管理暂行条例》关于事业单位法人登记的具体规定在法律上的确认。

第八十九条　事业单位法人设理事会的，除法律另有规定外，理事会为其决策机构。事业单位法人的法定代表人依照法律、行政法规或者法人章程的规定产生。

【条文释解】

本条是关于事业单位法人治理结构的规定。

事业单位法人可设理事会，如果设理事会，除法律另有规定外，理事会为事业单位法人的决策机构。理事总数一般为奇数。理事一般应包括政

---

〔1〕《事业单位登记管理暂行条例》第6条。

〔2〕《事业单位登记管理暂行条例》第7条。

〔3〕《事业单位登记管理暂行条例》第8条。

府有关部门、举办单位、事业单位、服务对象和其他有关方面的代表。代表举办单位、监管部门的理事一般由政府部门或相关组织委派；代表职工、服务对象和社会人士的理事原则上推选产生；本单位党组织负责人、行政负责人及其他有关职位的负责人可以确定为当然理事。理事会换届时，理事应按照原渠道产生。直接关系人民群众切身利益的事业单位，本单位以外人员担任的理事要占多数。

未设理事会的事业单位法人，也有决策机构，其可能是党委会、行政办公会、举办单位或其他。

事业单位法人的决策机构的职权主要有：（1）审议和提出法人章程的修改意见；（2）审议法人业务发展规划；（3）审定重大业务活动计划；（4）拟定内设机构或分支机构设置方案；（5）审定内部主要管理制度；（6）任免或提名行政负责人；（7）审议财务预算和决算；（8）监督管理层执行理事会决议；（9）审议管理层工作报告并对管理层工作进行考评；（10）决定拟任法定代表人人选；（11）负责组建下届理事会，并报举办单位审核同意；（12）决定其他重大事项。

事业单位法人的法定代表人按照法律、行政法规或者法人章程的规定产生，对外代表事业单位法人进行活动，对内负责事业单位事务管理。一般情况下，行政负责人为拟任法定代表人人选。作为拟任法定代表人人选，经登记管理机关核准登记后，取得本单位法定代表人资格。

事业单位法人应该有自己的章程，其主要内容有事业单位法人的宗旨、业务范围、理事会（不设理事会除外，但应有决策机构）、管理层、资产的管理和使用等。

【适用与比较】

本条是一个新规定，之前无相关立法可供比较。

第九十条　具备法人条件，基于会员共同意愿，为公益目的或者会员共同利益等非营利目的设立的社会团体，经依法登记成立，取得社会团体法人资格；依法不需要办理法人登记的，从成立之日起，具有社会团体法人资格。

【条文释解】

本条是关于社会团体法人资格取得时间的规定。

社会团体法人设立的目的为“公益目的”或者“会员共同利益”，其目的必须符合宪法、法律、法规和国家政策，不得反对宪法确定的基本原则，不得危害国家的统一、安全和民族的团结，不得损害国家利益、社会公共利益以及其他组织和公民的合法权益，不得违背社会道德风尚。社会团体不得从事营利性经营活动。

成立社会团体，应当经其业务主管单位审查同意。有些社会团体法人需要登记，需要登记的，从登记之日取得法人资格；有些社会团体法人不需要登记，不需要登记的，从成立之日起，具有社会团体法人资格。下列团体不属于《社会团体登记管理条例》规定登记的范围：（1）参加中国人民政治协商会议的人民团体；（2）由国务院机构编制管理机关核定，并经国务院批准免于登记的团体；（3）机关、团体、企业事业单位内部经本单位批准成立、在本单位内部活动的团体。〔1〕

国务院民政部门和县级以上地方各级人民政府民政部门是本级人民政府的社会团体登记管理机关。全国性的社会团体，由国务院的登记管理机关负责登记管理；地方性的社会团体，由所在地人民政府的登记管理机关负责登记管理；跨行政区域的社会团体，由所跨行政区域的共同上一级人民政府的登记管理机关负责登记管理。

国务院有关部门和县级以上地方各级人民政府有关部门、国务院或者县级以上地方各级人民政府授权的组织，是有关行业、学科或者业务范围内社会团体的业务主管单位。法律、行政法规对社会团体的监督管理另有规定的，依照有关法律、行政法规的规定执行。登记管理机关、业务主管单位与其管辖的社会团体的住所不在一地的，可以委托社会团体住所地的登记管理机关、业务主管单位负责委托范围内的监督管理工作。

成立社会团体，应当具备下列条件：(1)有50个以上的个人会员或者30个以上的单位会员；个人会员、单位会员混合组成的，会员总数不得少于50个；(2)有规范的名称和相应的组织机构；(3)有固定的住所；(4)有与其业务活动相适应的专职工作人员；(5)有合法的资产和经费来源，全国性

〔1〕《社会团体登记管理条例》第3条。

的社会团体有10万元以上活动资金，地方性的社会团体和跨行政区域的社会团体有3万元以上活动资金;(6)有独立承担民事责任的能力。

社会团体的名称应当符合法律、法规的规定，不得违背社会道德风尚。社会团体的名称应当与其业务范围、成员分布、活动地域相一致，准确反映其特征。全国性的社会团体的名称冠以“中国”“全国”“中华”等字样的，应当按照国家有关规定经过批准，地方性的社会团体的名称不得冠以“中国”“全国”“中华”等字样。

申请成立社会团体，应当经其业务主管单位审查同意，由发起人向登记管理机关申请登记。筹备期间不得开展筹备以外的活动。

申请登记社会团体，发起人应当向登记管理机关提交下列文件：(1)登记申请书；(2)业务主管单位的批准文件；(3)验资报告、场所使用权证明；(4)发起人和拟任负责人的基本情况、身份证明；(5)章程草案。

登记管理机关应当自收到《社会团体登记管理条例》第11条所列全部有效文件之日起60日内，作出准予或者不予登记的决定。准予登记的，发给社会团体法人登记证书；不予登记的，应当向发起人说明理由。社会团体登记事项包括：名称、住所、宗旨、业务范围、活动地域、法定代表人、活动资金和业务主管单位。

【适用与比较】

《民法通则》第50条规定：“有独立经费的机关从成立之日起，具有法人资格。具备法人条件的事业单位、社会团体，依法不需要办理法人登记的，从成立之日起，具有法人资格；依法需要办理法人登记的，经核准登记，取得法人资格。”本条是对《民法通则》第50条中关于社会团体规定的进一步发展，也是对我国《社会团体登记管理条例》关于社会团体法人登记的具体规定在法律上的确认。

第九十一条　设立社会团体法人应当依法制定法人章程。

社会团体法人应当设会员大会或者会员代表大会等权力机构。

社会团体法人应当设理事会等执行机构。理事长或者会长等负责人按照法人章程的规定担任法定代表人。

【条文释解】

本条是关于社会团体法人章程和机构的规定。

法人章程是设立社会团体法人的必备条件，在申请社会团体法人登记时，应该向登记管理机关提交法人章程草案。社会团体法人的章程应当包括下列事项：(1) 名称、住所；(2) 宗旨、业务范围和活动地域；(3) 会员资格及其权利、义务；(4) 民主的组织管理制度，执行机构的产生程序；(5) 负责人的条件和产生、罢免的程序；(6) 资产管理和使用的原则；(7) 章程的修改程序；(8) 终止程序和终止后资产的处理；(9) 应当由章程规定的其他事项。

社会团体法人应当设权力机构，它是社会团体法人的意思机关，也是必设机构，其权力机构为会员大会或者会员代表大会。权力机构多通过决议的形式管理社会团体事务，其主要职权有：(1) 制定和修改章程；(2) 选举和罢免理事；(3) 审议理事会的工作报告和财务报告；(4) 决定法人终止事宜；(5) 决定章程中确定的其他重大事宜。

社会团体法人应当设执行机构，它是社会团体法人事务的具体执行机构，也是必设机构，其执行机构通常称为理事会。理事会的职权主要有：(1) 执行会员大会（或会员代表大会）的决议；(2) 选举和罢免理事长（会长）、副理事长（副会长）、秘书长；(3) 筹备召开会员大会（或会员代表大会）；(4) 向会员大会（或会员代表大会）报告工作和财务状况；(5) 决定会员的吸收或除名；(6) 决定设立办事机构、分支机构、代表机构和实体机构；(7) 决定副秘书长、各机构主要负责人的聘任；(8) 领导本团体各机构开展工作；(9) 制定内部管理制度；(10) 决定其他重大事项。

理事会的理事长或者会长等负责人按照法人章程的规定担任法定代表人，同时不得兼任其他社会团体法定代表人。拟任人选如果已担任其他社会团体法定代表人的，应事先解除已经担任的法定代表人职务。法定代表人人选不是章程明确的负责人的，或者同时担任其他社会团体法定代表人的，登记管理机关不予受理法定代表人变更登记。

【适用与比较】

本条是一个新规定，之前无相关立法可供比较。

第九十二条　具备法人条件，为公益目的以捐助财产设立的基金会、社会服务机构等，经依法登记成立，取得捐助法人资格。

依法设立的宗教活动场所，具备法人条件的，可以申请法人登记，取得捐助法人资格。法律、行政法规对宗教活动场所有规定的，依照其规定。

【条文释解】

本条是关于捐助法人的规定。

所谓捐助法人，是指以捐助的财产为基础设立的法人。它在国外属于财团法人的范畴，我国没有财团法人这一称谓，但在立法上已经承认了实质意义的财团法人，比如基金会、社会服务机构等法人。

捐助法人的捐助人必须捐助财产，制定捐助法人的根本规则，并将其用于书面形式记载，这些行为统称为“捐助行为”。捐助行为可以是生前行为，也可以是死因处分行为。生前的捐助行为是一项不需要受领意思表示的单方法律行为，捐助法人的设立一经获得许可，捐赠人就有义务提供允诺的财产。死因处分的捐助行为，根据德国法的规定，就捐助人的捐助行为而言，捐助法人视为在捐助人死亡之前已经设立，因而它是具有继承能力的。[1]

登记是捐助法人取得法人资格的程序性条件，登记之日起取得捐助法人资格。我国《基金会管理条例》对基金会的登记制度进行了规定，而《社会服务机构登记管理条例》已经向社会多次征求意见，虽尚未颁布实施，但在《社会服务机构登记管理条例（征求意见稿）》中也对社会服务机构的登记作了规定。

国务院民政部门和省、自治区、直辖市人民政府民政部门是基金会、社会服务机构等捐助法人的登记管理机关。国务院民政部门负责下列基金会、基金会代表机构的登记管理工作：（1）全国性公募基金会；（2）拟由非内地居民担任法定代表人的基金会；（3）原始基金超过2000万元，发起人向国务院民政部门提出设立申请的非公募基金会；（4）境外基金会在

〔1〕［德］迪特尔·梅迪库斯：《德国民法总论》，邵建东译，法律出版社2000年版，第866—867页。

中国内地设立的代表机构。省、自治区、直辖市人民政府民政部门负责本行政区域内地方性公募基金会和不属于前款规定情况的非公募基金会的登记管理工作。

本条还规定："依法设立的宗教活动场所，具备法人条件的，可以申请法人登记，取得捐助法人资格。法律、行政法规对宗教活动场所有规定的，依照其规定。"所以，捐助法人还包括具备法人条件的宗教活动场所。

【适用与比较】

本条是一个新规定，之前无相关立法可供比较。

第九十三条　设立捐助法人应当依法制定法人章程。

捐助法人应当设理事会、民主管理组织等决策机构，并设执行机构。理事长等负责人按照法人章程的规定担任法定代表人。

捐助法人应当设监事会等监督机构。

【条文释解】

本条是关于捐助法人章程和组织机构的规定。

章程是捐助法人设立的必备条件。捐助法人的章程应当载明下列事项：（1）名称及住所；（2）设立宗旨和公益活动的业务范围；（3）捐助财产数额；（4）理事会的组成、职权和议事规则，理事的资格、产生程序和任期；（5）法定代表人的职责；（6）监事的职责、资格、产生程序和任期；（7）财务会计报告的编制、审定制度；（8）财产的管理、使用制度；（9）捐助法人的终止条件、程序和终止后财产的处理。

由于捐助法人无成员，故捐助法人的章程不可能像社团法人那样由社员大会进行修改。恰恰相反，捐助法人的主要目的之一就是防止他人改变设立人的意志。[1] 捐助法人没有成员，因此不可能形成意思机关，他所建立的组织只服务设立人约定的目的。[2] 但是，本条却规定"捐助法人应当设理事会、民主管理组织等决策机构"。我国《基金会管理条例》也规定，

〔1〕李永军：《民法总论》（第二版），法律出版社2009年版，第351页。
〔2〕谭启平、黄家镇：《民法总则中的法人分类》，载于《法学家》2016年第5期。

理事会是基金会的决策机构，依法行使章程规定的职权。下列重要事项的决议，须经出席理事表决，2/3 以上通过方为有效：（1）章程的修改；（2）选举或者罢免理事长、副理事长、秘书长；（3）章程规定的重大募捐、投资活动；（4）基金会的分立、合并。可见，在我国，理事会有权修改捐助法人的章程，理事会是捐助法人的决策机构。理事会设理事长、副理事长和秘书长，从理事中选举产生，理事长是基金会的法定代表人。捐助法人的法定代表人，不得同时担任其他组织的法定代表人。

基金会不设执行机构，从我国《基金会管理条例》的规定来看，理事会享有执行基金会事务的职权。社会服务机构可以设立执行机构。执行机构在执行机构负责人领导下开展工作，负责组织实施理事会决议和章程规定的其他职权。

捐助法人应当设监事会等监督机构。例如，《基金会管理条例》第 22 条规定：“基金会设监事。监事任期与理事任期相同。理事、理事的近亲属和基金会财会人员不得兼任监事。监事依照章程规定的程序检查基金会财务和会计资料，监督理事会遵守法律和章程的情况。监事列席理事会会议，有权向理事会提出质询和建议，并应当向登记管理机关、业务主管单位以及税务、会计主管部门反映情况。”

《基金会管理条例》第 28 条规定：“基金会应当按照合法、安全、有效的原则实现基金的保值、增值。”可见，捐助法人也可从事一定的经济活动，只不过经济活动所获得的收益必须用于捐助目的规定的范围。[1] 由于捐助法人没有成员，其所获的经济活动的收益不存在向成员分配的问题。

【适用与比较】

本条是一个新规定，我国《基金会管理条例》的相关立法可供参考。

第九十四条　捐助人有权向捐助法人查询捐助财产的使用、管理情况，并提出意见和建议，捐助法人应当及时、如实答复。

---

〔1〕 谭启平、黄家镇：《民法总则中的法人分类》，载于《法学家》2016 年第 5 期。

捐助法人的决策机构、执行机构或者法定代表人作出决定的程序违反法律、行政法规、法人章程，或者决定内容违反法人章程的，捐助人等利害关系人或者主管机关可以请求人民法院撤销该决定，但是捐助法人依据该决定与善意相对人形成的民事法律关系不受影响。

【条文释解】

本条是关于捐助人权利的规定。

根据本条的规定，捐助人有查询权、建议权以及撤销权。

捐助人有权向捐助法人查询捐助财产的使用、管理情况，捐助法人应当及时、如实答复；捐助人也有权向捐助法人提出捐助财产使用、管理方面的意见和建议。《基金会管理条例》第39条第2款规定："基金会违反捐赠协议使用捐赠财产的，捐赠人有权要求基金会遵守捐赠协议或者向人民法院申请撤销捐赠行为、解除捐赠协议。"

撤销权是指捐助人撤销决策机构、执行机构或者法定代表人决定的权利。捐助人撤销权指向以下两种决定：（1）捐助法人的决策机构、执行机构或者法定代表人作出决定的程序违反法律、行政法规、法人章程的；（2）捐助法人的决策机构、执行机构或者法定代表人的决定内容违反法人章程的。

撤销权的权利主体可以是捐助人等利害关系人，也可以是主管机关。撤销权行使的方式为诉讼方式，即撤销权人请求人民法院撤销。

撤销权行使的效力体现为：其一，一旦撤销，决定即告无效；其二，捐助法人依据该决定与善意相对人形成的民事法律关系不受影响。这里的善意相对人是指不知或不应知决定存在撤销事由而信赖决定，从而与捐助法人形成了民事法律关系的第三人。"不受影响"是指此处的民事法律关系不因该决定被撤销而受到影响。

【适用与比较】

本条是一个新规定，我国《基金会管理条例》的相关立法可供参考。

第九十五条　为公益目的成立的非营利法人终止时，不得向出资人、设立人或者会员分配剩余财产。剩余财产应当按照法人章程的规定或者权力机构的决议用于公益目的；无法按照法人章程的规定或者权力机构的决议处理的，由主管机关主持转给宗旨相同或者相近的法人，并向社会公告。

【条文释解】

本条是关于从事公益目的的非营利法人终止后的财产归属问题。

出资人、设立人或者会员一旦向非营利法人出资，非营利法人成立后财产归属于法人所有，出资人、设立人或者会员不再享有所有权。出资人、设立人并非非营利法人的股东，为公益目的成立的非营利法人终止时，其剩余财产不再分配给出资人、设立人或者会员。剩余财产应该按照法人章程的规定或者权力机构的决议用于公益目的。无法按照法人章程的规定或者权力机构的决议处理的，由主管机关主持转给宗旨相同或者相近的法人，并向社会公告。我国《基金会管理条例》第33条也规定："基金会注销后的剩余财产应当按照章程的规定用于公益目的；无法按照章程规定处理的，由登记管理机关组织捐赠给与该基金会性质、宗旨相同的社会公益组织，并向社会公告。"本条适用的对象限于"以公益目的成立的非营利法人"，对于那些不以公益为目的而成立的非营利法人和营利法人，则不适用本条的规定。

【适用与比较】

本条是一个新规定，我国《基金会管理条例》的相关立法可供参考。

第四节　特别法人

第九十六条　本节规定的机关法人、农村集体经济组织法人、城镇农村的合作经济组织法人、基层群众性自治组织法人，为特别法人。

【条文释解】

本条是关于特别法人范围的规定。

机关法人是指依法享有国家赋予的权力，以国家预算作为活动经费，因行使职权的需要而享有民事权利能力和民事行为能力的各级国家机关。

我国有关农村集体经济组织的法律规定主要集中于《宪法》《土地承包法》《土地管理法》《民法通则》《物权法》等法律法规，而这些条文并没有对“农村集体经济组织”这个名词的概念、含义进行法律上的明确。《民法总则》将农村集体经济组织作为特别法人的一种，明确了其主体地位，这解决了农村集体经济组织财产归属等问题。

农村合作经济组织在我国农村经济发展中日益显现出重要的、不可替代的作用，有关其的立法也已经提上了日程。《民法总则》将城镇农村的合作经济组织法人作为一种特别法人加以规定，明确了其主体地位，赋予其民事权利能力，对解决因城镇农村的合作经济组织主体资格欠缺产生的诸多理论问题具有重要的地位。

基层群众性自治组织，是指在城市和农村按居民的居住地区建立起来的居民委员会和村民委员会。它是建立在我国社会的最基层、与群众直接联系的组织，是在自愿的基础上由群众按照居住地区自己组织起来管理自己事务的组织。《民法总则》将其作为独立的民事主体加以规定，赋予其民事权利能力。

【适用与比较】

本条是新规定，无可供对比相关立法。

第九十七条　有独立经费的机关和承担行政职能的法定机构从成立之日起，具有机关法人资格，可以从事为履行职能所需要的民事活动。

【条文释解】

本条是关于机关法人成立日期的规定。机关法人从成立之日起取得法人资格，它具体包括两类：（1）具有独立经费的机关；（2）具有独立经费并承担行政职能的法定机构。

机关法人无须办理成立登记，从成立之日就可以从事为履行职能所需要的民事活动，例如，机关法人可以依自己的名义采购履行职能所需要的用品等。这些民事活动适用民法上的规定，而不是行政法上的规定。

【适用与比较】

《民法通则》第50条第1款规定："有独立经费的机关从成立之日起，具有法人资格。"《民法总则》第97条的规定是对该条规定的发展，主要体现为两个方面：其一，增加了有独立经费并承担行政职能的法定机构从成立之日起具有法人资格的规定。其二，明确了机关法人可以从事民事活动。如果机关法人的法定代表人、工作人员在执行职务过程中构成侵权的，应按照《民法通则》第121条、《民法总则》第62条以及《侵权责任法》的相关条文的规定处理。

第九十八条　机关法人被撤销的，法人终止，其民事权利和义务由继任的机关法人享有和承担；没有继任的机关法人的，由作出撤销决定的机关法人享有和承担。

【条文释解】

本条是关于机关法人终止的规定。

机关法人终止是机关法人主体资格消灭，它的终止事由主要是被撤销。

机关法人被撤销的，法人资格终止，其在享有民事主体资格期间从事的民事行为产生的民事权利和义务由继任的机关法人享有和承担。所谓"继任的机关法人"，主要是指承受起职责的并吸收了其经费和人员的机关法人，其"继任的机关法人"通常由作出撤销决定的机关法人决定。如果没有继任的机关法人的，由作出撤销决定的机关法人享有和承担机关法人在存续期间因从事民事行为产生的民事权利和义务。

【适用与比较】

本条是新规定，无可供对比相关立法。

第九十九条　农村集体经济组织依法取得法人资格。

法律、行政法规对农村集体经济组织有规定的，依照其规定。

【条文释解】

本条是关于农村集体经济组织法人资格的规定。

农村集体经济组织是为实行社会主义公有制改造，在自然乡村范围内，由农民自愿联合，将其各自所有的生产资料投入集体所有，由集体组织农业生产经营，农民进行集体劳动，各尽所能，按劳分配的农业社会主义经济组织。农村集体经济组织在我国已经长期存在，其作为一个组织体，其依法取得法人资格，无须登记。

农村集体经济组织既不同于企业法人，又不同于社会团体，也不同于行政机关，自有其独特的政治性质和法律性质。农村集体经济组织是除国家以外对土地拥有所有权的唯一的一个组织。

法律、行政法规对农村集体经济组织有规定的，依照其规定。例如，我国《土地管理法》《农村土地承包经营法》等对农村集体经济组织享有农村土地所有权作了规定。

【适用与比较】

本条是新规定，无可供对比相关立法。

第一百条　城镇农村的合作经济组织依法取得法人资格。

法律、行政法规对城镇农村的合作经济组织有规定的，依照其规定。

【条文释解】

本条是关于城镇农村的合作经济组织法人资格的规定。

改革开放后，城镇农村各种形式的专业合作社和股份合作社在内的新型农村合作经济组织发展迅速，数量规模不断扩大，覆盖面日益拓展，新型农民专业合作经济组织已逐渐成为农民参与市场经济的基本组织形式。城镇农村的合作经济组织，是农村经济发展到一定阶段的产物，具有一定的自发性和组织性，由于我国目前还没有制定相应的法律法规，因此对该组织在社会的认同，法人登记依法经营、资金筹措、税赋减免等方面缺乏法律依据。造成该组织经营管理不规范，运行机制不健全。《民法总则》第100条将这些合作经济组织的民事主体地位进行了明确，依法可取得法人资格，无须进行登记。这对保护合作经济组织法人的权利和出资者的权益等具有重要意义。

但是，需要明确，法律、行政法规对城镇农村的合作经济组织有规定的，依照其规定。

【适用与比较】

本条是新规定，无可供对比相关立法。

第一百零一条　居民委员会、村民委员会具有基层群众性自治组织法人资格，可以从事为履行职能所需要的民事活动。

未设立村集体经济组织的，村民委员会可以依法代行村集体经济组织的职能。

【条文释解】

本条是关于居民委员会、村民委员会法人主体资格的规定。

我国农村村民实行民主选举、民主决策、民主管理、民主监督。而村民委员会是村民自我管理、自我教育、自我服务的基层群众性自治组织。

居民委员会是居民自我管理、自我教育、自我服务的基层群众性自治组织。不设区的市、市辖区的人民政府或者其派出机关对居民委员会的工作给予指导、支持和帮助。居民委员会协助不设区的市、市辖区的人民政府或者其派出机关开展工作。

村民委员会、居民委员会具有法人主体资格，都具有部分社会事务管理职能。村民委员会与村集体经济组织的关系体现为两个方面：其一，村民委员会是村民自治组织法人，其承担了农村事务管理的职能；而村集体经济组织则是集体所有的生产资料的民事主体，其主要是作为所有权主体而存在，是农村集体经济制度的组织形式。其二，村民委员会应当尊重并支持集体经济组织依法独立进行经济活动的自主权，维护以家庭承包经营为基础、统分结合的双层经营体制，保障集体经济组织和村民、承包经营户、联户或者合伙的合法财产权和其他合法权益。

未设立村集体经济组织的，村民委员会依照法律规定，管理本村属于村民集体所有的土地和其他财产，引导村民合理利用自然资源，保护和改善生态环境。

【适用与比较】

本条是新规定。目前我国有《城市居民委员会组织法》和《村民委员会组织法》，对居民委员会和村民委员会的组成和职责、委员会的选举、会议和代表会议、民主管理和民主监督等进行了规定，可供参考。

第四章　非法人组织

第一百零二条　非法人组织是不具有法人资格，但是能够依法以自己的名义从事民事活动的组织。

非法人组织包括个人独资企业、合伙企业、不具有法人资格的专业服务机构等。

【条文释解】

本条规定了非法人组织的定义和范围。

所谓非法人组织是指不具备法人资格，但是能够以自己的名义从事民事活动，从而享有民事权利和负担民事义务的组织体。非法人组织具有以下法律特征：

1. 属于组织体。在这一点上非法人组织与法人是相同的，即两者都属于自然人之外的组织体，因而应当是区别于自然人的一种法律上的主体。然而非法人组织与法人还是不完全相同的。法人作为组织体包括两种：一种是社团，即由两个以上的自然人为特定目的所组成的团体；另一种则是财团，即由自然人或者法人所捐助的奉行一定公益目的财产，而捐助人并不能成为该法人的组成成员，因而对其也不享有决策和管理的权利。非法人组织只能是社团，而不能是财团，法律上一般均不承认非法人财团可作为独立的主体。

2. 非法人组织没有取得法人资格。非法人组织与法人的最本质的区别就是非法人组织不具备法人资格。非法人组织之所以不具备法人资格的原因有两种：第一种情形是非法人组织不符合法人成立的基本要件，因此不能取得法人资格。第二种情形则是非法人组织的设立人不愿意取得法人资格。因为取得法人资格意味着更多的法律管制，而作为非法人组织原则上其组织运行都是由其组成成员之间通过协议自己决定的。

3. 非法人组织作为民事主体，能够从事各种法律允许的活动，从而享有权利和负担民事义务。不过非常有争议的是，非法人组织是否具有独立的权利能力和行为能力呢？在理论上，如果能够作为民事主体，当然就必须有权利能力，没有权利能力即不能作为民事主体享有权利和负担民事义务，更不能独立承担民事责任。也正是由于这样的原因，《德国民法典》仅承认自然人和法人两类民事主体，而法人之外的组织体本质上是作为自然人来对待的，其所取得的权利即为该组织全体成员共有的权利，而其取得的义务也为全体成员共同的义务，而不承认其有权利能力。我国立法和司法实践上长期以来一直承认“其他组织”作为民事主体，然而学理上则多否认其他组织作为独立的民事主体，于是形成了学说与实践相左的现实。《民法总则》将非法人组织作为独立一章与自然人、法人并列加以规定，可见将其作为一类独立的主体予以承认是没有问题的。但是《民法总则》第102条并没有如第57条那样明确规定非法人组织具有权利能力和行为能力，这必将引起解释上的争论。

4. 非法人组织与法人相比较而言，法律对其组织和运行不设强制性规范，原则上交由当事人意思自治，盖其责任由全体设立人承担连带责任，故不涉及债权人利益等公共利益保护问题。

5. 非法人组织主要包括个人独资企业、合伙企业以及其他不具备法人资格的各种专业服务机构。

【适用与比较】

非法人组织乃系由原有法律中的其他组织发展而来，本次除了修改了称谓之外，还明确了其作为民事主体的地位。此外，还明确将法人的分支机构排除在外，因为法人的分支机构实际上就是法人的组成部分，所以不能成为独立的民事主体。

第一百零三条　非法人组织应当依照法律的规定登记。

设立非法人组织，法律、行政法规规定须经有关机关批准的，依照其规定。

【条文释解】

本条规定了非法人组织的成立要件。非法人组织若要作为民事主体，则必须经过登记，这样才能够以自己的名义独立从事民事活动，并且可以以自己的名义起诉、应诉等。相反，若自然人形成一个组织体但是没有经过登记，则不能取得非法人组织的地位，而只能作为自然人的一种特殊形态从事活动，其所取得的权利和义务均由其组成成员共同享有和负担，也不能以自己的名义起诉和应诉。如果法律、法规对于某种非法人组织的设立规定要求其经过有关机关批准的，则必须经有关机关批准才能够成立。例如，成立一个合伙制的律师事务所，就必须要经过司法局的批准，否则不能成立。

【适用与比较】

由于《民法通则》等既有的法律并没有明确承认非法人组织作为一种独立的民事主体，因此并没有要求非法人组织的成立必须登记。然而，《民法总则》既然已经明确其作为民事主体，则也明确要求其以登记作为其成立要件，这是将非法人组织和不作为民事主体的临时性组织体区别开来的唯一标准。

第一百零四条　非法人组织的财产不足以清偿债务的，其出资人或者设立人承担无限责任。法律另有规定的，依照其规定。

【条文释解】

本条规定了非法人组织的民事责任的承担问题。非法人组织与法人的最主要区别就是是否能够独立承担民事责任。依据《民法总则》第60条的规定，法人以自己的财产独立承担责任。所谓法人独立承担责任，是指法人所负的债务只能用法人自己的财产予以清偿，不能执行法人的组成成员的财产。若法人的全部财产不足以清偿其全部债务的，则只能宣告破产，进入破产清算程序。法人经过破产程序后即归于消灭，未被清偿的债务则无须再行清偿。法人的组成成员或者出资人对法人的债务承担连带责任的唯一情形是构成了《民法总则》第83条所规定的“法人人格否认”的情形。相反，非法人组织的出资人或者设立人须对其债务承担连带责任，只要非法人组织的财产不足以清偿其债务，全体出资人或者设立人均应当承担无限连带清偿责任。也正是因为出资人对于非法人组织的债务承担无限连带清偿责任，法律才不对非法人组织进行过多的管制而原则上允许设立人自治。如果非法人组织的组成成员有两个以上的，如合伙，那么其中一人承担完连带清偿责任的，可以向其他设立人或者出资人进行追偿，其追偿的数额则依据约定或者相关法律的规定。

【适用与比较】

该条规定第一次明确了全部非法人组织统一的责任承担问题。原来《民法通则》等法律只针对不同的非法人组织作出规定，不过其本质上并没有不同。

第一百零五条　非法人组织可以确定一人或者数人代表该组织从事民事活动。

【条文释解】

本条规定的是非法人组织对外代表人的问题。非法人组织作为法律主体，必然要与他人实施各种各样的法律行为，那么就必须有代表其实施活动从而将其效果归结于非法人组织的自然人。该条规定，非法人组织既可以确定一个人也可以确定数人作为其对外代表，代表非法人组织实施法律行为从事其他民事活动。非法人组织所确定的代表人既可以是非法人组织的投资人、设立人，也可以是投资人、设立人之外的第三人。非法人组织所确定的代表人也应当经过登记，其代表人更换未经变更登记的也不应当对抗善意第三人。非法人组织确定的代表人以非法人组织的名义所实施的行为的法律后果应当由非法人组织承受，无论该行为是合法的行为抑或是违法的行为均不例外。非法人组织所确定的代表人，实施违法行为给他人造成损害，非法人组织承担完清偿责任后，若该代表人有过错的，则非法人组织可以参照《民法总则》第62条的规定向该代表人追偿。

【适用与比较】

该条规定与既有法律相比较没有实质性差异。

第一百零六条　有下列情形之一的，非法人组织解散：
（一）章程规定的存续期间届满或者章程规定的其他解散事由出现；
（二）出资人或者设立人决定解散；
（三）法律规定的其他情形。

【条文释解】

本条规定的是非法人组织的解散事由。该条规定与法人的解散内容完全相同，故在此不再详细论述。

【适用与比较】

该条规定与既有法律相比较没有实质性差异。

第一百零七条　非法人组织解散的，应当依法进行清算。

【条文释解】

本条规定的是非法人组织解散时的清算义务。该条规定与法人的解散内容完全相同，故在此不再详细论述。

【适用与比较】

该条规定与既有法律相比较没有实质性差异。

第一百零八条　非法人组织除适用本章规定外，参照适用本法第三章第一节的有关规定。

【条文释解】

本条规定没有实质性内容，仅规定了非法人组织对法人规定的准用。也即是说凡是本章没有规定的，且当事人之间没有约定，原则上可以参照法人的一般规定。不过需要注意的是，参照适用法人的一般规定，必须是两者在这一方面存在实质相似之处，否则不能参照。是否存在实质相似之处，须在司法实践中进行个案判断。

【适用与比较】

非法人组织对法人一般规定的准用问题，过去法律没有规定，此次第一次规定，因此在哪些领域中能够参照适用，仍然有待进一步阐释和澄清。

第五章　民事权利

第一百零九条　自然人的人身自由、人格尊严受法律保护。

【条文释解】

本条是关于自然人一般人格权的规定。

人格权，是指主体为维护其独立人格而固有的基于自身人格的权利，如生命权、健康权、姓名权、名誉权、隐私权、自由权等。[1]此概念可以注解如下：（1）人格权是一种受尊重权，是主体以自身人格为基础形成的他人不得侵犯的权利，在此，人格与人格权通过人格尊严思想的介入而被联系起来。（2）人格权是主体所固有的权利，是使人"成为一个人"的权利。人格权因出生而取得，因死亡而消灭，不得让与或抛弃。个人在法律上和事实上不享有人格权，必将丧失做人的根本权利和作为人的基本价值。（3）人格权主要表现为要求受尊重的消极防御权。人格权不是一种指向于国家或其他法律主体而存在的积极索取的权利，否则，将不当扩张或模糊人格权的界限。例如，民事主体不得以饥饿为由，主张自己的生命权或健康权而向他人强行索要食物。

人格权可以细分为具体人格权与一般人格权。

具体人格权，又称"特别人格权"，是指法律已将所要保护的人格特定化，权利的内容已定型化的人格权。例如，本法下一条款就生命权、身体权、健康权、姓名权、肖像权、名誉权、荣誉权、隐私权、婚姻自主权

---

〔1〕关于人格权概念，不同学者基于不同立场与关注点，给出的定义不尽相同。如郑玉波认为："人格权者，乃存在于权利人自己人格之权利，申言之，即吾人于与其人格之不分离的关系享有之社会的利益，而受法律保护者是也。"参见郑玉波：《民法总则》，中国政法大学出版社2003年版，第138—139页；王利明认为：人格权是指以主体依法固有的"人格利益为客体的，以维护和实现人格平等、人格尊严、人身自由为目标的权利。"参见王利明：《人格权法研究》，中国人民大学出版社2005年版，第14页。

等均有特别规定，这些权利即属于具体人格权。

一般人格权是特别人格权之外的补充性权利，是关于人的一般存在价值、尊严与自由的权利。一般人格权是一种具有开放性、发展性、不确定性的权利，在德国被称为“框架性权利”。其确认了人格利益保护的如此基本属性，即凡是基于人格所生之合法利益，均受法律保护。

一般人格权概念之所以被提出，主要基于如下两点：（1）人格权是关于人的价值与尊严的权利。关于人的价值与尊严的权利，不应该完全以实证法作为裁断人格权存在与否的根据。人的价值与尊严是人的本质属性，人格权是人之作为人所固有的。人格权天赋并不反对人格权于实证法上被总结规定，实证法的规定确认有利于人格权的明确与保护，但当涉及实证法规定的具体人格权未能涵括人格法益时，则不能简单以法无规定为由不予保护。所以说，一般人格权是关于人的自由、安全、尊严等价值的概括性保护。例如，商店无端对顾客搜身，如此情事若发生在多年前我国未明确规定隐私权的背景下，仍属于对顾客人格尊严的侵害。对于一般人格尊严的侵害，不能以现行法没有关于此种人格利益的人格权为由拒绝救济，而应诉诸人的一般价值与尊严的权利来加以保护。（2）关于人的价值观念具有动态发展性，与社会历史文化观念有密切联系，永远可能会有新的价值需要法律保护，故任何实证法均不可能通过事先规定将人性中值得保护的价值全部包括进来。例如，在人格权法的发展过程中，隐私作为私生活安宁的价值，是随着工业社会发展以及窥探、窃听等刺探私生活的技术发明等因素促动，而逐渐被社会认同强化并最终被法定化为隐私权。

因此，在法规范与适用层面，一般人格权主要是作为特别人格权的补充而存在。当涉及法律未确认的特别人格权之外的人格利益关系时，应于个案中通过适用一般人格权而实现对具体人格利益的保护。裁判中经由一般人格权的具体适用，可逐渐归纳产生新的类型化的具体人格权，再由法律加以确认。

具体在法律适用上，凡涉及在法律上有特别人格权规定的人格利益时，即应适用关于该特别人格权的规定；凡涉及的人格利益在法律上无特别人格权规定的，始适用关于一般人格权的规定。当适用一般人格权的规定对一般人格尊严或价值给予保护时，因一般人格权的模糊性或弹性，往往需要在个案中权衡对方主体诉求的利益，如言论自由、新闻自由等，最终才能确定对于一般人格权是否加以保护。由此可见，在权益救济上，对照具体人格权，一般人格权不具有保护的确定性。

【适用与比较】

《民法通则》第101条规定："公民、法人享有名誉权，公民的人格尊严受法律保护，禁止用侮辱、诽谤等方式损害公民、法人的名誉。"2001年《最高人民法院关于确定民事侵权精神损害赔偿责任若干问题的解释》第1条中，在遭受侵害可以诉请精神损害赔偿的人格权中罗列了人格尊严权与人身自由权，与生命权、健康权、姓名权、名誉权等具体人格权并列。这些是本法之前关于人身自由、人格尊严保护的相关规定。但是，人身自由、人格尊严是按照一般人格利益加以保护，还是可以按照具体人格权规范，在学理上并非没有任何争议，在此前立法中似乎也并非完全一致。尤其是人身自由权，也就是很多人所理解的自由权，是不是应该作为一种具体人格权存在，其实争议很大。从比较法上看，至少德国、瑞士、日本等国家民法，均将自由权确立为具体人格权。

第一百一十条　自然人享有生命权、身体权、健康权、姓名权、肖像权、名誉权、荣誉权、隐私权、婚姻自主权等权利。

法人、非法人组织享有名称权、名誉权、荣誉权等权利。

【条文释解】

该条是关于民事主体具体人格权的规定。

1. 自然人享有的具体人格权

根据该条第1款的规定，自然人享有下列具体人格权，分别如下：

（1）生命权

生命权是自然人以其生命安全利益为内容的人格权，即维持生命活动的正常延续，保障生命不受非法剥夺。生命权的客体为生命。对于自然人而言，生命是最根本、最重要的人格要素，是主体享有其他一切利益的基础。所以说，生命权是自然人人格权中最为重要的一种。侵害生命权表现为杀人，凡侵害自然人生命的行为，均构成侵害生命权的侵权行为。

（2）身体权

身体权是自然人维护其身体完整性而不受非法侵害的权利。

身体权的客体是自然人的身体。身体包括五官、四肢及毛发、指甲等；假肢、假牙等已构成肢体一部分而不得分离者，亦应属于身体。身体是人之所以为人的根基，所以，身体权是自然人最根本的人格利益之一。传统理论认为身体完整性不得破坏，不得将身体组织的部分转让，但随着现代科学技术和法律伦理的发展，允许自然人将属于其身体组成部分的皮肤、血液、脊髓或个别器官捐赠给他人，以服务于救死扶伤或医疗科研目的。这种捐赠，不视为对身体权的侵害，但须满足严格的法定条件。

身体权与健康权密切相连，但身体权在客体和内容上与健康权存有不同，“身体权所保护的，是肢体、器官和其他组织的完满状态，而健康权所保护的，则是各个器官乃至整个身体的功能健全”。[1]实践中，尽管侵害身体，往往也会损及健康，反之亦然。但也不尽然，如以谩骂致人患病，侵害的是健康权；若非法剪除他人数根头发，则只侵害身体完整性而不损及健康。所以，身体权被确立为健康权之外的一种独立人格权，值得肯定。

（3）健康权

健康权是自然人以维护其机体生理机能正常运行及其功能正常发挥为内容的人格权。健康权所保护的健康，是指身体器官及其功能的正常发挥。健康，不限于器质健康，且包括功能健康；不限于生理健康，亦包括心理健康。[2]

（4）姓名权

姓名权是自然人决定、使用以及变更姓名并排除他人干涉、盗用、假冒的权利。姓名是自然人借以识别彼此的社会符号，同时还是自然人借以代表其独立主体资格的标志，因此，姓名权被视为最基本的人格权，被许多国家民事立法所重视。我国《民法通则》第99条第1款即规定：“公民享有姓名权，有权决定、使用和依照规定改变自己的姓名，禁止他人干涉、盗用、假冒。”

姓名权的客体是姓名。此之姓名，应作广义解释，不仅指身份证上记载的正式姓名，还应包括曾用名、笔名、艺名及所谓“字”“号”等，但童年时的乳名、绰号等，则不属之。

---

〔1〕张俊浩：《民法学原理》（修订第三版）（上册），中国政法大学出版社2000年版，第144页。

〔2〕张俊浩：《民法学原理》（修订第三版）（上册），中国政法大学出版社2000年版，第144页。

一般认为，姓名权包括姓名决定、变更、专用及许可他人使用的权能。但严格地说，姓名权作为一种人格权，应以姓名的既定存在为前提。“决定”姓名的自主权，是姓名权的产生条件，不应是本义上的姓名权的内容。“改变”姓名则只是一种特殊的“决定”行为，在根本性质上同于“决定”姓名的行为。所以，无论决定还是变更姓名，体现的是主体自由的范畴。

侵害姓名权的样态主要有：假冒他人姓名；盗用他人姓名；干涉他人姓名权行使等。其中，干涉他人姓名权行使，只需违背本人意思即可构成，无论是否有不正当目的。而假冒或盗用他人姓名均以有不正当目的为要件。不正当目的，包括营利谋私、加损害于他人或规避法律等。但在中国，人口众多，同名同姓在所难免，使用与他人相同的姓名，并不必然构成假冒他人姓名的侵权，须姓名的使用与特定姓名权主体具有可认识性的关联。例如，甲与乙住宿旅馆，乙自称是甲之配偶丙而为住宿登记时，则构成对丙姓名权的侵害。〔1〕

（5）肖像权

肖像权是自然人对自己的肖像享有利益并排除他人侵害的权利。

肖像权的客体是肖像。肖像是采用摄影术或者绘画、雕刻、录像等造型艺术手段反映自然人包括五官在内的形象的作品，即为对自然人真实形象及特征的再现。这种形象特征的再现蕴含自然人的人格尊严，故法律应提供保护。

一般认为，肖像权包含肖像制作专有权能〔2〕、肖像使用专有权能及肖像许可使用权能。其中，肖像许可使用权能，是指自然人对其肖像享有允许他人传播、展览、复制、用于广告或商标的权利。这种权利使得肖像权在一定程度上具有了财产权的属性。

侵害肖像权的样态主要有：擅自为他人制作肖像、擅自公开发表他人肖像以及擅自使用他人肖像等。《民法通则》第100条规定：“公民享有肖

---

〔1〕王泽鉴：《人格权法：法释义学、比较法、案例研究》，北京大学出版社2013年版，第120页。

〔2〕自然人享有通过摄影、绘画等造型艺术或其他形式再现自己形象的专有权能，通常表现为制作肖像的决定权和实施权。但事实上，如同姓名权中之设定姓名权能，严格地说，肖像应为肖像权产生的前提条件，无肖像则不应有肖像权。肖像制作专有权能是一种自主决定的权能，若有人未经他人同意，擅自为他人制作肖像，则侵犯的应是主体的自由权或其他人格利益。

像权，未经本人同意，不得以营利为目的使用公民的肖像。”该规定将侵害肖像权的行为限于“以营利为目的”而使用之范围，不当地限缩了肖像权侵权的认定，宜作扩张解释。事实上，非以营利为目的而擅自使用或者丑化、歪曲、侮辱他人肖像，同样可能损害肖像权人的人格尊严，也应构成侵害肖像权的行为。但是，国家机关执行公务、为进行科学研究或者文化教育或为维护社会公共利益等制作或使用自然人的肖像的，不视为侵犯肖像权，如通缉逃犯、进行新闻报道等。

（6）名誉权

名誉权是以名誉的维护和安全为内容的人格权。

名誉权的客体是名誉。名誉是特定人在社会交往中所受到的有关其品行、才能、功绩、道德状况等方面的公开评价的总和。自然人的名誉，属于对特定人精神价值方面的评价，与自然人的尊严密切相关，在解释上，凡评价内容涉及个人品性或尊严价值的，均可纳入名誉之范围。

名誉权之受侵害，表现为对个人品质之正常社会评价的降低，使主体的尊严感受损。侵害名誉权，可以表现为各种形式，如以语言、文字、行动直接贬损他人名誉，捏造事实公然丑化他人人格，以侮辱、诽谤等方式损害他人名誉，以不正当检举、揭发或者起诉而贬损他人名誉，等等。

无论以何种形式贬损他人名誉，均涉及散布传播与他人名誉相关的信息或评价，使得他人名誉受损。在此，要求散布传播的是不真实的信息或评价，否则，即使有损他人名誉，亦不构成侵犯名誉权的侵权行为，可能构成对他人隐私的不当披露或侵害主体的一般人格尊严。但是，应受舆论监督的公共人物和公务员，如政治家、文体明星和其他著名人士受到的批评，倘若不属恶意之词，或可阻却其违法性。[1]这里名誉权的保护，常常需要与民主社会多元价值及言论自由之保障相权衡。

（7）荣誉权

荣誉是特定人从特定组织获得的专门性和定性化的积极评价。[2]由此，荣誉权也就表现为主体对其荣誉享有利益并排除他人非法侵犯的权利。侵害荣誉权主要表现为不法否定荣誉；不法侵夺、毁损荣誉证书、证

---

〔1〕 张俊浩：《民法学原理》（修订第三版）（上册），中国政法大学出版社2000年版，第153页。

〔2〕 张俊浩：《民法学原理》（修订第三版）（上册），中国政法大学出版社2000年版，第154页；马俊驹、余延满：《民法原论》（第四版），法律出版社2010年版，第108页。

物等。

（8）隐私权

隐私权是自然人享有其个人信息、私人活动和私有领域依法受到保护并排除他人非法侵犯的权利。

隐私权是较晚出现的一种人格权，但如今隐私权的保护已成为现行民法上引人注目的重要问题。在我国，《民法通则》并未规定隐私权。其后，无论是《最高人民法院关于贯彻执行〈中华人民共和国民法通则〉若干问题的意见》第140条、1993年《最高人民法院关于审理名誉权案件若干问题的解答》，还是1998年《最高人民法院关于审理名誉权案件若干问题的解释》，都遵循相同的思路，即将宣扬他人隐私的行为作为侵害名誉权的一种手段，通过名誉权来实现对个人隐私的保护。但隐私权与名誉权尽管有一定联系，二者终究不同，所以，这种救济路径并不合理科学，无法实现对隐私权的充分保护。之后，2001年《最高人民法院关于确定民事侵权精神损害赔偿责任若干问题的解释》第1条明确将“侵害他人隐私”列为精神损害赔偿的法定事由。而2009年《侵权责任法》第2条第2款在列举其所保护的“民事权益”范围时，明确将“隐私权”与其他权利并列，至此，在我国现行法上，隐私权才被明确规定为一种具体人格权。

隐私权的客体是隐私。隐私是私人生活中不欲人知的信息，是一种私生活秘密。具体而言，隐私包括个人信息、私人活动与私有领域。个人私生活中的信息，只要当事人不愿他人知悉，即可构成隐私，而与此等信息所涉内容无关。

隐私权侵害样态包括：窥探、录制他人私生活事实，擅自公开他人隐私事实，不法搜身等。此外，近几年网络上不时发生的人肉搜索也是一种经常会涉及侵犯他人隐私权的网络搜索行为。但是，经受害人同意公开其隐私，不构成隐私权侵害，而查知和公开政治家及其他公共人物的隐私，通常也不构成违法。当然，公共人物也不能完全被剥夺隐私权保护的价值，因此，如何权衡公共人物隐私保护与社会公众知情利益的保障，也就成为一个司法实践的现实难题。

（9）婚姻自主权

婚姻自主权是指自然人依照法律规定，自主决定结婚或离婚，不受他人非法干涉的权利。我国《民法通则》第103条规定：“公民享有婚姻自主权，禁止买卖、包办婚姻和其他干涉婚姻自由的行为。”

2. 法人享有的具体人格权

根据本条第2款的规定，法人、非法人组织享有下列人格权：

（1）名称权

名称权是法人、非法人组织决定、使用以及变更自己的名称，并排除他人干涉、盗用、假冒的权利。

名称权的客体是名称。名称是指法人或非法人组织在社会活动中，用以指称自身，并区别于他人的文字符号和标记。日常生活中常见的字号和商号等，均属于名称的种类。名称包含财产利益属性，尤其是在商业名称，如老字号、老商号或者名牌企业等，具有较高效益和信誉，商业名称因此具有较高的价值。正因为此，名称权具有可转让性，使其区别于其他人格权，包括自然人的姓名权。

（2）名誉权

法人或非法人组织的名誉权与自然人的名誉权一样，都是以名誉的维护和安全为内容的人格权。其中，名誉是指对于法人或非法人组织的经营能力、履约能力、经济效益、职业信誉等的综合评价。

（3）荣誉权

法人或非法人组织，同样可能在社会生产与活动中因有突出表现或贡献，而被政府、团体或其他组织授予积极的正式评价。所以，本条确认法人或非法人组织也享有荣誉权。

【适用与比较】

关于民事主体享有哪些具体人格权，我国现行法律规范规定得不很一致。《民法通则》在第98—103条规定了自然人享有生命健康权、姓名权、肖像权、名誉权、荣誉权、婚姻自主权；而法人享有名称权、名誉权、荣誉权。《民法总则》在很大程度上承继了《民法通则》的规定，但二者仍然存在如下不同：（1）在自然人人格权方面，《民法总则》增加了身体权的规定，而且将生命权与健康权区分开来；生命权、身体权与健康权之间尽管联系紧密，但仍然具有实质的不同，应分别规定。此外，还增加规定了现代社会中对于个人尊严保护及其重要的隐私权。（2）在团体人格权方面明确规定，不仅法人，还包括非法人组织，同样享有名称权、名誉权、荣誉权。这就完善了团体组织人格权益的充分保障。

在《民法通则》之后，2001年《最高人民法院关于确定民事侵权精神损害赔偿责任若干问题的解释》以及《侵权责任法》等法律、司法解释也都涉及了民事主体人格权的规定，但几部法律规范关于人格权种类的规定不尽一致。例如，在该司法解释第1条，明确规定自然人可因所列举的人格权利遭受非法侵害而诉请精神损害赔偿。这些人格权包括：生命权、健康权、身体权、姓名权、肖像权、名誉权、荣誉权、人格尊严权、人身自由权。而在《侵权责任法》第2条罗列所保护的民事权益中，人格权包括生命权、健康权、姓名权、名誉权、荣誉权、肖像权、隐私权、婚姻自主权。很显然，此处欠缺了自然人身体权和法人名称权的明确规定。如此看来，民事主体究竟享有哪些具体人格权，若仅以前述的法律规范判断，似乎答案难以一致。若认为《侵权责任法》是对民法中各项民事权益提供保护的法律，则《民法总则》列示的具体人格权种类本应与《侵权责任法》宣示保护的人格权相一致。所以，法律规范之间关于具体人格权不尽一致之处，在以后制定民法典时还需要相应整理解决。

第一百一十一条　自然人的个人信息受法律保护。任何组织和个人需要获取他人个人信息的，应当依法取得并确保信息安全，不得非法收集、使用、加工、传输他人个人信息，不得非法买卖、提供或者公开他人个人信息。

【条文释解】

本条是关于个人信息法律保护的规定。

个人信息，是指个人姓名、住址、出生日期、身份证号码、电话号码、医疗记录、人事记录等单独或与其他信息对照足以识别特定个人的信息。本法第110条罗列了自然人享有隐私权。隐私权的客体是隐私。隐私包括个人信息、私人活动与私有领域。因此，在明确规定自然人享有隐私权的同时，如何处理隐私权保护与个人信息保护问题，值得关注。

在国际社会，人们谈论个人信息保护问题时往往将其与隐私权的保护相等同。但在人类社会步入20世纪60年代之后，随着计算机技术的快速发展，信息的大量收集、存储和利用成为可能。这使得个人隐私受到侵害的可能性越来越大。因此，传统消极意义上的隐私权概念显得过于狭隘，难以适应社会发展的需要。[1]在此背景下，出现了所谓“个人信息控制权”理论，即主张对于个人信息，个人可以“自由地决定在何时、用何种方式、以何种程度向他人传递与自己有关的信息的权利主张”。[2]如此，个人对于与自己有关的个人信息具有了更加积极主动的支配可能，“具体表现为权利主体对与自己有关的信息进行收集、存储、传播、修改等所享有的决定权，按自身意志从事某种与公共利益无关的活动而不受非法干涉的个人活动自由权，其私有领域不受侵犯的权利，以及权利主体依法按自己意志利用与自己有关的信息从事各种活动以满足自身需要的权利”。[3]从这个意义上讲，个人信息自决与保护呈现出与隐私权保护略微不同的偏重。此外，在当前信息网络社会，政府机构为行使行政管理职能或提供公共服务，维持社会良好秩序，在法定职权和合法确定的使用目的范围内，通常也需要以大量收集、使用、公开、传播等方式处理个人信息。因此，个人信息除了与个人隐私权的保障紧密相关外，还与社会治理有密切联系。所以，本法在规定自然人享有隐私权外，还特别强调个人信息的保护。

【适用与比较】

当前，我国对于个人信息的保护还没有单独法律规范或系统规定。有关个人信息保护的规定，散见于《民法通则》及其司法解释、《刑法》《邮政法》《执业医师法》《传染病防治法》《商业银行法》《未成年人保护法》《居民身份证法》《档案法》等系列法律法规中，但这种分散的规定对于个人信息的全面保护，无疑是不够的。加之近年来，个人信息被不法买卖、利用或泄露非常普遍，有的造成了严重的损害后果。因此，社会上加强个人信息保护的呼声甚高。本条在明确规定个人信息受法律保护的同时，还特别强调“任何组织和个人需要获取他人个人信息的，应当依法取得并确保信息安全，不得非法收集、使用、加工、传输他人个人信息，不得非法买

---

[1] 周汉华:《中华人民共和国个人信息保护法（专家建议稿）及立法研究报告》，法律出版社2006年版，第48页。

[2] [日]奥平康弘:《知情权》，株式会社岩波书店1981年版，第384—385页；周汉华:《中华人民共和国个人信息保护法（专家建议稿）及立法研究报告》，法律出版社2006年版，第48页。

[3] 周汉华:《中华人民共和国个人信息保护法（专家建议稿）及立法研究报告》，法律出版社2006年版，第49页。

卖、提供或者公开他人个人信息”。当然，对于个人信息充分的保护，还需要制定单独的法律规范或者更全面、系统的细化规定。

第一百一十二条　自然人因婚姻、家庭关系等产生的人身权利受法律保护。

【条文释解】

本条是对自然人身份权保护的规定。

身份权，是指自然人基于特定身份关系产生并专属享有，以体现并维护其身份利益的权利，如配偶权、亲权与亲属权等。身份权基于特定身份关系而产生。所谓身份关系，是自然人基于彼此在婚姻和家庭中的身份而自然形成的相互关系。必须注意的是，这里的身份权不同于历史上由于特权阶层或地位而形成的不平等身份权力。

身份权具有如下特征：(1) 身份权是亲属之间身份地位的法律化；(2) 身份权的主体范围有限制，仅仅在法律规定的近亲属之间才发生身份权；(3) 身份权是近亲属之间的权利义务关系；(4) 身份权的客体是身份利益，而非对方亲属的人身。

身份权主要包括配偶权、亲权与亲属权。

配偶权，是指夫妻之间互为配偶的基本身份权。配偶权的权利主体是夫妻双方。其内容包括同居义务，忠实义务，职业、学习和社会活动自由权，日常家事代理权，相互扶养扶助权，生育权以及计划生育的义务等。

亲权，是指父母对未成年子女在人身和财产方面管教和保护的权利和义务，即父母保护教养未成年子女的权利义务。亲权是亲子关系中最重要的部分。亲权是父母对未成年子女的权利义务的综合体，以教育、保护未成年子女为目的。亲权的行使仅限于监护未成年子女的必要范围，且须符合未成年子女的利益。在我国，亲权规定在《婚姻法》第 23 条，但本法关于监护的规定事实上包含了亲权的内容。

亲属权，是指除了配偶、未成年子女与父母以外的其他近亲属之间基于亲属身份地位而产生的权利义务关系。根据《婚姻法》的规定，亲属权的主要内容是扶养权，根据不同的亲属权主体，可以划分为抚养权、赡养权和扶养权。

【适用与比较】

目前，关于身份权，主要在《婚姻法》中有较为完整的规定。本条旨在于民法典总则编中对于婚姻家庭关系中存在的身份权利进行确认。

第一百一十三条　民事主体的财产权利受法律平等保护。

【条文释解】

该条是对民事主体财产权利受法律平等保护的宣示性规定。

财产权是以财产为客体的权利，直接体现某种物质利益的权利。财产权的特征主要有：（1）财产权以财产利益为内容，一般可用金钱计算其价值，即可经济评价；（2）财产权一般为非专属权，可以转让，也可以继承，但也有例外，如我国的土地所有权为重要的财产权，但不可转让，为专属权。财产权的这些特征使其得以与人身权形成鲜明对比。

财产权是民事主体所享有的最重要的民事权利之一，历来各国民法典都用大部分篇幅规定财产权的相关制度。物权和债权是传统民法所确认的两种基本财产权。物权是直接对物加以支配，可对抗第三人的权利。债权，是指特定的债权人可以请求特定的债务人为或不为一定行为的权利。后世发展起来的某些权利，同时具有财产权利与人身权利双重属性，难以绝对地将其划归财产权或非财产权中，如社员权、知识产权等。此外，继承权，就内容而言属于财产权；但其取得一般基于身份关系。

本条宣示了民事主体的财产权利受法律平等保护，即无论个人或组织，私人、集体或国家，这些主体享有的财产权利均平等地得到法律保护。

【适用与比较】

《民法通则》第 5 条、第 28 条、第 75 条规定了公民、法人、个体工商户、农村承包经营户等民事主体的个人财产、民事权益等受法律保护，任何组织和个人不得侵犯。《物权法》第 4 条明确规定：“国家、集体、私人的物权和其他权利人的物权受法律保护，任何单位和个人不得侵犯。”《民法总则》的该条款更概括地明确了民事主体的财产权利受法律平等保护，在总则中更加鲜明地宣示了民事主体法律地位平等的价值。

第一百一十四条　民事主体依法享有物权。

物权是权利人依法对特定的物享有直接支配和排他的权利，包括所有权、用益物权和担保物权。

【条文释解】

该条是关于民事主体可享有物权及物权含义的规定。

物权是民事主体可享有的财产权利中最重要、最基础的一种，自罗马法以来就已经存在物权的不同种类。物权是每个国家经济发展的基础，是民事主体生存发展的保障。民事主体享有物权，是其与他人进行各种交易与合作的起点，也往往是民事主体从事经济活动的最终目的。所以，本条第1款相当于对民事主体享有物权这种基本财产权利的宣示与保障。

物权，是权利人在法律规定范围内对一定的物享有直接支配并排除他人干涉的权利。

物权是一种支配权，是权利人直接对物进行支配、管领的权利。物权人对物的支配，无须他人的同意和介入，权利人可以根据自己的意志，在法律规定范围内，对物进行占有、使用、收益或处分等。

物权具有排他性，又称绝对权。物权法律关系仍然是人与人之间的关系，其以物权人为一方主体，以物权人之外的所有其他人为义务人。物权人之外的所有其他人负有不得侵犯物权、不得干涉物权人行使物权的不作为义务。一旦义务人侵犯了物权，物权人可以基于物权的排他效力，对其行使排除侵害的物权请求权。

物权，包括所有权、用益物权和担保物权。

所有权，是指所有权人对自己的不动产或者动产，依法所享有的占有、使用、收益和处分的权利。所有权是自物权、完全物权。所有权人可以在自己所有的物上为他人创设用益物权和担保物权。用益物权和担保物权均属于他物权。

用益物权，是指对他人所有的不动产或者动产，依照法律规定享有占有、使用和收益的权利。用益物权，顾名思义，旨在对他人之物的使用收益。在我国《物权法》中，用益物权包括建设用地使用权、宅基地使用权、土地承包经营权和地役权。

担保物权，是指担保物权人在债务人不履行到期债务或者发生当事人约定的实现担保物权的情形，依法享有就担保财产优先受偿的权利。担保物权是以直接支配特定财产的交换价值为内容，以确保债权实现为目的而设定的物权，包括抵押权、质权和留置权。与用益物权相比较，二者均属于对他人之物进行支配的不完全物权，但担保物权旨在担保债权实现，其权能并不包含对标的物的使用和收益。

【适用与比较】

《物权法》第2条规定："因物的归属和利用而产生的民事关系，适用本法。本法所称物，包括不动产和动产。法律规定权利作为物权客体的，依照其规定。本法所称物权，是指权利人依法对特定的物享有直接支配和排他的权利，包括所有权、用益物权和担保物权。"《民法总则》的第114条只是对民事主体可依法享有物权的宣示和保障，在物权的界定上，完全承继了《物权法》第2条第3款的规定。但是以后在民法典编纂时，是否有必要在定义上重复规定，以及对类似重复问题如何妥当处理，均需要认真应对。

第一百一十五条　物包括不动产和动产。法律规定权利作为物权客体的，依照其规定。

【条文释解】

本条是关于物权客体种类的规定。

物权的客体是物。物的定义，有广义、狭义之分。广义的物，包括有体物、财产权利和无形财产。狭义的物，仅指"有体物"。我国民法理论原则上采纳"有体物"概念。所谓有体物，是指具有形体、占据空间，并能够为人所感知的物。本条规定："物包括不动产和动产。法律规定权利作为物权客体的，依照其规定。"据此可知，这里的物是指有体物，但法律另有规定的除外。

依照物能否移动且是否因移动而损害其价值为标准划分，物可以区分为动产和不动产。动产，是指能够移动且不至于损害其价值的物。不动产，指在性质上不能移动或虽可移动但移动将损害其价值的物。民法关于动产与不动产的分类方法，通常以列举规定不动产，不动产之外的物即为动产。例如，《担保法》第92条规定："本法所称不动产是指土地以及房屋、林木等地上定着物。本法所称动产是指不动产以外的物。"

动产与不动产的区分是民法上物的重要分类，具有如下法律意义：（1）二者的权利公示方法不同，不动产通常以登记为公示方法，动产通常以占有为公示方法；（2）物权变动的法定要件不同，不动产物权与动产物权分别以登记、交付为变动要件，法律另有的规定除外；（3）裁判管辖及国际私法上的法律适用不同，涉及不动产的纠纷，由不动产所在地法院管辖，而在国际私法上，多适用不动产所在地法律，如我国《民事诉讼法》第33条规定：因不动产纠纷提起的诉讼，由不动产所在地人民法院管辖。

本条款除了规定物作为有体物划分为不动产和动产外，还明确"法律规定权利作为物权客体的，依照其规定"。这里的法律，既包括我国《物权法》，还包括其他相关法律，如《票据法》《担保法》《公司法》《著作权法》《专利法》《商标法》等。以权利作为物权的客体，典型如《物权法》第223—228条关于权利质权的规定。在这些条文中，明确规定汇票、支票、本票，债券、存款单，仓单、提单，可以转让的基金份额、股权，可以转让的注册商标专用权、专利权、著作权等知识产权中的财产权，应收账款以及法律、行政法规规定可以出质的其他财产权利，均可以用以设立权利质权。

【适用与比较】

物作为民事法律关系客体之一种而存在，系一切财产关系最基本的要素，不仅为物权之客体，而且涉及一切财产关系，如为债权之给付标的物。此外，物在夫妻财产关系、继承关系等方面均有重要地位，故有些国家专门于民法总则编规定物。我国《民法总则》的该条规定基本承袭了《物权法》第2条第2款的规定，在宣示民事主体可享有物权的同时，明确了物这种基本财产权利客体作不动产与动产的重要类型划分，对于突出物在民事权利体系中的核心地位，具有一定意义。

第一百一十六条　物权的种类和内容，由法律规定。

【条文释解】

本条是关于物权法定原则的规定。

所谓物权法定原则，是指物权的类型以及各类型的内容，均以“民法”或其他法律所规定的为限，而不许当事人任意创设。物权法定原则所说的“法律”被严格限定，仅指全国人大及其常委会制定的法律，不包括国务院制定的行政法规，更不包括地方性法规和部门规章。物权法定原则包含类型法定与内容法定两个方面：（1）民法及特别法规定以外的物权种类，不得创设，如在动产上不得设定动产用益物权；（2）当事人所设立的物权，不得赋予其与法律规定不同的内容，如不得设定不转移占有的动产质权。

民法物权部分，之所以要确立物权法定原则，从而与合同法领域的合同自由原则形成鲜明对比，其原因首先在于，物权是支配性财产权，是绝对权，物权人之外的一切人都是义务人。物权支配领域的划定等于限定第三人之自由范围，对第三人权利义务影响甚大，故将物权之存在加于公示，以使人人知晓。人人周知，乃得要求他人不得侵犯，物权保护的绝对性因而获得确保。其次，在交易社会中，物权是最常见的交易物，交易当事人对于交易所可获得之物权的种类与内容，应有了解，而了解的途径，较普遍可行者，当属将物权的种类与内容加于公示。然公示之技术有限，为使物权公示简单易行，其种类与内容唯有法定，使其单纯化，始可达致公示之目的。

通常认为，违反物权法定原则，应区分以下不同情形认定其违反效果：（1）法律有特别规定时，从其规定；（2）法律无特别规定时，违反该原则，应认定属于违反法律之强制性规范而无效，但无效者系指所创设之物权，法律行为若不违反生效要件的，在当事人之间仍可产生债权效力；（3）如属设定物权内容之一部分违反强制性规范，而除去该部分外，其他部分仍可成立者，可认定仅违法部分无效。如设定抵押权的合意中包含了“流押条款”[1]，则仅该“流押条款”无效。

---

〔1〕《物权法》第186条规定：“抵押权人在债务履行期届满前，不得与抵押人约定债务人不履行到期债务时抵押财产归债权人所有。”学理上，把该条类似的约定称为“流押条款”。

【适用与比较】

《物权法》第5条规定："物权的种类和内容，由法律规定。"《民法总则》的该条内容与《物权法》的该规定完全一致。

第一百一十七条　为了公共利益的需要，依照法律规定的权限和程序征收、征用不动产或者动产的，应当给予公平、合理的补偿。

【条文释解】

本条是关于不动产、动产征收、征用及其补偿的规定。

征收，是指国家以行政权取得集体、单位与个人的财产所有权的行为。征用，是指国家在紧急情况下，无须征得单位或个人的同意，强制使用其财产。所谓紧急情况，是指抢险、救灾等社会整体利益面临的紧急危险。征收与征用的相同点在于，二者都是通过依法行使行政权来限制所有权，被征收、征用的单位或个人必须服从。二者的不同点在于：(1)征用的原因一般限于紧急状况，而征收的原因相对较为广泛；(2)征收的财产较常见于不动产，而征用的财产包括不动产和动产；(3)被征收意味着完全丧失所有权，而被征用的财产，其所有权一般不会永久丧失，只是暂时性受限；(4)征收应按照标的物的价值进行合理补偿，征用补偿则主要考虑被征用人所受的损失，只有在标的物灭失或损坏时，才基于标的物的价值给予合理补偿。[1]

无论征收或征用，均意味着集体或个人财产权利的丧失或受限，因此，必须对征收、征用加以限制，以防止公权力对私人利益的肆意破坏。本条中，首先强调必须为了公共利益的需要，才可以征收、征用，通过该前提限制要求征收、征用的目的应具有正当性。但实践中，对于如何合理限定公共利益，仍然争议不休。其次，应依照法律规定的权限和程序征收、征用，这是对征收、征用行政权力在实体和程序方面的限制，防止行政权力的滥用。最后，无论是对不动产或者动产的征收、征用，均应给予公平、合理的补偿。

---

〔1〕最高人民法院物权法研究小组编著:《〈中华人民共和国物权法〉条文理解与适用》，人民法院出版社2007年版，第167页。

【适用与比较】

《宪法》第10条第3款明确规定："国家为了公共利益的需要，可以依照法律规定对土地实行征收或者征用并给予补偿。"这是对征收、征用最高位阶的法律规定。《物权法》《民法总则》等部门法规范均存在进一步具体化规定的条文，如根据《物权法》第42条的规定，为了公共利益的需要，依照法律规定的权限和程序可以征收集体所有的土地和单位、个人的房屋及其他不动产，并给予相应的补偿。《物权法》第44条规定："因抢险、救灾等紧急需要，依照法律规定的权限和程序可以征用单位、个人的不动产或者动产。被征用的不动产或者动产使用后，应当返还被征用人。单位、个人的不动产或者动产被征用或者征用后毁损、灭失的，应当给予补偿。"但这些规定仍然过于抽象，补偿不合理、不到位等引发的社会矛盾频发。因此，如何通过具体法律法规或者司法解释，更有效地限制行政权力的不当行使、更充分地保障被征收、征用主体的合法权益，还需要立法机关与司法机关更积极地应对。

第一百一十八条　民事主体依法享有债权。

债权是因合同、侵权行为、无因管理、不当得利以及法律的其他规定，权利人请求特定义务人为或者不为一定行为的权利。

【条文释解】

本条是关于民事主体可依法享有债权及债权定义的规定。

债，是指特定民事主体之间，得请求为特定行为的财产性民事法律关系。"债"，来自拉丁文 Obligatio，原意是约束、债务，如以权利视角观之，则称债权。债具有相对性，债的关系所包含的权利义务，原则上仅在债的当事人之间有其效力，第三人不得主张因债所生的权利，债的当事人亦不得对第三人主张其权利，第三人更不因他人之债而负担义务。债权因此表现为相对权，是权利人请求特定义务人为或者不为一定行为的权利，与作为绝对权的物权有明显区别。债权属于请求权，即债权人请求债务人为或不为特定行为的权利，债权的实现须借助于债务人的协助。债权属于财产权，债权人基于其债权，得请求债务人为有财产上价值的给付。此等给付的实现，得使债权人财产利益增值。债权与物权，共同构成民法传统的两种财产权。

债权可因合同、侵权行为、无因管理、不当得利以及法律的其他规定而产生。其中，合同是指平等主体的自然人、法人、其他组织之间设立、变更、终止民事权利义务关系的协议。合同属于意定之债的产生原因。基于侵权行为、无因管理、不当得利以及法律的其他规定所产生的债属于法定之债。侵权行为，是指侵害他人权益，依法律规定，行为人因而须就所生损害负担责任的行为。不当得利，是指无法律上之原因，一方受有利益而致他方受损害的法律事实。无因管理，是指无法定或约定义务，而为他人管理事务的行为。法律的其他规定属于概括性规定，具体如《合同法》第 42 条所规定的缔约过失行为，可依法产生缔约过失责任。意定之债与法定之债，尽管产生原因差别很大，但二者有核心的共同点，即这些债都表现为特定民事主体之间，一方得请求另一方为或不为特定行为的财产性民事法律关系。所以，传统民法共同将这些原因产生的法律关系归纳为债这个统一的概念之下。

【适用与比较】

本条是关于债的产生原因及其定义的规定，与《民法通则》第 84 条的规定相似。《民法通则》第 84 条规定："债是按照合同的约定或者依照法律的规定，在当事人之间产生的特定的权利和义务关系。享有权利的人是债权人，负有义务的人是债务人。债权人有权要求债务人按照合同的约定或者依照法律的规定履行义务。"目前看来，《民法总则》的该条规定仍然认同民法传统学理，确认了统一的债权概念，并将侵权行为与合同、不当得利、无因管理等罗列为债的产生原因。当然，这不必然意味着将来民法典编纂还是会采纳统一的债法编，并将《侵权责任法》作为债法的一部分规定，而不是使其单独成编。后面这些问题恰恰是我国当前民法典编纂过程中关于债法部分如何编纂规定的很大争议所在。

第一百一十九条　依法成立的合同，对当事人具有法律约束力。

【条文释解】

本条是关于依法成立的合同之效力的规定。

按《合同法》的表述，合同是指平等主体的自然人、法人、其他组织之间设立、变更、终止民事权利义务关系的协议。

合同，即为合意之债，是当事人自主安排生活的法律表现。在商业层面上，合同是社会公认的一种实现私人或集团目的的交易规则。合意之债的发生，是基于意思自主、自我决定、自己负责的私法自治理念。《合同法》遵循合同自由原则，是否与谁以什么形式、订立什么内容的合同等，均由当事人自愿约定，任何单位或者个人，不得非法干预。与此同时，在伦理层面上，合同包含着应该信守诺言的伦理原则。所以说，合同本质上是利益交换的私人立法。合同依法成立生效后，对当事人就具有法律约束力。所谓法律约束力，是指当事人应当按照合同的约定履行自己的义务，非依法律规定或者与对方达成合意，不得擅自变更或者解除合同。如果不履行合同义务或者履行合同义务不符合约定，非违约方可以依照合同约定要求违约方承担违约责任。

【适用与比较】

本条的规定基本沿袭了《合同法》第 8 条第 1 款的规定。《合同法》第 8 条第 1 款规定："依法成立的合同，对当事人具有法律约束力。当事人应当按照约定履行自己的义务，不得擅自变更或者解除合同。"该条款明确了合同作为社会生活中最为常见的债的产生方式，一旦依法成立，在当事人间就具有如同私人立法的效力。但是，《合同法》第 2 条第 2 款明确规定："婚姻、收养、监护等有关身份关系的协议，适用其他法律的规定。"也就是说，在《合同法》中，明确了其合同仅指产生债权债务的合同，不包括身份合同和物权合同。而在《民法总则》中，虽然该条款的表述与《合同法》第 8 条第 1 款的规定基本相同，但作为总则性的条款，其是否亦应解释为仅指债法意义上的合同，还需要解释论的辨析。

第一百二十条　民事权益受到侵害的，被侵权人有权请求侵权人承担侵权责任。

【条文释解】

本条是关于侵害民事权益需承担侵权责任的规定。

侵权行为，是指侵害他人权益，依法律规定，行为人因而须就所生损害负担责任的行为。侵权行为是对他人民事权益的侵害，被侵权人因此可以依法请求侵权人承担民事责任。

民事权益是《侵权责任法》的保护对象。民事权益包括民事权利和民事利益。民事权利是法律为了保障民事主体的特定利益而提供强制力保护，是利益与法律之力的结合。民事权利通常是得到成文法确认规定的类型化了的利益，如所有权、生命权、继承权等。民事利益，是指那些虽然受到法律保护但未被确定为权利的利益，如纯粹经济利益、一般人格利益等。

我国目前立法并未对《侵权责任法》保护的权益范围作出过多限制，原则上权利与利益均已纳入《侵权责任法》的保护范围。这种模式相当于建立一种开放性概括保护模式，有利于对民事主体权益的保护。《民法通则》第106条采取的就是这种模式，而《侵权责任法》第2条也继承了这一模式。《侵权责任法》第2条规定："侵害民事权益，应当依照本法承担侵权责任。本法所称民事权益，包括生命权、健康权、姓名权、名誉权、荣誉权、肖像权、隐私权、婚姻自主权、监护权、所有权、用益物权、担保物权、著作权、专利权、商标专用权、发现权、股权、继承权等人身、财产权益。"该条款对所保护的民事权益，采取了具体列举和一般概括相结合的规范方式。

民事权利可以划分为绝对权和相对权。绝对权是得请求一般人不为特定行为的权利，即以权利人之外的一切人为其义务人的权利，又称"对世权"，如物权、人格权、知识产权等。绝对权之所以可对抗权利人之外的所有其他人，主要原因在于其通常具备一定公示方式，易于为权利人之外的第三人所知晓，且绝对权对应的义务内容表现为对权利的尊重、不侵犯，不构成对他人特定自由的限制。相对权是得请求特定人为或不为一定行为的权利，即其义务人是特定的，又称"对人权"。相对权以债权为主。债权不具备特定公示方法，一般难以为第三人所知悉。且债权中最为常见的合同债权，在交易实践中还秉承着对竞争价值的维护，所以，债权若完全纳入《侵权责任法》的保护范围，第三人可能动辄须承担侵权责任，且将损害自由竞争的价值。因此，债权不宜一般性地由《侵权责任法》提供保护，除非构成第三人恶意侵害债权。也正因为如此，《侵权责任法》第2条第2款对民事权利的列举并未包含债权这种重要的民事权利。也就是说，此处所说“民事权益”，原则上不包含债权，而仅指绝对权和受法律保护的利益。

民事利益，是未类型化为权利的受法律保护的利益。《侵权责任法》提供对一般性利益的保护，但是在实践中，具体裁断特定利益是否受保护时，需兼顾行为人的行为自由价值，否则，容易侵害限制行为人的自由。因此，对于民事利益的保护，更需要裁判者在实践中具体的利益衡量与抉择。

【适用与比较】

本条的规定基本采纳了《民法通则》第106条的价值，并承继了《侵权责任法》第2条、第3条的规定，主要是对民事权益受法律保护的价值精神的宣示，确认了侵权行为作为法定之债产生原因的一种。但是，本条也仅仅是明确了侵害民事权益的，侵权人需承担侵权责任，但并不包含对侵权责任构成要件的规范。严格地讲，民事权益受到侵害，行为人不必然是侵权人并需要承担侵权责任，视具体情形可能还需要判断过错要件的满足，并检讨是否具备违法性阻却事由。

第一百二十一条　没有法定的或者约定的义务，为避免他人利益受损失而进行管理的人，有权请求受益人偿还由此支出的必要费用。

【条文释解】

本条是关于无因管理之债的规定。无因管理是指无法定或约定义务，而为他人管理事务的行为。无因管理的发生，在管理人与被管理人（本人）之间产生债权债务关系。无因管理在性质上属于事实行为，其制度价值在于调和侵权行为与互助行为：以互助的有益性为判断标准，肯定无义务互助行为的合法性，并依无因管理的债法规范功能调整互助中的损益变动。

无因管理的构成要件包括:(1)管理他人事务。事务是指一切能满足人们生活需要而又适于为债的客体的事项。违法事项、纯粹宗教的事项、依法必须由本人授权或亲自办理的事项等，不属于可被管理的事项。此外，事务须属他人的事务，故误将自己的事务当作他人事务而管理，不构成无因管理。(2)有为他人管理的意思，是指管理人有使管理事务所生之利益归属他人的意思。管理意思对于确定无因管理之成立最为必要，系使因管理而“干预”他人事务的行为可能受违法性阻却而为适法的核心问题，故误将他人事务为自己事务，或为自己利益管理他人事务，均不构成无因管理。为他人管理之意思，无须专为本人利益而为管理之意思，不妨同时为管理人自己之利益而为管理。无因管理重管理事务本身，至于管理目的是否达成，不影响无因管理的成立。只要管理人为本人之真正利益而为管理，即为已足，其客观的有利之结果，是否因管理而达到，在所不问。(3)无法律上的义务，即无约定或法定的义务，如消防队为他人扑火救灾，系属其法定职责，不构成为被救助人利益的无因管理。

按照民法学理，无因管理构成之后，管理人应为避免他人利益受损失进行管理或服务，而本人负担的义务包括：偿还管理人为管理事务支付的必要费用及其利息，清偿管理人为管理事务而负担的必要债务，赔偿管理人因管理事务所遭受的损失。管理人管理事务若违反本人的意思，但管理事务的结果有利于本人，则本人应在实际所得利益范围内偿还管理人支付的必要费用，而不以管理人所实际支付的费用为标准。但是，如果管理是本人尽公益上的义务或履行法定扶养义务的无因管理，如代缴税费、代付抚养费等，则本人仍应负全部偿还管理费用义务。对于无因管理所产生的权利义务，本条只是确认管理人“有权请求受益人偿还由此支出的必要费用”。

【适用与比较】

本条规定基本未作改变地沿袭了《民法通则》第93条的规定。《民法通则》第93条规定：“没有法定的或者约定的义务，为避免他人利益受损失进行管理或者服务的，有权要求受益人偿付由此而支付的必要费用。”在无因管理所产生的权利义务方面，该条规定只是明确了进行管理或者服务的人“有权要求受益人偿付由此而支出的必要费用”，对于本人可能负有的承担债务与赔偿损失等义务，未作任何规定。《最高人民法院关于贯彻执行〈中华人民共和国民法通则〉若干问题的意见（试行）》第132条进一步规定：“民法通则第九十三条规定的管理人或者服务人可以要求受益人偿付的必要费用，包括在管理或者服务活动中直接支出的费用，以及在该活动中受到的实际损失。”但仍然未就本人清偿管理人为管理事务而负担的必要债务作明确规定，这可以视为是法律规定的缺漏。而当前制定

《民法总则》，就无因管理之债的规定，不仅未完善所产生的权利义务的全面规定，甚至连司法解释补充规定的合理内容也被无视，不能不说是该法的遗憾。当然，无因管理如果只是作为债权产生的原因之一在《民法总则》中被明示，以后还有机会在分编进一步细化规定的话，那么，无因管理之债的内容显然还需要更加全面细致的规定，包括如“受益人”等用词的斟酌，而不是如《民法通则》以一个条文支撑民法中一种重要的法定之债制度。

第一百二十二条　因他人没有法律根据，取得不当利益，受损失的人有权请求其返还不当利益。

【条文释解】

本条是关于不当得利之债的规定。

不当得利是引起法定之债产生的一种原因。不当得利，是指无法律上之原因，一方受有利益致他方受损害的法律事实。不当得利以“损人利己乃违反衡平”为其基本理念，旨在调整因财产变动而生之不公平现象，即基于衡平原则，调节财产价值之不当变动，使之恢复公平合理之状态。具体而言，包括矫正欠缺法律关系的财产变动以及保护财产权益的归属两项基本机能。在性质上，不当得利属于事实，而非法律行为，即无法律上原因而受有利益致他人受损害的事实。至于此事实之发生原因，或为自然事件、事实行为、法律行为等，在所不问。

不当得利的构成要件包括:(1) 须一方取得财产上利益，即一方因一定事实而使总财产有所增加，包括积极增加与消极增加，后者如费用应支出而未支出。若一方仅致他人损害而未获利，因此可能承担侵权责任，而不构成不当得利，即不当得利应以获取利益为其首要条件。(2) 须他方受损害，即因一定事实，使他方财产总额减少。财产受损害，包括既存财产的减少与可增加财产未增加。如果“利己而不损人”，同样不构成不当得利。(3) 须受损害与取得利益之间有因果关系。(4) 须无法律上之原因。无法律上原因，是对于取得利益而言的，即欠缺取得利益的正当根据。

具体而言，民法中产生不当得利的情况主要有：(1) 民事法律行为因不成立、无效或被撤销所产生的不当得利；(2) 因合同被解除所产生的不当得利；（3）非债清偿所引起的不当得利；（4）基于受益人、受害人或第三人合同给付之外的行为而产生的不当得利；（5）因自然事件而产生的不当得利。

不当得利之债一旦构成，按照本条的规定，受损人有权请求受益人返还不当利益。在比较法与法理层面，不当得利的效力，往往依受益人是否系属善意或恶意而区别对待：（1）受益人为善意的，返还义务以现存利益为限，对已不存在的利益不负返还责任；（2）受益人为恶意的，返还范围应是取得利益时的数额，不论所受利益是否存在，一概要将所受利益或其折抵价额以及孳息返还利益所有人；（3）受益人先为善意，后转变为恶意的，返还范围以恶意开始之时存在的利益为准。

【适用与比较】

本条的规定与《民法通则》第92条的规定大致相同，只是侧重从权利而非义务角度规定。《民法通则》第92条规定："没有合法根据，取得不当利益，造成他人损失的，应当将取得的不当利益返还受损失的人。"《民法通则》仅以该条文规定不当得利制度，只是对不得当利的简单界定及其基本法律效果的规定，但对于不当得利这种重要的债的制度，该条文的规定显然不足，尤其是对于构成情形的特别规定及前述法律效果的区别规定等。对于不当得利制度，《最高人民法院关于贯彻执行〈中华人民共和国民法通则〉若干问题的意见（试行）》第131条补充规定："返还的不当利益，应当包括原物和原物所生的孳息。利用不当得利所取得的其他利益，扣除劳务费用后，应当予以收缴。"但在该司法解释条款中，何谓"利用不当得利所取得的其他利益"，颇有分歧；为何获取的其他利益应当收缴，难以正当化，引发大量质疑。但不管怎样，以《民法通则》第92条的规定，外加该司法解释条款，仍远远不足以应对不当得利所可能产生的大量法律问题。所以，如果《民法总则》只是以该条款界定作为债权产生原因之一的不当得利的内涵，而将具体制度的完善交由将来民法典的其他条文来完成，那么，本条的规定可以说并没有明显缺失。但若以后民法典不设立债编总则，仅以总则中的该条文规范不当得利法律关系，那将是远远不够的。

第一百二十三条　民事主体依法享有知识产权。
知识产权是权利人依法就下列客体享有的专有的权利：
（一）作品；
（二）发明、实用新型、外观设计；
（三）商标；
（四）地理标志；
（五）商业秘密；
（六）集成电路布图设计；
（七）植物新品种；
（八）法律规定的其他客体。

【条文释解】

本条是关于民事主体可依法享有知识产权的规定。

知识产权，是指民事主体就某些智力活动成果所享有的专有的权利。其中，智力活动成果，是指人的大脑与客观物质或其他信息相互作用而产生的某些信息。知识产权具有专有性，或称排他性、垄断性或独占性，即受保护的智力活动成果未经知识产权人同意他人不得利用，否则，一经发现，权利人有权寻求法律保护。尽管智力劳动成果具有无体性，易于被他人共享和复制，但法律之所以允许权利人专有或垄断智力成果，主要目的在于激励智力成果创造人积极投入知识产品的生产和积累。但是，知识产权的专有性也不是绝对的专有和无限的垄断。因为，从社会发展与推动而言，知识传播有利于民众启智，有利于经济社会与文化技术的发展，因此，出于公益的需要，与其他国家一样，我国在知识产权制度中也规定了若干权利限制制度，如著作权的合理使用制度允许公众在特定条件下自由无偿地利用他人作品，而专利的强制许可制度允许在国家出现紧急状况时他人可以实施专利。此外，知识产权人也可以与他人形成合意，许可他人传播或利用知识产品。

按照本条的规定，知识产权的客体主要有：作品，发明、实用新型、外观设计，商标，地理标志，商业秘密，集成电路布图设计，植物新品种，法律规定的其他客体。相应而言，知识产权也就包括著作权、专利权、商标权、工业品外观设计权、集成电路布图设计权、植物新品种培育者权以及各种制止不正当竞争的权利。

【适用与比较】

《民法通则》第94—97条分别规定了著作权、专利权、商标权、发现权、发明权及其他科技成果权。本条结合这些年来知识产权领域的快速发展以及实践中人们对于知识产权的认知与共识，从客体角度较全面地确认了民事主体可对哪些智力活动成果享有知识产权。

第一百二十四条　自然人依法享有继承权。
自然人合法的私有财产，可以依法继承。

【条文释解】

本条是关于自然人依法享有继承权的规定。

继承权，是自然人基于一定身份关系为前提而享有的一项重要民事权利，是继承人依照法律规定或者被继承人所立的合法遗嘱享有继承被继承人遗产的权利。继承权通常只是在近亲属间才享有的权利，法人、其他社会组织或国家均不能成为继承权的主体，所以，本条只规定自然人依法享有继承权。继承权的实现以被继承人生前享有财产为基础，是财产权自被继承人向继承人的转移，因此，被继承人的财产权是继承的前提和基础。被继承人死亡和死者留有遗产是引起继承法律关系实际产生的原因。如果死者生前立有合法遗嘱，有效遗嘱中指定的继承人享有继承权；如果死者生前未立遗嘱或者遗嘱无效，则依法由法定继承人享有继承权。

我国《继承法》第10条、第12条对法定继承人的范围作了规定。我国现行法定继承人包括：（1）配偶。我国《婚姻法》第24条也明确规定“夫妻有相互继承遗产的权利”。（2）子女，包括婚生子女、非婚生子女、养子女和有扶养关系的继子女。此外，对于以非传统方式生育的子女，如试管婴儿、人工授精生育的子女等，亦应平等享有法定继承权。（3）父母，包括生父母、养父母和有扶养关系的继父母。我国《婚姻法》第24条第2款规定：“父母和子女有相互继承遗产的权利。”前述三种继承人为第一顺位的法定继承人。（4）兄弟姐妹，相互为第二顺位的继承人。根据

《继承法》第10条的规定，兄弟姐妹，包括同父母的兄弟姐妹、同父异母或者同母异父的兄弟姐妹、养兄弟姐妹、有扶养关系的继兄弟姐妹。（5）祖父母、外祖父母。我国《继承法》将祖父母和外祖父母规定为第二顺位的法定继承人。（6）丧偶儿媳对公、婆，丧偶女婿对岳父、岳母，尽了主要赡养义务的，作为第一顺序继承人。这在《继承法》第12条作了明确规定。

自然人合法的私有财产，在自然人死后属于遗产，可以被依法继承。根据《继承法》第3条的规定，遗产是公民死亡时遗留的个人合法财产，包括公民的收入，公民的房屋、储蓄和生活用品，公民的林木、牲畜和家禽，公民的文物、图书资料，法律允许公民所有的生产资料，公民的著作权、专利权中的财产权利，公民的其他合法财产。此外，《最高人民法院关于贯彻执行〈中华人民共和国继承法〉若干问题的意见》第4条规定："承包人死亡时尚未取得承包收益的，可把死者生前对承包所投入的资金和所付出的劳动及其增值和孳息，由发包单位或者接续承包合同的人合理折价、补偿，其价额作为遗产。"第3条规定："公民可继承的其他合法财产包括有价证券和履行标的为财物的债权等。"

【适用与比较】

本条规定基本承继了《民法通则》第76条的宣示规定。《民法通则》第76条规定："公民依法享有财产继承权。"本条主要是将第76条中的"公民"用词改成适于民法指称的自然人。此外，对于遗产的范围，应当结合《继承法》第3条及其司法解释条款来确认。

第一百二十五条　民事主体依法享有股权和其他投资性权利。

【条文释解】

本条是关于民事主体可享有股权和其他投资性权利的规定。

股权，是公司出资者对于公司依法享有的权利。按照《公司法》第4条的规定，"公司股东依法享有资产收益、参与重大决策和选择管理者等权利"。

资产收益权，是指股东按照其在公司的出资份额，通过公司盈余分配从公司获得红利的权利。一般而言，除非公司章程另有规定或股东另有约定，有限责任公司的股东按照其出资比例分取红利；股份有限公司的股东按照其持有的股份比例分取红利。

参与公司重大决策权，是指股东对公司的重要事项，通过在股东会或者股东大会上表决，由股东会或股东大会作出决议的方式作出决定。股东通过这种方式参与公司重大决策。这些重大决策事项包括：公司资本的变化；公司的投融资行为；公司的合并、分立、变更组织形式、解散、清算等。

选择管理者权，是指股东通过股东会或者股东大会作出决议的方式选举公司的董事、监事的权利，也包括决定管理者的薪酬等。

其他投资性权利，是除上述股权内容外，基于投资而取得的权利，如通过公司债券体现的债权性权利，还有配股权、优先认购权等。

【适用与比较】

本条是对民事主体基于《公司法》《证券法》等商事法律享有股权、公司债券性债权等投资性权利的概括确认，明确这些权利仍属于民事主体依法可得享有的权利类型，偏重于其宣示意义而非实际的规范适用。

第一百二十六条　民事主体享有法律规定的其他民事权利和利益。

【条文释解】

本条是关于民事主体可享有的民事权益的兜底性条款。

在本章中，一共罗列了民事主体享有各种人格权、人身权以及人身自由、人格尊严、个人信息等利益；享有物权、债权、知识产权、继承权、股权及其他投资性权利。很显然，这里并未能穷尽对民事主体可能享有的民事权益的列举，比如监护权以及一些未权利类型化了的民事利益，甚至包括随着社会发展可能涌现出来的民事权利，所以，通过这个兜底性条款指引涵括其他法律规定可能涉及但未在本章罗列出来的民事权益。

【适用与比较】

本条的实际意义主要在于说明民事主体可得享有的民事权益不限于本

章所规定的类型。因民事主体可得享有的其他民事权益也限定于法律所规定的内容，所以，民事主体是否实际享有什么内容的其他民事权益，依照其他具体法律规定确定。

第一百二十七条　法律对数据、网络虚拟财产的保护有规定的，依照其规定。

【条文释解】

互联网的时代，人们通过各类社交软件、游戏进行娱乐交流，满足了精神层面的需求。在交流与娱乐过程中，参与者付出代价购买或赢取一些社交服饰、虚拟币、游戏装备等，这些均属于虚拟物品。这些是否属于法律意义上的财产，一旦被盗，如何提供救济？此外，互联网的发展容易汇集大量的数据信息，这些数据信息如何加以保护？这些问题都是近些年来随着互联网技术的发展频繁出现的争议问题。但因为法律规定的欠缺，这些问题在司法实践中如何解决，并没有明确统一的方向。本条算是对这些问题的一个初步回应，给出了基本的态度，即适应互联网和大数据时代发展的需要，法律要对数据、网络虚拟财产提供保护。

但是，本条明确“法律对数据、网络虚拟财产的保护有规定的，依照其规定”，只是关于数据与网络虚拟财产保护的基本规定，至于数据与网络虚拟财产如何定性，价值如何评估，通过什么方式如何提供保护等，均没有明确细致的规定。这些问题还需其他法律来作出规定，因此为特别立法规范留下了空间。不论怎样，尽管本条对于数据、网络虚拟财产的保护仅仅提供了初步的规定，但比起现行的法律空白以及司法实践的模糊来说，仍然是个很大的进步，顺应了经济社会和人民生活发展的现实需要。

【适用与比较】

当前，关于数据与网络虚拟财产是否进行保护，如何进行保护，并没有具体的法律规定，司法实践的裁判也很不一致。本条的意义主要是表明立法者关于数据与网络虚拟财产利益保护的基本态度，但实际制度的构建仍有赖于相关法律规范的制订。

第一百二十八条　法律对未成年人、老年人、残疾人、妇女、消费者等的民事权利保护有特别规定的，依照其规定。

【条文释解】

身份平等是民法的基本原则之一，在本法第 4 条得到体现。身份平等保障了民事主体的法律地位平等。这种平等，属于机会平等，并非结果平等。但机会平等在民事主体现实力量对比前容易变形扭曲，形式意义上的身份平等在现实社会中的结果可能是实质的不平等。因为，成文法的形式理性容易忽略主体现实地位与能力的差异，所以，很多国家往往通过特别立法来实现对一些相对弱势的群体的保护，旨在实现实质意义上的平等。在我国，这些特别立法主要包括：《未成年人保护法》《老年人权益保障法》《妇女权益保障法》《残疾人保障法》以及《消费者权益保护法》等。所以，本条通过指引，明确这些特别法律对未成年人、老年人、妇女、残疾人、消费者等的民事权利保护有特别规定的，依照其规定。

【适用与比较】

《民法通则》第 104 条规定："婚姻、家庭、老人、母亲和儿童受法律保护。残疾人的合法权益受法律保护。"第 105 条规定："妇女享有同男子平等的民事权利。"这些条款特别突出了未成年人、老年人、残疾人、妇女等民事主体的合法权益受法律保护，彰显了立法对于这些相对弱势群体权益保护的重视。此后，我国分别制定了《未成年人保护法》《老年人权益保障法》《妇女权益保障法》《残疾人保障法》以及《消费者权益保护法》等，通过这些单行法的具体制度设计来实现对这些民事主体权益的特别保障。《民法总则》的该条款再次重申了对这些主体特别保护的精神，是民法典在坚持形式平等价值之外，对于实质公平价值理念的肯定。

第一百二十九条　民事权利可以依据民事法律行为、事实行为、法律规定的事件或者法律规定的其他方式取得。

【条文释解】

本条是关于民事权利取得方式的一般罗列规定。

民事主体取得民事权利，可以通过民事法律行为、事实行为、法律规定的事件或者法律规定的其他方式，在市民社会中显现出途径的多样性。

民事法律行为是民事主体通过意思表示设立、变更、终止民事法律关系的行为。民事法律行为是最常见的取得民事权利的方式，如与他人订立买卖、租赁、借贷、运输、技术服务等合同，为他人设立用益物权、担保物权以及设立遗嘱等。民事主体通过实施民事法律行为取得民事权利，系实现其意思自治最有效的手段。意思自治原则，乃法律秩序容许个人依其意思形成法律关系的原则。

事实行为属于非表示行为，指行为人主观上并没有设立、变更或消灭民事法律关系的意思及其表示，但客观上直接因法律的规定产生了一定法律后果的行为。事实行为，典型如拾得遗失物（《物权法》第109条），拾得漂流物、发现埋藏物或者隐藏物（《物权法》第114条），建造、拆除房屋行为（《物权法》第30条），生产行为，先占，无因管理等。

事件是指与人的意志无关，但是依据法律规定能够引起一定民事法律后果的客观现象。事件是一种具体的自然事实，如人的死亡、天然孳息之分离、地震等自然灾害、战争等。这些事件的发生，可能引发一定法律关系的变动，使得民事主体取得权利，如天然孳息的分离，将使得主物所有人取得孳息所有权。此外，还有一种自然事实，属于抽象的自然状态，如成年、未成年、心神丧失、生死不明、时间经过等，这些状态的存续也可能依法产生一定的法律后果，如失踪人生死不明持续达到法定期间，使得利害关系人有权向法院申请失踪人死亡宣告。

民事权利的取得，还可能依据法律规定的其他方式，这是在罗列常见的取得方式之后的一般兜底性规定。

【适用与比较】

本条款关于民事权利取得方式的规定，只是一般性的说明。至于民事法律行为、事实行为、法律规定的事件或者法律规定的其他方式等，有赖于其他规则的具体细化规定。

第一百三十条　民事主体按照自己的意愿依法行使民事权利，不受干涉。

【条文释解】

本条规定了民事权利行使的自愿原则。

民事权利在本质上体现为人依其意思实施行为的自由。民事主体拥有一项权利，意思是说，他依法能享有什么，或应该享有什么。民事权利的行使，是权利人依照权利的内容和范围实施必要行为，以实现其利益的情形。民事权利的行使意味着权利人实现特定利益的可能性转变为现实。行使权利的方式因权利种类而不同，有以法律行为而实施的，如行使撤销权；有单纯以事实行为实施的，如财产所有人对财产的占有、使用和收益。

民事权利体现了权利人在意志和行为上的自由。权利人可以享有一系列自由，表现为权利人是否行使权利的自由；权利人选择权利行使方式的自由；权利人处分非专属性权利的自由、权利人选择权利救济方式的自由等。权利人享有和实现其权利内容的自由受到法律强制力保障。所以，民事权利的行使要依照民事主体自己的意愿，不受干涉。当然，任何权利的自由都是有限度的，这就体现为本章下一条文关于民事主体不得滥用民事权利的要求。

【适用与比较】

本法第5条以及《民法通则》第4条均规定，民事主体从事民事活动，应当遵循自愿原则。本条强调民事主体按照自己的意愿依法行使民事权利，可以视为民法自愿原则的具体表现。

第一百三十一条　民事主体行使权利时，应当履行法律规定的和当事人约定的义务。

【条文释解】

民事权利往往与义务对应，所以，民事主体在行使权利时，如果依照法律规定或者当事人约定负担有义务，民事主体亦应当履行义务。不能单方面主张权利却不履行义务。此外，民事权利并非是绝对的自由，权利的实现过程不仅影响权利人的利益，而且可能影响义务人乃至国家或社会的利益，因此，权利的行使亦应接受一定的限制。通常认为，权利的行使应受到诚实信用原则、公序良俗原则以及信赖保护原则的限制。诚实信用原则要求权利人行使权利应当秉承诚信，不得滥用权利，公序良俗原则要求权利行使应当顾及而不违背公共秩序与善良风俗，信赖保护原则要求行使权利应当保护相对人合理信赖的实现。这些限制尽管属于法律原则的限制，但却是现实生活中实在的要求。

【适用与比较】

民事主体行使权利时，若未履行法律规定和当事人约定的义务，依法或依约应承担相应的法律责任。至于民事主体是否负担义务，依照法律规则、原则或当事人的约定确认。

第一百三十二条　民事主体不得滥用民事权利损害国家利益、社会公共利益或者他人合法权益。

【条文释解】

本条是关于民事权利不得滥用的规定。

民事权利体现了权利主体的意志自由，但任何自由都不是不受限制的。只有在一定限度内，权利人才可能依照自己的意志行使权利。这个限度就是不得滥用权利损害社会公共利益或者他人合法权益。

近代法以前，曾奉行个人本位主义，相信“行使自己的权利，无论对于何人，皆非不法”，强调所有权的绝对性，对权利不得滥用缺乏充分的规定。只有到了垄断资本主义时期，统治者为了协调个人权利与社会利益之间的矛盾，维护国家和社会利益，逐渐在诚实信用原则与公序良俗原则的名义下确立了禁止权利滥用的原则。[1]明确了行使权利不得背离权利应有的社会目的，也不得超越权利应有的界限。

权利滥用的构成要件包括：（1）须有权利的存在；（2）须有权利人行使权利的行为；（3）须有损害他人或社会利益的过错，具体而言，权利滥用的构成须行使权利之人有利用权利损害他人或社会利益的过错，通常表现为故意[2]；（4）须损害了他人或社会利益。

---

〔1〕 马俊驹、余延满：《民法原论》（第四版），法律出版社2010年版，第63页。
〔2〕 马俊驹、余延满：《民法原论》（第四版），法律出版社2010年版，第63页。

权利滥用一旦构成，权利行使将不受法律保护，行使权利之人可能还须承担相应法律责任。法律责任有待具体化，可能包括：（1）受害人可请求行为人排除妨碍、消除危险或赔偿损失；（2）民事权利被限制或剥夺。此外，视具体情形，滥用权利之人也可能承担行政责任或刑事责任。

【适用与比较】

我国现行法律体系也多有包含禁止权利滥用精神的法律条文，包括《宪法》第51条，《民法通则》第5条、第6条、第7条以及《物权法》第7条等。这是为维护正常的社会经济秩序，实现个人利益与社会利益平衡所确立的民事权利行使原则。

第六章　民事法律行为

第一节　一般规定

第一百三十三条　民事法律行为是民事主体通过意思表示设立、变更、终止民事法律关系的行为。

【条文释解】

本条的意义和价值是在立法上为民事法律行为下了定义。这样的做法是我国立法的一大特色，即对于基本法律概念均给予一个定义，而多数国家的立法上则很少有定义性的规定，相反乃是将这一任务留给学说。民事法律行为，系德国法律科学的重要发明，并被《德国民法典》所采纳，其德文原文为 Rechtsgeschäft（直译应当为法律交易）。我国在制定《民法通则》时在法律行为前面增加了“民事”两个字，从此在我国大陆立法上和司法实践中，民事法律行为便成为通用的术语了。但是民法学界多数学者仍然坚持其原本的术语——法律行为。

依据本条的定义，可以将法律行为的特征总结为如下三个方面：

1. 法律行为属于民事法律事实。尽管基于法律行为特别是契约行为，当事人之间产生了权利和义务关系，但是作为法律行为的意思表示行为并非法律规范，而是法律事实，是意思表示行为适用法律规范的结果。正如张俊浩先生所言，“法律行为的效果究竟是法律规定的，还是意思表示规定的？本书以为，法律行为之所以能依其意思表示发生效力，这是法律规定的。然而法律仅规定了此项原则，至于具体的法律行为其效果如何，却依意思表示来规定。可见，法律与意思表示，合作地规定了法律行为的效果”。[1]

2. 法律行为属于法律事实中的意思表示行为。一项法律行为可以是由一个意思表示行为所构成，例如抛弃所有权的行为、立遗嘱的行为、解除合同的行为等。但是绝大多数的法律行为是由两个或两个以上内容一致的意思表示共同构成，如买卖合同行为是由出卖人之出卖标的物的意思表示和买受人购买标的物之意思表示的一致构成，再例如结婚行为是由男女双方相互同意和对方成为夫妻的意思表示一致所构成。

3. 法律行为所引起的法律效果是由当事人的意思表示所决定的。作为法律事实的法律行为产生怎样的法律后果，取决于行为人所表达出来的意思。法律行为与事实行为都能够引起法律关系发生、变更和消灭的后果，但是两者的根本不同就在于法律后果是否由行为人的意思所决定。对于事实行为，究竟引起何种法律关系的发生、变更还是消灭乃是取决于当事人的所表达的效果意思，而不是由法律直接赋予其一个法律后果。而对于法律行为，其所引起之具体法律效果之所以能够系于行为人所表达之意思，乃是基于私法自治原则，私法允许当事人通过自由的意思安排自己的私人生活，当然法律对于意思自治亦设有一定之界限，若当事人之意思表示逾越了法律规定的界限则不能再发生预设之效力。

【适用与比较】

《民法通则》第54条规定：“民事法律行为是公民或者法人设立、变更、终止民事权利和民事义务的合法行为。”《民法总则》的本条规定与《民法通则》第54条相比较，主要有如下几个方面的不同或者说是进步：(1) 将实施法律行为的主体确定为“民事主体”，而《民法通则》使用的是“公民或者法人”。《民法总则》的用语不但更加简洁而且更加准确，避免出现挂一漏万的情形。(2) 明确了民事法律行为是意思表示行为，这样的规定与学说取得了一致也与德国法律关于法律行为的规定保持了一致。(3) 不再要求法律行为具有“合法性”要件。我国通说认为，合法性不是法律行为的构成要件之一。可见此次《民法总则》在这一问题上也采纳了通行的学说。这样的做法在实践上没有太多的意义和价值，主要的价值在

[1] 张俊浩主编：《民法学原理》(修订第三版)(上册)，中国政法大学出版社2000年版，第224页。

于逻辑上的和术语上的一致性，自此不再需要创造所谓的“不真正的法律行为”“伪法律行为”“无效的民事行为”等术语用来表示那些欠缺生效要件的意思表示行为了，而是直接称之为无效的法律行为、可撤销的法律行为、效力待定的法律行为等。

第一百三十四条　民事法律行为可以基于双方或者多方的意思表示一致成立，也可以基于单方的意思表示成立。

法人、非法人组织依照法律或者章程规定的议事方式和表决程序作出决议的，该决议行为成立。

【条文释解】

本条是关于法律行为的基本分类之一，即基于参与意思表示之当事人的多少，将法律行为可以分为单方行为、双方行为和多方行为（又称为共同行为）。

单方行为指由一方当事人之意思表示而构成的法律行为。如抛弃所有权的行为、免除债务人之债务的行为、遗嘱行为、捐助财产并设立财团法人的行为等；另外，所有行使形成权的行为都是单方行为，如撤销可撤销合同的行为、行使解除权而解除合同的行为、行使抵销权而使双方的债权债务消灭的行为等。

双方行为又被称为契约行为，指由双方当事人的相反的意思表示一致而构成的法律行为。以下均属于双方行为：买卖合同、赠与合同、借款合同、租赁合同等《合同法》上所有的合同；土地承包经营合同、建设用地使用权出让合同、地役权设定合同、抵押合同、质押合同等《物权法》上规定的合同；股权转让协议、保险合同等商法上规定的多数法律行为等；结婚相关协议、离婚协议、收养协议、遗赠抚养协议等《婚姻法》与《继承法》中的协议行为等。可见，法律行为中绝大多数均为双方行为，或者可以说能够在当事人之间引起法律关系之发生、变更或者消灭的法律行为原则上应当是双方行为，这被称为“契约原则”。因为一个法律关系一般涉及两方当事人即权利人和义务人，对于复杂的法律关系，则双方当事人之间互相享有权利和负担义务，因此根据意思自治原则，被涉及的双方当事人必须均对此表示同意，才能发生效力，否则即有违意思自治。也正因为如此，许多国家并没有法律行为理论，关于法律行为的规定都是规定在《合同法》之中。

多方行为也称共同行为，通常认为共同民事法律行为是多数当事人（包括两方当事人在内）平行的意思表示一致而成立的法律行为。多方行为主要有：合伙协议、设立公司等法人的行为（包括签订法人章程的行为）。多方行为和双方行为都是两方当事人的意思表示一致而成立，但是双方当事人所表示的意思是相反的，如在买卖合同中，一方是买的意思而另一方则是卖的意思；而在多方行为中，双方所表示的意思是平行一致的，如两个人订立合伙协议，各方均表示愿意出资、表示愿意和他人共同经营、表示共担风险等，其意思完全向着一个方向而一致。

本条第2款还规定了决议行为，明确了决议行为亦属于民事法律行为的范畴，决议行为属于多方行为。不过决议行为与普通的多方行为尚有所区别，因为无论是双方行为还是多方行为，均需要全体当事人的意思表示一致，而决议行为因其本质使然不可能总是要求全体一致，多数情形仅需要多数决议即可。对于决议行为，首先需要适用《公司法》等特别法的规定，而且还应当适用公司等法人或者其他组织的章程等。故本条第2款规定："法人、非法人组织依照法律或者章程规定的议事方式和表决程序作出决议的，该决议行为成立。"

【适用与比较】

该条文是《民法总则》新增加的条文，原来的《民法通则》没有类似的规定。该条文的重要意义和价值在于将《合同法》上的合同等双方行为以及《继承法》上立遗嘱等单方行为乃至于商法中的决议行为都统一纳入到法律行为的框架内，从而在没有特别法的规定时均得适用《民法总则》关于法律行为的全部规定。这无疑是正确的，无论是在理论上抑或是在法律适用上均具有重要的意义。

第一百三十五条　民事法律行为可以采用书面形式、口头形式或者其他形式；法律、行政法规规定或者当事人约定采用特定形式的，应当采用特定形式。

【条文释解】

本条规定了法律行为的另一种分类：要式行为与不要式行为。依据是否必须具备特定形式，法律行为分为要式行为和不要式行为。要式法律行为指应当采用某种特定形式实施的民事法律行为，包括法定要式行为和约定要式行为。所谓法定要式行为，是指法律规定当事人必须以某种方式实施的法律行为，否则法律行为不能成立或者生效。所谓约定要式行为，则是指虽然法律没有规定，但是双方当事人约定应当以特定的形式实施法律行为，否则法律行为不成立或者不生效。不要式行为是指法律没有规定且当事人也没有约定必须采用某种特定形式，因此当事人采用任何一种形式都可以成立的民事法律行为。

基于私法自治原则，法律以不要式为原则，以要式为例外，因此只要法律没有规定为要式的法律行为即为不要式行为。我国法律上的要式行为主要有如下几类：(1) 身份行为或者与身份相关的行为，包括结婚行为、离婚行为、收养子女的行为、遗嘱行为等。(2) 以变动不动产物权为内容的法律行为，包括房屋买卖合同、土地承包经营合同、建设用地使用权出让合同与转让合同、设定地役权的合同等。(3) 各类担保合同行为，包括抵押合同、质押合同、定金合同、保证合同。(4)《合同法》所规定的几类要式合同。包括一方是银行的借款合同、融资租赁合同、建设工程承包合同、技术转让合同和技术开发合同。

【适用与比较】

本条规定来源于《民法通则》第56条的规定，与《民法通则》相比较，该条增加了当事人约定，即明确了要式行为可以分为法定要式和书面要式两种，这与既有的司法实践和学说保持一致，并不影响将来法律的适用。

第一百三十六条　民事法律行为自成立时生效，但是法律另有规定或者当事人另有约定的除外。

行为人非依法律规定或者未经对方同意，不得擅自变更或者解除民事法律行为。

【条文释解】

本条规定了法律行为的成立和生效的关系。依据我国通说，法律行为有成立与生效之分。所谓法律行为的成立是指因一定事实（即成立要件）的发生而在事实层面上产生一个法律行为。所谓法律行为的生效是指已经成立的法律行为因具备一定的条件（即生效要件），而发生当事人意思表示所指向的效果。可见法律行为的成立是法律行为生效的前提，若法律行为未成立，当然无从谈起法律行为生效。

依据该条规定，通常法律行为成立与生效是同时发生的，也就是说法律行为的成立之时也就是法律行为的生效之时。然而也存在着已经成立但却尚未生效的法律行为。法律行为成立但尚未生效的情形分为两种：一种是因为法律规定的生效要件还没有具备。另一种情形则是基于当事人的意思表示，此时又可以分为两种情形：附停止条件（也叫生效条件）的法律行为与附始期的法律行为。这也就是本条第 1 款所说的当事人另有约定的除外。

基于法律规定，已经成立但尚未生效的情形，主要可以分为三种情形：(1) 效力未定的法律行为。此种法律行为只有经过追认权人追认才能发生效力。如限制行为能力人未经其法定代理人的允许而实施的双务有偿契约行为，在其法定代理人追认之前虽然已经成立但并没有生效。(2) 无效的法律行为。此种法律行为虽然成立，但是由于欠缺了法律行为的根本性生效要件，所以自始、确定、当然地成为无效法律行为。(3) 特别法规定了需要登记、批准等特别生效要件的，需要具备此等特别生效要件时法律行为才能生效。例如，根据《继承法》的规定，遗嘱只有在被继承人死亡时才发生效力。由此可见，法律行为的成立与生效并不相同，法律行为成立与否取决于在事实层面上是否存在着一个被称为“法律行为”的客观判断，而法律行为生效与否则是法律对于已经存在着的“法律行为”所作出的法律评价，若已成立的法律行为已完全具备生效要件，则法律给予其以积极的评价使其成为完全法律行为，否则法律便给予其消极的评价，或者使其成为无效的法律行为，或者使其成为效力未定的法律行为。

法律行为从具备全部成立要件时即成立。而法律行为的成立要件有一般成立要件与特别成立要件之分。[1]

1. 一般成立要件

一般成立要件是指任何法律行为的成立必须具备的要件。依据通说，法律行为的一般成立要件有三：当事人、意思表示、标的。

（1）当事人

法律行为是民事主体的意思表示，所以法律行为的成立首先要有民事主体来实施意思表示。在民法上的当事人主要有两种，一种是自然人，另一种是法人及其他组织。自然人自己能够实施意思表示，而法人或者其他组织则必须由有权代表法人或其他组织的自然人来代表法人或其他组织实施意思表示。

（2）意思表示

民事法律行为的核心因素是意思表示，所以法律行为成立的核心要件也是意思表示。法律行为作为法律事实的一种，首先是一个客观存在的事实，而这一事实无疑是当事人的意思表示行为。

双方法律行为或者多方法律行为的成立除了需要有意思表示外，还需要当事人的意思表示达成一致，否则法律行为也不能成立。这一点在合同（合同是最为重要的双方法律行为）上表现得最为明显，合同的成立需要双方当事人通过要约和承诺的方式达成意思表示一致。

（3）标的

首先须说明的是“标的”这一概念在法律中的不同含义，有时它与权利义务的客体是同义语，主要是在《物权法》中，例如说所有权的标的就是所有权的客体。而有时则又指法律关系所涉及的事物，而该事物本身还不是法律关系的客体，这主要是在债法中。债权债务关系之客体依通说系指对债务人的履行行为而言，如甲和乙订立买卖合同，甲将一台电脑卖给乙，合同签订后，乙有权请求甲交付电脑，我们说乙对甲拥有一项债权，此时债权的客体是甲的交付行为而不是电脑，而所交付的电脑就被称为标的物。法律行为的标的则是指法律行为或者说是当事人之意思表示的内容。

作为法律行为之要素的意思表示是无法和标的相分离的，没有内容的意思表示是不存在的。换言之，所谓意思表示一定是针对某种权利义务的发生、变更或者消灭而进行的意思表示，而该特定的权利义务关系的发

---

[1] 席志国：《中国民法总论》，中国政法大学出版社 2013 年版，第 269—272 页。

生、变更和消灭就是意思表示的表达。例如，甲实施抛弃其手机的所有权的法律行为，则“抛弃手机所有权”即属于意思表示的表达；再比如乙立一遗嘱，其中指定自己死亡后其现金5万元归长子丙所有，那么“乙死后现金5万元所有权转移给丙”即属于该法律行为的标的。

法律行为之标的须具体、确定，也就是说当事人的意思表示必须是针对具体的权利义务关系而表示，根据当事人的意思表示，可以具体地确定当事人之间的权利义务关系的变动，否则法律行为无法发生效力。而如果是双方或多方法律行为，则各方当事人所表达之意思须就具体、确定之标的保持一致。因为如果法律行为的内容不具体、不确定，法律若使它有效也根本不可能实现其内容。例如，甲和乙达成协议说是买卖大米，但是根本没有约定买多少，那么该约定是无法发生效力的。再如，丙和丁达成租赁协议但是根本没有约定租赁什么，也根本无法发生效力。

2. 特别成立要件

特别成立要件则是指一般成立要件以外，某些个别法律行为的成立所必须具备的要件。

（1）要式行为必须具备法律规定的法定方式，否则不能成立。例如，依据《合同法》的规定，建设工程承包合同必须以书面形式签订，否则不成立。

（2）实践行为必须交付标的物，否则不成立。例如，自然人借款合同，必须交付所借的金钱，合同才能成立进而生效。

【适用与比较】

本条规定主要继受了《合同法》第44条的规定，明确了法律行为成立与生效之间的关系，并且更进一步明确了法律行为生效后对当事人具有法律约束力，当事人不得擅自变更或解除其法律行为。当事人若要变更或者解除其法律行为需具有撤销权、解除权等形成权，或者与对方当事人通过协议的方式使法律行为失去其应有的约束力，基于意思自治原则自无不许之理。

第二节　意思表示

第一百三十七条　以对话方式作出的意思表示，相对人知道其内容时生效。

以非对话方式作出的意思表示，到达相对人时生效。以非对话方式作出的采用数据电文形式的意思表示，相对人指定特定系统接收数据电文的，该数据电文进入该特定系统时生效；未指定特定系统的，相对人知道或者应当知道该数据电文进入其系统时生效。当事人对采用数据电文形式的意思表示的生效时间另有约定的，按照其约定。

第一百三十八条　无相对人的意思表示，表示完成时生效。法律另有规定的，依照其规定。

第一百三十九条　以公告方式作出的意思表示，公告发布时生效。

【条文释解】

《民法总则》第137—139条三个条文所规定的都是意思表示的生效时间。

1. 意思表示的分类

要理解《民法总则》第137—139条的规定，需要首先了解意思表示的基本分类。意思表示可以进行如下分类：

（1）有相对人的意思表示与无相对人的意思表示。意思表示首先可以依据是否需要向相对人实施而划分为有相对人的意思表示和无相对人的意思表示。有相对人的意思表示，即表意人必须向相对人进行意思表示并且意思表示要到达相对人才能发生法律效力；而无相对人的意思表示是不需要向人进行的意思表示，只要表意人表达完意思表示，就发生法律效力。意思表示绝大多数有相对人的意思表示，因为意思表示就是为了让某个或某些人了解表意人的意思，若不向相对人进行表示，那么他人就无法了解其意思。例如，订立合同的要约都是有相对人的意思表示，而承诺的意思表示也是有相对人的意思表示。再比如，免除债务人债务的意思表示也是有相对人的意思表示，必须向债务人发出意思表示。当然也有些意思表示是无相对人的意思表示，不需要向任何人进行表示。例如，抛弃所有权的意思表示，立遗嘱的意思表示等都是无相对人的意思表示。当然大家一定要注意，无相对人的意思表示也是意思表示，也必须将想要发生一定效果的意思表示出来，若没有表示出来，仅仅存在内心还不构成意思表示，是不能发生法律效力的。

（2）向特定相对人实施的意思表示与向不特定相对人实施的意思表

示。有相对人的意思表示又可以划分为向特定人进行的意思表示和向不特定人进行的意思表示两种。前者是表意人应当将其意思向一个或者两个以上的特定的人进行表示，表示的对象可以是两个以上的人，但必须是确定的人数。例如，前述的要约和承诺的意思表示都是以特定人为相对人的意思表示。后者则是向社会上不特定多数人所实施的意思表示，如招股说明书的公开、悬赏广告的发出都属于以不特定人为相对人的意思表示。

（3）对话的意思表示与非对话的意思表示。有相对人的意思表示可以依据表示和对表示的受领是否同时为标准划分为对话的意思表示和非对话的意思表示。前者是意思表示人完成表示的同时，相对人就收到了该表示，如面对面的交流或者通过打电话的方式都属于对话的意思表示。后者是意思表示人发出意思和相对人收到该表示之间有一定的时间差，如通过书信发出要约或承诺就属于非对话的意思表示，同样电报、电传、电子文件都属于非对话的意思表示。

2. 意思表示的生效

依照《民法总则》第138条的规定，无相对人的意思表示在意思表示完成时发生效力；而依据第139条的规定，对不特定多数人的意思表示系自公告发布时发生法律效力，其实也即意思表示完成时发生效力。

《民法总则》第137条规定的是有相对人的意思表示中对特定当事人的意思表示的生效时间。对于对话的意思表示，在其被相对人了解时发生效力；而对于非对话的意思表示则在到达对方时发生效力。关于非对话的意思表示的生效时间立法上共有四种立法主义，分别是：（1）表示主义，即将意思表示成立的时间确定为第一个阶段，即以表意人已经形成效果意思并以有体会的形式固定下来的时间作为意思表示之成立。（2）了解主义，即将意思表示之成立确定为最后一个阶段，即只有在受领人了解了意思表示后该意思表示才告成立。（3）投邮主义，是将意思表示之成立时间确定为第二个阶段，即在表意人不但将其效果意思予以固定化和有体化而且还需将该意思表示发出去（即将信件寄出去）才能够成立。（4）到达主义，即将意思表示之成立时间确定在第三个阶段，只要意思表示到达受领人所控制的领域，从而受领人可以了解意思表示时即为成立，而不管受领人是否阅读该书信等意思表示。[1]这种立法主义，为世界各国的法律所普

---

〔1〕 席志国：《中国民法总论》，中国政法大学出版社2013年版，第281—282页。

遍采纳。《民法总则》该条规定明确采纳了到达主义。

那么对于一项非对话的意思表示究竟何时可以认定为到达呢？笔者认为，一项表示的到达须具备两个方面的条件：一方面是该项意思表示已经到达了受领人的控制领域，即受领人已经可以通过自己的行为而获知该意思表示的内容；另一方面是受领人具备了可以获知该表示之具体内容的现实可能性。如果一项意思表示已经进入到受领人的信箱，从而受领人可以打开邮箱取出该封信件并予以约定，即满足第一项条件；但是该信件是在半夜到达的或者是在星期六到达的，作为受领人的公司不营业，因而不可能去约定，那么就没有满足第二项条件，只有第二天或者星期一公司开始营业时才具备了第二项条件。如果已经具备了这两项条件，那么意思表示即为到达。至于因为受领人自身的原因没有阅读从而未能及时知悉意思表示之内容，并不影响该意思表示的成立。[1]

以上是针对传统的书面等方式所实施的意思表示的生效。针对当事人以数据电文方式所实施的意思表示，依据《民法总则》第137条第2款的规定，其意思表示的生效时间应当以如下方法确定：（1）约定优先规则。基于意思自治原则，当事人可以约定以数据电文方式实施意思表示的生效时间，若有约定的则依其约定。（2）指定系统优先规则。即相对人指定特定系统接收数据电文的，该数据电文进入该特定系统时生效。（3）相对人知情规则。若相对人未指定特定系统的，相对人知道或者应当知道该数据电文进入其系统时生效。

【适用与比较】

《民法通则》没有关于意思表示的规定，当然更没有关于其生效时间的规定，此次《民法总则》专门设一节规定意思表示，其做法乃承袭了开创法律行为理论和制度的《德国民法典》，无论是理论上还是实践上都应当说是一大进步。这样的规定明确了各种意思表示的具体生效时间，从而有利于法院准确地适用法律裁判案件。关于以数据电文方式实施的意思表示：《民法总则》修改了《合同法》第16条的规定。《合同法》第16条第2款规定“采用数据电文形式订立合同，收件人指定特定系统接收数据电文的，该数据电文进入该特定系统的时间，视为到达时间；未指定特定系

---

〔1〕 席志国：《中国民法总论》，中国政法大学出版社2013年版，第285页。

统的，该数据电文进入收件人的任何系统的首次时间，视为到达时间。”

第一百四十条　行为人可以明示或者默示作出意思表示。

沉默只有在有法律规定、当事人约定或者符合当事人之间的交易习惯时，才可以视为意思表示。

【条文释解】

《民法总则》第140条规定了行为人的表示方式。依据意思表示的方式可以将其划分为明示的意思表示与默示的意思表示。

1. 明示的意思表示

所谓明示的意思表示，是指表意人使用直接可以为人所理解的语言实施表示行为。当事人使用明示的方式实施意思表示的，对方当事人不需要进行推理即可以理解该表示的意思。明示的意思表示又可以划分为两种：口头形式和书面形式。

（1）口头形式。口头形式即以口头语言的形式加以表达，通过打电话进行的表示也属于口头形式。

（2）书面形式。书面形式是指以书面语言的形式进行的意思表示。传统书面形式主要是书信、合同书等形式。现代法律又发展出了数据电文等形式，亦被认为是书面形式加以对待。

2. 默示的意思表示

所谓默示的意思表示，是指以肢体语言等需要通过推理才可以加以理解的间接的方式进行的意思表示。

3. 沉默

单纯的沉默显然不是明示的意思表示，一般情形下也不能作为默示的意思表示。只有当事人事先有约定，或者有交易习惯或者法律有特别规定时，沉默才能够作为意思表示，从而产生法律效果。在沉默被作为意思表示时，该种沉默往往被称为“特定沉默”。

【适用与比较】

关于意思表示的方式，《民法通则》和《合同法》都没有规定，然而学理上和判例上一直秉持《民法总则》第140条所规定之规则，因此本条的通过对于司法实践没有大的改变，盖其属于对学说与判例的认可，而非新规则的创制。唯《民法总则》有了规定，以后法院在判决案件时即可直接引用该条规定。

第一百四十一条　行为人可以撤回意思表示。撤回意思表示的通知应当在意思表示到达相对人前或者与意思表示同时到达相对人。

【条文释解】

本条规定的是意思表示之撤回的规则。所谓意思表示之撤回是指在意思表示生效之前，表意人取消其意思表示的意思表示。撤回也是一项意思表示，不过该项意思表示的目的在于取消其之前所发出的意思表示，因而也适用意思表示的有关规定。表意人在发出意思表示之后，即后悔其意思表示，因而想要反悔的现象也经常发生，若在该意思表示成立之前尚可予以取消，盖此时并不涉及相对人之利益的保护，基于自决原则当然应当允许。因此意思表示的撤回必须在该意思表示生效之前进行，若意思表示生效的则不能再行撤回。意思表示生效后，当事人再取消该意思表示的则属于意思表示的撤销，意思表示之撤销是否允许则须看该意思表示是否已经作为法律行为而发生法律效力，若已经作为法律行为发生了法律效力，那么除非表意人有撤销权之外，即不得再行撤销，而若尚未成为法律行为的是否能够撤销，则取决于不同的立法例和具体之情形。（参见《合同法》第 18 条和第 19 条）。由于无相对人的意思表示和有相对人的意思表示中对话的意思表示均在表意人完成表示后即发生效力，因此不存在意思表示的撤回问题，故本条规定只能适用于非对话的意思表示。撤回意思表示的新的意思表示必须要比被撤回的意思表示先到达，或者至少是同时到达，否则因为原意思表示已经发生效力即不存在撤回的问题了。由于我国在意思表示的生效上采取的是到达主义而非了解主义，所以无论相对人是否阅读撤回的通知以及何时阅读均不影响其撤回的效力。

【适用与比较】

《民法通则》中没有规定意思表示的撤回问题，但是《合同法》第 17 条和第 20 条规定了要约和承诺这两种最为主要的意思表示的撤回。《民法总则》第 141 条的规定直接继受了《合同法》这两条规定，不过将这两条规定的适用范围扩张至所有的意思表示，而不限于要约和承诺两种。例如，债权人免除债务人之债务的意思表示即可引用《民法总则》第 141 条的规定而予以撤回，尽管其因不属于要约或者承诺而不能适用《合同法》第 17 条和第 20 条的规定。

第一百四十二条　有相对人的意思表示的解释，应当按照所使用的词句，结合相关条款、行为的性质和目的、习惯以及诚信原则，确定意思表示的含义。

无相对人的意思表示的解释，不能完全拘泥于所使用的词句，而应当结合相关条款、行为的性质和目的、习惯以及诚信原则，确定行为人的真实意思。

【条文释解】

本条规定的是意思表示解释规则。所谓意思表示是指通过语言等外在行为（通过语言表示是最为主要的表示方式）将主观想要发生一定法律效果的意思表达出来，意在让他人了解其主观的意思并据此发生法律后果。表意人透过语言所表达的意思，在正常的情形下与受领意思表示的人所理解的意思是相同的，因而该意思表示在双方当事人共同理解的意义上发生法律效力。然而，由于语言固有的缺陷，表意人所表达的意思与受领人所理解的意思完全不同的情形也不在少数，此时双方当事人发生争议诉至法院，法院则需对该意思表示进行相应之解释从而获得正确之判决。[1]本条规定是参照了《德国民法典》第 133 条和第 157 条的规定所制定的规则。将意思表示的解释方法区分为有相对人的意思表示和无相对人的意思表示而分别规定。这是因为尽管都作为意思表示的解释故而必然有可共同适用的规则，但是无相对人的意思表示重点在于探究表意人的真实意思，这是私法自治原则的要求；而有相对人的意思表示因为还涉及相对人对于该意思表示的理解，为了保障相对人的信赖利益，因此必须顾及相对人的合理的理解而不能仅仅探究表意人的真实意旨，这就是这两种意思表示解释方法的差异所在。《民法总则》第 142 条第 1 款中的规定："有相对人的意思表示的解释，应当按照所使用的词句"，就是强调在解释有相对人的意思表示时所使用的词句具有较为决定性的意义，盖涉及相对人的理解和信

〔1〕 席志国：《中国民法总论》，中国政法大学出版 2013 年版，第 286 页。

赖。而该条第2款规定“无相对人的意思表示的解释，不能完全拘泥于所使用的词句”，表明表意人的意思优先。除前述区别之外，所有意思表示的解释都应当遵循相同的规则和方法，即语义解释、体系解释或者说是整体解释、目的解释、依据交易习惯的解释。分述如下。

1. 语义解释

语义解释是原本意义上的解释，即通过确定当事人用以表达其意思的语言的意义从而确定当事人的意思。这是一切解释的第一步作业，如果表意人所使用的词语只有一种意思不存在任何的争议，则应当按照该词语所表达的意思来确定当事人的意思。

2. 体系解释

体系解释也叫作整体解释，是指在确定具体“语词”的含义时，不应当孤立地对其加以理解，而是应当将该语词置于整个法律行为的文件中，结合上下文的含义从整体上来确定该具体“语词”的含义，从而确定当事人所表达的意思。《民法总则》第142条规定的“结合相关条款”的含义就是要求意思表示的解释必须为体系解释。有时当事人所使用的语言具有两种以上含义，但是若将该语词放在特定的语境中，即结合整个合同文本则可能会使所用之语词的含义得以特定化，此种解释与法律解释中的体系解释相同。然而体系解释在意思表示解释中的地位远远没有在法律解释中重要。

3. 目的解释

《民法总则》第142条第1款和第2款均规定意思表示解释应当结合“行为的性质和目的”，这就是目的解释。要探求当事人的意思除了对表示本身进行体系性的解释外，还应当将当事人实施法律行为的相关情形加以考虑，包括先前进行的谈判、他们之间过去的业务关系和交往、表意人与受领人以前进行过的表示、为受领人所熟知的表意人的特殊的语言用法，表示的地点、时间以及其他相关的现象等。综合这些因素确定当事人的目的，并依据这一目的确定具体用语的含义。唯在意思表示之解释中，关于当事人之目的的探求与法律的目的解释有所不同。

4. 依据交易习惯的解释

《民法总则》第142条规定“应当结合……习惯以及诚信原则”即表明了依据“交易习惯”进行解释的方法。交易习惯是某种存在于交易当中的、为特定交易群体所共同遵守的行为惯例或者使用语言的习俗。通常可以认为，若某个特定的交易群体中存在某项交易习惯，那么该群体中的成员通常都会熟悉这些行为惯例和语言习俗。依据某项交易习惯“对于某种表达方式通常被赋予特定的意义，而根据一般的生活经验，人们可以期待，任何人都会在这个意义上使用和理解该表达方式。如果表意人和受领人双方都属于同一个交易阶层，那么只要不存在特殊的、反常的情形，受领人就可以认为表意人是在该阶层通常所理解的意义上表达其话语的”。[1]反之表意人也可以期待受领人会在这一通常意义上来理解这一表达方式。因此即便一方当事人忽视交易习惯而使用某一语词所表达的意思与该用语依据交易习惯所具有的通常含义有所不同，也仍然应当按照交易习惯加以解释，这是维护交易安全的需要。

【适用与比较】

《民法通则》没有关于意思表示解释的规则，《合同法》第125条规定了合同解释的基本规则，该条规定：“当事人对合同条款的理解有争议的，应当按照合同所使用的词句、合同的有关条款、合同的目的、交易习惯以及诚实信用原则，确定该条款的真实意思。合同文本采用两种以上文字订立并约定具有同等效力的，对各文本使用的词句推定具有相同含义。各文本使用的词句不一致的，应当根据合同的目的予以解释。”《民法总则》第142条的规定，首先是可以适用于所有的意思表示解释上，而不限于合同解释；其次，《民法总则》这一个规定明确区分了有相对人的意思表示解释方法和无相对人的意思表示解释方法，前者应当采纳主观主义原则，后者则须采纳客观主义原则。

第三节　民事法律行为的效力

第一百四十三条　具备下列条件的民事法律行为有效：
（一）行为人具有相应的民事行为能力；
（二）意思表示真实；
（三）不违反法律、行政法规的强制性规定，不违背公序良俗。

[1] ［德］卡尔·拉伦茨：《德国民法通论》，王晓晔等译，法律出版社2013年版，第469页。

【条文释解】

本条从正面规定了法律行为的一般生效要件。所谓法律行为生效的一般要件是指一切法律行为生效都必须具备的条件，具体包括以下几个方面。

1. 行为人具有相应的民事行为能力

行为能力是实施法律行为的基本前提条件，没有行为能力，无法为适格之意思表示，当然也就无法使其按照意思表示发生相应之效果。完全行为能力人能够独立实施任何法律行为；限制行为能力人实施与其年龄和认知能力相适应的或者纯获法律上利益的法律行为。

2. 意思表示真实

所谓意思表示真实，也就是意思表示没有瑕疵。即当事人所表达的意思是当事人在没有受到他人不正当影响的情形下自由形成（所谓意思表示真实），而且没有发生认识和表达上的错误而完成的意思表示。换言之，意思表示必须不存在欺诈、胁迫、乘人之危、重大误解、虚假表示等具体瑕疵。

3. 标的须合法、妥当

该要件是法律对法律行为内容上的控制。分别阐述如下：

（1）须法律行为的内容合法。所谓合法就是指不违反法律上的禁止性规定，即符合该要件。法律行为的内容如果违反了法律的禁止性规定则无效。关于法律上的禁止性规定有的是规定在民法中，而更多的则是规定在民事特别法中，盖基于某种政策或者价值判断对某些类型的行为加以禁止。因此，掌握这一规定必须结合特别法的规定。

（2）须法律行为的内容妥当。所谓法律行为的内容妥当是指法律行为的内容不违反公共利益和善良风俗。法律行为如果违反了善良风俗和公共利益即无效。

一般认为，所谓“公共利益和善良风俗”是道德的法律化，即通过这个条款的规定，法院可以将社会生活中通行的道德观念纳入到法律中，用来控制法律行为的效力。但是也不能通过该规定，泛泛地将一切道德观念引入到法律中，如果是这样必将使法律和道德无法分开，从而有违法治的基本原则。这里能够用来作为“公共利益和善良风俗”对法律行为的效力加以控制的道德必须是下列两种道德之一：一种是已经被纳入法律秩序中的基本道德。也就是说，我国现行的法律秩序对于这种道德加以认可并已经通过某些法律规定加以具体化，从而通过对具体法律规范的研究可以找出这些法律伦理。另一种可以作为善良风俗加以适用的伦理道德应当是在一个社会中占有统治地位的伦理道德，或者说是一个社会所应当遵循的某些最基本的、为大多数人所共同认可的道德标准。

一个已经成立的法律行为若全部具备上述之生效要件，即可发生法律效力，但是若不具备上述要件也不必然绝对无效，因为法律行为的效力构建上并非采取有效和无效这样绝对的二分法，相反，其尚承认相对无效的法律行为。相对无效又进一步区分为可撤销与效力待定两种情形，具体详见下文的分析。此外，有效法律行为尚需具备特殊的生效要件，如遗嘱尚需具备立遗嘱人死亡等条件才能生效。因此对本条的理解不能绝对化，而是应当放在整个法律体系中加以理解。也正是因为这个原因，学说上多认为《民法总则》不应当从正面规定法律行为的生效要件，而是应从反面规定哪些情形导致法律行为绝对无效，哪些情形导致法律行为可撤销，哪些情形导致法律行为效力待定。

【适用与比较】

该条规定系直接来自《民法通则》第55条的规定，只是在第1款第3项中进行了两点变更：第一，将“违反法律”修改为“违反法律、行政法规的强制性规定”。第二，将不违反“社会公共利益”修改为“不违背公序良俗”。

第一百四十四条 无民事行为能力人实施的民事法律行为无效。

【条文释解】

本条规定了导致法律行为无效的第一种情形，即行为人系无民事行为能力人。所谓民事法律行为无效，是指“绝对无效”而言。绝对无效则意味着自始、当然、确定无效。其含义包括如下三个方面：

1. 自始无效。首先意味着从意思表示成立的时候即无效，也就是学说上所谓的自始无效。而相对无效则可能是先发生了效力，而嗣后被撤销才失去效力。

2. 当然无效。这意味着如下两个方面：首先，该意思表示的无效无须任何人的主张即无效，这一点与得撤销的意思表示有所不同，得撤销的意思表示在表意人行使撤销权之前是有效的，而且只有有撤销权的一方当事人行使撤销权之后，该意思表示才溯及自始失去其效力。其次，当然无效也意味着任何人均可以主张该意思表示是无效的，不但双方当事人都可以主张，而且有利害关系的第三人也可以主张，这也与可撤销的意思表示只有有撤销权的一方当事人可以主张无效而有所不同。

3. 确定无效。所谓确定无效是指该项意思表示无论如何都不能生效，这使无效之意思表示与效力待定的意思表示区别开来。效力待定的意思表示，若有追认权人追认即可成为有效的法律行为，只有经过拒绝才确定其无效。

【适用与比较】

该条规定直接来源于《民法通则》第58条第1款的规定，与《民法通则》第58条将所有的无效情形均集中规定在一条中的做法不同，《民法总则》则是把各种导致法律行为无效的情形独立成条，这样更便于司法实践中的引用，同时也能够更加清晰地区分出各种导致法律行为无效之理由的差异性。该条规定在《民法总则》生效后与之前《民法通则》的规定在效力上没有任何实质上的区别。

第一百四十五条　限制民事行为能力人实施的纯获利益的民事法律行为或者与其年龄、智力、精神健康状况相适应的民事法律行为有效；实施的其他民事法律行为经法定代理人同意或者追认后有效。

相对人可以催告法定代理人自收到通知之日起一个月内予以追认。法定代理人未作表示的，视为拒绝追认。民事法律行为被追认前，善意相对人有撤销的权利。撤销应当以通知的方式作出。

【条文释解】

本条规定了限制行为能力人所实施之法律行为的效力。限制行为能力人所实施之法律行为的效力，分为以下两种情形。

1. 有效。与无行为能力人有所不同，限制行为能力人已经具有一定程度的意思能力，因此能够实施一些与其意思能力相适应的法律行为，对于这些法律行为应当认定为有效。这也是法律设立限制行为能力人的意义和价值，否则法律将直接将自然人的行为能力分为有行为能力人和无行为能力人两种即可。依据《民法总则》第145条第1款的规定，限制民事行为能力人可以独立实施两种法律行为，既不需要其法定代理人进行代理也无须获得法定代理人的同意即为有效。这两种法律行为分别是：（1）纯获利益的行为。所谓纯获利益的法律行为并非指经济上获利而言，而是指该行为生效后该限制行为能力人只享有权利而不负担任何义务，如在赠与合同中作为受赠人。相反若出卖人以低于市场价的价格出卖给限制行为能力人一套住房，限制行为能力人订立后会获得较大的经济利益，但该买卖合同并不属于纯获利益的法律行为，因此必须由其法定代理人代理或者经法定代理人同意。（2）与其年龄、智力、精神健康状况相适应的行为。也就是说，只要限制行为能力人实施的行为在性质上与其意思能力相适应，即其能够作出正确的判断，而不至于在交易中受到损害，则亦无须取得法定代理人的同意或者追认。至于哪些属于与其年龄、智力、精神健康状况相适应的行为则需要法官在个案中结合具体案情和该限制行为能力人的状况进行判断，而不能一概而论。

2. 效力待定。除上述两种可以独立实施的法律行为外，其余的法律行为须由其代理人代理，或者事先征得代理人的同意，否则其所实施的法律行为效力待定。限制行为能力人实施的不能独立实施的法律行为、无权处分（《合同法》第51条）、无权代理（《民法总则》第171条、《合同法》第48条）三者属于典型的效力待定的法律行为。对于效力待定的法律行为，其效力具体如下：

（1）法定代理人享有追认权。该法律行为尚未生效，是否生效取决于有追认权人的追认。在限制行为能力人所实施的法律行为中，追认权属于其法定代理人。法定代理人追认的，则该法律行为溯及自始生效，反之，其法定代理人拒绝的，则该法律行为溯及自始无效。

（2）相对人的催告权。与该限制行为能力人实施法律行为的相对人可以设定不低于一个月的期间，催告所有人等有处分权人进行追认，在过了催告期限后，若处分权人没有进行追认的，则视为拒绝追认，该意思表示溯及自始不生效力。

（3）善意相对人的撤销权。依据《民法总则》第145条第2款的规定，若限制行为能力人的法定代理人尚未进行追认的，那么善意的相对人可以撤销其意思表示。也就是说若相对人不知道也没有正当理由知道该行为人系限制行为能力人时，则其享有选择撤销其意思的权利，若其撤销了其意思表示的，那么限制行为能力人即不再享有追认的权利了。若相对人系恶意的，则其不享有撤销的权利，只能等待限制行为能力人的法定代理人来决定该法律行为是否有效。

【适用与比较】

本条规定直接继受了《合同法》第47条的规定，完全与该条规定相同。因此就合同领域中的适用没有任何变化。然而，依据《民法通则》第58条第1款第2项的规定，限制行为能力人实施的不能独立实施的法律行为无效。故在《民法总则》生效之前，《合同法》第47条的规定构成了《民法通则》第58条第1款第2项的特别法，其适用应该是：对于合同优先适用《合同法》第47条的规定，从而属于效力待定；对于合同之外的其他法律行为仍然需要适用《民法通则》的规定，因而属于无效。实际上这样的做法恰恰是国际上通行的做法，即限制行为能力人实施的单方行为因为不涉及相对人的利益故一般被认定为无效；而双方行为由于涉及相对人的利益，故一般作为效力待定加以处理。然《民法总则》第145条的规定则一律作为效力待定加以规定，是否恰当尚有进一步讨论的余地。

第一百四十六条　行为人与相对人以虚假的意思表示实施的民事法律行为无效。

以虚假的意思表示隐藏的民事法律行为的效力，依照有关法律规定处理。

【条文释解】

本条规定了属于比较法上所称的“同谋虚伪的意思表示”（或者称之为串通虚假行为）的效力。所谓同谋虚伪表示是指表意人与相对人同谋实施的没有真实效果意思的意思表示。同谋虚伪表示在德国被称为虚假行为，“是指表意人和表示的受领人一致同意表示事项不应该发生效力，亦即双方当事人‘一致同意仅仅造成订立某项法律行为的表面假象，而实际上并不想使有关法律行为的法律效果产生’”。[1]

〔1〕［德］卡尔·拉伦茨：《德国民法通论》，王晓晔等译，法律出版社2013年版，第497页。

1. 同谋虚伪表示的构成。适用本条的前提条件是双方当事人的意思表示构成同谋虚伪表示。构成同谋虚伪表示须具备下述四个方面的要件：(1) 须有意思表示之存在。(2) 须表意人主观上不具有该意思表示所表达的效果意思。例如，甲并没有想将其房屋卖给乙，但是为了避免债权人的强制执行才与其好朋友乙签订书面合同，伪装将其房屋出卖给乙，并办理了相应的过户手续，双方私下约定该房屋事实仍然归甲所有。(3) 须表意人明知其不具备该表示所表达之效果意思。该要件使虚伪表示与错误表示相区别，在错误表示的情形，表意人不知道自己之表示的意思与自己的主观效果意思不一致。(4) 须表意人与相对人在"不具备该表示所表达之效果意思"这一点上形成合意。这是同谋虚伪表示与单独虚伪表示的唯一区别，否则即为单独虚伪表示。

2. 同谋虚伪表示的效力。依据《民法总则》第146条的规定，构成同谋虚伪之意思表示的效力应当区分出表面的伪装行为和被伪装的真实的意思表示。对于表面的伪装行为因为当事人并没有真正的效果意思，从而不构成意思表示，故应不发生法律效力，这就是《民法总则》第146条第1款规定意思。对于被伪装的意思表示，依据《民法总则》第146条第2款的规定则应当区别对待。首先，由于被伪装的意思表示是双方当事人的真实意思，且双方当事人达成了合意，故其具备意思表示的全部要件，不因无效果意思而无效。因此若被伪装的行为具备了意思表示之外的其他法律行为的生效要件，即当事人均有行为能力，且不违反法律、法规的效力性强制性规定也不违背公序良俗则应当属于有效的法律行为。其次，若其不具备法律行为的其他生效要件，那么也将因之发生无效或者可撤销、效力待定等问题。

【适用与比较】

《民法通则》和《合同法》中均未规定该种无效的法律行为，此次《民法总则》参照了《德国民法典》第117条而制定了该条规定。在实务适用中须特别注意其构成要件，并且要和恶意串通损害他人的法律行为相区别。

第一百四十七条　基于重大误解实施的民事法律行为，行为人有权请求人民法院或者仲裁机构予以撤销。

【条文释解】

本条规定了基于“重大误解”所实施的法律行为的效力，即属于可撤销的法律行为。“重大误解”是我国《民法通则》所创造的一个法律概念，后来被《合同法》所沿袭，此次《民法总则》仍然予以沿用，而未如学说上所主张的那样，以“错误”来进行替换。尽管我国立法上一直使用“重大误解”，但是学说上和实践中一致将重大误解解释为“错误”，即错误的意思表示是可以撤销的意思表示。关于错误，比较法上又区分为表示错误和动机错误，只有表示错误才导致意思表示可撤销，动机错误不影响意思表示的效力。〔1〕

1. 错误的构成。所谓表示错误是指表意人所表示之客观的意思与其主观所预想之效果意思不一致的错误情形。表示错误可因如下原因而发生：

（1）表示含义理解错误。表意人选择了错误的表达方式从而所表达的客观意思与表意人主观的效果意思不相一致，因而，相对人所理解的意思与表意人所欲表达的意思不一致。需要说明的是，该种错误存在的前提是“意思表示须以客观的方式予以解释”，即以相对人根据表示之客观意义予以理解的含义为表示的含义，否则即不可能发生该种表示错误。例如，甲某欲以每吨1000元的价格出售给乙某马铃薯1000吨，因为甲某当地的语言中将马铃薯称为山药，于是甲某给乙某发出了以每吨1000元的价格出售1000吨山药的书面意思表示（要约），乙某以为甲某出售给其的是一种山药即表示接受（予以承诺），双方签订了书面合同。后发现双方所用的词语“山药”不是指的同一种东西，此时即发生了表示含义理解的错误。但是需要注意的是，若双方均误以为“山药”就是马铃薯，那么即便双方的用语发生了错误也不影响该合同的效力，即双方成立了以购买1000吨马铃薯的合同。对此，德国法院发展出“错误的表示不生影响”的原则。“如果表意人和受领人都在同样的意义上理解表示的，那么，即使该意义不同于表示之一般意义，我们即无须对表示作出规范性解释，表意人也不得因

〔1〕 席志国：《中国民法总论》，中国政法大学出版社2013年版，第286页。

表示错误撤销表示。”[1]

（2）表示手段错误。表意人选择使用其没有打算使用的表示手段，从而使其客观所表示出来的意思与其主观所预设的意思不一致。最为通常表现的就是说错了话或者书写错误，如某人欲以10000元人民币出售其宠物狗，但是却在其出售的要约中书写成了1000元人民币，即少写了一个零，对方当事人则只能在1000元的意义上承诺该要约而与之签订买卖合同。此时对出卖人而言即发生了表示错误。

（3）表示传达错误。意思表示系由中间人，如传达人或邮局的电报、电传等传达，传达人将表意人的意思传达错误，即没有将表意人交给传达人或邮局的表示原样传达给相对人。例如，甲某通过拍电报给乙某表示愿意以每吨500元的价格购买乙某的热量为5000卡的煤炭10万吨，但是由于邮局的错误，所拍发的电报将500元错写成了600元。无论传达人传达错误是传达人故意所为还是因为传达人的疏忽大意所致，都构成表示错误。

2. 法律效果。法律行为若构成重大误解则属于可撤销的法律行为，重大误解的一方当事人有权诉请人民法院撤销该法律行为，若经人民法院认定确实构成了重大误解，则人民法院应当予以撤销。撤销后，该法律行为溯及自始无效，其法律效果与绝对无效的法律行为的效果完全相同，都适用《民法总则》第157条的规定。另外，若该法律行为系合同行为，则当事人有仲裁协议的，则其撤销须通过仲裁机构实施。

【适用与比较】

《民法通则》和《合同法》对于重大误解都是作为一款加以规定的，而《民法总则》作为独立一条加以规定。《民法通则》规定的是行为人对于法律行为的内容有重大误解，《合同法》第54条第1款第1项规定的是“因重大误解”。《民法总则》对此则修改为“基于重大误解”而实施的法律行为，与《合同法》的规定相同，吸收了最高人民法院司法解释的规定，不再将重大误解限制于内容上的误解，而是还包括当事人、标的、法律关系性质等方面的重大误解。在具体适用上，与最高人民法院司法解释

[1]［德］卡尔·拉伦茨：《德国民法通论》，王晓晔等译，法律出版社2013年版，第505页。

的规定不存在实质上的区别。

第一百四十八条　一方以欺诈手段，使对方在违背真实意思的情况下实施的民事法律行为，受欺诈方有权请求人民法院或者仲裁机构予以撤销。

第一百四十九条　第三人实施欺诈行为，使一方在违背真实意思的情况下实施的民事法律行为，对方知道或者应当知道该欺诈行为的，受欺诈方有权请求人民法院或者仲裁机构予以撤销。

【条文释解】

这两条规定了受欺诈的法律行为的效力。所谓受欺诈的法律行为也可以称之为受欺诈的意思表示，是指因他人之欺诈行为陷于认识上的错误而做出的迎合相对人之利益的意思表示。

1. 构成要件

（1）须有欺诈行为。欺诈行为是指以使人发生认识上的错误为目的，而故意做出的与事实不相符的陈述或者负有告知之义务而故意不告知的事实。欺诈行为，既然是行为，必须是人的有意识的动静举止，从而应以行为人有意思能力为必要，因此无意识或处于精神错乱中的人所为的行为，即使与事实不符，亦不得认其为欺诈行为。积极地捏造虚伪之事实或变造事实也构成欺诈，自不待言。但单纯沉默能否构成欺诈，学说上则有不同之立场。有人认为此时不构成欺诈，仅在违反义务时负担损害赔偿责任；有人认为，如果在法律上、契约上、交易习惯上或依诚实信用原则有告知事实之义务，则此沉默可构成欺诈。但若依各种情形判断，并无告知之义务，虽利用他人之不知或错误，亦不构成此处所谓欺诈。第二种学说为通说，笔者亦主张司法实务应采用第二种学说，盖该种学说更加符合意思自治之原则。

关于欺诈行为人是否限于意思表示之相对人，我国法律欠缺明文之规定，应当属于法律漏洞。对此，应当衡量双方当事人之利益，并参照比较法之做法予以填补。德国法律对此无明文规定，但是司法实务上则认为，“如果欺诈行为是由第三人实施的，那么，只有在表示受领人知道或应该知道欺诈行为及其对被欺诈人的意志决定可能发生因果联系时，表意人才可撤销其表示”。[1] 但若相对人不知道也不应当知道表意人之意思表示系受欺诈所致，则表意人即不能依据受欺诈而撤销该意思表示，“在此种情形，法律将受领人对表示有效性的信赖，置于被诈欺人撤销其表示的利益之上。被诈欺人充其量只能根据第 119 条第 2 款规定的条件，因错误而撤销其表示”。[2] 虽然两种情形都是撤销，但是因错误而撤销意思表示的须赔偿对方的损失，而因欺诈而撤销的无须赔偿对方的损失。另外，受欺诈人可以请求实施欺诈行为的第三人承担侵权责任。

（2）须欺诈人有欺诈的故意。所谓欺诈的故意是指该欺诈行为须有使表意人因该行为陷于错误并为意思表示之故意。因此，该项故意含有两重含义：第一，须有使表意人陷于错误的故意；第二，须有使相对人因其错误而为意思表示之故意。因此新闻杂志上的虚伪记载，虽然有使人陷于错误的故意，但无使人因此而为意思表示的故意，一般不得谓为欺诈。但如行为人有对此虚伪记载如实告知的义务而竟保持沉默，则此时有欺诈之故意，可以构成欺诈。而且，此处受欺诈意思表示的构成要件，不以受害人受到财产损失为必要，也不以欺诈人欲得财产上利益为必要。即使善意欺诈（即目的在于增益相对人财产的欺诈），亦得构成此处所谓欺诈。因为法律于此所关注的不是财产，而是意思决定的自由。

（3）须相对人因欺诈而陷于错误。首先，受欺诈人必须陷于认识上的错误。如果他人对于表意人实施了欺诈行为，但是表意人并没有因此发生认识上的错误，还不能构成受欺诈的意思表示。此处所谓错误，包括两种情形：一为原无错误，欺诈后始有错误之发生；一为相对人已有错误，但受欺诈后其错误的程度得以加强。而且该处错误为意思表示内容之错误，抑或意思表示动机之错误，均无不可。因此，欺诈后表意人并未陷于错误者，不构成受欺诈之意思表示。这一点与刑法不同，刑法上只要有欺诈行为，即使并未使他人陷于错误，亦可构成欺诈之未遂，民法上则不存在未遂之问题，这是因为刑法关注的是欺诈人的行为，一般来讲，只要有此行为即构成犯罪，后果如何只决定犯罪的程度；民法关注的是由该欺诈所导致的意思表示，只要没有此意思表示，则受欺诈的意思表示即不能构成，意思表示无所谓遂与不遂之问题。其次，欺诈行为与错误之间须有因果关

---

〔1〕［德］卡尔·拉伦茨：《德国民法通论》，王晓晔等译，法律出版社 2013 年版，第 545 页。
〔2〕［德］卡尔·拉伦茨：《德国民法通论》，王晓晔等译，法律出版社 2013 年版，第 544 页。

系，即该错误系由欺诈行为所导致。因而其错误非由欺诈行为所造成者，亦不符合该要件。唯关于此因果关系的存在，法律视为当然，如欺诈人欲否认其存在，须以反证推翻，即所谓“举证责任倒置”。同时，表意人对于错误发生，即使有过失，亦不影响该要件的成立。还应注意的是，受欺诈的意思表示必然是错误意思表示，唯此所谓错误系由意思表示的相对人（即使不为相对人，该相对人对欺诈情事亦为明知或可得而知）所导致，因而发生二者的竞合问题。应当指出的是，受欺诈的意思表示，其错误的范围要大于错误意思表示中错误的范围，即不仅包括内容错误、由标的物性质或当事人资格所引起的动机错误，而且一般的动机错误亦包含在内。同时，受欺诈的表意人对相对人亦无赔偿责任之可言，相反，欺诈人则须对表意人负侵权责任，因而，主张意思表示受欺诈较之错误对表意人更为有利。

（4）须表意人因此错误而作出迎合相对人之利益的意思表示。首先，须有表意人完成相应的意思表示，即该表示应符合意思表示的成立要件。其次，该意思表示须与错误之间有因果关系，即无此错误则不会作出该意思表示。因此意思表示非由于错误而作出者，不符合该要件。这是因为意思表示非由错误造成者，则其意思决定并未受到不当干涉，因而没有撤销的必要。最后，该意思表示迎合了相对人的意思，即表意人所为之意思表示正是欺诈人在实施欺诈行为时所希望的。

（5）若欺诈行为不是由对方当事人所实施的而是由第三人实施的，则需要合同对方当事人主观上存在恶意，受欺诈的一方才享有撤销权。所谓对方当事人有恶意，则是指对方当事人知道或者应当知道行为人是基于第三人的欺诈行为而做出的意思表示。若对方当事人对于行为人被第三人欺诈的事实不知情且没有过失的，则被欺诈的行为人不得撤销该法律行为，其所受的损害只能基于侵权等其他请求权基础向对其实施欺诈行为的第三人请求损害赔偿。

2. 法律效果

受欺诈所实施的法律行为属于可撤销的法律行为，其效果与上述基于重大误解所实施的法律行为完全相同。

【适用与比较】

《民法通则》第58条将受欺诈的法律行为规定为无效的法律行为，《合同法》第54条则将受欺诈所订立的合同规定为可撤销的合同，此次《民法总则》对此则一律修改为可撤销。此外，《民法总则》对此又将欺诈人的范围进行了扩张，包括了第三人欺诈且对方当事人知情的情形，这两点在法律适用中须特别注意。

第一百五十条　一方或者第三人以胁迫手段，使对方在违背真实意思的情况下实施的民事法律行为，受胁迫方有权请求人民法院或者仲裁机构予以撤销。

【条文释解】

所谓受胁迫的法律行为，也可以说是受胁迫的意思表示，是指表意人因他人之胁迫而陷于恐惧状态，且基于此恐惧而做出的迎合相对人之利益的意思表示。

其构成要件如下。

1. 须有胁迫行为

胁迫行为是指为使他人发生恐怖，不当地预告将来发生危害之行为。对此要件之掌握须注意如下几个方面：（1）胁迫系人的行为，因而天灾、地震等自然力虽亦可使人发生恐怖，但非此处所谓胁迫，但如恐吓他人如不为意思表示则会受有天灾、神罚等，则可以构成胁迫行为。（2）关于胁迫行为与物理上之强制。物理上之强制是指使被胁迫人完全丧失其自由意思以及使被胁迫人身体上直接受其强制的行为，如被胁迫者强执他人之手签名。在物理上之胁迫，被胁迫人完全丧失了意思自由，成为加害人驱使的工具，该行为虽具意思表示之表，但因欠缺行为意思，并无意思表示之实；而在胁迫行为，其胁迫仅为心理之胁迫，被胁迫人尚有部分决定之自由，因而其行为意思并不丧失，其意思表示已经成立，只是因其有瑕疵而须撤销而已。所以，物理上之胁迫与心理上之胁迫不同，物理上之胁迫非属于此处所谓胁迫行为。（3）关于胁迫行为人。胁迫行为人不以法律行为当事人为限，即使当事人以外之第三人亦得成立胁迫行为。此与受欺诈之意思表示不同。对于在受诈欺的意思表示，若诈欺行为系第三人所为，受欺诈人撤销权的成立须以相对人明知或可得而知者为限；对于受胁迫的意思表示，若胁迫人为第三人，则不论相对人知与不知均不影响表意人撤销权的成立。法律“所以设此不同之规定，乃是鉴于表意人被胁迫时，其决定意思之自由，受他人不正当干涉程度较重，应特别优予保护也”。（4）胁迫行为所预告的危害须为将来事项，因而如果利用他人已发生之困境而威胁其给予利益方可援助，则不构成此处所谓胁迫。唯此种情形可能会构成后文所要讲解的“危难被乘之意思表示”。（5）关于受危害之主体、客体、危害之种类与程度。对此，有的国家和地区设有规定，如《瑞士债务法》规定受危害之主体限于表意人或其近亲，受危害之客体则限于生命、身体、名誉或财产，关于危害之种类或程度，《瑞士债务法》则明定须为重要之危害，德国、日本对此则无限制性规定，我国台湾地区现行民法亦如此。依学者通说，只要危害足以使人陷于恐怖即为已足，受危害之主体、客体，危害之种类与程度，均非所问。为了彻底贯彻意思自治原则，笔者认为对于受胁迫的行为应做广义之解释，因此在司法实践上应当采纳德国与我国台湾地区之做法。（6）关于胁迫方式。胁迫依口头或书面均无不可，即使如手势、姿态（如殴打后要求赠与金钱，如不为承诺则有继续殴打之气势）亦可构成胁迫行为。

2. 须胁迫人有胁迫之故意

胁迫之故意是指胁迫人有使表意人陷于恐怖，且基于此恐怖而为意思表示的故意。因此，该故意包含两重意义：一是须有使表意人因其胁迫陷于恐怖的故意；二是须有使表意人基于此恐怖而作出意思表示的故意。这一点与受欺诈意思表示要件中的诈欺故意相同，于此不再赘述。

3 须胁迫行为不当

我国《民法通则》上并没有规定胁迫行为不当，但学者通说均认此为受胁迫之意思表示的要件之一。这是因为，法律赋予表意人的撤销权，乃是为了防止他人对表意人意思决定的不当干涉，而如果该“胁迫行为”为合法行为，则无不当干涉之可言，故无赋予表意人撤销权之必要。然而，“最重要的问题是什么时候胁迫是违法的。准确地说，即在什么时候，通过胁迫促使表意人发出某种意思表示是违法的。一般来说，如果预示不利后果的手段本身是违法的，或胁迫人追求的目的是违法的，或本身是合法的手段就达成这个目的而言不是一种合适的手段，那么胁迫就是违法的”。[1] 据此，胁迫之违法性有两种情形：一种情形是该胁迫行为本身即是违法的。如甲某威胁乙某若乙某不将房子以较低的租金出租给他，那么甲某将揭露乙某的某种隐私，乙某不得已将房子以较低租金出租给了甲某，则甲某的威胁行为具有违法性，因为揭露他人之隐私本身即是违法行为。另一种情形是行为本身不具有违法性，但是实施该行为的人借此追求不正当的利益。如丙某掌握某官员丁某贪污受贿的事实，即以检举丁某该犯罪行为予以威胁，要求丁某将其房屋以低价出售给丙某，丁某无奈只得答应签订合同。丙某检举行为本身是合法的，但是其借此来追求不合法的利益因而该行为也属于违法。

4. 须表意人因胁迫而陷于恐怖

首先，表意人须陷于恐怖。如果表意人未陷于恐怖，则其意思决定的自由并未受到不法干涉，因而亦无瑕疵问题之可言。该种恐怖不必重新发生，即使业已存在而加深其程度者，亦属于此所谓恐怖。其次，该种恐怖与胁迫行为之间须有因果关系，恐怖由胁迫行为所造成。但该种因果关系应采主观标准还是客观标准，则有争论。学者通说以为应采主观标准。即使在通常情况下，一般人不会发生恐怖，而表意人发生者，亦符合该种要件。这是因为，恐怖是否发生并进而影响意思决定自由，完全是胁迫人主观的事情。而且，表意人之于恐怖发生有无过失，均构成此处所谓恐怖。但该原则亦有例外，有学者指出，“被胁迫人之迷信或特别怯懦之性质，亦应斟酌之乎？曰：原则上固无须加以斟酌，然如明知被胁迫人之性质而利用之，则其特性自有加以斟酌之必要”。[2]

5. 须表意人因恐怖而迎合胁迫人作出意思表示

首先，表意人须作出意思表示，该意思表示须符合意思表示的成立要件；其次，该意思表示须迎合胁迫人之意思。如果表意人为避免危害发生所为的任何胁迫人所追求目的以外的意思表示时，如甲威胁乙若不赠与其若干金钱则将其杀掉，乙陷于恐怖，乃购买匕首一把以作防身之用，则并不符合该要件。但该种迎合，并不要求与胁迫人之意思完全一致，只要双方意思方向一致即为已足。例如，甲威胁乙不赠与金钱千元则将其杀掉，

---

〔1〕［德］卡尔·拉伦茨：《德国民法通论》，王晓晔等译，法律出版社 2013 年版，第 547 页。
〔2〕胡长清：《中国民法总论》，中国政法大学出版社 1997 年版，第 255 页。

而乙表示赠与甲 800 元，仍不失为迎合甲作出的意思表示。最后，该意思表示须与恐怖间有因果关系，即无此恐怖，则不会作出该意思表示。依学者通说，该种因果关系，亦系采主观标准，只要表意人主观的存在即为已足，无须客观地认为相当。关于该因果关系的存在，表意人须负举证责任。

【适用与比较】

与受欺诈的法律行为一样，《民法通则》第 58 条将受胁迫的法律行为规定为无效的法律行为，而《合同法》第 54 条则将受胁迫所订立的合同规定为可撤销的合同，故在既有的法律体系内，受胁迫的合同是可撤销的，但是其他法律行为则为无效。此次《民法总则》则一律修改为可撤销。此外，《民法总则》对此明确了第三人实施胁迫也是可以撤销的事由。以上这点在法律适用中须特别注意。

第一百五十一条　一方利用对方处于危困状态、缺乏判断能力等情形，致使民事法律行为成立时显失公平的，受损害方有权请求人民法院或者仲裁机构予以撤销。

【条文释解】

本条是将原来《民法通则》和《合同法》规定的两种意思表示有瑕疵的法律行为结合在一起统一加以规定，即乘人之危的法律行为和显失公平的法律行为，统一在显失公平的法律行为的概念项下。

1. 构成要件

依据该条规定，构成显失公平从而成为得撤销的法律行为需要具备如下要件：

（1）需表意人处于严重危难的情形下或者显然没有判断能力。例如，某人因为疾病急需一笔钱用来治疗，否则就会发生生命危险，或者因为经营上的困难急需一笔钱来周转，否则就会被人民法院宣告破产。

（2）须对方故意利用表意人的危难境地。须法律行为的相对人明知表意人陷于困境，而且故意利用该困境让表意人实施迎合其利益的意思表示。

（3）须表意人实施了迎合对方当事人之利益的意思表示。此点与受欺诈及受胁迫的情形相同，因此不再赘述。

（4）须交易严重不公平。与欺诈和胁迫的情形下作出的意思表示不一样，在这两种情形下只需要构成欺诈和胁迫即可撤销，而在乘人之危的情形，还要求法律行为实施后必须严重地损害处于危难境地一方当事人的利益，否则为了保护交易安全不能允许表意人撤销。

2. 法律效果

该条规定与上述第147—150条所规定的重大误解的法律行为、受欺诈的法律行为、受胁迫的法律行为共同构成了可撤销的法律行为，其法律效果是意思表示有瑕疵的当事人可以撤销该法律行为。

【适用与比较】

《民法通则》和《合同法》均是将显失公平和乘人之危作为两种独立的可撤销原因加以规定的，此次《民法总则》将其一并归于显失公平的项下无疑是正确的。在适用上一定要注意把握，不能仅仅因为对价与市场价格不相当就当然认定为显失公平，而是必须具备上述另外三个要件，从而确定行为人的意思表示有瑕疵才能够适用该条规定。

第一百五十二条　有下列情形之一的，撤销权消灭：

（一）当事人自知道或者应当知道撤销事由之日起一年内、重大误解的当事人自知道或者应当知道撤销事由之日起三个月内没有行使撤销权；

（二）当事人受胁迫，自胁迫行为终止之日起一年内没有行使撤销权；

（三）当事人知道撤销事由后明确表示或者以自己的行为表明放弃撤销权。

当事人自民事法律行为发生之日起五年内没有行使撤销权的，撤销权消灭。

【条文释解】

本条规定的是可撤销法律行为撤销权的消灭。要理解撤销权的消灭则必须先行理解撤销权本身。撤销权在性质上属于形成权，因为撤销权乃是依权利人一方的意思表示就可以使已经发生效力的意思表示溯及自始失去效力，因而使基于该意思表示所产生之法律关系归于消灭。至于我国立法上规定撤销权的行使须依诉讼的方式为之，并不影响其形成权的本质。我国法律之所以如此规定，撤销权的行使须依诉讼的方式为之，是考虑到撤销权会使一项有效的交易归于无效，从而影响到交易安全和对方当事人的基本利益，因而需由法院对是否确实有撤销权进行慎重判断，而并非限制撤销权人行使撤销权。因而若经法院审理，当事人确有撤销权，则当事人行使撤销权的，法院须予以支持而无自由裁量的余地。撤销权因以下两个方面的原因而归于消灭。

1. 除斥期间经过。由于撤销权属于形成权，因此有除斥期间，过了除斥期间，撤销权归于消灭。依据本条规定，撤销权的除斥期间的长短以及起算时间因不同的撤销事由而有所不同。

（1）原则上撤销权的除斥期间是 1 年。我国立法上对于撤销权的起算采取了主观主义，这一点与诉讼时效的起算是一样的，即自撤销权人知道或者应当知道撤销事由之日起算。包括《民法总则》第 148 条和第 149 条所规定的受欺诈的法律行为，第 151 条所规定的显失公平和乘人之危行为。对于因胁迫而实施的意思表示，其撤销权的期间也是 1 年，但是其起算的时间点是胁迫行为终止之日。

（2）重大误解行为的撤销权的除斥期间是 3 个月。该 3 个月的期间也是从行为人知道或者应当知道撤销事由之日起算。

（3）最长期间为 5 年。撤销权从法律行为发生之日起最长不超过 5 年，即经过 5 年的则无论如何均归于消灭。换言之，即便行为人不知道有撤销事由的，经过 5 年后其撤销权仍然消灭。

撤销权的除斥期间与诉讼时效有所不同，除斥期间是不变期间，因此不能适用诉讼时效的中止、中断，也不适用延长等规定。

2. 撤销权人放弃撤销权。撤销权作为非人身权，权利人当然可以放弃。本条第 3 项明确撤销权可以放弃。撤销权的放弃也是法律行为，需要以意思表示的方式实施。作为意思表示可以是明示，也可以是默示地放弃。明知有撤销权而要求对方履行、知道有撤销权仍然接受对方的履行或者知道有撤销权仍然主动向对方提出履行等，都可以视为默示放弃撤销权。

【适用与比较】

本条规定与《合同法》第55条规定的除斥期间相比有两点区别：其一，受胁迫的法律行为的除斥期间起算点改为胁迫行为终止之日；其二，重大误解法律行为的除斥期间从1年缩短为3个月，更加注重保护交易的稳定性。因为重大误解的过错在行为人一方，与欺诈、胁迫等过错在对方有所不同。

第一百五十三条　违反法律、行政法规的强制性规定的民事法律行为无效，但是该强制性规定不导致该民事法律行为无效的除外。

违背公序良俗的民事法律行为无效。

【条文释解】

本条规定了两种导致法律行为无效的情形。这两种情形实际上构成了对法律行为之内容的管制，为当事人的意思自治设定了一定的边界，也就是说意思自治不是绝对的，而是在一定限度内的自治，超出这个限度将不再为法律所允许。这两种对法律行为之内容予以管制的规范，法律的强制性规定和公序良俗，现分别阐述如下。

1. 违反法律、行政法规的强制性效力性规范

依据《民法总则》第153条第1款的规定，法律行为违反了法律和行政法规的强制性规定，且该强制性规定是效力性规定，则该法律行为无效。法律规范可以区分为强制性规范和补充性规范（或者称之为任意性规范）。补充性规范，因为其目的在于填补当事人意思表示之漏洞，故仅在当事人没有约定或者约定不明时始得适用，所以法律行为若违反的仅系补充性规范并不产生无效的后果。即便是强制性规范，也可以进一步区分为效力性强制性规范和取缔性强制性规范，违反了前者将导致法律行为的无效，而仅违反后者则并不影响法律行为的效力，仅是违反者承担一定的法律责任而已。然而哪些规范是强制性的效力性规范，本条并没有具体指明。实际上本条规定没有任何实质内容，属于“转介条款”，即将国家对私人生活管制的公法规范通过该转介条款而引入私法中，从而作为对法律行为之具体内容的控制。[1]这样一方面仍然维持了民法的纯粹性，即民法

〔1〕 苏永钦：《寻找新民法》，北京大学出版社2012年版，第八章、第九章。

作为自治法之原则法的地位，另一方面又为公法进入私法打开了相应的通道。“规范国家与人民关系的公法，以及规范人民之间的私法，本来各有其领域，而且在理念的形成与概念、制度的发展上，各有其脉络，应该不会有规范冲突的问题才对。但现代化同时带动公领域和私领域的扩张，两者之间呈现的不只是反映左右意识形态的波段式拉锯，而且是越来越多的交错与应然面的法律体系。作为管制与自治的公私法规范，还因为两种理念的辩证发展而相互工具化，导致相互提供避难所。这都使得公法和私法间的接轨问题变得越来越复杂。”〔1〕

2. 违反公序良俗的法律行为无效

比较法上无论采取的是“善良风俗”还是“公序良俗”抑或是“公共秩序”中的哪个术语，其功能均相同，即将一个国家之“法制本身的内在的伦理道德价值和原则”以及“现今社会占统治地位的道德”等行为准则作为对法律行为之内容的控制。〔2〕我国《民法总则》第153条第2款的规定吸收了比较法上通行的做法，规定法律行为违反公序良俗的无效。该款规定是作为一般性的概括条款，仍然需要学说与司法实践共同努力整理各种因违反“公共秩序”而被认定为无效的案件类型，从而一方面确保法律之稳定性，另一方面也不会使其成为封闭之体系而无法与时俱进。我国目前无论学说还是司法实务中均未在这方面做出有益之尝试，笔者在此参考比较法上的案件类型以供我国之参考。

其一，违反性伦理和家庭伦理所为之意思表示不能生效。例如，有关包养情妇的合同、将全部遗产遗留给情妇的遗嘱、约定以不生育子女为条件而进行结婚的协议、断绝父子关系协议等。

其二，极度限制个人自由的意思表示不能生效。例如，将自己卖身为奴的意思表示、夫妻之间约定不得离婚，一旦某方提出离婚则丧失全部财产并给对方巨额损害赔偿金的意思表示、在雇佣契约或者劳动合同中约定职工不得结婚或者生育子女的意思表示等。

其三，极度的射悻行为。如赌博以及各种类似于赌博的行为。

其四，严重违反市场经济之基本秩序从而限制正当竞争的行为。例如，为了不正当竞争目的，而以出高价的方式引诱他人违约而签订的损害

〔1〕 苏永钦，《寻找新民法》，北京大学出版社2012年版，第249页。

〔2〕［德］卡尔·拉伦茨：《德国民法通论》，王晓晔等译，法律出版社2013年版，第599页。

第一交易人之利益的合同。

其五，严重限制营业自由或者职业自由的行为。例如，约定长期的竞业禁止特约等。

【适用与比较】

本条规定系来源于《民法通则》第58条第5项和《合同法》第52条第4项与第5项的规定。与前述两条规定相比较，差别在于：首先，《民法总则》吸收了最高人民法院司法解释的做法将违反法律规定导致法律行为无效的法律规定明确限制在“效力性强制性规定”上，这无疑是正确的；其次，将公共利益这一用语改变为国际上通行的用语“公序良俗”。

第一百五十四条　行为人与相对人恶意串通，损害他人合法权益的民事法律行为无效。

【条文释解】

本条规定的是“恶意串通的民事法律行为”的效力。我们认为我国法律上的“恶意串通行为”属于同谋虚伪表示，但是不完全等同于虚假行为。换言之，虚假行为的范围大于恶意串通行为。盖比较法上的同谋虚伪表示并不要求串通虚假的行为必须要损害国家、集体、第三人的利益，即便没有损害第三人的利益，只要双方当事人之共同同意所表示的意思不应当发生效力这一点就足以构成，因而也是无效的。对此德国法学家拉伦茨教授指出：“虚假行为的双方当事人大多是想欺骗某个第三人，如债权人或税务机关等。不过这一欺骗意图并不是构成虚假行为的必要前提。”〔1〕我国法律上的“恶意串通”比比较法上的“同谋虚伪表示”多了一个要件，即需要该虚假行为的目的是损害第三人，除此之外均相同。但是我国司法实务对恶意串通的要件有所误解，我国司法实务上经常认为只要相对人明知表意人有害于第三人即属于与表意人恶意串通。既然恶意串通的行为中被隐藏的行为损害了他人的利益，那么当然该行为应当归于无效，盖其行为已然属于违反法律的效力性强制性规定。

---

〔1〕［德］卡尔·拉伦茨：《德国民法通论》，王晓晔等译，法律出版社2013年版，第494—495页。

【适用与比较】

《民法总则》该条规定继受了《民法通则》第58条和《合同法》第52条的规定，只是将原来“损害国家、集体、第三人利益”修改为“损害他人利益”。这在适用上没有什么区别，因为“他人”当然既包括作为民事主体的普通自然人、法人、非法人组织，也包括国家和集体在内。不过《民法总则》更加强调突出民法的私法属性，不再特别强调国家和集体。

第一百五十五条　无效的或者被撤销的民事法律行为自始没有法律约束力。

【条文释解】

本条规定的是法律行为无效的时间，如果是绝对无效的法律行为，包括无行为能力人实施的法律行为、同谋虚伪的法律行为、恶意串通损害他人的法律行为、违反法律强制性及效力性规定的法律行为、违反公序良俗的法律行为则均属于自始无效，即从法律行为成立的当时即没有法律约束力。所谓无效是指不发生当事人意思表示中效果意思所指向的法律效果，而不是不产生任何法律后果，其具体法律后果则由《民法总则》第157条规定，详见下文该条的释义。

可撤销的法律行为，成立时已经发生法律效力，但是一方当事人有撤销权，可以诉请人民法院撤销或者依照仲裁协议向仲裁机关申请撤销，经人民法院或者仲裁机关判决或裁决予以撤销的则该法律行为亦溯及自成立时无效，即撤销权具有溯及力。除此之外，效力待定的法律行为若未被追认权人追认则自始不发生效力，不过本条没有涵盖该种情形。

【适用与比较】

我国《民法通则》和《合同法》都没有这样的规定，本次《民法总则》首次明确了法律行为无效的时间点，这对于法律适用而言应当说是非常有意义和价值的。《民法总则》第155条的规定不但明确了绝对无效的法律行为自始无效，而且还明确了可撤销的法律行为撤销后亦溯及自始无效，这无疑是正确的。原有法律虽然没有明确规定，但学说上和实务上都是这样认为的，因此在实务上不会产生不同的法律效果。

第一百五十六条　民事法律行为部分无效，不影响其他部分效力的，其他部分仍然有效。

【条文释解】

本条规定了法律行为部分无效的问题。原则上法律行为具有整体性，即法律行为的无效原则上是全部无效。但是若一个法律行为是可分的，换言之，一个法律行为若由两个或者两个以上的相互独立的部分组成（即两个或者两个以上的权利义务关系的安排），而这两个以上的部分相互之间不具有关联性，即去掉任何一个部分，另一个部分仍然能符合一个法律行为的全部要件，那么若仅其中一个部分因为违反了法律、行政法规的效力性和强制性规范或者违反了公序良俗原则而无效，其他部分的效力则不受影响。不过有一点需要说明，若当事人明确表示或者通过解释可以得出若去掉该部分内容则不会做出剩余部分的意思表示的，那么该法律行为也会整体归于无效。尽管本条并没有对此做出明确之规定，但是这应当属于私法自治原则题中应有之义。

【适用与比较】

《民法总则》第156条的规定，直接来源于《民法通则》第60条的规定，对此没有任何实质上的修改，适用上不会发生任何变化。不过对本条的理解和掌握的难点，在于确定一个法律行为的若干部分是否可分。

第一百五十七条　民事法律行为无效、被撤销或者确定不发生效力后，行为人因该行为取得的财产，应当予以返还；不能返还或者没有必要返还的，应当折价补偿。有过错的一方应当赔偿对方由此所受到的损失；各方都有过错的，应当各自承担相应的责任。法律另有规定的，依照其规定。

【条文释解】

本条规定的是法律行为无效的后果，三种无效情形均统一适用为绝对无效，可撤销的法律行为被撤销而溯及自始无效的情形，效力待定的法律行为未被追认或者善意相对人撤销其意思表示而确定无效的。法律行为无效后的法律后果具体如下。

1. 返还财产的义务

所谓意思表示无效，不发生该表示所预设之效果，因此若当事人基于该法律行为已经移转了财产权于对方，则得请求对方返还其财产权。若该项财产已经因为消费、毁损、转让等原因而不能返还的，则应当赔偿其价款。但是返还财产的依据究竟为何，则因是否承认处分行为与负担行为相分离的原则和处分行为的抽象原则有所不同，以下分情形讨论之。

（1）不区分处分行为与负担行为的情形

对于不区分处分行为与负担行为的立法例，意思表示无效的，则整个交易归于无效，当事人没有履行相应之义务的则无须再为履行；若当事人已经履行了的，则因为整个交易均归于无效，那么因此取得财产的一方，因为意思表示之无效，系自始无效；若该财产权自始就没有发生转移，则原权利人仍然是权利人，其可以基于原财产权请求取得财产利益之人返还该财产。以买卖合同为例，若甲和乙签订买卖合同，甲将一套房屋以200万元的价格出卖给乙。后该合同被确定为无效的合同，那么若双方当事人均未履行合同义务的，则均不再履行即可。若出卖人甲已经将房屋登记给了乙方并且交付了房屋，合同被认定无效的，则乙方自始没有取得房屋所有权，过户登记则为登记错误。甲方可以基于所有权请求乙返还房屋，并进行相应之回转登记。

（2）区分处分行为与负担行为的情形

在区分处分行为与负担行为并承认处分行为的无因性（即抽象原则）的情形下，则须按照以下若干情形处置。

一是若当事人仅仅实施了负担行为尚未实施处分行为时，仅仅产生该负担行为所产生之权利义务归于无效而无须履行的后果。

二是若当事人不但实施了负担行为，并且进一步实施了履行行为的处分行为，对不动产实施了交付行为并且办理了移转登记的，则须进一步审查无效的究竟是负担行为抑或是处分行为，还是二者均为无效。若负担行为与处分行为均无效，则其情形与上述不区分负担行为与处分行为的立法例同。例如，签订买卖合同的出卖人为无行为能力，交付财产时亦为无行为能力的，则出卖人仍然可以基于所有权请求买受人返还。若无效原因仅及于负担行为，而不及于处分行为的，则基于处分行为的无因性，该处分行为仍然有效，此时受领人仍然取得相应之财产权，只不过其所取得财产权之原因已经消灭构成不当得利，因而需返还其所受利益而已。此时出卖人请求返还财产的依据是不当得利之债，而非物上请求权。若无效原因仅及于处分行为，负担行为不受影响，那么虽然基于处分行为无效，买受人无法取得其所受领之财产的所有权，但是基于出卖人负有移转该财产权的义务，则买受人可以请求出卖人继续履行其合同义务从而取得标的物之所有权。

2. 赔偿损失

法律行为无效之后，有过错的当事人应当赔偿对方的损失，如果双方都有过错，按过错的程度分担损失。此时所赔偿的损失，应当是信赖利益而非预期利益，即仅赔偿相对人因信赖意思表示有效而实际支出的相关费用和现有财产的减少的损失。换言之，只需要使相对人处于未实施该意思表示行为之前的状态即可。当然过错方赔偿对方的损失，不得超过对方因该意思表示有效而可获得的利益。

【适用与比较】

本条规定直接继受了《民法通则》第 61 条、《合同法》第 58 条的规定，只是取消了《民法通则》第 61 条第 2 款规定的“双方恶意串通，实施民事行为损害国家的、集体的或者第三人的利益的，应当追缴双方取得的财产，收归国家、集体所有或者返还第三人”。取消该规定无疑是正确的，因为该规定本质上不属于民法的规范，是一种公权力对于私人的处罚，而不应当作为民事法律行为无效的后果。

第四节　民事法律行为的附条件和附期限

第一百五十八条　民事法律行为可以附条件，但是按照其性质不得附条件的除外。附生效条件的民事法律行为，自条件成就时生效。附解除条件的民事法律行为，自条件成就时失效。

【条文释解】

本条规定了法律行为得附条件。所谓条件是指当事人选择的用以控制民事法律行为效力的发生或终止的某种将来在客观上发生与否不确定的事实。此条件应当具备如下之要件。

1. 条件必须是尚未发生的将来事实。如果是已经发生的事实则不能作为条件。若将已经发生的事实作为法律行为的延缓（生效条件）条件的，该法律行为相当于没有附条件，法律行为在具备其他生效要件时即发生法律效力；若将已经发生的事实作为解除条件，则法律行为确定不发生法律效力。例如，甲和乙约定若乙结婚则甲送乙笔记本电脑一台，在该约定时乙已经结婚了，那么该赠与在约定时就发生了效力，这不属于附条件的法律行为，结婚这一事实也不属于条件。

2. 条件须是发生与否在客观上是不确定的事实。若以将来一定不发生的事实作为条件的，如所附的条件为生效条件的，则该法律行为从成立时起就无效；反之，若所附条件为解除条件的，那么该法律行为等于没有附条件。

3. 条件是当事人选择的对民事法律行为之效力进行控制。首先，条件必须是当事人自由选择，而不是法律所强行规定法律行为生效或失去效力的客观事实，若是法律强行规定的，就不属于条件而是作为法律行为生效的要件；其次，当事人所选择的客观事实必须结合在法律行为中用来决定法律行为效力的发生或者消灭。

4. 条件不得违反强制性法律规范，不得违反社会公共利益和善良风俗。当事人所选择的条件作为法律行为的组成部分，因此，也需要遵循法律行为的规则，即不得违反法律的强制性规定，也不得违反社会公共利益和善良风俗，否则会导致法律行为无效。

依据本条规定，条件可以分为两种：生效条件与解除条件。生效条件又被称为延缓条件和停止条件，附生效条件的法律行为在成立的时候并不生效，只有所附的生效条件成就的，该法律行为才生效；而若所附的条件确定不成就的，那么法律行为将确定不能发生法律效力，其效果与无效的法律行为相同。附解除条件的法律行为在成立的时候即发生法律效力，但是若所附的生效条件成就时则法律行为失去效力，相反若条件确定不成就的，那么法律行为将继续维持其原本之效力。

【适用与比较】

该条规定来源于《合同法》第 45 条第 1 款的规定，与《合同法》该条规定相比增加了一个例外规定，即“但是依照其性质不得附条件的除外”。这样的规定对于《民法总则》而言是必要的，因为并非所有的法律行为都可以附条件，例如一般认为行使形成权的法律行为不得附条件，遗嘱不得附条件。而若是将来《物权法》进一步承认物权行为的话，则不动产物权行为也不得附条件。（参见《德国民法典》第 873 条与第 925 条的规定）。除此之外，该条在适用上与既有法律相比没有什么区别。

第一百五十九条　附条件的民事法律行为，当事人为自己的利益不正当地阻止条件成就的，视为条件已成就；不正当地促成条件成就的，视为条件不成就。

【条文释解】

本条规定了条件成就与不成就的拟制。理解条件成就与不成就的拟制必须先了解条件的成就与不成就。所谓条件成就是指所附的条件确定发生。就肯定条件来说，就是事实发生，就否定条件来说，就是事实的不发生。条件成就后，附延缓条件的民事法律行为发生法律效力；附解除条件的民事法律行为的效力消灭。所谓条件不成就是指所附的条件确定不能发生的情形。若条件不成就的，对于附延缓条件，该意思表示确定不能生效，与无效之意思表示完全相同；而若附解除条件的，则该法律行为的效力得以确定继续下去，如同没有附过条件的其他法律行为一样。

当事人负有必须顺应条件的自然发展而不是加以不正当地干预的义务，亦即不作为义务。如果当事人违背此项义务，恶意促成或者阻止作为条件的事实发生，法律就要加以干预拟制条件成就或不成就的效力。条件成就的拟制是指当事人为自己的利益不正当地阻止条件成就的，视为条件已成就；条件不成就的拟制是指不正当地促成条件成就的，视为条件不成就。

【适用与比较】

该条规定与《合同法》第 45 条第 2 款的规定完全相同，只不过是将该规定从合同中扩张到所有的法律行为而已。

第一百六十条　民事法律行为可以附期限，但是按照其性质不得附期限的除外。附生效期限的民事法律行为，自期限届至时生效。附终止期限的民事法律行为，自期限届满时失效。

【条文释解】

本条规定了法律行为得附期限。所谓期限是指表意人选定的用以控制民事法律行为的效力发生或终止的某种将来在客观上确定要发生的事实。构成期限需要具备如下要件：

1. 期限必须是将来事实，在这一点上期限与条件是相同的。

2. 期限必须是将来确定发生的事实。这一点是区分条件与期限的关键之处，条件是是否发生不能确定的事实，而期限则是一定发生的事实。例如，甲与乙签订租赁合同，约定合同在甲父死亡时生效，即为附期限的合同，因为甲的父亲必然会死亡；而若甲与乙签订租赁合同约定，若甲继承其父亲的住房则合同生效，则属于附条件的合同，因为甲是否能够继承其父亲的住房尚不能确定。

3. 期限是当事人选择的对民事法律行为的效力加以控制的事实。与条件相同，期限不能是法律规定的，而必须是当事人选择的用以控制法律行为效力的事实。

4. 期限必须是合法的事实。当事人所选择的期限必须是不违反法律或者公共利益的事实，否则将会导致法律行为无效的后果。

期限可以分为生效期限和终止期限。生效期限在学理上被称为始期，附期限的法律行为虽然已经成立但是尚未生效，而是在期限到来时才生效。终止期限在学理上被称为终期，附终期的法律行为已经发生法律效力但是若期限届至时，则该法律行为失去效力。

【适用与比较】

该条规定除了与《民法总则》第158条一样增加了“但是按照其性质不得附期限的除外”以外，其余的与《合同法》第46条关于附期限的规定完全相同，适用上没有任何区别。

第七章　代　　理

第一节　一般规定

第一百六十一条　民事主体可以通过代理人实施民事法律行为。

依照法律规定、当事人约定或者民事法律行为的性质，应当由本人亲自实施的民事法律行为，不得代理。

【条文释解】

本条主要包含两层意思：一是对民事主体借助代理人实施民事法律行为的做法给予法律上的认可，使得代理制度有法可循；二是确定了代理的对象和范围。第一层意思是通过本条第 1 款规定的；第二层意思则是通过本条第 1 款和第 2 款共同完成的。

代理，是一项法律制度，即借助他人代本人为意思表示，本人自己享有意思表示后果的制度。按照德国学者拉伦茨的话来说，代理的实质法律意义是：代理人处于被代理人的“位置”为其进行法律行为；而就其法律后果而言，把其视为与被代理人自己所为的法律行为相同。

在学理上，通说认为代理的对象仅限于民事法律行为，事实行为不得代理。本条第 1 款对这一理论进行了法律确认。不过，并非所有的民事法律行为均可以代理，基于特定利益衡量，立法者禁止某些身份行为适用代理制度。民事主体在民商事活动中，有时也会基于特定考量，限制某些法律行为的代理适用，这是意思自治原则的进一步体现。而有些法律行为，天然不具有代理因子，也不能适用代理制度。下面对这些内容限制进行分析。

1. 禁止代理的法律行为

身份行为不得代理，这些身份行为主要有结婚、收养、离婚、非婚生子女认领等。我国《婚姻法》第8条规定："要求结婚的男女双方必须亲自到婚姻登记机关进行结婚登记。符合本法规定的，予以登记，发给结婚证。取得结婚证，即确立夫妻关系。未办理结婚登记的，应当补办登记。"依据本条规定，结婚当事人未亲自办理结婚登记的，婚姻关系不成立。《德国民法典》第1311条也有类似规定：结婚当事人双方必须在亲自和同时在场的情况下，做出第1310条第1款所规定的结婚意思表示。不得附条件或期限而做出该意思表示。收养关系的当事人为送养人和收养人，被收养人不是法律行为的当事人，虽然收养关系在其与收养人之间成立。

2. 当事人约定不得代理的法律行为

与法律禁止代理的法律行为不同，当事人约定不得代理的法律行为范围并没有一个固定的区域。从意思自治的理念看，当事人可以任意约定某一种法律行为不得代理，只要该约定不违反强行法和善良风俗，即为有效。

3. 从其性质本身来看不得代理的法律行为

有些法律行为，如遗嘱，从性质来讲，只能由当事人亲自为之，不得代理。究其原因，在于遗嘱的法律后果上的特点：对行为人产生不利的后果，遗嘱涉及的遗产在遗嘱生效时会无偿转移给继承人或者受遗赠人。由行为人亲自为之，方能更好地保护其利益。

【适用与比较】

本条第1款中的"民事主体"，按照《民法总则》的规定，包括自然人、法人和非法人组织，这一点与《民法通则》的规定不同。《民法通则》第63条规定主体只有公民和法人，"代理人"的范围未规定。根据相关解释，代理人可以是自然人、法人或非法人组织。

代理制度，指的是法律行为的代为设立，而非法律行为所产生的债的代为履行。在实践中注意以下区别：有些法律行为，可以由代理人代为设立，但是不能由代理人代为履行，这些行为，不属于从其性质来看不得代理的法律行为。比如，周杰伦的经纪人可以代其订立广告服务合同，但出现在广告中的人必须是周杰伦。

第一百六十二条　代理人在代理权限内，以被代理人名义实施的民事法律行为，对被代理人发生效力。

【条文释解】

本条规定的是显名有权代理的要件和法律效果。代理，在传统和典型意义上，仅指显名代理。无显名，即无代理。显名代理，是指代理人以被代理人名义为法律行为。“显名”中的“名”就是“被代理人的名字或名称”。代理人自己的名字或名称，并不出现在所代理的法律行为当事人一栏中。显名代理，在文义上，可以包括有权的显名代理和无权的显名代理，不过，在谈论代理时，如无特别说明，显名代理一般仅在狭义上使用，即仅指有权的显名代理，无权代理并不包括在内。我们在这里解释的代理，也是指有权的显名代理。

代理的构成要件如下：

1. 代理人有代理权

代理人有代理权，是代理成立的前提。代理权是一种资格权，它不属于民事权利，这一点，可以就以下事实得到佐证：在民法教科书中，民事权利的分类一般不包括代理权。代理权的产生不是为了代理人，而是为了被代理人，这一点与民事权利有着本质区别，任何民事权利的获得，均是为了权利主体本身。代理权与监护权相似，均属于为了他人利益而产生的一种资格。

代理权的产生原因，可以是法律行为，也可以是法律规定。前者如代理权授予，后者如监护人的确定。在商法中，公司章程可以规定某些职务本身兼具有代理权的内容，因此，对某一个自然人的任命，就可以推定同时包含着代理权的授予。比如，某公司任命张某为销售部经理，这一任命就可以解释为张某有权以该公司名义销售该公司的产品。

代理人超越代理权的行为如何处理？应根据本人的真实意思结合案件的具体情形来综合判断，或者将整个代理行为视为无权代理，依照无权代理的相关规则处理；或者部分按有权代理、部分按无权代理处理。

2. 以被代理人名义

代理人必须以被代理人名义实施法律行为，这是传统代理制度的铁律。代理人以自己名义所为的法律行为，多被归之于行纪，被排除在代理制度之外。

不过，这一点已被英美法所突破，在英美法中，隐名代理得到承认。我国《合同法》也引进了隐名代理（见《合同法》第 402 条），2017 年

3 月15 日通过的《民法总则》对隐名代理制度进行了认领（《民法总则》第 166 条）。

3. 实施民事法律行为

代理的对象限于民事法律行为，事实行为不得代理。意思表示的瑕疵，也应就代理人决之；被代理人的意思被忽略。

4. 代理人应具备相应的行为能力

代理人需具备行为能力，这一点是从代理的对象仅限于法律行为中推演出来的。代理制度的实质是代理人实施民事法律行为，其后果由被代理人承受。既然要实施民事法律行为，自然需要具备法律行为能力（在我国《民法总则》中表述为民事行为能力）。依照通说，代理人仅具有限制行为能力即可。其原因如下：代理人只有权利，并无义务；代理的法律行为的后果由被代理人承受，从而限制行为能力人做代理人与民法保护限制行为能力人的制度宗旨不相冲突。当然，当事人特别约定只有完全行为能力人才能做代理人的，该约定有效。值得注意的是，限制行为能力人可以做代理人，只适用委托代理。对法定代理人而言，不能是限制行为能力人。之所以如此，是因为法定代理人要代理的事项复杂多样，不是限制行为能力人所具备的。从另一方面讲，法定代理人就是监护人在法律行为领域的变身，限制行为能力人是被监护人，不可能是监护人。

代理的法律后果：代理人所为法律行为，包括合同和单方法律行为，由被代理人承受。这里的法律后果，不仅包括法律行为生效时，也包括法律行为无效、被撤销时。比如，甲公司委派经理 A 与乙公司委派的经理 B 签署了一份企业间的借款合同，借款到期后，乙公司不能清偿到期债务，甲公司提起诉讼，法院审理后认定合同无效。在这个案件中，借款合同是借助代理制度完成的，无效的后果仍由甲、乙公司承受：本金依照不当得利之债返还，利息不保护。

【适用与比较】

《民法通则》和本条相对应的法条是第 63 条第 2 款规定：代理人在代理权限内，以被代理人的名义实施的民事法律行为，被代理人对代理人的代理行为，承担民事责任。从文字上看，《民法总则》的表述更简洁、精练。从法律上说，《民法通则》第 63 条所说的“承担民事责任”的提法不科学，代理人所为的法律行为，对被代理人而言，并不一定产生民事责任。比如，A 公司业务员韩某代理公司与 B 公司订立了合同，一般的情形下，合同会得到履行，根本不会产生民事责任。民事责任的实质是救济制度，只有在违约、侵权或缔约过失的情形下，才会有民事责任。

第一百六十三条　代理包括委托代理和法定代理。

委托代理人按照被代理人的委托行使代理权。法定代理人依照法律的规定行使代理权。

【条文释解】

本条规定的是代理的种类。

本条第 1 款对代理种类的表述，是从代理权产生的角度进行的划分，即代理权通过授权产生，代理人实施代理活动的，为委托代理；通过法律规定产生的代理权，代理人实施代理行为的，为法定代理。委托代理的提法不准确，因为它给人的感觉是意定代理权源于委托合同的假象。实际上意定代理权的产生源于代理权授予这一单方法律行为，而非合同。这一单方法律行为可以和委托关系共生在一起，也可以和非委托关系并存一处，甚至可以独身而立。比如，在劳动合同关系下，用人单位可授予某个劳动者以代理权，代理用人单位销售货物、采购原料。同学、亲友、乡邻关系不属于民事法律关系，但这些人之间也可以授予代理权，代理他人实施法律行为。从这个意义上讲，本条对代理种类的规定不够严谨，不如意定代理和法定代理的分类更精准。

本条第 2 款规定的是代理权限，该权限对代理人的活动构成制约，代理人不得超越代理权限进行活动。委托代理人的代理权限是由委托人通过授权确定的，它往往比较具体。比如，在民事诉讼中，代理律师的代理权限为一般代理时，其代理权限为出庭、参加法庭调查、法庭辩论、代收法律文书等，而对于承认、放弃或改变诉讼请求、和解等，则需要特别授权。法定代理人的代理权限是通过法律规定的，而法律规定的代理权限往往是概括的、抽象的，比如，被监护人需要为法律行为时，监护人就是其法定代理人，没有任何法律能够详细列举哪些行为法定代理人可以代理，哪些不可以代理。之所以如此，是因为被监护人需要的多样性和复杂性，使得立法者无法列举清楚。因此，对法定代理而言，只有概括授权。

正因为如此，超越代理权主要是就委托代理人而言的。委托代理人超越代理权，给被代理人造成损害的，应承担赔偿责任。代理人有两个或两个以上的，承担连带责任。

【适用与比较】

本条实际上是对《民法通则》第 66 条的修订。《民法通则》第 64 条规定：“代理包括委托代理、法定代理和指定代理。委托代理按照被代理人的委托行使代理权，法定代理人依照法律的规定行使代理权，指定代理人按照人民法院或者指定单位的指定行使代理权。”与《民法通则》第64 条相比，本条删除了指定代理。这种删减是正确的，因为指定代理不外是法定代理人自动产生出现障碍时的救济制度，其本质上仍属于法定代理。

代理的类别，还可以分为单独代理和共同代理，不过这一分类没有在“代理一般规定”中规定，而是出现在委托代理一节的第 166 条中。这样处理简化了条文，又不影响法律的适用，是值得称赞的。

第一百六十四条　代理人不履行或者不完全履行职责，造成被代理人损害的，应当承担民事责任。

代理人和相对人恶意串通，损害被代理人合法权益的，代理人和相对人应当承担连带责任。

【条文释解】

本条是关于代理人责任的规定。

本条第 1 款区分了两种情形：一是代理人不履行代理职责；二是代理人不完全履行代理职责。

在委托代理中，代理权授予只是为了完成委托事务，其本身仅具有辅助意义。“代理人不履行或者不完全履行职责”中的“职责”，在不履行职责，可以解释为不实施法律行为。在不完全履行职责，可以理解为实施的法律行为有瑕疵，给被代理人带来损失，或者法律行为的内容对被代理人不利，而这种不利的主要原因是代理人履行职责的过程中有过失。

在法定代理中，代理事项的概括性决定了适用本条的困难。未成年人患病，作为监护人的父母拒绝带孩子就医，因此造成未成年人人身损害的，应承担民事乃至刑事责任。不过，其请求权基础是父母对未成年子女的抚养义务，而非本条规范。

代理人承担民事责任的主观要件应为过错，包括故意和过失。“承担民事责任”的主要方式是损害赔偿，但不限于此。比如，代理人不履行职责的，可以依照委托合同的约定，请求其承担继续履行的违约责任。

本条第2款规定的是代理人和相对人的连带责任。什么情形下会出现“代理人和相对人”呢？代理人代理合同、合伙协议时，有相对人，悬赏广告、撤销、追认等单方法律行为，也属于有相对人的意思表示。恶意串通，说明主观恶性大，这里的恶意不同于“善意恶意”中的“恶意”，后者是“不知情”的代名词；“恶意串通”中的“恶意”是“知恶而为恶”。在《侵权责任法》中，这种情形被定性为共同侵权，共同加害人对受害人承担连带责任。

【适用与比较】

代理人责任的性质主要是侵权责任，在委托代理，还可能产生侵权责任和违约责任的竞合。本条适用上，包括委托代理人和法定代理人。

第二节　委托代理

第一百六十五条　委托代理授权采用书面形式的，授权委托书应当载明代理人的姓名或者名称、代理事项、权限和期间，并由被代理人签名或者盖章。

【条文释解】

本条是对授权委托书的形式、内容的规定。它共有以下两层意思：

1. 委托代理授权可采用书面形式，也可采用非书面形式

书面是要式法律行为最重要的形式之一，要式法律行为的实质是法律行为的有效与否取决于要式。要式法律行为在民法中的走势很难说是式微还是渐强。真正的问题是对本条规定属性的解释，即本条规定是强行性规定，还是任意性规定。仔细研究本条的表述，可以得出的结论是：本条并非对委托代理授权进行形式规制。它只是说，如果当事人对委托代理权采取了书面授权，则书面授权书在内容上应包括几个方面。因此，决不能依据本条认为：我国《民法总则》对代理权授予采取了书面形式强制，如果

当事人未采取书面授权的，代理权不产生。

2. 书面代理权授予的内容规制

本条还规定了授权委托书应当载明的内容，这些内容包括代理人的姓名或者名称、代理事项、权限和期间，并由被代理人签字或盖章。委托书包含的这些内容，哪些是必要的，不记入委托书，将导致委托书无效；哪些是非必要的，不记入委托书，也不会导致委托书的无效，是必须要解释清楚的。

（1）被代理人的签字或盖章

原则上，被代理人为自然人的，要签字；法人或非法人组织，要盖章。被代理人不签字或不盖章的，原则上代理权授予不生效。之所以如此解释，是因为代理权授予是单方法律行为，行为人即被代理人。因此，被代理人签字或盖章属于必备条款。

就法人或非法人组织内部授权而言，代表人或负责人签字，有时也应将授权书解释为有效。

（2）代理人名字或名称

代理权授予是单方法律行为，代理人只是意思表示的相对人，而非当事人，因而代理人的姓名或者名称不是授权委托书的必要记载事项。持有代理委托书的人可以推定为代理人。

不过，法律或者习惯要求必须记载代理人的，从之。比如，民事诉讼中代理律师的授权委托书就必须记载代理人。

（3）代理事项

原则上为必要记载事项，因为代理人要为的法律行为须确定。

（4）代理权限

原则上为非必要记载事项。法律或习惯上须记载的，从之。就民事诉讼而言，授权委托书未记载特别事项代理权限的，并不导致授权委托书不生效，而是按照一般代理对待。

（5）期间

这是非必要记载事项。有时可以通过其他事实推定，比如，律师代理的民事案件的受案法院是最高人民法院，或者是上诉案件，则可以推定出代理期限。自然人委托他人购买一套住房，自该买卖合同订立后，代理期限终止。

对于授权委托书，必须确定以下解释原则：尽量将授权委托书解释为有效。这种解释的原则是与《合同法》解释合同的精神一脉相承的。

【适用与比较】

本条对委托代理权授予不强制采用书面形式，这种做法实际上是对《民法通则》的继受。《民法通则》第65条第1款规定："民事法律行为的委托代理，可以用书面形式，也可以用口头形式。法律规定用书面形式的，应当用书面形式。"

第一百六十六条　数人为同一代理事项的代理人的，应当共同行使代理权，但是当事人另有约定的除外。

【条文释解】

本条是对共同代理人行使代理权的规制，适用范围限于委托代理，不适用于法定代理。

本条文的基本含义是：数个代理人为同一委托事项的，为共同代理，应共同行使代理权。不过，这种规定是任意性的，当事人之间另有约定的，约定有效：即数个代理人可以分别行使代理权。

"数人"，可以是二人，也可以二人以上。它可以存在于书面授权，也可以存在于口头授权。

"同一委托事项"在整个条文中起着基础性作用，换言之，如果委托事项不属于同一委托，则即使代理人有数人，也没必要共同行使代理权。立法者可能考虑到：同一委托事项，说明了被代理人只想完成一个委托事项，不想在同一委托事项上建立多个法律关系，让数个代理人共同行使代理权，是避免"在同一委托事项上建立多个法律关系"的最便捷手段。

【适用与比较】

本条规定属于新规定，类似内容既不见于《民法通则》，也不见于《民通意见》。《民通意见》第79条涉及共同代理，但其规制点是民事责任："数个委托代理人共同行使代理权的，如果其中一人或者数人未与其他委托代理人协商，所实施的行为侵害被代理人权益的，由实施行为的委托代理人承担民事责任。被代理人为数人时，其中一人或者数人未经其他被代理人同意而提出解除代理关系，因此造成损害的，由提出解除代理关系的被代理人承担。"

必须说明的是，代理人违反本条规定而实施法律行为的，对善意相对人而言，该代理行为也不因此无效。换言之，本条规范调整的是委托人与代理人的内部关系，对代理行为产生的外部关系没有多大影响。

第一百六十七条　代理人知道或者应当知道代理事项违法仍然实施代理行为，或者被代理人知道或者应当知道代理人的代理行为违法未作反对表示的，被代理人和代理人应当承担连带责任。

【条文释解】

本条是关于代理人和被代理人连带责任的规定，具体情形分为以下两种：

1. 代理人知道或者应当知道代理事项违法仍然实施代理行为，被代理人和代理人应当承担连带责任

这里所说的连带责任，是指侵权责任。因为代理制度的法律后果，只允许被代理人承受法律行为的效果，不允许代理人和被代理人双方承受法律行为的效果。

代理人承担连带责任的构成要件为：（1）代理行为违法。“违法”界定应借助法律规定来解释，如销售假货、销售侵犯他人知识产权的产品等。（2）代理人实施代理行为。内心意思本身不属于法律事实，只有在意思转化为行为，才有可能违法。（3）代理人知道或应当知道代理行为违法。举证责任在于主张权利者一方，不能证明代理人恶意的，自然不能向代理人主张连带责任。

值得注意的是，代理人连带责任是依附性的，即只有被代理人依法承担民事责任的情形下，才会有代理人的连带责任。如果被代理人依法不承担责任，也就不会有代理人的连带责任。因此，代理人的连带责任是以被代理人承担民事责任为前提和基础的。

如果被代理人承担责任，那么代理人承担连带责任。必须说明的是，如果代理人属于被代理人的工作人员，则本条不适用。究其原因，是因为在代理人兼有雇员、劳动者等身份时，《侵权责任法》规定了替代责任，而非连带责任。《民法总则》属于一般法，《侵权责任法》属于特别法，根据特别法优于一般法的法律适用规则，应适用《侵权责任法》的规则来处理损害赔偿问题。比如，甲公司委托乙公司代销二手车，乙公司工作人员

李某发现，销售的二手车的行驶公里数均有大幅度人为篡改，范某从乙公司手中花30万元买了一辆进口奔驰车，车辆显示行驶10万公里，实际行驶已达30万公里，该车市值15万元。对范某的损失，甲、乙公司即应承担连带责任。如果甲公司的工作人员将该车销售给范某，则范某只能向甲公司主张赔偿责任。

2. 被代理人知道或应当知道代理人的代理行为违法未作反对表示的，则被代理人和代理人承担连带责任

在这种连带责任中，起基础作用的是代理人的侵权责任，即代理人的代理行为违法已对他人造成损害，依照《侵权责任法》应承担侵权责任。被代理人承担连带责任是依附性的，即被代理人之所以承担连带责任，是因为其主观恶意和客观的不作为（没有制止代理人的违法代理行为）。如果没有代理人的违法代理行为，就不会产生损害，也就不会有责任。

被代理人承担连带责任的构成要件为：（1）代理人代理行为违法。借用上面的案例，如果篡改二手车里程数的侵权行为是由代理人实施的，就属于代理人的代理行为违法。（2）被代理人知道或应当知道。知道或者应当知道属于恶意，但这里的恶意不同于恶意串通。（3）被代理人未作反对表示。即被代理人默认代理人行为不法，默认即为不作为，不作为也可以是侵权行为的一种样态。

如果代理人承担责任，那么被代理人承担连带责任。同理，代理人兼有被代理人工作人员身份的，排除本条的适用，直接适用《侵权责任法》第34条、第35条的规定来解决受害人的损害赔偿。

【适用与比较】

本条是对《民法通则》第67条的继受。所作改变主要是主观恶意方面，即由原来的“知道”变为了“知道或者应当知道”，其他地方仅有修辞上的变化。可以说，这一改变比原来更加严谨了。

第一百六十八条　代理人不得以被代理人的名义与自己实施民事法律行为，但是被代理人同意或者追认的除外。

代理人不得以被代理人的名义与自己同时代理的其他人实施民事法律行为，但是被代理的双方同意或者追认的除外。

【条文释解】

本条是对自己代理和双方代理的规制。本条文共两款，第 1 款规制自己代理，第 2 款规制双方代理。

1. 自己代理无效，被代理人同意、追认的，法律行为不会因为自己代理而无效

自己代理，指的是代理人自己作为一方当事人，与被代理人为所代理的法律行为，这里所说的法律行为，应解释为合同或多方行为。因为，就单方法律行为而言，被代理人已经成了当事人，代理人就不可能再成为当事人。

民法之所以禁止自己代理，主要的考量是存在利益冲突。代理人之代理行为，应以被代理人利益最大化为原则。但在自己代理场合，代理人的利益与被代理人的利益发生了直接冲突，代理人很有可能追逐自己利益，损害乃至牺牲被代理人的利益。

从域外法的规定看，自己代理也可以例外允许。不过，这一允许被限定在一种情形：债务履行。公司会计代公司向员工发放工资，即属于代理。其向自己发工资的行为，即属于自己代理。这种情形是法律允许的，也符合现实需要。本条规定就使用的文字看，比域外法要宽松。即只要被代理人追认或同意，代理行为就不会因为自己代理而无效。“同意”“追认”均属于意思表示，发生在法律行为之前的为同意，发生在法律行为之后的为追认。这种规定是否更先进、更能满足现实生活的需要，还需要时间来检验。

2. 双方代理无效，被代理人同意、追认的，代理的法律行为不会因为双方代理而无效

双方代理，是指代理人在为同一法律行为时，同时是双方当事人的代理人。从其使用的文字来看，所代理的法律行为只包括合同和多方行为。“同时”在此起决定作用。因为，在不同时间，就不同的法律行为，代理人分别做过双方当事人的代理人，就不属于双方代理，不在禁止之列。比如，甲曾在 A 公司任销售经理，在任职期间代 A 公司与 B 公司签订过多份销售合同。后来，甲辞职加入 B 公司，也任职销售部经理，其间，代 B 公司与 A 公司签订了数份合同。这种情形，因未发生在同一时间，就不属于双方代理。

民法禁止双方代理的理由可能是双方代理欠缺讨价还价的过程，很可能对一方当事人产生不公平。双方代理经被代理人同意、追认的，法律行为不会因双方代理的原因无效。导致无效的原因有很多，如果代理的法律行为含有这样的无效因子，即使获得被代理人的同意，也不会生效。

【适用与比较】

我国《民法通则》及《民通意见》均未禁止自己代理和双方代理，从这个意义上讲，本条具有补缺的意义。

第一百六十九条　代理人需要转委托第三人代理的，应当取得被代理人的同意或者追认。

转委托代理经被代理人同意或者追认的，被代理人可以就代理事务直接指示转委托的第三人，代理人仅就第三人的选任以及对第三人的指示承担责任。

转委托代理未经被代理人同意或者追认的，代理人应当对转委托的第三人的行为承担责任，但是在紧急情况下代理人为了维护被代理人的利益需要转委托第三人代理的除外。

【条文释解】

本条是关于转委托的规定。

转委托的目的是产生复代理人，由复代理人完成代理事务。复代理人是由代理人选任的，复代理人应以被代理人而非代理人的名义为法律行为，所为法律行为的后果也由被代理人承受。

鉴于代理权的授予往往和代理人的身份有很大关系，而复代理人资质、品德、能力等，对代理事务的完成影响甚巨，进而关涉被代理人利益。因此，代理人转委托，原则上应经被代理人事前同意或事后追认。其制度精神与理念，与免责的债务承担类似。后者，只有经过债权人同意，方为有效。

复代理人产生后，代理人处于什么地位，视不同情形而定：代理人将全部代理权限转委托于第三人的，代理人脱离代理关系；代理人仅仅转委托部分代理权限的，代理人仍就未转委托的权限实施代理。

本条共三款，实质含义有三层：

1. 代理人转委托第三人取得被代理人同意或追认

在这种情况下，复代理人实质享有代理权，可在代理权限内以被代理人名义为法律行为，其后果由被代理人承受。被代理人可以对复代理人为指示，也可以通过原代理人为指示。代理人的责任限于选任和指示。代理人选任复代理人有过错，致被代理人有损失的，应承担赔偿责任。代理人在选任复代理人时，可以对代理事务进行指示，指示有过错，致被代理人有损失，也应承担相应的民事责任。问题是：被代理人和代理人对复代理人均有指示，且指示内容冲突，复代理人如何抉择？笔者认为：应该听从被代理人的指示。

本条对代理人转委托限定在“需要”，而非“必要”，之所以如此，是因为转委托的成立还需要有被代理人同意或追认，被代理人完全可以不同意或不追认，从而阻止复代理人产生。转委托什么情形下属于“需要”，交给法院来决定。

复代理人为代理行为造成被代理人损失的，是否要承担民事责任。本条没有提及，这个问题应由本法第 168 条来决定。

2. 代理人转委托未取得被代理人同意或事后追认

在这种情况下，代理人应当对转委托的第三人的行为承担责任。代理人承担什么责任呢？由于转委托未取得被代理人同意或事后追认，原则上，被代理人不承担责任。

有责任的应该是转委托的第三人（不能称之为复代理人，因为转委托并未生效）。因其不具有代理权，其对外以被代理人名义所为的法律行为，依照《民法总则》第 171 条有关无权代理的规则处理。

不过，本条并没有就转委托的第三人的责任作出任何处理。在善意相对人的保护上，本条规定的责任人是代理人。“代理人应当对转委托的第三人的行为承担责任”，这种责任实质上是替代责任，即行为人是转委托的第三人，承担责任者是代理人，权利主体是善意相对人，责任性质是缔约过失责任或侵权责任，而不能是违约责任。代理人承担责任的理由是代理人是选任人，应为其选任的过失负责。

3. 如果转委托是必需的，则复代理人代为法律行为的后果，由被代理人承受

本条将“必需”表述为“在紧急情况下代理人为了维护被代理人的利益需要转委托第三人代理”。对于紧急情况，《民通意见》第 80 条做了解

释："由于急病、通讯联络中断等特殊原因，委托代理人自己不能办理代理事项，又不能与被代理人及时取得联系，如不及时转托他人代理，会给被代理人的利益造成损失或者扩大损失的，属于民法通则第六十八条中的'紧急情况'。"

【适用与比较】

关于无权代理的规则，《民法通则》第66条第1款规定："没有代理权、超越代理权或者代理权终止后的行为，只有经过被代理人的追认，被代理人才承担民事责任。未经追认的行为，由行为人承担民事责任……"这一立场被《合同法》继受了，《合同法》第48条第1款规定："行为人没有代理权、超越代理权或者代理权终止后以被代理人名义订立的合同，未经被代理人追认，对被代理人不发生效力，由行为人承担责任。"这里所谓的责任，通说认为是缔约过失责任。按照这种责任，善意相对人是不能向无权代理人主张合同有效，由其来履行合同的。与我国民法相比，德国民法对善意相对人的保护更为周到，即相对人可以选择无权代理人履行债务或者承担损害赔偿责任（《德国民法典》第179条）。《民法总则》第171条一改《民法通则》和《合同法》的处理立场，借用了《德国民法典》的做法，使得善意相对人可以在履行债务和损害赔偿之间进行选择，且规定了在损害赔偿时，赔偿数额不得超过履行利益。

本条是对《民法通则》第66条的继受，其表述文字虽有不同，但主要内容和精神是基本一致的。

第一百七十条　执行法人或者非法人组织工作任务的人员，就其职权范围内的事项，以法人或者非法人组织的名义实施民事法律行为，对法人或者非法人组织发生效力。

法人或者非法人组织对执行其工作任务的人员职权范围的限制，不得对抗善意相对人。

【条文释解】

本条是关于基于职权授予而产生的代理权。本条共包含两款，意思上也分为两层：一个是概括代理权基于身份而产生；一个是组织内部限制代理权时善意第三人的外部保护。

1. 基于职务或职位而生的概括代理权

其构成要件如下：

（1）主体方面，须是执行法人或非法人组织工作任务的人员。一般情形下，该人员与法人或非法人组织有劳动关系或者雇佣关系，但有例外。比如公司董事、监事，董事、监事非专职，一个自然人可以在多家公司出任董事、监事。鉴于在同一时间，一个自然人只能与某一个用人单位建立劳动关系，执行法人或非法人组织工作任务的人员，也就可以与法人、非法人组织不存在劳动关系。

（2）代理的法律行为须属于职权范围内的事项。这一点至为关键，它是确定概括代理权存在的要素之一。对公司销售经理而言，出售公司产品或商品的销售行为，属于其职权范围，应认为代理行为对公司发生效力。反之，公司销售部经理以公司名义招募员工的行为，如果没有特别授权，就不宜认定该行为对公司有效。

（3）以法人或非法人组织名义实施民事法律行为。代理的典型特征是代理人为意思表示，效果归属于被代理人。之所以如此，“显名”即以被代理人名义，起着重要的作用。

其法律效果：该法律行为约束法人或非法人组织。

2. 超越职权限制的代理行为

本条第2款是关于执行法人或者非法人组织工作任务的人员超越职权限制的行为的规制，本条给出的答案是：不可对抗善意第三人。什么是不可对抗善意第三人呢？就是善意第三人可以向法人或非法人组织主张越权代理行为对法人或非法人组织有效。实质意义是表见代理制度的引用，即《民法总则》第172条的引用。

执行法人或者非法人组织工作任务的人员超越职权限制的行为，属于超越代理权的行为，在性质上，属于无权代理。不过，鉴于本条代理权属于概括代理权，授权方式又可以归之于法人或者非法人组织的内部授权，如果一律采取无权代理的处置模式，对善意第三人不公平，也可能诱发欺诈行为的泛滥，破坏交易秩序。因此，本条第2款对越权代理行为采取了适用表见代理的立场。这样处置是妥当的，它一方面保护了善意第三人和交易安全，另一方面又具有督促法人或者非法人组织加强内部管理的功能。

其构成要件是：（1）须为执行法人或者非法人组织工作任务的人员；（2）须以法人或非法人组织名义为法律行为；（3）须该法律行为超越职权

范围；（4）须第三人善意。这里的第三人，原则上是合同相对人。所谓善意，是指该相对人对超越职权这一点不知情，而该不知情不具有可责难性。

其法律效果：善意第三人可主张越权行为对法人或非法人组织有效。

【适用与比较】

基于身份而产生代理权，在法定代理领域也很常见。监护人、保佐人的代理权，均源于身份，而由法律直接规定。除此之外，还有基于职务而产生的法定代理人，德国学者梅迪库斯称这种人为“依职当事人”，他们基于该身份而享有法定代理权，破产管理人、遗嘱执行人即为这方面的典型例子。本条正是对这一社会现象的回应，体现了规则的现实感和先进性。

第一百七十一条　行为人没有代理权、超越代理权或者代理权终止后，仍然实施代理行为，未经被代理人追认的，对被代理人不发生效力。

相对人可以催告被代理人自收到通知之日起一个月内予以追认。被代理人未作表示的，视为拒绝追认。行为人实施的行为被追认前，善意相对人有撤销的权利。撤销应当以通知的方式作出。

行为人实施的行为未被追认的，善意相对人有权请求行为人履行债务或者就其受到的损害请求行为人赔偿，但是赔偿的范围不得超过被代理人追认时相对人所能获得的利益。

相对人知道或者应当知道行为人无权代理的，相对人和行为人按照各自的过错承担责任。

【条文释解】

本条是关于无权代理的规定。

本条共分4款，分别就无权代理的法律效果、相对人的权利、善意相对人的救济、相对人和无权代理人的责任作出规制。既有对现行法律制度的吸收和借鉴，也有修订和增补。

1. 无权代理的法律效果

本条第1款，规定的是无权代理未经追认的法律后果即无效。条文始于无权代理的界定，包括三种情形：

（1）行为人没有代理权仍然实施代理行为，未经被代理人追认的

没有代理权是指自始没有获得代理权授权。在这种情形下，行为人以

被代理人名义为法律行为，临时法律效果效力待定。如果最终没有被代理人追认，所为法律行为无效。

（2）行为人超越代理权实施法律行为，未经被代理人追认的

所谓超越代理权，是指行为人有代理权，但以被代理人名义为法律行为时，超越了代理权权限。对于超越部分，未获得被代理人追认的，即构成无权代理，最终的法律效果为无效。

（3）行为人代理权终止后仍然实施代理行为，未经被代理人追认的

这种情况既不同于自始没有代理权，也不同于超越代理权，而是曾经有过代理权，只是代理权终止了。代理权终止后，仍然以被代理人名义为法律行为，即属于无权代理。被代理人不追认的，即为无效。

2. 相对人的权利

相对人的权利主要有催告权和撤销权。

（1）催告权

催告权，严格来讲不是一种民事权利。催告，是催告权行使的方式和结果，它属于准法律行为。此与形成权的行使表现为法律行为不同。立法者赋予相对人催告权的目的是使法律关系尽可能走向确定。催告可以产生以下法律后果：

第一，产生一个月的追认期间。被代理人在此期间内可以向相对人表示追认。一经追认，无权代理中代理权缺少的瑕疵即被治愈，摇身一变，变成了有权代理，代理行为有效，对被代理人发生效力。期间届满，被代理人未追认的，无权代理人所为的法律行为无效。追认的意思表示，只能向相对人作出。

第二，催告前被代理人对代理人的追认或拒绝追认的意思表示，因催告而失去效力（《德国民法典》第177条第2款）。我国法律虽然没有这样的规定，但也可以这样解释。之所以如此，是因为催告给了被代理人改变立场的机会，这个机会对被代理人而言，有利无弊。

（2）撤销权

撤销权针对的是已生效的意思表示，一经撤销，生效的意思表示即归于无效。本条文将撤销权授予了善意相对人。换言之，恶意相对人不享有撤销权。

善意相对人的撤销权属于任意撤销权，即撤销权的产生不需要理由，这一点不同于欺诈、胁迫订立的合同中，受欺诈方、受胁迫方的撤销权，

其权利产生源于欺诈、胁迫这些事实的存在。

撤销权属于形成权，在此，它针对的对象是相对人自己的意思表示，这个意思表示在性质上应为要约。法律规定了其行使途径为“通知”，通知可以是书面的，也可以是其他形式。撤销权应在被代理人追认前作出，因为一旦被代理人追认了，合同即告成立，就不能任意撤销了。

3. 善意相对人的救济

对于善意相对人的救济，大陆法系国家主要有两种模式：（1）单一救济模式。或由代理人履行所约定的义务（《法国民法典》第2009条），或者由代理人承担缔约过失责任（《意大利民法典》第1398条）。（2）双元救济模式。即由善意相对人在履行契约和缔约过失责任之间择一行使（《德国民法典》第179条、《日本民法典》第117条）。我国《民法通则》和《合同法》均采取了《意大利民法典》的处理模式，由善意相对人向无权代理人主张缔约过失责任，即赔偿善意相对人因信赖合同成立而遭受的损失（《民法通则》第66条、《合同法》第48条）。缔约过失责任的赔偿有一个限制，即不得超过合同有效情形下产生的履行利益。

4. 恶意相对人与无权代理人之间按照过错原则处理

本条第4款有一个推定：无权代理人为法律行为造成相对人损失的，即有过错，应承担赔偿责任。相对人之恶意，也认定为过错，按照混合过错的原则承担责任。相对人的过错在于恶意，即明知或应当知道代理人无代理权，仍与之为法律行为。

相对人恶意，由无权代理人负举证责任。相较于德国、日本民法典，我国《民法总则》对无权代理人过于苛责。依照《德国民法典》第179条第3款的规定，相对人恶意的，代理人不负责任。《日本民法典》第117条第2款也有类似的规定。

【适用与比较】

本条对善意相对人的救济，一改之前《民法通则》和《合同法》的单一救济模式，采取了二元选择性救济模式，即善意相对人可以在债务履行和损害赔偿之间进行选择。这种救济模式的改变，更有利于保护善意相对人。

第一百七十二条　行为人没有代理权、超越代理权或者代理权终止后，仍然实施代理行为，相对人有理由相信行为人有代理权的，代理行为有效。

【条文释解】

本条是关于表见代理的规定。

表见代理的实质是无权代理，只是为了保护交易安全和第三人的合理信赖，才由被代理人承受法律行为的效果。换言之，表见代理的代理人无代理权，这一点与无权代理同，与有权代理异；在法律效果上，被代理人承受代理行为的效果，与有权代理同，与无权代理异。

表见，是指事务的外表与真相不一致。表见代理中的代理人，本无代理权，却给人有代理权的感觉。被代理人能够消除这种表见，却因过错未消除，相对人则善意，有合理的理由信赖代理权的存在。

就本条而言，表见代理的构成要件如下：

1. 代理人无代理权。本条在表述代理人无代理权时，采用了“没有代理权、超越代理权或者代理权终止”的表述方式，实际上，这样的表述对于表见代理的认定，没有多少助益。“没有代理权”等于“自始没有代理权”，这是典型的无权代理，从这一点丝毫看不出为什么要让被代理人承担法律行为的后果。“超越代理权”“代理权终止后”的表述，则对善意第三人对表见代理权的认知有些影响。比如，某公司业务经理长期在某饭店签单招待来往客户，后公司解除该经理职务，但未通知饭店。该经理若在该饭店继续以公司名义招待宾客，在这种情形下，这个饭店就应该被视为善意第三人，它可以请求公司为后来的消费埋单。“超越代理权”也是如此。比如，A公司派业务员甲到B公司购买男装，甲到B公司后，发现该公司新制作的女装很好，遂私自订购了一批女装。对于订购女装的行为，如果B公司不知甲不具有代理购买女装的权利，就可适用本条规定，由A公司承受该合同。

2. 以被代理人名义为法律行为。

3. 相对人有合理的理由信赖代理权的存在或相对人善意。这是表见代理的关键。对于什么是合理理由，相对人应负举证责任。

【适用与比较】

根据本条规定，相对人有理由相信行为人有代理权的，代理行为有效。那么，如何界定合理理由呢？笔者认为，下列情形原则上视为有合理理由，适用表见代理。

1. 行为人持加盖原被代理人公章的空白合同书与第三人订立合同，第三人不知情的，应认可第三人的信赖存在合理理由，其善意成立，适用表见代理。在这里，有两点对合理理由的认定极为重要：一是加盖公章的真实性，二是行为人获得空白合同书基于被代理人自愿。按照规定，借用盖章的空白合同书引起的纠纷，出借单位和借用人为共同诉讼人。据此，借用加盖他人公章的空白合同书不属于表见代理。因为，在这种情形下，责任人是两个，而非一个，这与表见代理只有被代理人受代理行为约束不同。同理，持有盗用他人公章、私自加盖他人公章的空白合同书而与善意第三人签订合同的，不认为是合理理由，应否认表见代理的成立。

2. 超越代理权。如某单位授权其业务员持加盖公章的空白合同书采购1000吨钢材，该业务员擅自订购了2000吨钢材，多余的1000吨钢材即为超越代理权，合同相对人对权限限制不知情的，应认为合理理由存在，适用表见代理，对2000吨钢材的订购合同，某单位应受其约束。在这个案例中，即使业务员采购的是钢材之外的其他产品，也应认定表见代理的成立。

3. 被代理人有过错。被代理人的过错存在于表见的产生或消除上，即被代理人或者造成了表见的产生，或者能消除表见而未消除，因而有过错。

其法律效果为：代理行为有效，被代理人受该行为约束。

第三节 代理终止

第一百七十三条 有下列情形之一的，委托代理终止：

（一）代理期间届满或者代理事务完成；

（二）被代理人取消委托或者代理人辞去委托；

（三）代理人丧失民事行为能力；

（四）代理人或者被代理人死亡；

（五）作为代理人或者被代理人的法人、非法人组织终止。

【条文释解】

本条规定的是委托代理权的终止。在法律效果上，本条所涉委托代理终止的情形可分为绝对导致代理权终止的情形和相对导致代理权终止的情形。

1. 委托代理绝对终止的情形

（1）代理期间届满

当事人对代理权的存续设定了期间的，期间一旦届满，委托代理权即告消灭。比如，民事诉讼中的代理，当事人约定代理期限为一审的，自一审判决或调解书送达后，即告消灭。

（2）代理事务完成

代理权授予的目的在于由代理人完成代理事项，代理事项即告完成，目的已达，代理权也就应该终止。

（3）被代理人取消委托

委托代理权源于委托人的授权行为，委托人既然能够授权，当然也有权利取消代理权。取消委托可以采用通知的方式，通知可以采取书面形式，也可以采取其他形式，法律对通知的形式有规定或者当事人对通知的形式有约定的，从之。

（4）代理人辞去委托

代理权是一种资格权，权利可以放弃，义务必须履行。代理权人自可辞去委托，终止代理权。

（5）代理人丧失民事行为能力

代理的对象为法律行为，代理人因此必须具有民事行为能力。代理人一旦丧失民事行为能力，即失去了继续充当代理人的资格，委托代理也因此而终止。

（6）代理人死亡

自然人为代理人的，死亡使委托代理权绝对终止。这一点，对法定代理而言，也是如此。

（7）代理人终止

法人或非法人组织为代理人的，委托代理权因法人或非法人组织终止而永久消灭。这里的终止，指的是法人或者非法人组织主体资格的消灭。解散、破产等仅仅是引起清算的原因，而非法人、非法人组织主体资格的消灭，就如同癌症是引起自然人死亡的原因，但癌症不是死亡本身。法人、非法人组织依法应经清算程序后，才能注销主体资格。

2. 委托代理相对终止的情形

委托代理相对终止的情形主要包括：(1) 被代理人死亡；(2) 被代理人终止。

所谓委托代理的相对终止，是指在原则上发生这些情形的，委托代理终止，但是一旦出现特别理由，即使这些情形已发生，委托代理也不终止。关于这些特别理由，《民法总则》另设一条，即第 174 条。

【适用与比较】

本条适用于委托合同、劳动合同、雇佣合同以及公司、非法人企业有关董事、监事、高级负责人等任命或者聘用关系中。

第一百七十四条 被代理人死亡后，有下列情形之一的，委托代理人实施的代理行为有效：

（一）代理人不知道并且不应当知道被代理人死亡；

（二）被代理人的继承人予以承认；

（三）授权中明确代理权在代理事务完成时终止；

（四）被代理人死亡前已经实施，为了被代理人的继承人的利益继续代理。

作为被代理人的法人、非法人组织终止的，参照适用前款规定。

【条文释解】

本条规定的是委托代理不终止的例外情形。委托人死亡或终止的，委托代理权并非绝对消灭，一旦出现法定情形，委托代理权会继续存在。这些情形包括以下几个方面。

1. 代理人不知道并且也不应知道被代理人死亡的

本项实际上是对交易安全的保护，代理人的善意——不知被代理人死亡——仅仅是形式要求，其实质是在代理人不知被代理人死亡的情形下，使代理权不终止，代理行为有效。

被代理人为自然人的，一旦死亡，其遗产会基于法定继承或者遗嘱继承，直接归其继承人、受赠人所有。代理行为在被代理人死亡后，直接关涉的是继承人、受赠人利益，因此，被代理人死亡，代理人知道或应当知道死亡事实的，委托代理权终止。比如，张某出差外地，委托闺密李某于本市某酒店预订婚宴，张某乘坐飞机失事，机上乘客无一生还。此时，李某代理权本应消灭。但若李某不知飞机失事，与某酒店预订了 30 桌酒席。这种情形下，委托代理权就不终止，合同有效。

2. 被代理人的继承人予以承认

本项情形实质上属于无权代理的追认，所不同的是：代理人是以被代理人名义（死者）订立合同，追认的人是被代理人的继承人，仅此而已。继承人死亡的，继承人生前设立的债权债务关系原则上由继承人承受。基于此，对委托代理终止后代理人的无权代理行为，继承人的追认也就合情合理。

本项实质上不是代理权的延续，不是“死而复生”，而是代理权的“无中生有”。代理人知道被代理人死亡的，也不影响本款的适用。

3. 授权中明确代理权在代理事务完成时终止

本项实际上是对被代理人意志的尊重。被代理人与代理人在委托合同中约定，代理权于代理事务完成时终止，该约定有效。从而代理权的终止只有发生如下情形之一时才会终止：代理事务完成、代理人死亡或终止、代理人丧失行为能力、代理人辞去委托、被代理人取消委托。

4. 被代理人死亡前已经实施，为了被代理人的继承人的利益继续代理

本项是对第 1 项的补充，即使代理人知道或者应当知道被代理人已死亡，但是为了继承人的利益可以继续实施代理，前提是该代理事务在被代理人死亡前已开始实施。

【适用与比较】

本条仅适用于委托代理权领域。在委托关系、劳动关系、雇佣关系、帮工关系等意定法律关系下有其适用空间。

第一百七十五条　有下列情形之一的，法定代理终止：

（一）被代理人取得或者恢复完全民事行为能力；

（二）代理人丧失民事行为能力；

（三）代理人或者被代理人死亡；

（四）法律规定的其他情形。

【条文释解】

本条规制的是法定代理的终止。法定代理权将因下列情形之一而消灭：

1. 被代理人取得或者恢复完全民事行为能力

法定代理权，仅限于被代理人为自然人之领域。自然人为无行为能力人、限制行为能力人的，需要为其设立监护人。监护人在代被监护人为法律行为时，即为法定代理人。因此，一旦被监护人取得完全行为能力，如未成年人成长为成年人，或者年满16周岁的未成年人因就业成为完全行为能力人，监护关系即告结束，监护人也就因此失去了法定代理权。

2. 代理人丧失民事行为能力

代理事项须为法律行为，要求代理人有行为能力。代理人丧失行为能力的，客观上已不具备完成代理行为的资格。

3. 代理人死亡

主体既亡，权利之毛无处依附，自然消灭。

4. 被代理人死亡

被监护人死亡的，监护关系结束，监护人不再是监护人，也就不再是法定代理人。

5. 法律规定的其他情形

本项属于弹性条款，为前四种情形之外的导致法定代理权消灭的法定情形留下一个插口，使其可以进入民法典。这样的处理方式是合理的，它避免了列举式可能引致的法律漏洞。在国外，夫妻离婚时，未成年子女的监护权只能属于一方，未成年子女与拥有监护权的父或母共同居住生活。而另一方则丧失了监护权，同时也就失去了法定代理权，这种情形既不属于代理人死亡，也不属于代理人丧失行为能力。我国现行法律的规定与此不同，夫妻离婚的，对未成年子女的监护权并不因婚姻关系的解除而受影响，从而法定代理权也就不会因监护权的丧失而消灭。不过，如果未来民法典亲属编能对上述制度作出修改，采用国外的处理方法，则本条第4项就有了支撑。

【适用与比较】

本条适用于监护关系、宣告失踪制度下的财产代管人领域，破产管理人属于代表制度范畴，与代理制度无关。

第八章　民事责任

第一百七十六条　民事主体依照法律规定和当事人约定，履行民事义务，承担民事责任。

【条文释解】

本条规定的是民事责任，就规范的性质而言，属于一般条款。其核心是规制民事义务和民事责任二者之间的关系。

民事主体，包括自然人、法人和非法人组织。法律，应作广义解释；既包括全国人大及其常委会通过的规范性法律文件，也包括行政法规、地方性法规和行政规章。当事人的约定指双方法律行为，在大陆法系中称之为契约，在我国法下，习惯称之为合同。

民事义务，其实质是不利益，在表现形式上，可以是作为，也可以是不作为。从产生来看，有法律规定的，如基于身份关系产生的父母对未成年子女的抚养义务，也可以是约定的，如买卖合同在当事人之间产生的义务。就出卖人而言，负有转移标的物所有权给买受人的义务；就买受人而言，负有支付价金的义务。

民事责任，则有多种含义。在外延上，民事义务要大于民事责任。之所以如此，是因为有些民事义务本身就是作为特定的救济手段设定的，它们不再需要民事责任的护航。比如，不当得利之债，就是返还没有合法根据的利益，其本身就是一种救济制度，自不会再有民事责任出现。

本条规定的民事责任，主要有以下三种：

1. 违约责任

指在合同有效的前提下，一方不履行合同或者履行合同不符合约定，致他方当事人损害，而应承担的民事责任。违约责任的构成要件，因归责原则不同而不同。无过错责任调整下的违约责任三要件为：违约行为、损失、因果联系。过错责任调整下的违约责任四要件为：违约行为、损害、因果联系和过错。责任的重心是损失。违约责任的救济手段中有一个实际履行，它可以在没有损害的情形下单独成立。

违约责任的救济手段主要有：实际履行、损害赔偿和支付违约金。其中，支付违约金是当事人对损害数额的约定，也可以并入损害赔偿的范围。在我国《合同法》中，还有修理、重作、更换的救济手段，实际上，修理、重作均可以纳入继续履行，更换是对契约的变更。如果更换标的物属于种类物，也可以归之于继续履行。

定金属于担保手段，不属于民事责任范畴。

在赔偿范围上，违约责任中的损害赔偿不包括精神损害。

2. 缔约过失责任

缔约过失责任是一种法定责任，其救济手段只有一种，即损害赔偿。原则上，赔偿范围限于信赖利益，履行利益仅仅作为赔偿上限对待。与违约责任以合同有效为前提不同，缔约过失责任则以合同无效、被撤销或者不成立为前提，其归责原则只有过错责任。

3. 侵权责任

因侵犯他人民事权益依法应承担的民事责任，为侵权责任。保护对象是民事权利和合法利益，救济手段主要是恢复原状和损害赔偿。归责原则主要是过错责任，无过错责任起着辅助的作用，在侵权法领域，无过错责任调整的领域有限，仅在法律有明确规定时方能适用。在赔偿范围上，精神损害也可以包括在内。

【适用与比较】

在适用上，本条属于一般条款，属于一般法。在法律对某项法律事实没有设定具体的法律规则时，它可以单独适用。本条文也可以与其他规范结合适用。适用范围包括《合同法》《侵权责任法》等领域；《继承法》等相关无因管理法上的领域原则上不适用。

第一百七十七条　二人以上依法承担按份责任，能够确定责任大小的，各自承担相应的责任；难以确定责任大小的，平均承担责任。

【条文释解】

本条是按份责任人承担责任份额或比例的确定规则。在性质上属于裁判规范。

按份责任属于多数人责任，其特点是：责任主体二人或者二人以上；每个责任人仅对部分损害承担责任，每个责任人承担的责任份额或者比例相加之和等于全部损害；权利人只能对责任人主张其依法应承担的责任份额或比例，不能对任何一个责任人主张全部损害赔偿。

按份责任人之间的责任份额或比例的确定，是十分棘手的问题。本条立法采取了引用规范和强制平均主义相结合的立场，其目的是尽早确定具体的责任份额或比例。

在规范内容上，本条有以下两层含义，且两层规范的适用有次序关系。

1. 依法能够在责任人之间确定责任份额或者比例的，遵循法律的规定

本层意思中的法律，包括法律、行政法规，不包括地方性法规和规章。之所以如此解释，是因为在立法法上，仅仅规定了限制人身自由的规则只能由法律——全国人大及其常委会制定的规范性法律文件——设定，按照这个思路，具有普遍效力的行政法规也应该对民事责任有规制权。地方性法规和规章，调整范围有限，不应赋予其设定、规制民事责任的权力。责任份额或者比例的认定，需要援引民法之外的法律时，从之。

依据本条规定，在确定按份责任人的责任份额或者比例时，应首先检索法律的规定。至于按份责任依附的责任类别，不限于侵权责任。违约责任也同样有按份责任的适用。

在侵权责任中，过错责任下的损害赔偿，确定责任份额大小的因素有过错、原因力等，其中过错既影响责任构成，也影响责任比例或数额。无过错责任下的侵权责任数额，原因力是主要的考量因素。过错仅在确定加害人责任总额时，借助过失相抵原则发挥作用：其作用为减少加害人赔偿责任数额。对加害人之间的责任数额或者责任比例，过错发挥着重要作用，过错大的，承担的责任份额或者比例就大；反之，过错小，承担的责任份额就小。在违约责任中，除过错外，契约的约定也是确定责任大小的重要因素。

2. 难以确定责任大小的，按份责任人平均承担责任

本层规范的适用，相对于第一层规范是补充性的，即只有在经过第一层规范的适用，仍不能在按份责任人之间确定责任份额或者比例时，才适用本层规范。从逻辑上讲，难以确定责任大小的，裁判就会陷入无解的僵局。但是，如果这样处理，受害人的利益诉求就得不到实现，加害人的违法行为就得不到问责，这样的局面是立法者不愿接受的。在难以确定责任

大小时，让按份责任人平均承担，既保护了受害人权益，又降低了证明成本，因此是合理的。

责任人超过自己应分担份额赔偿的，原则上按无因管理或不当得利处理。这里没有追偿权的适用，因为在法律上，按份责任人并没有清偿全部债务的义务。

【适用与比较】

本条在适用上，既可以适用于《合同法》、保证，也可以适用于《侵权责任法》领域。《物权法》不属于本条调整范围。

第一百七十八条　二人以上依法承担连带责任的，权利人有权请求部分或者全部连带责任人承担责任。

连带责任人的责任份额根据各自责任大小确定；难以确定责任大小的，平均承担责任。实际承担责任超过自己责任份额的连带责任人，有权向其他连带责任人追偿。

连带责任，由法律规定或者当事人约定。

【条文释解】

本条是关于连带责任的规定。

连带责任是一种特殊责任形态，与一般责任相比，具有以下特征：（1）责任主体多元性。连带责任主体为两个或两个以上的能独立承担民事责任的人，责任财产因连带而增大，债权人得到了更完善的保障。（2）牵连性。连带责任是与按份责任相对应而存在的，即任何一个责任人可单独对权利人负担全部给付或赔偿的责任，即共同责任人相互之间在承担责任时是一种牵连关系。（3）共同目的性。连带责任人均有独立承担全部给付或赔偿的责任，但这些独立责任却有一个共同的目的，即同时确保权利人权利的实现，当权利人的权利得以实现，其他责任人则对权利人的责任便失去存在的基础和理由，随之而消灭。（4）内部责任可分性。共同责任人对外连带承担的全部责任不区分份额，但这并不意味着在共同责任人内部这一责任仍然不能区分，恰恰相反，在内部，让共同责任人依据一定的标准区分责任份额，是连带责任的最终归属。（5）连带责任外部效力的法定性。即使共同责任人内部之间对份额有约定，也只对其内部有约束力，不影响共同对外向债权人承担连带责任。

本条共有3款，每款的法律任务和内容均不同。

1. 连带责任的外部效力

本条第1款规定的是连带责任的外部效力，即债权人如何向连带责任人主张权利。结合本款文字，可以对连带责任下的债权人主张债权的方式解读如下：

（1）在份额上，可以对连带责任人主张全部债权数额，也可以对连带责任人主张部分债权数额。当然，这样的主张是以债权人的债权属于可分之债为前提的。在损害赔偿责任中，金钱赔偿是最常见的方式，损害赔偿之债因此属于可分之债。

（2）在人数上，可以置连带责任人人数于不顾，仅向部分责任人主张权利，也可以向全部责任人主张权利。

（3）在时间上，可以先向部分责任人主张债权，之后，再向其他责任人主张债权。

（4）在方式上，可以以诉讼方式，也可以以非诉讼方式主张债权。

2. 连带责任人内部份额的确定及追偿权

本条第2款规定的是连带责任人内部责任分担及追偿权，是连带责任内部效力的体现。如果说连带责任人与债权人之间的责任关系是连带责任的起点，体现了法律对债权人的充分保护，即通过扩大责任人的人数来扩大责任财产范围，来避免行为人因清偿不能而造成对债权人权利不能及时足额得到赔偿的风险，那么连带责任人内部之间的权利义务责任则是连带责任的终点，它则侧重于连带责任人内部利益的平衡，也具有分散连带责任人风险的意义，它是为了保证先被请求的责任人的追偿权不至于因为其他连带责任人资力缺乏而无法实现。与外部关系中的连带责任相比，内部的追偿债务只是按份债务，其追偿力度比之连带责任则大大不及。因此，某个或某些连带责任人在向权利人承担责任后，即从债务人的身份转化为债权人的身份，可以向其他连带责任人请求偿还对方应当承担的份额。

3. 连带责任的产生

本条第3款规定的是连带责任的产生。连带责任可以由法律规定，如《侵权责任法》中的共同侵权、共同危险责任、建筑物倒塌时建设单位和施工单位的连带责任，均由法律直接予以规定。而连带责任保证，则属于合同约定的连带责任。

本条中的连带责任，不包括不真正连带责任。不真正连带责任对外连带，内部责任由某一个责任人承担，没正有比例的划分。

【适用与比较】

本条在立法上显然借鉴了《侵权责任法》第13条、第14条的规定，因为本条的存在，可以说，民法典将来编纂《侵权责任法》一编时，现存的第13条、第14条将失去存在的意义。

鉴于连带责任的调整范围横跨整个民事责任领域，本条在文字上，相较于《侵权责任法》第13条、第14条有所调整。这种调整主要发生在第1款和第3款：第1款中主体变成了“权利人”，而非“被侵权人”，从而将违约责任也包含进来。第3款中，对连带责任的产生，使用了“由法律规定或者当事人约定”，就更明确了连带责任对《合同法》《侵权责任法》的统辖权。

第一百七十九条　承担民事责任的方式主要有：

（一）停止侵害；

（二）排除妨碍；

（三）消除危险；

（四）返还财产；

（五）恢复原状；

（六）修理、重作、更换；

（七）继续履行；

（八）赔偿损失；

（九）支付违约金；

（十）消除影响、恢复名誉；

（十一）赔礼道歉。

法律规定惩罚性赔偿的，依照其规定。

本条规定的承担民事责任的方式，可以单独适用，也可以合并适用。

【条文释解】

本条是关于民事责任具体方式的规定。在大陆法系中，民事责任涵盖违约责任、缔约过失责任和侵权责任，共有的救济手段是损害赔偿。除此之外，继续履行是违约责任独有的救济方式，恢复原状属于侵权责任独有的救济方式。除此之外，还有诉前禁令，实际上是一种临时措施，是为防止损害发生、扩大而设立的救济手段。在大陆法系，物上请求权作为物权的救济措施，一般不认定为属于民事责任的具体方式。

1. 承担民事责任的11种方式

（1）停止侵害

停止侵害的责任方式可以适用于各种情况，其作用在于及时制止侵害行为，防止扩大损害后果，这种责任方式以侵权行为正在进行或仍在延续为条件，对尚未发生或者已经终止的侵权行为不得适用。

（2）排除妨碍

行为人行为妨碍物权人正常行使对物的占有、使用或者处分时，权利人有权请求行为人将妨碍权利实施的障碍予以排除。妨害行为必须是不正当的、实际存在的。物权人、占有人均有权请求排除妨碍。

（3）消除危险

行为人的行为或其管理下的物对他人财产安全造成威胁，或存在侵害他人财产的可能，物权人或占有人有权请求行为人将危险因素予以消除。

（4）返还财产

有权请求返还原物的人，一般是物权人、占有人。权利人只能针对无权占有人提出返还原物，而不能要求有权占有人返还原物，因为有权占有人有权提出抗辩。返还原物的前提是原物仍然存在，如果原物已经灭失，返还原物在客观上已经不可能，权利人此时变身为债权人，只能主张侵权责任。

（5）恢复原状

在侵权法上，恢复原状是一种主要的承担责任的方式。在德国法下，恢复原状与损害赔偿的救济手段的适用有次序之分，即被侵权人首先应该主张恢复原状，恢复原状不可能或费用过巨，才可寻求损害赔偿。我国法下，恢复原状和损害赔偿是选择关系，被侵权人有选择自由。

（6）修理、重作、更换

修理、重作、更换是合同法上的救济手段，主要适用于质量瑕疵担保责任。不过，在侵权法上，恢复原状有时在手段上包含修理、更换。

（7）继续履行

合同法上的救济方式，其制度宗旨在于帮助权利人实现合同目的。该方式的适用并非绝对自由的，在法律上或事实上履行不能、标的不适合强制履行、履行费用过巨或者在合理期限内未要求履行时，不能主张这种救济方式。

（8）赔偿损失

与其他责任形式相比，赔偿损失具有以下法律特征：一是赔偿损失的目的是填补损害，有损害才有赔偿，赔偿的目的，最基本的是补偿损害；二是赔偿损失具有财产性，是以财产的方式救济受害人；三是赔偿损失具有相对性，赔偿损害只在相对的主体之间发生。赔偿权利主体，是指受害人在某些情况下，还包括受害人的利害关系人、死者的近亲属；赔偿义务人，是指加害人在某些情况下，加害人之外责任承受人是赔偿义务主体。

（9）支付违约金

支付违约金属于合同法上的救济方式，是指因违反约定支付一定数额的金额，以弥补违反约定造成的损失。违约金属于意定的损害赔偿，且优先适用。

（10）消除影响、恢复名誉

消除影响是指行为人因损害了自然人、法人或者非法人组织的人格权，应在影响所及的范围内消除不良后果。恢复名誉是指行为人因其行为损害了民事主体的名誉，应在影响所及的范围内将受害人的名誉恢复至未侵害时状态。

（11）赔礼道歉

责令违法行为人向受害人公开认错、表示歉意。赔礼道歉可以是口头形式，也可以是书面形式。赔礼道歉作为承担民事责任的一种方式，是依靠国家的强制力保障实施的，与一般道义上的赔礼道歉不同，当事人不履行赔礼道歉判决的，法院可以把判决书的内容在媒体上进行公开，由加害人承担相关费用。

2. 惩罚性赔偿金

本条第2款规定的是惩罚性赔偿金。

惩罚性赔偿金是指超过损失本身数额的赔偿，该赔偿归权利人所有，其数额或比例由法院决定，法律有时会规定一个比例上限，有时会规定倍数上限，有时则不作任何规定，由当事人主张，法院结合案件情形自由裁量。

惩罚性赔偿金只能由法律规定。当事人约定惩罚性赔偿金的，可适用违约金过高的处理规则，由法院释明；当事人虽可以请求降低赔偿金，但这样很难实现惩罚的目的。

3. 民事责任方式的适用

本条第3款规定承担民事责任的具体方式，可以单独适用，也可以并用。似乎可以任意组合，其实并非如此。并用的场合主要发生在侵权领域，尤其是人身侵权，比如，赔礼道歉和损害赔偿就是名誉权损害最常见的救济组合。在合同法领域，这种并用不常发生。迟延履行违约金可以和继续履行并用，是违约责任中较为常见的组合，继续履行和替代履行的损害赔偿则只能二者存其一。

【适用与比较】

在我国法律中，民事责任单独成章源于《民法通则》。《民法通则》第134条对民事责任的具体方式作了规定。本条正是对《民法通则》第134条的继受，所作的主要改变有二：一是将继续履行作为承担民事责任的具体方式列了进来，民事责任由10种变成了11种；二是规定了惩罚性赔偿金。《侵权责任法》第15条在规定侵权责任的主要方式时，采纳了以下几种：停止侵害、排除妨碍、消除危险、返还财产、恢复原状、赔偿损失、赔礼道歉、消除影响和恢复名誉。通过对比，可以得出的结论是：在我国立法者看来，支付违约金、修理、重作或更换、继续履行属于《合同法》独有的救济手段。赔偿损失则是违约责任、缔约过失责任和侵权责任共有的承担责任方式，虽然在赔偿范围、要件构成等方面又有很大的不同。

第一百八十条　因不可抗力不能履行民事义务的，不承担民事责任。法律另有规定的，依照其规定。

不可抗力是指不能预见、不能避免且不能克服的客观情况。

【条文释解】

本条是关于不可抗力效力及概念的规定。

1. 不可抗力的效力

本条第1款规定的是不可抗力的效力。不可抗力不能单独发挥作用，它必须进入民事法律关系中，作用于民事权利义务，法律赋予它的作用，才能发挥出来。地震，属于不可抗力，但如果发生在大洋深处，就属于自然事件，仅此而已。在合同之债中，因不可抗力，引发债的履行障碍或者致使合同目的不能实现的，义务人免责，当事人可以解除合同。因不可抗力造成他人损害的，如龙卷风将车辆卷起，落地时伤害了行人；地震导致动物园房舍毁坏，圈养的虎豹等动物乘机逃出，伤害他人。这些侵权行为，因不可抗力引发，不产生民事责任。

“法律另有规定的，依照其规定。”这里的法律，应指狭义的法律，即全国人大及其常委会制定的规范性法律文件。在外延上，包括民法典本身。鉴于本条文的一般条款属性，“法律另有规定的，依照其规定”实质上是引用规范，即为特别法的调整建立一个入口。如根据《民用航空器法》第167条的规定，保险人、担保人对航空器因不可抗力造成地面第三人损害，即使事故发生在责任区域，也应当分别承担保险责任和担保责任。《侵权责任法》第70条、第71条分别规定的是民用核设施损害责任和民用航空器损害责任，就民用航空器责任而言，免责事由只有受害人故意，不可抗力不免责；就民用核设施损害责任而言，免责事由是战争等情形或者受害人故意，在解释上，“战争等情形”未穷尽不可抗力的外延，部分不可抗力事由引起民用核设施损害的，其经营者仍应承担民事责任。

2. 不可抗力的概念

本条第2款是关于不可抗力概念的规定。它是对以往法律概念表述的完全继受。换言之，从《民法通则》到《合同法》再到《侵权责任法》，不可抗力的概念表述没有任何实质性变化。

“不可预见”是指行为人在实施行为时对不可抗力事件是否会发生是不可能预见到的，关于不能预见的标准，指不可抗力事件发生时基于当时的科技水平一般人对该事件无法预料，不能预见要求行为人对损害的发生和扩大既无故意也无过失。“不能避免且不能克服”是指不能使事件不发生。尽管行为人对可能出现的意外状况采取了及时合理的措施，但在客观上仍不能防止这一意外情况的出现。“客观情况”是社会公认的偶然发生的一种客观存在，无论是自然现象还是社会现象，它都独立于行为人之外，既非当事人的行为所派生，也不受当事人意志的支配。第三人的个人行为不属于不可抗力，因为它们不是社会公认的客观存在。

【适用与比较】

在内容上，本条主要涉及不可抗力的效力。不可抗力在民法体系中的地位和作用，主要是作为免责事由对待。《合同法》第 117 条第 1 款规定："因不可抗力不能履行合同的，根据不可抗力的影响，部分或者全部免除责任，但法律另有规定的除外。当事人迟延履行后发生不可抗力的，不能免除责任。"《侵权责任法》第 29 条规定："因不可抗力造成他人损害的，不承担责任。法律另有规定的，依照其规定。"可见，不可抗力是横跨违约责任和《侵权责任法》的法律制度，它的主要功能是免责。在合同法领域，不可抗力还有另外一种功能，即因不可抗力导致合同目的不能实现时，当事人可以解除合同（参见《合同法》第 94 条第 1 款第 1 项）。在此，不可抗力又成了解除权产生的原因。

本条在文字选择上略有不足，"因不可抗力不能履行民事义务的，不承担民事责任"，容易使人产生以下错觉：本条适用范围仅限于《合同法》。因为，对《侵权责任法》而言，很多时候不存在履行义务的问题。比如，动物侵权、环境污染致人损害等，何来履行义务之说。从这个意义上讲，《民法通则》的规定就显得较为合理，其第 107 条规定："因不可抗力不能履行合同或者造成他人损害的，不承担民事责任，法律另有规定的除外。"

第一百八十一条　因正当防卫造成损害的，不承担民事责任。

正当防卫超过必要的限度，造成不应有的损害的，正当防卫人应当承担适当的民事责任。

【条文释解】

本条规定的是正当防卫的法律效果。

正当防卫是一个横跨公法和私法的概念，是法律赋予自然人的一种防卫权。在刑法中，正当防卫是免除刑事责任的法定事由。在私法中，正当防卫是免除侵权责任的法定事由。不论公法还是私法，立法者对正当防卫的态度和立场都是一致的。

我国《刑法》第 20 条第 1 款规定："为了使国家、公共利益、本人或者他人的人身、财产和其他权利免受正在进行的不法侵害，而采取的制止不法侵害的行为，对不法侵害人造成损害的，属于正当防卫，不负刑事责任。"这一概念也被民法学者所借用，作为民法中正当防卫的概念。

正当防卫不同于自助行为，前者属于消极防御，其前提是面临正在进行的不法侵害，防卫行为针对的是不法侵害者本人的人身，保护的利益可以是本人的人身权利或者财产权利，也可以是公共利益、他人的合法权益。与正当防卫不同，自助行为属于积极行为，保护的是债权人的利益，针对的是债务人财物、人身，且限于紧急情势又不能请求国家机关救助。

正当防卫与无因管理的关系比较复杂。无因管理是债的发生原因之一，正当防卫是免责事由，二者看似不搭界。但当正当防卫的目的是保护他人人身、财产利益时，正当防卫就变为见义勇为，见义勇为在民法中的定性，属于无因管理。

本条在内容规定上，分为以下两层含义：

1. 正当防卫，行为人免责

正当防卫中的“正当”两字，天然地将“防卫过当”排除在了正当防卫的概念之外，适当的正当防卫或者正当的正当防卫，都属于错误表达。

正当防卫成立的，行为人免除侵权责任。不仅如此，结合其他法律部门的规定来看，只要正当防卫成立，行为人不承担任何法律责任，不论是刑事责任、行政责任，还是民事责任。

正当防卫属于事实行为，行为人无须有行为能力，无行为能力人、限制行为能力人均可以实施正当防卫。

对正当防卫的成立，行为人负举证责任。

2. 防卫过当，行为人要承担适当的民事责任

本条第2款规定的是防卫过当的责任承担。行为人防卫超过必要限度的，为防卫过当，对由此造成的损害，应承担适当的民事责任。

确定防卫过当的关键在于“必要限度”，厘清了必要限度，就成了正当防卫。而超过必要限度这条线，就成了防卫过当。

防卫过当，行为人应承担适当的民事责任，何谓“适当”，学者的意见是原则性的：（1）防卫过当的，行为人不能免除民事责任；（2）可以减轻责任，行为人恶意的除外。

【适用与比较】

本条源于《民法通则》第128条，第128条在章节安排上，属于第六章第三节“侵权的民事责任”。这一做法被《侵权责任法》第30条继受了。与《民法通则》第128条相比，《侵权责任法》第30条在文字上做了

极其轻微的改变，即将“民事责任”替换为“责任”。不过，在解释上，二者在外延和内涵上，应做相同解释。总之，正当防卫的适用领域仅限于侵权责任，与违约责任、缔约过失责任无关。

第一百八十二条　因紧急避险造成损害的，由引起险情发生的人承担民事责任。

危险由自然原因引起的，紧急避险人不承担民事责任，可以给予适当补偿。

紧急避险采取措施不当或者超过必要的限度，造成不应有的损害的，紧急避险人应当承担适当的民事责任。

【条文释解】

本条规定的是紧急避险人的责任承担，适用范围限于侵权责任领域。

本条在内容规定上分为以下三层含义：

1. 人为原因引起的危险，紧急避险人行为适当的，不承担民事责任，由引起险情的人承担民事责任

本条第1款，采取了我国法的一贯立场，对人为原因引起的险情，因为引起险情的人有过错，可以被认定为责任主体，从而将紧急避险人从民事责任中完全排除出来。

不过，从意思自治的角度出发，本条并不排斥紧急避险人的自愿补偿行为。行为人愿意补偿受害人的，不在禁止之列。

2. 自然原因引起的危险，紧急避险人不承担民事责任，可以给予适当补偿

危险由自然原因引起的，避险行为人之避险行为适当，自然不承担责任，受害人自己必须承受行为人带来的损害，这种局面保护了紧急避险人，却对受害人的利益保护不周。为此，本款规定行为人不承担责任，又规定可以给予适当补偿。

如何理解“可以给予适当补偿”呢？在性质上，应认定为既属于裁判规范，又属于行为规范。作为裁判规范，法官可以结合案情判决行为人适当补偿。基于行为规范，紧急避险人适当补偿的有效，受害人可以保留其给付，不构成不当得利。

3. 紧急避险人避险不当的，应适当承担民事责任

何谓避险不当，由法院来审定。立法者仅仅作了方向性指引：采取措施不当或者超过必要限度。什么属于采取措施不当，什么是超过必要限度，这些问题，只有结合具体案情和社会公众的一般认知标准等因素，才能做出合理判断。“必要限度”是本条规范中最为重要的因素，这一因素不仅是认定紧急避险成立的标准，也是认定避险不当的标准。从这个意义上讲，“采取措施不当”仅仅是衡量避险不当时的参酌因素，而非充分条件。

避险过当，行为人应承担适当的民事责任，“适当”与否按以下原则认定：（1）防卫过当的，行为人不能免除民事责任；（2）防卫过当的，可以减轻行为人责任，行为人恶意的除外。

【适用与比较】

对紧急避险的法律规则，最早可以追溯到《民法通则》第129条：“因紧急避险造成损害的，由引起险情发生的人承担民事责任。如果危险是由自然原因引起的，紧急避险人不承担民事责任或者承担适当的民事责任。因紧急避险采取措施不当或者超过必要的限度，造成不应有的损害的，紧急避险人应当承担适当的民事责任。”《侵权责任法》第31条继受了《民法通则》第129条，所作的改变很小，即在自然原因引起危险时，紧急避险人“不承担民事责任或者承担适当的民事责任”，变成了“紧急避险人不承担责任或者给予适当补偿”。这样的修订是合理的，因为紧急避险只要没超过必要限度，就不应承担责任。适当补偿是公平责任的体现，在公平责任下，只有补偿，没有责任。

从本条所选择的文字来看，应认为本条是《侵权责任法》第31条的继受。

第一百八十三条　因保护他人民事权益使自己受到损害的，由侵权人承担民事责任，受益人可以给予适当补偿。没有侵权人、侵权人逃逸或者无力承担民事责任，受害人请求补偿的，受益人应当给予适当补偿。

【条文释解】

本条规定的是为保护他人而使自己受到损害的责任承担，制度精神在于鼓励利他行为。

在一定程度上，本条可以解读为见义勇为。见义勇为，在法律事实的定性上，被归类于无因管理。本条规定也就因此产生了体系冲突。因为，无因管理属于事实行为、合法行为，是与侵权行为并列的债的制度，它与侵权之债是不能交叉的。

本条在内容规定上，可以分为以下两层含义。

1. 因保护他人民事权益使自己受到损害的，由侵权人承担民事责任，受益人可以给予适当补偿

该行为的构成要件如下：（1）须为保护他人民事权益。他人民事权益的存在，证实了本行为的合法性和正当性。（2）须受到损害。损害的存在是《侵权责任法》的核心，没有损害，就没有救济，就没有侵权责任。（3）因果联系。损害与实施保护他人民事权益的行为之间存在因果联系。（4）其他要件。这个要件是一个弹性要件，它可以是过错，也可以什么都不是。之所以如此，是因为本条文的抽象性和复杂性所致：在存在侵权人的情形下，侵权人所实施的行为依法采用过错归责，“其他要件”里面就是过错；侵权人实施的行为依法采取无过错责任，“其他要件”里面就什么也没有；没有侵权人时，“其他要件”也可以视为零。

该行为的法律效果：（1）侵权人承担民事责任，具体责任方式可依照《侵权责任法》第15条的规定处理。（2）受益人可以给予适当补偿。这是《民法总则》的一个亮点，这一规则既是为法官提供的裁判准则，也是为受益人提供的行为规范。它既可以单独适用，也可以和侵权人承担民事责任并用。单独适用时，应解读为无因管理。并用时，应解读为履行道德义务的赠与。

2. 没有侵权人、侵权人逃逸或者无力承担民事责任，受害人请求补偿的，受益人应当给予适当补偿

该行为的构成要件如下：除上述的前3个要件外，还要有第4个要件，即没有侵权人、侵权人逃逸或者无力承担民事责任。“没有侵权人”可以覆盖很多情形，自然人受到野生动物攻击，路人实施救助，在救助中被野生动物伤害；或者洪水泛滥，行人施救洪水中的难民，受到伤害等。“侵权人逃逸”是指侵权人身份不能确定，逃逸仅仅是手段，结果必须是不能查证谁是侵权人。“侵权人无力承担民事责任”属于加害人身份已确定，但加害人无任何财产或者无资力赔偿全部损害。该行为构成的第5个要件，即受害人请求补偿。

该行为的法律效果：受益人应当适当补偿。注意，这里的用词是“应

当”，而非“可以”。“适当补偿”，意味着受益人承担的不是民事责任；也不是公平责任，而是无因管理之债。“适当”原则上应解释为“补偿全部损害”。

【适用与比较】

本条与《侵权责任法》第23条相类似，《侵权责任法》第23条规定：“因防止、制止他人民事权益被侵害而使自己受到损害的，由侵权人承担责任。侵权人逃逸或者无力承担责任，被侵权人请求补偿的，受益人应当给予适当补偿。”在一定程度上，本条可以被认为是《侵权责任法》第23条从分则到总则的迁移。换言之，因为本条的存在，未来民法典编纂《侵权责任法》一章时，现有的第23条将被删去。不过，二者还是有以下不同：(1) 措辞上，第23条使用的是“因防止、制止他人民事权益被侵害而使自己受到损害”，本条使用的是“因保护他人民事权益使自己受到损害的”；(2)“被侵权人”被“受害人”替换，之所以如此，是因为本条还适用于没有侵权人的情形；(3) 增加了“没有侵权人”的情节；(4) 最为重要的是救济手段上的改变。因保护他人民事权益使自己受到损害的，“由侵权人承担民事责任，受益人可以给予适当补偿”并在一起，更好地维护了见义勇为人的利益。总之，本条适用范围比《侵权责任法》第23条更大，规则适用的空间也更大，救济手段也更加合理。

第一百八十四条　因自愿实施紧急救助行为造成受助人损害的，救助人不承担民事责任。

【条文释解】

本条是关于自愿紧急救助行为的法律后果的规定，属于新增内容，在制度精神上，与第183条相近，可以归类于见义勇为。

本条规定的行为构成要件如下：

1. 须有紧急情势。紧急情势的存在，是实施紧急救助的前提，没有这个前提，也就没有本条的适用。具体情况千差万别，不可能一一列举。只能进行原则性解读和指引：若不实施救助，受助人的人身或财产权利将遭受极大损害。

2. 救助者自愿。即救助者实施救助行为非来自第三人胁迫或者上级命令。

3. 救助行为致受助人损害。该损害可以是人身损害，也可以是财产损害，但应是救助行为引起的损害。

4. 救助人非故意或重大过失。按照无因管理的有关理论，无因管理人在实施管理过程中，因重大过失、故意致被管理人损害的，成立侵权之债。一般过失的，管理人不承担民事责任。立法目的在于鼓励无因管理行为。《民法总则（草案三次审议稿）》曾规定重大过失致受助人损害的，救助人应承担民事责任。正式通过的《民法总则》将重大过失的有关文字删除了，这是否意味着救助人不论过错大小，对救助行为造成第三人损害，均不承担责任呢？不能这样解释。救助人故意致受助人伤害的，应承担民事责任。重大过失致受助人伤害的，也应承担责任，这里可以考虑的是，念及救助行为的利他性，可以减轻救助人的责任。

该行为的法律后果：救助人不承担民事责任。

【适用与比较】

本条是在《民法总则（草案三次审议稿）》基础上修订而来的，该审议稿第 187 条规定：实施紧急救助行为造成受助人损害的，除有重大过失外，救助人不承担民事责任。在正式通过的《民法总则》条文中，做出了部分修正：增加了“自愿”，删除了“除重大过失外”。

自愿实施紧急救助行为仍属于无因管理，将它列入《民法总则》，应作为无因管理制度对待。之所以不承担责任，是因为无因管理本身不属于侵权范畴，它只是债的产生原因之一，它强调的是无因管理人的权利保护，而非民事责任。本条表面上涉及的是侵权责任，其真正的规范精神却在无因管理，旨在鼓励紧急救助。采用的手段是免除救助人的责任，使其在救助时无后顾之忧。

第一百八十五条　侵害英雄烈士等的姓名、肖像、名誉、荣誉，损害社会公共利益的，应当承担民事责任。

【条文释解】

本条是关于死者姓名、肖像、名誉、荣誉保护的规定。

自然人死亡，主体资格消灭，皮之不存，毛将焉附？死者生前享有的民事权利，从逻辑上讲，也应消灭。不过，法之极，恶之极，任何事情，走向极端，就会失去公正。因此，除了逻辑判断，法律中还有价值判断。对死者姓名、肖像、名誉、荣誉的保护，就属于价值判断。

本条的构成要件如下：

1. 须侵害英雄、烈士等的姓名、名誉、肖像、荣誉。这些利益，就烈士而言，因逝者已逝，不再称之为权利。需要注意的是，英雄不同于烈士，烈士属于死者，英雄可以是活人，也可以是死者。从本条的行文精神来看，这里的英雄，似乎应解读为已离开人世的人。生存在世的英雄，自然可以通过一般侵权制度，实现权利救济。现实生活中，行为人使用邱少云烧烤店、赖宁烧烤店等店名的，均可认定侵害英雄烈士名誉。英雄烈士的认定标准，应遵守有关机构认定。

2. 须有过错。在归责原则上，本条属于一般侵权，应采取过错责任，即加害人须有过错，侵权责任才告成立。

3. 须有损害。损害既包括对死者姓名、肖像、名誉和荣誉的损害，还包括对公共利益的损害。这是因为，一个国家、民族，是不能没有英雄和烈士的，英雄烈士辈出的民族，是不会被消灭的民族。因此，对英雄烈士保护，也就与国家、民族利益联结在一起。

4. 因果联系。指相当因果联系，即侵害英雄、烈士姓名、肖像、名誉、荣誉的行为，在一般情形下，能够产生精神损害。

本条的法律效果：加害人承担民事责任。其中消除影响、恢复名誉、赔礼道歉等将成为主要的责任方式，损害赔偿的适用是次要的。

【适用与比较】

对死者姓名、名誉、荣誉、肖像的保护，最早见于《最高人民法院关于确定民事侵权精神损害赔偿责任若干问题的解释》，该解释第3条规定："自然人死亡后，其近亲属因下列侵权行为遭受精神痛苦，向人民法院起诉请求赔偿精神损害的，人民法院应当依法受理：（一）以侮辱、诽谤、贬损、丑化或者违反社会公共利益、社会公德的其他方式，侵害死者姓名、肖像、名誉、荣誉；（二）非法披露、利用死者隐私，或者以违反社会公共利益、社会公德的其他方式侵害死者隐私；（三）非法利用、损害遗体、遗骨，或者以违反社会公共利益、社会公德的其他方式侵害遗体、遗骨。”

《最高人民法院关于审理人身损害赔偿案件适用法律若干问题的解释》第18条又从精神损害赔偿的角度对上述规定进行了确认。

可以主张责任的权利主体，原则上是死者的近亲属，即有权继承死者遗产的人。另外，侵害英雄、烈士的姓名、肖像、名誉、荣誉，涉及公共利益，也为公益诉讼的适用打开了方便之门。

第一百八十六条　因当事人一方的违约行为，损害对方人身权益、财产权益的，受损害方有权选择请求其承担违约责任或者侵权责任。

【条文释解】

本条是关于违约责任和侵权责任竞合的规定。

民事责任竞合，是指发生一个法律事实，符合多个规范，产生多个请求权，权利人只能择一行使的制度。比如，甲患阑尾炎，在某医院手术，主治医师误将其肾脏摘除，即产生违约责任和侵权责任的竞合。乙借丙电脑，擅自转卖于善意的丁，并完成交付。丁原始取得电脑所有权，乙、丙之间产生侵权之债、违约责任和不当得利之债的竞合。在这些竞合的场合，法律只允许权利人择一行使。之所以如此，一是不同的请求权有着各自不同的使命，不能任意混淆；二是救济制度的核心思想是填补损害，而非使权利人因祸得福，借损害赔偿实现财富增长。

请求权竞合有多种样态：（1）违约责任、侵权责任和不当得利的竞合；（2）侵权责任和不当得利的竞合；（3）侵权责任和违约责任的竞合等。

本条规定的是违约责任和侵权责任的竞合，其立足点在于违约责任。

本条在性质上属于一般条款，即适用于所有合同领域。一旦在合同履行过程中发生违约责任和侵权责任的竞合，即可适用本条款。

本条不是一个独立的法律规范，只是赋予合同当事人一个选择权。本条同时也是限制，即权利人只能选择一个请求权实现救济，不能并求。

违约责任的前提是合同有效，在此前提下，一方当事人违约，致他方当事人有损害，即应承担违约责任。当然，过错责任调整下的违约责任还需要违约一方当事人有过错。具体救济手段有继续履行、损害赔偿和支付违约金。在求偿范围上，只能求物质损害赔偿，不得求精神损害赔偿。

侵权责任是对侵犯他人合法权益行为的规制，主要宗旨是填补损害，在适用惩罚性赔偿金时，兼有制裁功能。侵权责任以过错责任为主要归责原则，一般侵权责任的构成要件为：加害行为、损害、因果联系和过错。在求偿范围上，除物质损害外，还可以包括精神损害。精神损害赔偿限于人身损害和具有人格利益的物被侵害的场合，且要求损害达到情节严重的地步。

在权利主体上，违约责任原则上限于当事人；侵权责任则不限于此，在受害人因侵权行为死亡时，权利主体为死者近亲属。

【适用与比较】

本条是对《合同法》第 122 条的继受。

第一百八十七条　民事主体因同一行为应当承担民事责任、行政责任和刑事责任的，承担行政责任或者刑事责任不影响承担民事责任；民事主体的财产不足以支付的，优先用于承担民事责任。

【条文释解】

本条是关于民事责任与刑事责任或行政责任聚合以及利益冲突解决机制的规定。

民事责任以损害赔偿为中心，基本上属于财产性责任，其背后维护的是民事主体的个人利益。刑事责任是对触犯刑事法律构成犯罪的人施加的惩罚。在性质上，分为财产性刑罚和非财产性刑罚，前者有罚金、没收财产，后者有死刑、无期徒刑、有期徒刑、拘役、管制、剥夺政治权利等。行政责任是对行政主体违反行政法律的行为的制裁，在性质上，也可分为财产性行政处罚和非财产性行政处罚，前者如罚款、没收非法所得等，后者如拘留、吊销营业执照等。不论刑事责任，还是行政责任，都属于法定责任，其背后维护的都是公共利益。

法律责任聚合，是指一个行为触犯多个法律，依法应承担多个责任的现象。与请求权竞合不同，后者调整的是权利，而非责任，且权利人只能择一行使。

本条规定共分两层含义：一是法律责任的聚合，二是多个责任聚合时利益冲突的解决方案。

1. 法律责任聚合

因同一违法行为，符合多个法律责任构成，在同一主体身上，产生多个法律责任聚合时，刑事责任、行政责任的承担，并不排除民事责任的追究。不能“以刑代民”或者“以行代民”，也不能以民事责任代替刑事责任或者行政责任。

2. 利益冲突的解决规则

在财产性刑事处罚、行政处罚与损害赔偿的民事责任聚合时，若责任人财产不足以清偿全部责任，如何处置？是按次序，还是按比例？本条对这一问题进行了规制。

对于同一违法行为，行为人财产不足以支付全部财产性法律责任的，应先承担民事责任。立法设计凸显了对受害人民事权益保护的倾斜以及对受害人的关怀，国家不再与民争利，这种处理规则是值得肯定的。

【适用与比较】

本条的类似规定见于《侵权责任法》第4条规定：“侵权人因同一行为应当承担行政责任或者刑事责任的，不影响依法承担侵权责任。”因同一行为应当承担侵权责任和行政责任、刑事责任，侵权人的财产不足以支付的，先承担侵权责任。

将二者对比，会发现本条在文字使用上，不如《侵权责任法》第4条严谨和准确：(1)“民事主体因同一行为应当承担民事责任、行政责任和刑事责任的”中的“和”字，不如“或者”。因为“和”字的使用，给人的感觉是，本条只适用于一个行为同时引起三种责任——刑事责任、行政责任和民事责任——的情形，不适用于一个行为同时引起两种责任——刑事责任和民事责任、行政责任和民事责任——的情形。而本条立法的真实目的是使本条文适用上述各种情形。(2)本条文开头部分的“民事主体”或可忽略，本条文收尾部分的“民事主体”或应替换为“责任主体”。

本条文的另一个特点是《侵权责任法》第4条中“侵权责任”被“民事责任”替代。这样的替换有两个好处：一是为本条写入《民法总则》提供形式上的支持，二是为违约责任、缔约过失责任和刑事责任、行政责任的聚合提供了可能。

第九章　诉讼时效

第一百八十八条　向人民法院请求保护民事权利的诉讼时效期间为三年。法律另有规定的，依照其规定。

诉讼时效期间自权利人知道或者应当知道权利受到损害以及义务人之日起计算。法律另有规定的，依照其规定。但是自权利受到损害之日起超过二十年的，人民法院不予保护；有特殊情况的，人民法院可以根据权利人的申请决定延长。

第一百八十九条　当事人约定同一债务分期履行的，诉讼时效期间自最后一期履行期限届满之日起计算。

【条文释解】

《民法总则》第 188 条与第 189 条两个条文规定了诉讼时效的含义、诉讼时效的期间以及起算时间点。依据该条的规定并结合我国现行法律规范体系，我们可以将诉讼时效进行如下定义：诉讼时效是指请求权人在法定期间内持续不行使其权利，义务人即取得永久性抗辩权的法律制度。诉讼时效在国外被称为消灭时效，关于诉讼时效的适用对象或者说是消灭时效的客体，各国法律规定有所不同。大体上有三种立法例：第一种立法例以债权及其他非所有权之财产权为消灭时效之客体。在此种立法体例下除了所有权之外，其他一切财产权均可因超过时效而归于消灭，如日本的民法；第二种立法例则规定以请求权为消灭时效的客体，其代表者为德国的民法与瑞士的债务法；第三种立法例则规定消灭时效仅适用于债权一种，我国即属于此种立法例。

关于诉讼时效的期间，《民法总则》将各种请求权的诉讼时效统一规定为 3 年，而最长诉讼时效仍然沿袭了《民法通则》的规定确定为 20 年。最长诉讼时效的起算时间是从权利被侵害之日，且不再适用中止、中断的规定，也可以说是公权力对请求权予以保护的最长时间。

除最长诉讼时效从权利被侵害之日起算，其余的诉讼时效起算时间都采取了主观主义，即“知道或者应当知道权利受到损害以及义务人之日起计算”。依据《最高人民法院关于审理民事案件适用诉讼时效制度若干问题的规定》，对诉讼时效之起算时点可以总结如下。

1. 合同之债的诉讼时效起算

在下列情况下，诉讼时效期间的计算方法是：

（1）定有履行期限的债权，从履行期限届满之时开始计算。

（2）未定履行期限的债权，从权利人请求债务人并且给债务人的履行期限届满之日起算。但是若债务人在履行期限届满之前明确表明不予履行的，则从债务人拒绝履行之日起算。

（3）附延缓条件的债权，从条件成就之时开始计算，但如果还定有履行期间，则从履行期限届满之时开始计算。附始期的债权，从始期到来之时开始计算，但如果还定有履行期限，则从履行期限届满之时开始计算。

（4）当事人约定同一债务分期履行的，诉讼时效期间从最后一期履行期限届满之日起计算。（《民法总则》第189条专门规定了该种情形的诉讼时效起算时间）

（5）合同被撤销，返还财产、赔偿损失请求权的诉讼时效期间从合同被撤销之日起计算。

2. 侵权行为产生的损害赔偿请求权的诉讼时效起算

关于人身损害赔偿的诉讼时效，伤害明显的，从受伤害之日起计算，伤害当时未曾发现，后经检查确诊并能证明是由侵害引起的，从伤势确诊之日起算。其他侵权从权利人知道或者应当知道加害人之日起算。

3. 不当得利返还请求权的诉讼时效起算

返还不当得利请求权的诉讼时效期间，从损失的当事人一方知道或者应当知道不当得利事实及具体得利人之日起计算。

4. 因无因管理而产生的请求权的诉讼时效起算

管理人因无因管理行为产生的给付必要管理费用、赔偿损失请求权的诉讼时效期间，从无因管理行为结束并且管理人知道或者应当知道本人之日起计算。本人因不当无因管理行为产生的赔偿损失请求权的诉讼时效期间，从其知道或者应当知道管理人及损害事实之日起计算。

【适用与比较】

本条对于原时效制度有重大的修改，主要体现为将原来普通诉讼时效期间的2年延长为3年，体现了法律对于民事权利保障程度的提高，并且取消了原来1年的短期时效，统一适用3年的期间。不过《民法总则》之特别法规定的特别诉讼时效的长短应当不受《民法总则》的影响，盖特别法优于一般法的规定。至于时效的起算时间点，本条规定则完全采纳了2008年《最高人民法院关于审理民事案件适用诉讼时效制度若干问题的规定》的观点，没有任何变化，从而不影响法律适用。

第一百九十条　无民事行为能力人或者限制民事行为能力人对其法定代理人的请求权的诉讼时效期间，自该法定代理终止之日起计算。

【条文释解】

本条规定了无民事行为能力人或者限制民事行为能力人对于其法定代理人的请求权的诉讼时效的特殊起算时间，即从法定代理中止之日起算。之所以针对这种情况作出特殊的规定，是因为无民事行为能力人或者限制民事行为能力人其行使权利需要通过其法定代理人，而其提起诉讼亦需要由法定代理人代理其提起诉讼，因而若无民事行为能力人或者限制民事行为能力人对于其法定代理人有请求权的，是无法通过诉讼等方式来行使的，故法律特别规定需从该法定代理关系终止之日起计算。法定代理关系终止，既可能是无民事行为能力人或者限制民事行为能力人取得了完全行为能力，也可能是基于法定代理人因不履行监护责任等原因而被撤销监护人资格等，此时亦开始计算诉讼时效，盖新的法定代理人已经可以代理无民事行为能力人或者限制民事行为能力人向原法定代理人主张权利而不再存在利益冲突。

【适用与比较】

过去法律没有这样的规定，这一规定从《民法总则》开始生效时正式落地生根，是一个全新的诉讼时效计算规定，必将影响到司法实践对案件的裁判。

第一百九十一条　未成年人遭受性侵害的损害赔偿请求权的诉讼时效期间，自受害人年满十八周岁之日起计算。

【条文释解】

本条针对未成年人遭受性侵害所产生的请求行为之债诉讼时效的起算时间作出了特别规定。之所这样规定，其原因在于未成年人对于性的认识远远不成熟，其遭受性侵后往往并不意识到是受到了侵害（往往是被成年人所诱骗），从而不向其父母等监护人说明；还有的是迫于性的神秘性和传统观念将性当作一个禁区而不敢向父母等监护人揭露被侵害的事实，因而导致其父母等监护人无法代理其提起诉讼，更不要谈及极端情况下其监护人对未成年人的性侵犯了。基于这样的考虑，我国《民法总则》适时地将该种请求权的诉讼时间起算点推迟至受害人成年即 18 周岁之后开始起算，无疑是正确的，具有重大的进步意义。

【适用与比较】

与上一条规定一样，我国原来的法律没有这样的规定，这是一个全新的诉讼时效计算规定，必将影响到司法实践对案件的裁判。

第一百九十二条　诉讼时效期间届满的，义务人可以提出不履行义务的抗辩。

诉讼时效期间届满后，义务人同意履行的，不得以诉讼时效期间届满为由抗辩；义务人已自愿履行的，不得请求返还。

第一百九十三条　人民法院不得主动适用诉讼时效的规定。

【条文释解】

《民法总则》第 192 条和第 193 条规定了诉讼时效的法律效力。

关于请求权过了时效的法律后果，国外法律共有三种立法模式：第一种模式是实体权利消灭的模式，即请求过了消灭时效，请求权本身归于消灭，因此该种时效也被称为消灭时效。例如，《日本民法典》第 167 条规定，债权因 10 年不行使而归于消灭。第二种模式是抗辩权发生模式，即请求过了时效并不导致请求消灭的后果，仅仅发生义务人取得抗辩权利人的权利。在此种立法例下，义务人必须在诉讼中主动援引时效才能够阻止请求的效力，如果义务人没有援引时效，那么请求人仍然能够胜诉。例如，《德国民法典》第222条规定，时效完成后，债务人得拒绝履行。第三种模式则是诉权消灭模式，即时效完成后实体权利并不消灭而仅仅丧失了诉权。例如，《法国民法典》第2262条规定：诉权，无论对人的抑或对物的，均以30年为消灭时效完成之时间。

在我国，对于诉讼时效的规定经历了一个历史性转变，即由胜诉权消灭的立法主义转变为抗辩权发生主义，即向德国立法例进行了转变。在2008年《最高人民法院关于审理民事案件适用诉讼时效制度若干问题的规定》之前，法院实务一直采纳胜诉权消灭说，即权利人的胜诉权若消灭，则丧失了请求人民法院保护的权利。如果起诉，虽然人民法院应当受理，但一旦查明诉讼时效期间已经经过，将判决驳回诉讼请求。但权利人的实体权利并没有消灭。超过诉讼时效期间，当事人自愿履行的，不受诉讼时效限制。但如实体权利本身已消灭，则义务人可以以不当得利为由请求返还。

自2008年最高人民法院出台关于诉讼时效之司法解释规定之日起，我国改采了"抗辩权发生说"。因此诉讼时效的适用必须经债务人在诉讼中予以主张，若债务人不主张诉讼时效已过的抗辩事由，人民法院不得主动适用，而且也不得向债务人释明诉讼时效，此时必须判决债权人胜诉。此次《民法总则》已然沿袭了最高人民法院司法解释的做法，维持了诉讼时效之效力的抗辩权发生说。

【适用与比较】

这两条规定改变了《民法通则》的做法，而采纳了最高人民法院2008年关于诉讼时效之司法解释的做法，对于法律适用没有任何实质上的影响。

第一百九十四条　在诉讼时效期间的最后六个月内，因下列障碍，不能行使请求权的，诉讼时效中止：

（一）不可抗力；

（二）无民事行为能力人或者限制民事行为能力人没有法定代理人，

或者法定代理人死亡、丧失民事行为能力、丧失代理权；

（三）继承开始后未确定继承人或者遗产管理人；

（四）权利人被义务人或者其他人控制；

（五）其他导致权利人不能行使请求权的障碍。

自中止时效的原因消除之日起满六个月，诉讼时效期间届满。

【条文释解】

本条规定了诉讼时效中止。所谓诉讼时效中止是指在诉讼时效期间进行的最后6个月内，因不可抗力或其他障碍致使权利人不能行使请求权的，诉讼时效暂时停止计算，待事由结束后诉讼时效继续计算的情形。若导致权利人无法行使权利的事由发生在最后的6个月之前，只要持续到最后6个月，那么从该第6个月的时候起诉讼时效中止。诉讼时效在中止期间暂时停止计算，待该事由结束后继续计算，已经经过的诉讼时效期间仍然有效，只是将该中止之事由持续的时间从诉讼时效中予以扣除。

【适用与比较】

此次关于诉讼时效中止的法律后果上明确了中止的事由结束后一律还有6个月，这样的规定有利于法律的准确适用，防止了司法实践中不同的理解。

第一百九十五条　有下列情形之一的，诉讼时效中断，从中断、有关程序终结时起，诉讼时效期间重新计算：

（一）权利人向义务人提出履行请求；

（二）义务人同意履行义务；

（三）权利人提起诉讼或者申请仲裁；

（四）与提起诉讼或者申请仲裁具有同等效力的其他情形。

【条文释解】

本条规定了诉讼时效中断。所谓诉讼时效中断是指在诉讼时效进行的过程中出现了与权利人不行使权利相反的事由，已经经过的诉讼时效归于无效，待该事由结束后诉讼时效重新开始计算的情形。

诉讼时效中断的事由是与权利人不行使权利相反的事实，因此只能有以下两种情况：

1. 权利人行使权利

（1）权利人起诉，提起诉讼是权利人行使权利最为强烈的表示，因而当然系诉讼时效中断之事由。

（2）权利人实施与起诉具有同一效力的行为。权利人实施的某些行使权利的行为，虽然不是起诉，但是其实质与起诉相同，具有相同的效力，因而也能导致诉讼时效之终止。这些行为具体包括：申请仲裁、申请调解、申请破产、申请支付令、申请诉前财产保全、诉前临时禁令、申请强制执行、申请追加当事人或者被通知参加诉讼、在诉讼中主张抵销、为主张权利而申请宣告义务人失踪或死亡等。

（3）权利人于诉讼外提出请求。依据最高人民法院关于诉讼时效司法解释的规定，具有下列情形之一的，应当认定为《民法通则》第 140 条规定的“当事人一方提出要求”，产生诉讼时效中断的效力：

① 当事人一方直接向对方当事人送交主张权利文书，对方当事人在文书上签字、盖章或者虽未签字、盖章，但能够以其他方式证明该文书到达对方当事人的；

② 当事人一方以发送信件或者数据电文方式主张权利，信件或者数据电文到达或者应当到达对方当事人的；

③ 当事人一方为金融机构，依照法律规定或者当事人约定从对方当事人账户中扣收欠款本息的；

④ 当事人一方下落不明，对方当事人在国家级或者下落不明的当事人一方住所地的省级有影响的媒体上刊登具有主张权利内容的公告的，但法律和司法解释另有特别规定的，适用其规定。

2. 义务人承诺履行

若义务人承诺予以履行，权利人往往信赖义务人之承诺而不再积极主动地行使其请求权，因而也应当使诉讼时效得以中断。除了义务人予以承诺外，下列这些行为亦可认定义务人为承诺之行为：义务人作出分期履行、部分履行、提供担保、请求延期履行、制订清偿债务计划等承诺或者行为等。

关于诉讼时效中断之特殊情形主要包括：

一是关于连带债权和连带债务诉讼时效的中断：（1）对于连带债权人

中的一人发生诉讼时效中断效力的事由，应当认定对其他连带债权人也发生诉讼时效中断的效力。(2) 对于连带债务人中的一人发生诉讼时效中断效力的事由，应当认定对其他连带债务人也发生诉讼时效中断的效力。

二是代位诉讼对时效的中断：债权人提起代位权诉讼的，应当认定对债权人的债权和债务人的债权均发生诉讼时效中断的效力。

三是债权转让和债务承担对诉讼时效的中断：(1) 债权转让的，应当认定诉讼时效从债权转让通知到达债务人之日起中断。(2) 在债务承担情形下，构成原债务人对债务承认的，应当认定诉讼时效从债务承担意思表示到达债权人之日起中断。

诉讼时效中断的法律后果主要包括：(1)诉讼时效因提起诉讼，当事人一方提出要求或同意履行义务时中断。(2)从中断时起，诉讼时效期间重新计算。(3)诉讼时效中断可以数次发生，但要受到20年最长诉讼时效的限制。

【适用与比较】

《民法总则》通过后最高人民法院对于诉讼时效中断情形的规定仍然能够适用。

第一百九十六条　下列请求权不适用诉讼时效的规定：

（一）请求停止侵害、排除妨碍、消除危险；

（二）不动产物权和登记的动产物权的权利人请求返还财产；

（三）请求支付抚养费、赡养费或者扶养费；

（四）依法不适用诉讼时效的其他请求权。

【条文释解】

本条规定了诉讼时效不能适用的范围，因此限定了诉讼时效的适用对象。结合《民法总则》第188条的规定，我们可以对我国诉讼时效的适用归纳如下。

1. 请求权之外的其他民事权利不适用诉讼时效。(1) 作为支配权的人身权、物权、知识产权都不能适用诉讼时效。不过这些支配权受到侵害以后产生的损害赔偿请求权则适用诉讼时效制度。(2) 形成权不适用诉讼时效。形成权有除斥期间但是却不适用诉讼时效，如撤销权、抵消权、解除权、追认权等。(3) 抗辩权也不适用诉讼时效。如同时履行抗辩权、不安抗辩权、先履行抗辩权等都不适用诉讼时效。

2. 物上请求权不适用诉讼时效。依据《物权法》第 34 条和第 35 条规定的 3 项物上请求权原则上也不适用诉讼时效。物权受到侵害所产生的 3 项物上请求权包括所有物返还请求权、妨害停止请求权、妨害预防请求权都不受诉讼时效的限制，因为这 3 项权利是物权作为绝对权所产生出来的消极权能，而不是独立的请求权。但是依据《民法总则》第 196 条第 2 项的规定，未经登记的动产返还原物请求权仍然适用诉讼时效的限制。

3. 其他绝对权受侵害后所产生的请求停止侵害、排除妨碍、消除危险的请求权不适用诉讼时效的限制。与物上请求权一样，人格权、知识产权等其他绝对权受到侵害后所产生出来的妨害停止请求权和妨害预防请求权也不适用诉讼时效的规定。

4. 基于家庭关系所产生的请求权也不适用诉讼时效，包括请求支付赡养费、抚养费等请求权在内。

【适用与比较】

与 2008 年所颁布的《最高人民法院关于审理民事案件适用诉讼时效制度若干问题的规定》中诉讼时效的适用范围相比较而言，《民法总则》关于诉讼时效适用范围的规定有如下三个方面的不同：(1) 规定未经登记的动产返还原物请求权适用诉讼时效。(2) 规定请求支付赡养费、抚养费等基于身份产生的请求权不适用诉讼时效。(3) 依据《最高人民法院关于审理民事案件适用诉讼时效制度若干问题的规定》，诉讼时效的适用对象仅限于债权性请求权。另外，下列债权性请求权也不适用诉讼时效：(1) 支付存款本金及利息请求权。这里所谓的支付存款本金及利息的请求权应当仅仅限于在银行等由银监会颁发了正式金融许可证的金融机构中的存款，而不包括其他民间的借贷等情形在内。(2) 兑付国债、金融债券以及向不特定对象发行的企业债券本息请求权。(3) 基于投资关系产生的缴付出资请求权，这主要是基于对企业之债权人之特别保护的考虑。(4) 其他依法不适用诉讼时效规定的债权请求权。此次《民法总则》并没有明确这些债权是否适用诉讼时效，因此这些是否适用，今后还需要最高人民法院明确规定。

第一百九十七条　诉讼时效的期间、计算方法以及中止、中断的事由由法律规定，当事人约定无效。

当事人对诉讼时效利益的预先放弃无效。

【条文释解】

依据本条的规定，诉讼时效制度属于法律上的强制性、效力性规范。因此，当事人既不得通过约定排除诉讼时效制度的适用也不得通过约定改变诉讼时效规范的具体内容，否则其约定均属于无效。首先，当事人不得事先通过约定排除诉讼时效的适用，《民法总则》第197条第2款的规定即表明当事人事先约定预先放弃诉讼时效利益是无效的。例如，当事人在借款合同中约定本借款不适用诉讼时效，无论多久出借人都可以请求借款人还本付息，借款人永远不得以诉讼时效已过进行抗辩，那么该约定无效，后借款到期，债务人没有还款付息，债权人也没有要求偿还本息，3年后该债权仍然过了诉讼时效，若债权人提起诉讼，债务人仍然得以提出抗辩。当然若诉讼时效已经经过之后，义务人一方放弃诉讼时效的利益表示愿意履行义务是可以的，此时权利人的权利重新开始计算诉讼时效。其次，当事人不得通过约定改变诉讼时效的期间。即除非法律另有规定外，所有适用诉讼时效的请求权的诉讼时效期间都一律是3年，当事人无论是延长还是缩短诉讼时效都是无效的。再次，关于诉讼时效的起算时间也是法定的，只能从法律规定的时点开始起算，当事人不能另行约定，否则约定也是无效的。最后，诉讼时效中止、中断的事由以及中止、中断的效力等也不能约定，否则也属于无效。

【适用与比较】

本条与《最高人民法院关于审理民事案件适用诉讼时效制度若干问题的规定》相同。

第一百九十八条　法律对仲裁时效有规定的，依照其规定；没有规定的，适用诉讼时效的规定。

【条文释解】

本条规定了仲裁时效的特殊性，即《仲裁法》等可以规定不同于本章所规定的诉讼时效，但是若没有特别规定的仍然适用《民法总则》本章的全部规定。

【适用与比较】

《民法通则》没有这一例外规定。

第一百九十九条　法律规定或者当事人约定的撤销权、解除权等权利的存续期间，除法律另有规定外，自权利人知道或者应当知道权利产生之日起计算，不适用有关诉讼时效中止、中断和延长的规定。存续期间届满，撤销权、解除权等权利消灭。

【条文释解】

本条规定了除斥期间的计算问题。所谓除斥期间是指某种权利存续的法定期间，该期间经过后该种民事权利即归于消灭。除斥期间与诉讼时效均是一定期间经过后发生权利消灭的后果，在这一点上两者相同，但是作为两种不同的法律制度，其存在如下差异。

1. 适用对象上的区别：诉讼时效只能适用于请求权，而且以债权性请求权为其主要适用对象，物权上请求权不能适用诉讼时效。除斥期间则主要适用于撤销权等形成权，此外，某些支配权、请求权也可以有除斥期间。

2. 效力不同：除斥期间经过所发生的法律后果是实体权利本身消灭。诉讼时效经过后消灭的只是胜诉权，实体权利本身并不因为过了诉讼时效而消灭。

3. 原本两种期间的起算点也有不同：一般而言，除斥期间一般从权利发生之日起算；而诉讼时效则一般是从权利人能够行使权利之日起算，我国法律将其规定为权利人知道权利受到侵害之日起算。然而，近年来我国立法上将除斥期间的起算时间也采纳了主观主义，即与诉讼时效一样从权利人知道或者应当知道其有解除权、撤销权等形成权之日起算。《民法总则》第 199 条明确规定除斥期间也是从权利人知道或者应当知道其权利产生之日起计算，不过该条仍然规定了法律另有规定的除外。

4. 是否可以中止及中断不同：除斥期间为不变期间，没有中止、中断的问题；但诉讼时效除了最长诉讼时效外，均可发生中止和中断。我国《民法总则》第 199 条明确规定了除斥期间不适用中止和中断的相关规定。

【适用与比较】

本条明确了除斥期间和诉讼时效的区别，即除斥期间是不变期间，不适用诉讼时效的中止、中断和延长的规定。在此之前，尽管学理上一致认为除斥期间不适用中止、中断与延长，但是由于法律对此没有明确规定，故法院有不同的做法与判决。在《民法总则》通过后，这种争议将不会再发生了。

第十章　期间计算

第二百条　民法所称的期间按照公历年、月、日、小时计算。

【条文释解】

本条规定了民法上期间计算单位的标准，由于中国传统计时法与现在的计时法有所不同，中国传统上使用的是阴历历法计算年、月、日等，为了能够统一标准，新中国成立以后的所有期间的计算都采用公历的年、月、日、小时等计算，即一年是365日，一个月是30日，一日则为24小时。

【适用与比较】

本条与《民法通则》的规定完全相同。

第二百零一条　按照年、月、日计算期间的，开始的当日不计入，自下一日开始计算。

按照小时计算期间的，自法律规定或者当事人约定的时间开始计算。

【条文释解】

本条规定了期间起算的日期，若期间的计算单位是年、月或者日的，那么其开始计算的当日不计入期间而是从下一日开始计算。例如借款合同所约定的还款期是2017年12月31日，那么其诉讼时效的起算就是从2018年1月1日开始起算。再例如，甲某于2012年3月15日失踪，那么若申请宣告其失踪的起算日期应当是从2012年3月16日，而2012年3月15日当天不能计算在内。再比如《票据法》规定，票据到期后，权利人应当在10日内请求付款人付款，若票据的到期日是2017年3月25日，那么该10日的起算时间应当是2017年的3月26日，而3月25日当日不能计算在10天之内。而若期间的单位是小时的话，那么规定的是几点开始就从几点开始计算。

【适用与比较】

本条与《民法通则》及其司法解释的规定完全相同。

第二百零二条　按照年、月计算期间的，到期月的对应日为期间的最后一日；没有对应日的，月末日为期间的最后一日。

第二百零三条　期间的最后一日是法定休假日的，以法定休假日结束的次日为期间的最后一日。

期间的最后一日的截止时间为二十四时；有业务时间的，停止业务活动的时间为截止时间。

【条文释解】

《民法总则》第202条与第203条必须结合起来理解，这两个条文规定的是期间的最后一日，若过了该日，那么期间就届满。若期间是按照年、月计算的，那么到期月的对应日期是最后一日，如前文所讲的诉讼时效，其期间是3年，故其最后一日为起算日所在的月起第3年所对应的月的同一日。例如，若某债权的到期日是2017年12月5日，那么其诉讼时效的起算时间应当是2017年12月16日，依据《民法总则》第188条的规定，诉讼时效的期间是3年，因此诉讼时效的最后一日应当是2020年的12月16日。若没有对应日的，则月末日为该期间的最后一日。例如，若当事人之间在2012年11月29日签订买卖合同，约定买受人应当在3个月内支付全部合同价款，那么该期间的起算日期是合同签订日的第二日，即2012年11月30日，3个月的对应日应该是2013年2月30日，然而由于2013年2月没有30日，那么就以该月的末日作为最后一日即2013年2月28日为最后履行期限。依据《民法总则》第203条的规定，若期间的最后一日属于法定节假日的，则节假日过后的第一天是该期间的最后一天，例如若诉讼时效的最后一天是2017年的10月2日，而若2017年国庆期间放假7天，即2017年10月1—7日为法定节假日，那么诉讼时效的最后一天则应当为2017年的10月8日。故债权人于2017年10月8日向人民法院提起诉讼的，则诉讼时效并没有完成，此时仍然发生诉讼中断的效果，债务人即不得提出诉讼时效的抗辩。最后一日的结束正常时间应当是当日的24点也即晚上的12点，但是对于法人等有营业时间的，则应当为最后一日停止业务活动的时间，如请求银行支付票据款项则只能在到期日的最后一日的营业时间结束之前前往银行行使权利。

【适用与比较】

以上两条与《民法通则》及其司法解释的规定完全相同。

第二百零四条　期间的计算方法依照本法的规定，但是法律另有规定或者当事人另有约定的除外。

【条文释解】

依据本条规定，本章关于期间的计算方法仅是一般性规定，即若其他特别法另有规定时则应当依据特别法的规定。依据本条规定，本章关于期间的计算方法属于任意性规范，因此当事人可以通过协议改变本章的规定。不过对于期间属于其他法律另有规定系强制性规范的，则亦不允许当事人另行约定其计算方法。例如，关于诉讼时效的全部规定均属于强制性规范则不允许当事人另行约定，再如关于自然人的行为能力的计算、失踪宣告的期间计算等也属于强制性规范而不能另行约定。

【适用与比较】

本条与《民法通则》及其司法解释的规定完全相同。

第十一章　附　　则

第二百零五条　民法所称的“以上”“以下”“以内”“届满”，包括本数；所称的“不满”“超过”“以外”，不包括本数。

【条文释解】

本条规定的是“以上”“以下”“以内”“届满”“不满”“超过”“以外”等与数字有关的用语的含义，明确了是否包括本数在内的问题。其中“以上”“以下”“以内”“届满”等包括本数在内，而“不满”“超过”“以外”等不包括本数，这既适用于法律直接使用这些用语之上，也适用于当事人在合同等意思表示中所选用的用语之上，故当事人在选择这些术语时需要特别留意。

【适用与比较】

本条与《民法通则》及其司法解释的规定完全相同。

第二百零六条　本法自2017年10月1日起施行。

【条文释解】

本条规定的是《民法总则》的具体生效日期，即2017年10月1日。由于法律没有溯及力，故在此之前当事人之间已经发生的民事纠纷不适用本法仍然适用其当时的法律，如《民法通则》《合同法》等规定加以解决。

【适用与比较】

主要注意法律的溯及力问题。这是一个非常复杂的问题，一般而言，法律不具有溯及力，这是基本原则，但是，实践中会存在大量的复杂的界限性的案件。由于新法与旧法的规定不一致，从而导致双方当事人的利益有所不同时，双方当事人会因为适用新法抑或是适用旧法而发生争执。

第二部分

立法文件

关于《中华人民共和国民法总则（草案）》的说明

——2017年3月8日在第十二届全国人民代表大会第五次会议上

全国人民代表大会常务委员会副委员长　李建国

各位代表：

我受全国人大常委会委托，作关于《中华人民共和国民法总则（草案）》的说明。

一、关于编纂民法典的任务、意义和指导思想

编纂民法典是党的十八届四中全会提出的重大立法任务。编纂民法典是对现行民事法律规范进行系统整合，编纂一部适应中国特色社会主义发展要求，符合我国国情和实际，体例科学、结构严谨、规范合理、内容协调一致的法典。编纂民法典不是制定全新的民事法律，而是对现行的民事法律规范进行科学整理；也不是简单的法律汇编，而是对已经不适应现实情况的规定进行修改完善，对经济社会生活中出现的新情况、新问题作出有针对性的新规定。

党的十八大以来，以习近平同志为核心的党中央团结带领全党和全国各族人民，统筹推进“五位一体”总体布局，协调推进“四个全面”战略布局，全面开创了中国特色社会主义新局面，极大地提振了广大人民群众的主动性、积极性和创造性，现在我们比历史上任何时期都更加接近实现中华民族伟大复兴中国梦的目标。在这一时代背景下，编纂民法典具有重大而深远的意义。

第一，编纂民法典是体现党执政为民的根本宗旨，维护最广大人民根本利益的客观需要。尊重和保障人民群众合法权益，是建设中国特色社会主义法治体系、建设社会主义法治国家的基本原则。党的十八届四中全会提出，要实现公民权利保障的法治化。这是总结我国民主法治建设经验教训而得出的重要结论，是我们党根本宗旨的内在要求。我国宪法确立了保障公民人身权利和财产权利的原则。宪法的精神和原则必须在民事法律中予以体现和落实。通过编纂民法典，健全民事法律秩序，就是要加强对民事主体合法权益的保护，更好地维护人民群众的切身利益。

第二，编纂民法典是全面推进依法治国，实现国家治理体系和治理能力现代化的重大举措。党的十八届三中全会提出完善和发展中国特色社会主义制度、实现国家治理体系和治理能力现代化。党的十八届四中全会进一步指出依法治国是实现国家治理体系和治理能力现代化的必然要求。民法作为中国特色社会主义法律体系的重要组成部分，是民事领域的基础性、综合性法律，被称为社会生活的百科全书，它规范人身关系和财产关系，涉及社会和经济生活的方方面面，同每个民事主体都密切相关。民法与国家其他领域的法律规范一起，支撑着国家治理体系。通过编纂民法典，完善民事法律规范，就是要构建民事领域的治理规则，提高国家治理能力。

第三，编纂民法典是健全社会主义市场经济制度，完善中国特色社会主义法律体系的必然要求。社会主义市场经济本质上是法治经济。完善社会主义市场经济法律制度，是社会主义市场经济运行规律的客观要求，也是保障经济持续健康发展的现实需要。党的十八届四中全会提出，使市场在资源配置中起决定性作用，必须以保护产权、维护契约、统一市场、平等交换、公平竞争等为基本导向。我国民事立法秉持民商合一的传统，通过编纂民法典，完善我国民商事领域的基本规则，为民商事活动提供基本遵循，就是要健全市场秩序，维护交易安全，促进社会主义市场经济健康发展。

编纂民法典的指导思想是，高举中国特色社会主义伟大旗帜，全面贯彻党的十八大和十八届三中、四中、五中、六中全会精神，以马克思列宁主义、毛泽东思想、邓小平理论、“三个代表”重要思想、科学发展观为指导，深入贯彻习近平总书记系列重要讲话精神和治国理政新理念新思想新战略，贯彻统筹推进“五位一体”总体布局和协调推进“四个全面”战略布局要求，贯彻新发展理念，编纂一部具有中国特色、体现时代精神的民法典，正确调整民事关系，更好保护民事主体合法权益，维护社会经济秩序，为实现“两个一百年”奋斗目标、实现中华民族伟大复兴中国梦提供有力法治保障。

按照上述指导思想，编纂民法典工作遵循以下基本原则：一是坚持正确政治方向。坚持党的领导这一社会主义法治的最根本保证，确保党的领导、人民当家作主、依法治国有机统一，坚定不移走中国特色社会主义法治道路。二是坚持人民主体地位。坚持人民立场这一党的根本政治立场，恪守以民为本、立法为民理念，保证人民依法享有广泛的权利和自由、承担应尽的义务，实现好、维护好、发展好最广大人民根本利益。三是坚持社会主义核心价值观。将社会主义核心价值观融入全过程，弘扬中华民族传统美德，强化规则意识，增强道德约束，倡导契约精神，弘扬公序良俗。四是坚持立法的引领和推动作用。以法典化方式巩固和确认新中国成立以来特别是改革开放以来实践证明是正确的民事立法成果，同时与时俱进，完善和发展我国民事法律规范，引领经济社会发展，更好地平衡社会利益、调节社会关系、规范社会行为。

二、关于民法总则草案的起草情况

以习近平同志为核心的党中央高度重视民法典编纂和民法总则的制定。2016 年 6 月 14 日，习近平总书记主持召开中央政治局常委会会议，听取并原则同意全国人大常委会党组关于民法典编纂工作和民法总则草案几个主要问题的汇报，并作出重要指示，为编纂民法典和制定民法总则提供了重要指导和基本遵循。民法典将由总则编和各分编组成，目前考虑分为物权编、合同编、侵权责任编、婚姻家庭编和继承编等。编纂工作按照“两步走”的思路进行：第一步，编纂民法典总则编，即提请本次会议审议的民法总则草案；第二步，编纂民法典各分编，拟于 2018 年整体提请全国人大常委会审议，经全国人大常委会分阶段审议后，争取于 2020 年将民法典各分编一并提请全国人民代表大会会议审议通过，从而形成统一的民法典。按照进度服从质量的要求，具体工作安排可作必要调整。

编纂一部真正属于中国人民的民法典，是新中国几代人的夙愿。新中国成立后，党和国家曾于 1954 年、1962 年、1979 年和 2001 年先后 4 次启动民法制定工作。第一次和第二次，由于各种原因而未能取得实际成果。1979 年第三次启动，由于刚刚进入改革开放新时期，制定一部完备的民法典条件还不具备，因此，按照“成熟一个通过一个”的工作思路，确定先制定民事单行法。现行的继承法、民法通则、担保法、合同法就是在这种背景下制定的。2001 年九届全国人大常委会组织起草了《中华人民共和国民法（草案)》，并于2002 年进行了一次审议，经讨论，仍确定继续采取分别制定单行法的办法。2003 年十届全国人大以来，又先后制定了物权法、侵权责任法、涉外民事关系法律适用法等。由此可以看出，1979 年以来我国民事立法是富有成效的，逐步形成了比较完整的民事法律规范体系，为编纂民法典奠定了较好的法律基础和实践基础。现在，编纂民法典条件已经具备。

党的十八大以来，根据党中央的决策部署，十二届全国人大及其常委会将编纂民法典和制定民法总则作为立法工作的重点任务。2016 年 6 月、10 月、12 月，全国人大常委会先后三次审议了民法总则草案，并且先后三次于会后将草案审议稿在中国人大网公布征求社会公众意见，两次将草案印送全国人大代表征求意见，还将草案印发中央有关部门、地方人大、法学教学科研机构征求意见。与此同时，全国人大常委会于 2016 年 10 月和 11 月在北京、四川、宁夏和上海召开四次座谈会，由张德江委员长和我分别主持，直接听取中央有关部门，各省、自治区、直辖市人大常委会和部分全国人大代表、基层立法联系点代表、法律实务工作者和专家学者等各方面的意见，并到基层进行实地调研。这次提请大会审议的民法总则草案，是在深入调查研究、广泛听取全国人大代表、全国政协委员和社会各界意见的基础上，反复修改形成的，体现了科学立法、民主立法的精神。

民法总则是民法典的开篇之作，在民法典中起统领性作用。民法总则规定民事活动必须遵循的基本原则和一般性规则，统领民法典各分编；各分编将在总则的基础上对各项民事制度作出具体规定。民法总则草案以1986 年制定的民法通则为基础，采取“提取公因式”的办法，将民事法律制度中具有普遍适用性和引领性的规定写入草案，就民法基本原则、民事主体、民事权利、民事法律行为、民事责任和诉讼时效等基本民事法律制度作出规定，既构建了我国民事法律制度的基本框架，也为各分编的规定提供依据。

在民法总则草案起草过程中，遵循了编纂民法典的指导思想和基本原则，并注意把握以下几点：一是既坚持问题导向，着力解决社会生活中纷繁复杂的问题，又尊重立法规律，讲法理、讲体系。我国仍处于并将长期处于社会主义初级阶段。制定民法总则必须立足于这一基本国情，研究现阶段民事法律实践中存在的问题，以实践需求确定立法重点，用实践智慧破解立法难点。同时，按照民商事法律关系的内在规律，注重与民法典各分编和其他部门法的有机衔接。二是既尊重民事立法的历史延续性，又适应当前经济社会发展的客观要求。我国现行民事法律大部分规则实际可行，为人民群众所熟悉和接受。制定民法总则，必须深入总结这些法律的实施情况，对实践证明正确、可行的，予以继承，维护法律的稳定性；对不适应现实情况的内容和制度进行修改补充，对社会生活迫切需要规范的事项作出创设性规定，增强法律的可执行性，并适度体现前瞻性。三是既传承我国优秀的法律文化传统，又借鉴外国立法的有益经验。中华优秀传统文化的思想精华，包括讲仁爱、重民本、守诚信、崇正义、尚和合、求大同等核心思想理念，与民法的理念和原则是相通的。制定民法总则，必须坚定文化自信，深入挖掘和传承包括中华法律文化在内的中华优秀传统文化的时代价值，让我们的民法总则体现鲜明的民族性。同时，要有世界眼光，善于学习外国的立法经验，借鉴人类法治文明成果，但决不照搬外国法治理念和模式。

三、关于民法总则草案的主要内容

民法总则草案分为11章，包括基本原则、自然人、法人、非法人组织、民事权利、民事法律行为、代理、民事责任、诉讼时效、期间计算、附则，共210条。主要内容是：

（一）关于基本原则和法律适用规则

基本原则是民事主体从事民事活动和司法机关进行民事司法活动应当遵循的基本准则。草案第一章以确立基本原则为核心，并就立法宗旨、法律适用规则作出规定。草案在民法通则的基础上，结合30多年来民事法律实践，进一步明确了民事主体的人身权利、财产权利以及其他合法权益受法律保护，任何组织或者个人不得侵犯，并确立了平等原则、自愿原则、公平原则、诚信原则、守法原则、绿色原则等基本原则。需要指出的是，将绿色原则确立为基本原则，规定民事主体从事民事活动，应当有利于节约资源、保护生态环境，这样规定，既传承了天地人和、人与自然和谐共生的我国优秀传统文化理念，又体现了党的十八大以来的新发展理念，与我国是人口大国、需要长期处理好人与资源生态的矛盾这样一个国情相适应。（草案第三条至第九条）

关于民事法律的适用规则，草案规定：一是处理民事纠纷，应当依照法律；法律没有规定的，可以适用习惯，但是不得违背公序良俗即公共秩序和善良习俗。二是其他法律对民事关系有特别规定的，依照其规定。著作权法、专利法、保险法等民商事特别法既涉及民事法律关系，也涉及行政法律关系，还有一些涉及特殊商事规则，这些法律很难也不宜纳入民法典，这条规则明确了民法总则与民商事特别法的关系。（草案第十一条、第十二条）

（二）关于民事主体

民事主体是民事关系的参与者、民事权利的享有者、民事义务的履行者和民事责任的承担者。草案第二章、第三章、第四章规定了自然人、法人、非法人组织3类民事主体。

关于自然人制度。草案在民法通则的基础上，对自然人制度作了以下完善：一是增加了保护胎儿利益的规定。涉及遗产继承、接受赠与等胎儿利益保护的，胎儿视为具有民事权利能力（草案第十七条）。二是下调了限制民事行为能力的未成年人的年龄标准。这样规定是为了更好地尊重未成年人的自主意识（草案第二十条）。三是完善了监护制度。监护是保护无民事行为能力人或者限制民事行为能力人的合法权益，弥补其民事行为能力不足的法律制度。草案以家庭监护为基础，社会监护为补充，国家监护为兜底，对监护制度作了完善，明确了父母子女间的抚养、赡养等义务，扩大了被监护人的范围，强化了政府的监护职能，并就监护人的确定、监护职责的履行、撤销监护等制度作出明确规定（草案第二十七条至第四十条）。

关于法人制度。法人制度是民事法律的一项基本制度。随着我国经济社会的发展，新的组织形式不断出现，法人形态发生了较大变化，民法通则关于企业法人、机关法人、事业单位法人和社会团体法人的分类已难以适应新的情况，有必要进行调整完善。草案遵循民法通则关于法人分类的基本思路，适应社会组织改革发展要求，按照法人设立目的和功能等方面的不同，将法人分为营利法人、非营利法人和特别法人3类（草案第三章第二节、第三节、第四节）。对营利法人和非营利法人，草案只列举了几种比较典型的具体类型，对现实生活中已经存在或者可能出现的其他法人组织，可以按照其特征，分别归入营利法人或者非营利法人。对特别法人，草案规定了以下几种情况：一是机关法人。机关设立的目的是履行公共管理等职能，这与其他法人组织存在明显差别。二是农村集体经济组织法人。农村集体经济组织具有鲜明的中国特色。赋予其法人地位符合党中央有关改革精神，有利于完善农村集体经济实现形式和运行机制，增强农村集体经济发展活力。三是基层群众性自治组织法人。村民委员会、居民委员会等基层群众性自治组织在设立、变更和终止以及行使职能和责任承担上都有其特殊性。四是城镇、农村的合作经济组织。这类合作经济组织对内具有共益性或者互益性，对外也可以从事经营活动，依照法律的规定取得法人资格后，作为特别法人。

关于非法人组织。随着我国经济社会的发展，在实际生活中，大量不具有法人资格的组织以自己的名义从事各种民事活动。赋予这些组织民事主体地位有利于其开展民事活动，也与其他法律的规定相衔接。据此，草案规定，非法人组织是不具有法人资格，但是能够依法以自己的名义从事民事活动的组织，包括个人独资企业、合伙企业、不具有法人资格的专业服务机构等（草案第一百零五条）。草案还规定，非法人组织的财产不足以清偿债务的，其出资人或者设立人承担无限责任。法律另有规定的，依照其规定（草案第一百零七条）。

（三）关于民事权利

保护民事权利是民事立法的重要任务。草案第五章规定了民事权利。这一章旨在贯彻落实党中央关于实现公民权利保障法治化和完善产权保护制度的要求，凸显对民事权利的尊重，加强对民事权利的保护，为民法典各分编和民商事特别法律具体规定民事权利提供依据。关于民事权利，草案规定了以下主要内容：一是人身权利。草案规定，自然人的人身自由、人格尊严受法律保护（草案第一百一十二条）；自然人享有生命权、健康权、身体权、姓名权、肖像权、名誉权、荣誉权、隐私权、婚姻自主权等权利（草案第一百一十三条第一款）。在信息化社会，自然人的个人信息保护尤其重要，草案对此作了有针对性的规定（草案第一百一十四条）。二是财产权利。草案规定，民事主体的财产权利受法律平等保护（草案第一百一十六条）。民事主体依法享有物权、债权、继承权、股权和其他投资性权利（草案第一百一十七条至第一百二十五条，第一百二十七条至第一百二十九条）。三是知识产权。为了加强对知识产权的保护，促进科技创新，建设创新型国家，草案对知识产权作了概括性规定，以统领各知识产权单行法律（草案第一百二十六条）。四是为了适应互联网和大数据时代发展的需要，草案规定，法律对数据、网络虚拟财产的保护有规定的，依照其规定（草案第一百三十一条）。五是为了规范民事权利的行使，草案规定，民事主体不得滥用民事权利损害社会公共利益或者他人合法权益（草案第一百三十五条）。

（四）关于民事法律行为和代理

民事法律行为是民事主体通过意思表示设立、变更、终止民事法律关系的行为。代理是民事主体通过代理人实施民事法律行为。草案在民法通则和合同法规定的基础上，对民事法律行为和代理制度主要作了以下完善：一是扩充了民事法律行为的内涵，既包括合法的法律行为，也包括无效、可撤销和效力待定的法律行为。这样既尊重民事主体的意愿，也强调对自己的行为负责，有利于提升民事主体的规则意识和责任意识（草案第一百三十六条）。二是增加了意思表示的规则。意思表示是民事主体希望产生法律效果的内心意愿的外在表达，是构成民事法律行为的基础。草案对其作出方式、生效和撤回等作了规定（草案第六章第二节）。三是完善了民事法律行为的效力规则。草案在规定民事法律行为有效条件的同时，对重大误解、欺诈、胁迫、显失公平等行为的撤销，恶意串通行为的无效等分别作了修改补充（草案第六章第三节）。四是完善了代理的一般规则以及委托代理制度（草案第七章）。

（五）关于民事责任和诉讼时效

民事责任是民事主体不履行或者不完全履行民事义务的法律后果。关于民事责任，草案主要作了以下规定：一是民事主体应当依照法律规定或者当事人约定履行民事义务，不履行或者不完全履行的，应当依法承担民事责任（草案第一百八十条）。二是列举了停止侵害、返还财产、恢复原状、赔偿损失、惩罚性赔偿等承担民事责任的主要方式（草案第一百八十三条）。三是为匡正社会风气，鼓励见义勇为的行为，草案规定，因自愿实施紧急救助行为造成受助人损害的，救助人不承担民事责任（草案第一百八十七条）。草案还规定，因保护他人民事权益而使自己受到损害的，由侵权人承担民事责任，受益人可以给予适当补偿。没有侵权人、侵权人逃逸或者无力承担民事责任，受害人请求补偿的，受益人应当给予适当补偿（草案第一百八十八条）。

诉讼时效是权利人在法定期间内不行使权利，权利不受保护的法律制度。关于诉讼时效，草案主要作了以下规定：一是将现行民法通则规定的二年一般诉讼时效期间延长为三年，以适应社会生活中新的情况不断出现，交易方式与类型不断创新，权利义务关系更趋复杂的现实情况与司法实践，有利于建设诚信社会，更好地保护债权人合法权益（草案第一百九十一条第一款）。二是增加了未成年人遭受性侵害后诉讼时效的特殊起算点，给受性侵害的未成年人成年后提供寻求法律救济的机会，保护未成年人利益（草案第一百九十四条）。

草案还对宣告失踪和宣告死亡、期间计算等内容作了规定。这些规定既延续了现行民事法律中科学合理的内容和制度，又吸收了行之有效的司法实践中好的做法。

这里还需要说明的一个问题是，关于民法总则与民法通则的关系。1986 年制定的民法通则在我国民事立法史上具有里程碑意义，发挥了重要作用。民法通则既规定了民法的一些基本制度和一般性规则，也规定了合同、所有权及其他财产权、知识产权、民事责任、涉外民事关系法律适用等具体内容，被称为一部“小民法典”。草案基本吸收了民法通则规定的民事基本制度和一般性规则，同时作了补充、完善和发展。民法通则规定的合同、所有权及其他财产权、民事责任等具体内容还需要在编纂民法典各分编时作进一步统筹，系统整合。据此，民法总则草案通过后暂不废止民法通则。民法总则与民法通则的规定不一致的，根据新法优于旧法的原则，适用民法总则的规定。

此外，在草案制定过程中，各有关方面还提出了其他一些意见。这些意见有的分歧较大，一时难以形成共识，还需进一步研究论证；有的涉及物权、合同、侵权、婚姻家庭、继承等内容的具体规则，可在编纂民法典各分编时统筹解决；有的涉及著作权法、专利法、保险法等民商事特别法的内容和具体操作问题，可在今后通过修改相关法律或者制定配套法律法规时予以体现。

《中华人民共和国民法总则（草案）》和以上说明，请审议。

全国人民代表大会法律委员会关于《中华人民共和国民法总则（草案）》修改情况的汇报

全国人民代表大会常务委员会：

常委会第二十一次会议对民法总则（草案）进行了初次审议。会后，法制工作委员会将草案印发地方人大、中央有关部门、法学教学研究机构和有关社会团体征求意见；同时，印发各位全国人大代表征求意见。在中国人大网全文公布草案征求社会公众意见。10月10日，张德江委员长在北京主持召开座谈会，听取部分省区市人大常委会负责同志、中央有关部门、民法典编纂工作参加单位和法工委基层立法联系点有关负责同志，部分全国人大代表和政协委员的意见。10月13日，李建国副委员长在宁夏银川召开座谈会，听取部分省区人大常委会负责同志，部分全国人大代表、专家学者和有关基层立法联系点代表的意见，并到基层实地调研。法律委员会、法制工作委员会在北京召开多个座谈会，分别听取中央有关部门和部分专家学者的意见，到安徽、江西、湖北和浙江等地进行调研，听取地方意见。法律委员会于10月11日召开会议，根据常委会组成人员的审议意见和各方面意见，对草案进行了逐条审议。五家民法典编纂工作参加单位的有关负责同志列席会议。10月18日，法律委员会召开会议，再次进行了审议。现将民法总则（草案）主要问题的修改情况汇报如下：

一、关于维护交易安全

草案第六条第二款规定，民事主体从事民事活动，应当自觉维护交易安全。一些常委会组成人员、代表、地方、部门和社会公众提出，维护交易安全主要适用于商事活动，是否将其作为民事主体从事所有民事活动应当遵循的基本原则应进一步研究。法律委员会经研究认为，维护交易安全是从事商事活动应当遵循的基本准则，对于保护善意的交易相对人利益，建立诚实守信的市场环境，促进社会主义市场经济健康发展有着重要意义。考虑到维护交易安全主要适用于商事活动，建议将该款规定的内容移到草案营利法人一节中规定。（草案二次审议稿第八十七条）

二、关于监护

1. 关于遗嘱监护。草案第二十六条第三款规定，未成年人的父母可以通过遗嘱指定未成年人的监护人；其父、母指定的监护人不一致的，以后死亡一方的指定为准。有的代表、地方和部门提出，父、母指定的监护人不一致的，以后死亡一方的指定为准不一定有利于保护被监护人的利益，也涵盖不了父母同时死亡的情况。法律委员会经研究，建议将该规定修改为：未成年人的父母可以通过遗嘱指定未成年人的监护人；其父、母指定的监护人不一致的，应当尊重被监护人的意愿，根据最有利于被监护人的原则确定。（草案二次审议稿第二十七条第三款）

2. 关于监护人的范围。草案第二十七条对无民事行为能力或者限制民事行为能力的成年人的监护人范围作了规定。有的地方、部门和社会公众提出，草案只规定了配偶、父母、子女等可以作为成年人的监护人。现实生活中，不少无民事行为能力或者限制民事行为能力的成年人是由其兄弟姐妹等近亲属照顾，由这些近亲属作为监护人有利于保护被监护人的利益，也有利于弘扬社会主义家庭伦理美德。法律委员会经研究，建议将“其他近亲属”纳入无民事行为能力或者限制民事行为能力的成年人的监护人范围。（草案二次审议稿第二十八条）

3. 关于临时监护措施。草案第三十四条对有关人员或者组织向人民法院申请撤销监护人的监护资格作了规定。有的常委会组成人员、代表、地方和部门提出，在人民法院确定新监护人之前，为了避免原监护人对被监护人特别是对未成年人造成进一步伤害，应当指定临时监护人或者作出其他临时监护安排。法律委员会经研究，建议在该条中增加规定“安排必要的临时监护措施”。（草案二次审议稿第三十五条）

4. 关于监护人资格的恢复。草案第三十五条对监护人资格被撤销后的恢复作了规定。有的常委委员、代表、地方、部门和社会公众提出，草案规定的几种撤销监护权的情形都是严重损害被监护人利益的情形，不宜轻易恢复。同时，监护人资格撤销后再恢复，还有可能给被监护人造成二次伤害。为此，有必要将监护人资格恢复的制度限于父母确有悔改且符合被监护人意愿的情形。法律委员会经研究，建议将相关规定修改为：未成年人的父母被人民法院撤销监护人资格后，确有悔改情形的，经其申请，人民法院可以在尊重被监护人意愿的前提下，视情况恢复其监护人资格，人民法院指定的新监护人与被监护人的监护关系同时终止。（草案二次审议稿第三十六条）

三、关于农村集体经济组织的法人地位

一些常委委员、代表、地方、部门和社会公众提出，根据物权法等法律规定，农村集体经济组织是农村集体资产经营管理的主体，依法代表农民集体行使农村集体资产所有权，承担经营管理事务，明确其民事主体地位有利于其从事民事活动，有利于完善农村集体经济的实现形式和运行机制，增强农村集体经济发展活力。法律委员会经研究，建议在第三章法人第一节一般规定中增加一条规定：农村集体经济组织具备法人条件的，依法取得法人资格。（草案二次审议稿第七十六条）

四、关于法人制度

1. 关于法人合并、分立后的权利义务承担与法人终止。草案第六十三条规定，法人合并、分立的，其权利和义务由变更后的法人享有和承担。有的常委委员、代表、地方、部门和法学教学研究机构建议，宜进一步细化法人分立后的债务承担规则，同时体现对法人分立前与债权人就债务清偿所作约定的尊重。有的常委委员和代表还建议明确法人终止的事由和特殊程序。法律委员会经研究，建议将该条修改为：法人合并的，其权利和义务由合并后的法人享有和承担。法人分立的，其权利和义务由分立后的法人享有连带债权，承担连带债务，债权人和债务人另有约定的除外。并增加一条规定：法人由于下列原因之一终止：1. 法人解散；2. 法人被宣告破产；3. 法律规定的其他原因。法人终止，法律规定须经有关机关批准的，依照其规定。（草案二次审议稿第六十五条、第六十六条）

2. 关于营利法人的成员滥用其权利的后果。草案第七十九条对营利法人的成员滥用其权利的情形作了规定。有的地方、部门、法学教学研究机构和社会公众提出，为防止法人成员滥用其权利，维护以独立财产、独立责任为基础的法人制度，建议明确营利法人成员滥用权利的法律后果。法律委员会经研究，建议在该条中增加规定：法人的出资人滥用出资人权利给法人或者其他出资人造成损失的，应当依法承担民事责任；法人的出资人滥用法人独立地位和出资人有限责任，逃避债务，严重损害法人债权人利益的，应当对法人债务承担连带责任。同时增加一条规定，完善营利法人内部制约机制，维护法人的出资人的利益。（草案二次审议稿第八十五条、第八十六条）

3. 关于社会服务机构的法人地位。有的常委委员、代表、地方和部门提出，民办非企业单位等社会服务机构作为社会组织的一种形式，在社会生活中发挥着积极作用，明确其法人地位，有利于促进这类社会组织健康有序发展。法律委员会经研究，建议在草案相关规定中增加社会服务机构这类法人形式。（草案二次审议稿第九十五条）

五、关于个人信息的保护

有的常委委员、部门、法学教学研究机构和社会公众提出，一段时间以来，非法获取、非法出售或者非法向他人提供公民个人信息的违法行为泛滥，社会危害严重，建议进一步强化对个人信息的保护。法律委员会经研究认为，个人信息权利是公民在现代信息社会享有的重要权利，明确对个人信息的保护对于保护公民的人格尊严，使公民免受非法侵扰，维护正常的社会秩序具有现实意义。法律委员会经研究，建议增加规定：自然人的个人信息受法律保护。任何组织和个人不得非法收集、利用、加工、传输个人信息，不得非法提供、公开或者出售个人信息。（草案二次审议稿第一百零九条）

六、关于未成年人受到性侵害的诉讼时效起算规则

有的代表、地方、部门和社会公众提出，受社会传统观念影响，不少遭受性侵害的未成年人及其监护人往往不愿、不敢公开寻求法律保护。受害人成年之后自己寻求法律救济，却往往已超过诉讼时效期间。为了更好地保护受性侵害的未成年人的利益，建议规定诉讼时效起算的特别规则。法律委员会经研究，建议增加一条规定：未成年人遭受性侵害的损害赔偿请求权的诉讼时效期间，自受害人年满十八周岁之日起计算。（草案二次审议稿第一百八十四条）

还有一个问题需要汇报：草案第十八条将限制民事行为能力的未成年人的年龄下限标准规定为“六周岁”。一些常委会组成人员、代表、地方和部门提出，六周岁儿童虽有一定的学习能力，开始接受义务教育，但认知和辨识能力仍然不足，不具备独立实施相关民事法律行为的基础。有的则建议将其规定为“八周岁”。法律委员会、法制工作委员会就此听取了部分教育学、心理学、社会学等方面专家的意见，并进一步研究了国外相关立法情况。在此基础上，经反复研究，建议对草案的规定暂不作修改，继续研究。主要考虑：一是随着社会的进步和教育水平的提高，儿童的认知能力、适应能力和自我承担能力也有了很大提高，法律上适当降低限制民事行为能力的未成年人年龄下限标准，符合现代未成年人心理、生理发展特点，有利于未成年人从事与其年龄、智力相适应的民事活动，更好地尊重未成年人的自主意识，保护其合法权益。二是符合国际上的发展趋势。我国参加的《联合国儿童权利公约》规定，各国要采取措施尊重和保护儿童的自我意识。一些国家和地区将限制民事行为能力人的年龄下限规定为六周岁或者七周岁；还有一些国家和地区规定未成年人均为限制民事行为能力人。三是民事行为能力不同于刑事责任能力。我国现行民法通则和刑法对民事行为能力和刑事责任能力的要求就是不同的。民事行为能力的年龄变化并不必然导致刑事责任能力的年龄变化，刑事责任能力年龄标准的调整，应当根据刑事领域的具体情况来确定。

此外，草案二次审议稿还对尊重成年被监护人独立处理相关事务的意愿，营利法人权力机构、执行机构和监督机构的职权，以及惩罚性赔偿的民事责任方式等内容作了进一步的规定。对草案还作了一些文字修改。相比草案，仍为11章，条文由186条增加至202条。

草案二次审议稿已按上述意见作了修改，法律委员会建议提请本次常委会会议继续审议。

草案二次审议稿和以上汇报是否妥当，请审议。

全国人民代表大会法律委员会

2016年10月31日

全国人民代表大会法律委员会关于《中华人民共和国民法总则（草案）》修改情况的汇报

全国人民代表大会常务委员会：

常委会第二十四次会议对民法总则（草案）进行了再次审议。会后，法制工作委员会在中国人大网全文公布草案二次审议稿征求社会公众意见。11 月 21 日至 23 日，张德江委员长在四川主持召开座谈会，听取部分省区市人大常委会和全国人大常委会法工委有关基层立法联系点负责同志，部分全国人大代表和专家学者、企事业单位与法律实务工作者代表的意见，并到基层实地调研，听取基层干部群众意见。11 月 18 日，李建国副委员长在上海主持召开座谈会，听取部分省市人大常委会和全国人大常委会法工委有关基层立法联系点负责同志，部分全国人大代表和专家学者、企事业单位、法律实务工作者与基层干部群众代表的意见。法律委员会、法制工作委员会在北京召开农村集体经济组织民事主体地位问题等座谈会，听取中央有关部门和部分专家学者的意见。法律委员会于 12 月 1 日召开会议，根据常委会组成人员的审议意见和各方面意见，对草案进行了审议。五家民法典编纂工作参加单位的有关负责同志列席会议。12 月 12 日，法律委员会召开会议，再次进行了审议。现将民法总则（草案二次审议稿）主要问题的修改情况汇报如下：

一、关于保护生态环境、节约资源，弘扬中华优秀文化、践行社会主义核心价值观

草案二次审议稿第七条规定，民事主体从事民事活动，应当保护生态环境、节约资源，促进人与自然和谐发展。一些常委会组成人员、部门、地方和单位提出，本条内容值得提倡，但不宜规定在草案基本原则一章，从民事权利行使的角度加以规定比较适当。一些常委委员提出，按照党中央关于把社会主义核心价值观融入法治建设的要求，应当强调在民事活动中弘扬中华优秀文化，践行社会主义核心价值观。法律委员会经研究，建议将该条修改为：民事主体行使民事权利，应当节约资源、保护生态环境；弘扬中华优秀文化，践行社会主义核心价值观。并作为对民事主体行使民事权利的要求，移至民事权利一章中规定。（草案三次审议稿第一百三十三条）

二、关于监护

一是，根据有些常委委员、全国人大代表、地方和基层干部群众的意见，将草案二次审议稿中关于无具有监护资格的人的情况下，监护人由被监护人住所地的居民委员会、村民委员会或者民政部门担任的规定，修改为：无具有监护资格的人的，监护人由民政部门担任，也可以由具备条件的被监护人住所地的居民委员会、村民委员会担任。（草案三次审议稿第三十一条）二是，根据有些全国人大代表和专家的意见，将草案二次审议稿中关于未成年人父母的监护人资格被人民法院撤销后的恢复的规定，修改为：被监护人的父母或者子女被人民法院撤销监护人资格后，除对被监护人实施故意犯罪的外，确有悔改情形的，经其申请，人民法院可以在尊重被监护人真实意愿的前提下，视情况恢复其监护人资格。人民法院指定的新监护人与被监护人的监护关系同时终止。（草案三次审议稿第三十六条）

三、关于农村承包经营户的债务承担

草案二次审议稿第五十四条第二款规定，农村承包经营户的债务，以家庭财产承担。有的全国人大代表和地方提出，实践中，农户承包的农村土地有的由农户家庭的部分成员从事生产经营，建议区别情况，分别规定以家庭财产承担债务和以部分家庭成员的财产承担债务。法律委员会经研究，建议将该规定修改为：农村承包经营户的债务，以从事农村土地承包经营的农户财产承担；事实上由农户部分成员经营的，以该部分成员的财产承担。（草案三次审议稿第五十四条第二款）

四、关于居民委员会、村民委员会的法人地位

有的部门、地方和一些基层干部群众代表提出，居民委员会、村民委员会是基层群众性自治组织，为履行其职能需要从事一些民事活动。由于现行法律没有规定其民事主体地位，致使其在一些情况下不能顺利从事民事活动。民法总则应明确赋予居民委员会、村民委员会法人资格。法律委员会经研究，建议增加规定：居民委员会、村民委员会具有基层群众性自治组织法人资格，可以从事为履行职能所需要的民事活动。未设立村集体经济组织的，村民委员会可以依法代行村集体经济组织的职能。（草案三次审议稿第一百条）

五、关于增加特别法人类别

有些常委会组成人员、部门和地方提出，实践中有的法人与营利法人和非营利法人在设立、终止等方面都有所不同，难以纳入这两类法人，建议增设一类特别法人。法律委员会经研究认为，根据我国社会生活实际，具有特殊性的法人组织主要有以下几种情况：一是机关法人，其在设立依据、目的、职能和责任最终承担上，均与其他法人存在较大差别；二是基层群众性自治组织和农村集体经济组织，其设立、变更和终止，管理的财产性质，成员的加入和退出，承担的职能等等都有其特殊性；三是合作经济组织，既具有公益性或者互益性，又具有营利性。对上述这些法人，单独设立一种法人类别，有利于其更好地参与民事生活，也有利于保护其成员和与其进行民事活动的相对人的合法权益。为此，建议在法人一章中增加第四节特别法人，对上述情况作出规定。（草案三次审议稿第三章第四节）

六、关于非法人组织

草案二次审议稿第一百条第二款规定，非法人组织包括个人独资企业、合伙企业等。有的常委会组成人员和地方提出，应当尽量列举非法人组织的具体类型，实践中还有一些律师事务所、会计师事务所等，也属于非法人组织。法律委员会经研究，建议将该规定修改为：非法人组织包括个人独资企业、合伙企业、不具有法人资格的专业服务机构和其他组织。（草案三次审议稿第一百零一条第二款）

七、关于民事权利

有的常委委员、部门、全国人大代表和专家提出，应在民法总则中将民事权利规定得更充实一些，建议对民事权利的取得、权利人如何行使民事权利、有关因征收、征用而获得补偿的权利等作出原则性规定。法律委员会经研究，建议增加下列规定：民事权利可以依据民事法律行为、事实行为、法律规定的事件或者法律规定的其他方式取得（草案三次审议稿第一百三十条）；民事主体按照自己的意愿依法行使民事权利，不受干涉

(草案三次审议稿第一百三十一条)；为了公共利益的需要，依照法律规定的权限和程序征收、征用不动产或者动产的，应当给予公平、合理的补偿(草案三次审议稿第一百一十七条)。

八、关于民事责任

有的常委委员和全国人大代表提出，为匡正社会风气，鼓励和保护见义勇为行为，应在民法总则中明确为保护他人而实施救助行为，造成受助人损害的，救助人应免于承担民事责任。法律委员会经研究，建议增加规定：实施紧急救助行为造成受助人损害的，除有重大过失外，救助人不承担民事责任。(草案三次审议稿第一百八十七条)

此外，对草案二次审议稿还作了其他一些完善和文字修改。相比草案二次审议稿，仍为八章，条文由202条增加至210条。

草案三次审议稿已按上述意见作了修改。法律委员会认为，民法总则规定民事活动的基本原则和一般性规则，在民法典中起统率性、纲领性作用，对调整民事关系，保护民事主体的合法权益，维护社会和经济秩序，具有十分重要的意义。常委会第二十一次会议、第二十四次会议对民法总则（草案）进行了认真深入的审议，张德江委员长、李建国副委员长分别主持召开了四次座谈会并深入基层开展调研，听取了中央有关部门，各省、自治区、直辖市人大常委会，部分全国人大代表和各方面人士的意见，对草案作了进一步修改完善。法律委员会建议，草案经本次常委会会议审议后，由常委会提请第十二届全国人民代表大会第五次会议审议。

草案三次审议稿和以上汇报是否妥当，请审议。

全国人民代表大会法律委员会

2016年12月19日

第十二届全国人民代表大会法律委员会关于《中华人民共和国民法总则（草案）》审议结果的报告

（2017 年 3 月 12 日第十二届全国人民代表大会第五次会议主席团第二次会议通过）

十二届全国人大五次会议主席团：

3 月 10 日，各代表团全体会议、小组会议审议了民法总则草案。代表们普遍认为，编纂民法典是党的十八届四中全会提出的重大立法任务，对于维护最广大人民的根本利益，实现国家治理体系和治理能力现代化，完善中国特色社会主义法律体系具有重大意义。制定民法总则是编纂民法典的第一步。民法总则草案的指导思想明确，工作思路清晰，立足我国国情和实际，适应中国特色社会主义发展要求，坚持问题导向，坚持理论与实践的统一，坚持继承与创新相结合，在民法通则等民事法律的基础上，进一步完善和发展了民事基本制度。从总体上看，草案体例科学、结构严谨、规范合理、内容协调一致，能够起到统领民法典的作用。草案经过全国人大常委会广泛调研、深入研究、反复修改，并经常委会三次审议，较好地吸收了各方面的意见，积极回应了社会各界的关切，充分贯彻了科学立法、民主立法的精神，已经比较成熟，建议经本次会议审议修改后表决通过。同时，代表们也对草案提出了一些修改意见。法律委员会于 3 月 11 日召开会议，对草案进行了认真审议，对代表们提出的修改意见逐条研究，尽可能予以采纳。全国人大内务司法委员会、最高人民法院、最高人民检察院、国务院法制办公室、中国社会科学院、中国法学会有关负责同志列席了会议。根据各代表团的审议意见以及政协委员和有关方面的意见，对草案共作了126处修改，其中实质性修改55处。草案修改后，仍为11章，共207条。主要修改是：

一、草案第一章章名为“基本原则”。有的代表提出，第一章的内容既包括民事法律的基本原则，也包括立法目的、调整范围、法律适用规则等内容，“基本原则”的章名难以涵盖这些内容，建议修改。法律委员会经研究，建议将这一章的章名修改为“基本规定”。（草案修改稿第一章）

二、草案第九条对民事主体的民事权利以及其他合法权益受法律保护作了规定。有的代表提出，民事权利受法律保护是民法的基本精神，统领整部民法典和各民商事特别法，建议进一步突出民事权利受法律保护的理念。法律委员会赞成上述意见，建议将草案第九条移至第二条之后。（草案修改稿第三条）

三、草案第二十条规定限制民事行为能力人的年龄下限为六周岁。一些代表提出，六周岁的儿童虽然有一定的学习能力，开始接受义务教育，但认知和辨识能力仍然不足，在很大程度上还不具备实施民事法律行为的能力，建议改为八周岁为宜。也有的代表建议维持现行十周岁不变；还有的代表赞成下调为六周岁。法律委员会经研究，按照既积极又稳妥的要求，建议在现阶段将限制民事行为能力人的年龄下限修改为八周岁。（草案修改稿第二十条）

四、草案第八十四条规定，法律对营利法人的组织机构、法定代表人另有规定的，依照其规定。草案八十九条规定，本节没有规定的，适用公司法等有关法律的规定。有的代表提出，草案第十二条已对特别法规定优先适用作了统一规定，没有必要再作重复规定，建议删除这两条。法律委员会经研究，建议删除上述规定。

五、草案第九十条第一款规定，为实现公益目的或者其他非营利目的成立，不向其出资人或者设立人分配所取得利润的法人，为非营利法人。有的代表提出，本条中的“出资人或者设立人”难以涵盖社会团体法人会员的情况，建议修改。法律委员会经研究，建议将这一款修改为：为公益目的或者其他非营利目的成立，不向出资人、设立人或者会员分配所取得利润的法人，为非营利法人。（草案修改稿第八十八条）

六、草案第九十二条规定，具备法人条件，为实现公益目的设立的事业单位，经依法登记成立，取得事业单位法人资格；依法不需要办理法人登记的，从成立之日起，具有事业单位法人资格。有的代表提出，按照事业单位改革的要求，事业单位主要是国家举办的提供公益服务的法人组织，与一般的公益性非营利法人不完全相同，建议对上述规定中有关表述再斟酌。法律委员会经研究，建议将草案第九十二条中的“为实现公益目的设立的事业单位”修改为“为适应经济社会发展需要，提供公益服务设立的事业单位”。（草案修改稿第八十九条）

七、草案第一百二十六条第二款中规定了知识产权的定义。有的代表提出，知识产权的最重要特征是赋予权利人在法律上享有排除他人非法利用相关知识产权客体的专有权利，建议对有关表述再推敲。法律委员会经研究，建议将这一款有关知识产权的定义修改为“知识产权是权利人依法就下列客体享有的专有的权利”。（草案修改稿第一百二十四条）

八、草案第一百四十九条第一款规定，以虚假意思表示实施的民事法律行为无效，但是不得对抗善意第三人；第一百五十五条规定因重大误解、欺诈、显失公平致民事法律行为被撤销的，不得对抗善意第三人。有的代表提出，民事法律行为无效或者被撤销后对第三人产生的法律后果，情况比较复杂，不宜一概规定不得对抗善意第三人，宜区分情形由民法典的物权编、合同编等分编作具体规定。法律委员会经研究，建议将草案第一百四十九条第一款修改为：行为人与相对人以虚假的意思表示实施的民事法律行为无效。并相应删去第一百五十五条。（草案修改稿第一百四十六条）

九、有些代表提出，违反法律、行政法规强制性规定或者违背公序良俗的民事法律行为无效的规定，是防止民事主体滥用权利，维护社会公共利益的重要手段，也是司法机关判断民事法律行为是否无效的主要裁判依据，建议恢复草案三次审议稿的相关规定。法律委员会经研究，建议在草案第一百五十六条后增加一条规定：违反法律、行政法规的强制性规定的民事法律行为无效，但是该强制性规定不导致该民事法律行为无效的除外。违背公序良俗的民事法律行为无效。（草案修改稿第一百五十三条）

十、草案第一百八十七条规定，因自愿实施紧急救助行为造成受助人损害的，救助人不承担民事责任。但是救助人因重大过失造成受助人不应有的重大损害的，承担适当的民事责任。一些代表提出，这一条规定具有针对性，对鼓励见义勇为，保护救助人，有积极意义。但草案中“但书”的规定不能完全消除救助人的后顾之忧，对救助人的保护不够彻底，建议修改。法律委员会经研究，建议从举证责任、是否存在重大过失等方面对救助人特殊情况下承担责任予以严格限定，将这一条修改为：因自愿实施紧急救助行为造成受助人损害的，救助人不承担民事责任。受助人能够证明救助人有重大过失造成自己不应有的重大损害的，救助人承担适当的民事责任。（草案修改稿第一百八十四条）

十一、有的代表提出，现实生活中，一些人利用歪曲事实、诽谤抹黑等方式恶意诋毁侮辱英烈的名誉、荣誉等，损害了社会公共利益，社会影响很恶劣，应对此予以规范。法律委员会经研究认为，英雄和烈士是一个国家和民族精神的体现，是引领社会风尚的标杆，加强对英烈姓名、名誉、荣誉等的法律保护，对于促进社会尊崇英烈，扬善抑恶，弘扬社会主义核心价值观意义重大。据此，建议增加一条规定：侵害英雄烈士的姓名、肖像、名誉、荣誉，损害社会公共利益的，应当承担民事责任。（草案修改稿第一百八十五条）

十二、草案第二百条第二项规定，登记的物权人请求返还财产不适用诉讼时效。有的代表提出，目前，不少农村地区的房屋尚未办理不动产登记，为更好地保护农民的房屋产权，建议将不适用诉讼时效的范围扩大至所有不动产物权的返还请求权。法律委员会经研究，建议对这一项作出修改，明确不动产物权和登记的动产物权的权利人请求返还财产不适用诉讼时效。（草案修改稿第一百九十七条）

这里还有一个问题需要说明：有的代表建议明确民法总则与现行合同法、物权法、侵权责任法等民事单行法的关系。法律委员会经研究认为，根据民法典编纂工作“两步走”的思路，民法总则草案经本次会议审议通过后，下一步将进行民法典的合同编、物权编、侵权责任编等各分编的编纂工作。在各分编编纂工作完成前，合同法、物权法、侵权责任法等民事单行法的规定与民法总则不一致的，根据新法优于旧法的原则，适用民法总则的规定。

此外，一些代表还提出了一些其他意见。这些意见，有的涉及合同、物权、侵权责任、婚姻家庭、继承等内容，可以在编纂民法典各分编时统筹考虑；有的涉及登记、备案等具体操作问题，可以通过制定配套法律法规予以解决；有的涉及的问题在草案起草阶段和常委会审议期间，作了反复研究，还存在重大分歧意见，可以采取循序渐进的方式，继续研究，逐步推进。有些代表提出，民法总则与人民群众的生产生活息息相关，建议加大宣传力度。法律委员会建议，民法总则出台后，各有关方面应当作出安排，通过多种方式加大宣传和普法力度，使民法总则的精神和内容融入人民群众的日常生活，成为指导民事主体从事民事活动的行为准则。

此外，根据代表们的审议意见，还对草案作了一些文字修改和条款顺序调整。

草案修改稿已按上述意见作了修改，法律委员会建议经主席团审议通过后，印发各代表团审议。

民法总则草案修改稿和以上报告，请审议。

第十二届全国人民代表大会法律委员会

2017 年 3 月 12 日

第十二届全国人民代表大会法律委员会关于《中华人民共和国民法总则（草案修改稿）》修改意见的报告

（2017 年 3 月 14 日第十二届全国人民代表大会第五次会议主席团第三次会议通过）

十二届全国人大五次会议主席团：

3 月 12 日，各代表团对民法总则草案修改稿进行了审议。代表们普遍认为，草案修改稿在认真听取代表意见的基础上，对代表意见认真研究并予以充分吸收，能采纳的尽可能采纳，作了许多重要修改；对未采纳的意见，也向代表们作了解释和说明，并在审议结果报告中作出积极回应，充分体现了对代表主体地位的尊重，贯彻了科学立法、民主立法的精神。代表们普遍赞同草案修改稿，赞成将草案提请本次大会表决通过。同时，一些代表还提出了一些修改意见。法律委员会于 3 月 13 日召开会议，对草案修改稿进行了认真审议，继续本着尽可能予以采纳的精神，对代表们提出的意见逐条研究。全国人大内务司法委员会、最高人民法院、国务院法制办公室、中国社会科学院、中国法学会有关负责同志列席会议。法律委员会认为，草案修改稿是可行的。同时，根据各代表团的审议意见，提出以下修改意见：

一、草案修改稿第十条对民事主体行使权利时应当履行法律规定或者当事人约定的义务作了规定。有的代表提出，这一条规定属于对民事主体正确行使民事权利的要求，建议移至“民事权利”一章，集中作出规定。法律委员会赞成上述意见，建议将草案修改稿第十条移至第一百三十一条

后作规定。（草案建议表决稿第一百三十一条）

二、草案修改稿第四十九条规定，被宣告死亡的人，人民法院判决确定的日期视为其死亡的日期；判决未确定死亡日期的，判决作出之日视为其死亡的日期。有的代表提出，死亡日期的确定在保险理赔、继承等方面至关重要，建议强化宣告死亡日期的确定性。法律委员会经研究，建议将这一条规定修改为：被宣告死亡的人，人民法院宣告死亡的判决作出之日视为其死亡的日期；因意外事件下落不明宣告死亡的，意外事件发生之日视为其死亡的日期。（草案建议表决稿第四十八条）

三、草案修改稿第一百七十六条第二款规定，民事主体不履行或者不完全履行民事义务的，应当依法承担民事责任。有的代表提出，公平责任、无过错责任等在侵权责任法中作了规定，建议民法总则的规定涵盖这类情形。法律委员会经研究，建议将这一条修改为：民事主体依照法律的规定和当事人约定，履行民事义务，承担民事责任。（草案建议表决稿第一百七十六条）

四、草案修改稿第一百七十八条对连带责任作了规定。有的代表提出，连带责任是两个或者两个以上的债务人共同向债权人承担民事责任，是一种较为严厉的责任方式，除当事人有约定外，宜由法律作出规定。法律委员会赞成上述意见，建议在这一条增加一款作为第三款：连带责任，由法律规定或者当事人约定。（草案建议表决稿第一百七十八条第三款）

五、草案修改稿第一百八十四条规定，因自愿实施紧急救助行为造成受助人损害的，救助人不承担民事责任。受助人能够证明救助人有重大过失造成自己不应有的重大损害的，救助人承担适当的民事责任。一些代表提出，草案修改稿的后一句规定较草案规定虽作了进一步严格限定，针对的是在实践中可能出现的特殊情况，但仍难以免除见义勇为者的后顾之忧，不利于倡导培育见义勇为、乐于助人的良好社会风尚，建议删除。法律委员会经研究，赞成这一意见，建议删除这一内容。（草案建议表决稿第一百八十四条）

六、草案修改稿第一百九十六条规定，对连带债权人或者连带债务人中的一人发生诉讼时效中断的，中断的效力及于全部连带债权人或者连带债务人。有的代表提出，债权人向一个连带债务人提出履行债务的请求，导致诉讼时效对该连带债务人中断是合理的，但能否导致对其他连带债务人的诉讼时效中断，目前理论上和实践中争议较大，建议再斟酌。法律委员会经研究，建议删除这一条规定。

此外，根据代表们的审议意见，还对草案修改稿作了一些文字修改。法律委员会同时建议，本法自 2017 年 10 月 1 日起施行。

草案建议表决稿已按上述意见作了修改，建议经主席团审议通过后，提请本次会议表决。

民法总则草案建议表决稿和以上报告，请审议。

第十二届全国人民代表大会法律委员会

2017 年 3 月 14 日

附录

中华人民共和国民法总则

（2017 年 3 月 15 日第十二届全国人民
代表大会第五次会议通过）

目　　录

第一章　基本规定

第一条　为了保护民事主体的合法权益，调整民事关系，维护社会和经济秩序，适应中国特色社会主义发展要求，弘扬社会主义核心价值观，根据宪法，制定本法。

第二条　民法调整平等主体的自然人、法人和非法人组织之间的人身关系和财产关系。

第三条　民事主体的人身权利、财产权利以及其他合法权益受法律保护，任何组织或者个人不得侵犯。

第四条　民事主体在民事活动中的法律地位一律平等。

第五条　民事主体从事民事活动，应当遵循自愿原则，按照自己的意思设立、变更、终止民事法律关系。

第六条　民事主体从事民事活动，应当遵循公平原则，合理确定各方的权利和义务。

第七条　民事主体从事民事活动，应当遵循诚信原则，秉持诚实，恪守承诺。

第八条　民事主体从事民事活动，不得违反法律，不得违背公序良俗。

第九条　民事主体从事民事活动，应当有利于节约资源、保护生态环境。

第十条　处理民事纠纷，应当依照法律；法律没有规定的，可以适用习惯，但是不得违背公序良俗。

第十一条　其他法律对民事关系有特别规定的，依照其规定。

第十二条　中华人民共和国领域内的民事活动，适用中华人民共和国法律。法律另有规定的，依照其规定。

第二章　自　然　人

第一节　民事权利能力和民事行为能力

第十三条　自然人从出生时起到死亡时止，具有民事权利能力，依法享有民事权利，承担民事义务。

第十四条　自然人的民事权利能力一律平等。

第十五条 自然人的出生时间和死亡时间，以出生证明、死亡证明记载的时间为准；没有出生证明、死亡证明的，以户籍登记或者其他有效身份登记记载的时间为准。有其他证据足以推翻以上记载时间的，以该证据证明的时间为准。

第十六条 涉及遗产继承、接受赠与等胎儿利益保护的，胎儿视为具有民事权利能力。但是胎儿娩出时为死体的，其民事权利能力自始不存在。

第十七条 十八周岁以上的自然人为成年人。不满十八周岁的自然人为未成年人。

第十八条 成年人为完全民事行为能力人，可以独立实施民事法律行为。

十六周岁以上的未成年人，以自己的劳动收入为主要生活来源的，视为完全民事行为能力人。

第十九条 八周岁以上的未成年人为限制民事行为能力人，实施民事法律行为由其法定代理人代理或者经其法定代理人同意、追认，但是可以独立实施纯获利益的民事法律行为或者与其年龄、智力相适应的民事法律行为。

第二十条 不满八周岁的未成年人为无民事行为能力人，由其法定代理人代理实施民事法律行为。

第二十一条 不能辨认自己行为的成年人为无民事行为能力人，由其法定代理人代理实施民事法律行为。

八周岁以上的未成年人不能辨认自己行为的，适用前款规定。

第二十二条 不能完全辨认自己行为的成年人为限制民事行为能力人，实施民事法律行为由其法定代理人代理或者经其法定代理人同意、追认，但是可以独立实施纯获利益的民事法律行为或者与其智力、精神健康状况相适应的民事法律行为。

第二十三条 无民事行为能力人、限制民事行为能力人的监护人是其法定代理人。

第二十四条 不能辨认或者不能完全辨认自己行为的成年人，其利害关系人或者有关组织，可以向人民法院申请认定该成年人为无民事行为能力人或者限制民事行为能力人。

被人民法院认定为无民事行为能力人或者限制民事行为能力人的，经本人、利害关系人或者有关组织申请，人民法院可以根据其智力、精神健康恢复的状况，认定该成年人恢复为限制民事行为能力人或者完全民事行为能力人。

本条规定的有关组织包括：居民委员会、村民委员会、学校、医疗机构、妇女联合会、残疾人联合会、依法设立的老年人组织、民政部门等。

第二十五条 自然人以户籍登记或者其他有效身份登记记载的居所为住所；经常居所与住所不一致的，经常居所视为住所。

第二节 监 护

第二十六条 父母对未成年子女负有抚养、教育和保护的义务。

成年子女对父母负有赡养、扶助和保护的义务。

第二十七条 父母是未成年子女的监护人。

未成年人的父母已经死亡或者没有监护能力的，由下列有监护能力的人按顺序担任监护人：

（一）祖父母、外祖父母；

（二）兄、姐；

（三）其他愿意担任监护人的个人或者组织，但是须经未成年人住所地的居民委员会、村民委员会或者民政部门同意。

第二十八条 无民事行为能力或者限制民事行为能力的成年人，由下列有监护能力的人按顺序担任监护人：

（一）配偶；

（二）父母、子女；

（三）其他近亲属；

（四）其他愿意担任监护人的个人或者组织，但是须经被监护人住所地的居民委员会、村民委员会或者民政部门同意。

第二十九条 被监护人的父母担任监护人的，可以通过遗嘱指定监护人。

第三十条 依法具有监护资格的人之间可以协议确定监护人。协议确定监护人应当尊重被监护人的真实意愿。

第三十一条 对监护人的确定有争议的，由被监护人住所地的居民委员会、村民委员会或者民政部门指定监护人，有关当事人对指定不服的，可以向人民法院申请指定监护人；有关当事人也可以直接向人民法院申请指定监护人。

居民委员会、村民委员会、民政部门或者人民法院应当尊重被监护人的真实意愿，按照最有利于被监护人的原则在依法具有监护资格的人中指定监护人。

依照本条第一款规定指定监护人前，被监护人的人身权利、财产权利以及其他合法权益处于无人保护状态的，由被监护人住所地的居民委员会、村民委员会、法律规定的有关组织或者民政部门担任临时监护人。

监护人被指定后，不得擅自变更；擅自变更的，不免除被指定的监护人的责任。

第三十二条 没有依法具有监护资格的人的，监护人由民政部门担任，也可以由具备履行监护职责条件的被监护人住所地的居民委员会、村民委员会担任。

第三十三条 具有完全民事行为能力的成年人，可以与其近亲属、其他愿意担任监护人的个人或者组织事先协商，以书面形式确定自己的监护人。协商确定的监护人在该成年人丧失或者部分丧失民事行为能力时，履行监护职责。

第三十四条 监护人的职责是代理被监护人实施民事法律行为，保护被监护人的人身权利、财产权利以及其他合法权益等。

监护人依法履行监护职责产生的权利，受法律保护。

监护人不履行监护职责或者侵害被监护人合法权益的，应当承担法律责任。

第三十五条　监护人应当按照最有利于被监护人的原则履行监护职责。监护人除为维护被监护人利益外，不得处分被监护人的财产。

未成年人的监护人履行监护职责，在作出与被监护人利益有关的决定时，应当根据被监护人的年龄和智力状况，尊重被监护人的真实意愿。

成年人的监护人履行监护职责，应当最大程度地尊重被监护人的真实意愿，保障并协助被监护人实施与其智力、精神健康状况相适应的民事法律行为。对被监护人有能力独立处理的事务，监护人不得干涉。

第三十六条　监护人有下列情形之一的，人民法院根据有关个人或者组织的申请，撤销其监护人资格，安排必要的临时监护措施，并按照最有利于被监护人的原则依法指定监护人：

（一）实施严重损害被监护人身心健康行为的；

（二）怠于履行监护职责，或者无法履行监护职责并且拒绝将监护职责部分或者全部委托给他人，导致被监护人处于危困状态的；

（三）实施严重侵害被监护人合法权益的其他行为的。

本条规定的有关个人和组织包括：其他依法具有监护资格的人，居民委员会、村民委员会、学校、医疗机构、妇女联合会、残疾人联合会、未成年人保护组织、依法设立的老年人组织、民政部门等。

前款规定的个人和民政部门以外的组织未及时向人民法院申请撤销监护人资格的，民政部门应当向人民法院申请。

第三十七条　依法负担被监护人抚养费、赡养费、扶养费的父母、子女、配偶等，被人民法院撤销监护人资格后，应当继续履行负担的义务。

第三十八条　被监护人的父母或者子女被人民法院撤销监护人资格后，除对被监护人实施故意犯罪的外，确有悔改表现的，经其申请，人民法院可以在尊重被监护人真实意愿的前提下，视情况恢复其监护人资格，人民法院指定的监护人与被监护人的监护关系同时终止。

第三十九条　有下列情形之一的，监护关系终止：

（一）被监护人取得或者恢复完全民事行为能力；

（二）监护人丧失监护能力；

（三）被监护人或者监护人死亡；

（四）人民法院认定监护关系终止的其他情形。

监护关系终止后，被监护人仍然需要监护的，应当依法另行确定监护人。

第三节　宣告失踪和宣告死亡

第四十条　自然人下落不明满二年的，利害关系人可以向人民法院申请宣告该自然人为失踪人。

第四十一条 自然人下落不明的时间从其失去音讯之日起计算。战争期间下落不明的，下落不明的时间自战争结束之日或者有关机关确定的下落不明之日起计算。

第四十二条 失踪人的财产由其配偶、成年子女、父母或者其他愿意担任财产代管人的人代管。

代管有争议，没有前款规定的人，或者前款规定的人无代管能力的，由人民法院指定的人代管。

第四十三条 财产代管人应当妥善管理失踪人的财产，维护其财产权益。

失踪人所欠税款、债务和应付的其他费用，由财产代管人从失踪人的财产中支付。

财产代管人因故意或者重大过失造成失踪人财产损失的，应当承担赔偿责任。

第四十四条 财产代管人不履行代管职责、侵害失踪人财产权益或者丧失代管能力的，失踪人的利害关系人可以向人民法院申请变更财产代管人。

财产代管人有正当理由的，可以向人民法院申请变更财产代管人。

人民法院变更财产代管人的，变更后的财产代管人有权要求原财产代管人及时移交有关财产并报告财产代管情况。

第四十五条 失踪人重新出现，经本人或者利害关系人申请，人民法院应当撤销失踪宣告。

失踪人重新出现，有权要求财产代管人及时移交有关财产并报告财产代管情况。

第四十六条 自然人有下列情形之一的，利害关系人可以向人民法院申请宣告该自然人死亡：

（一）下落不明满四年；

（二）因意外事件，下落不明满二年。

因意外事件下落不明，经有关机关证明该自然人不可能生存的，申请宣告死亡不受二年时间的限制。

第四十七条 对同一自然人，有的利害关系人申请宣告死亡，有的利害关系人申请宣告失踪，符合本法规定的宣告死亡条件的，人民法院应当宣告死亡。

第四十八条 被宣告死亡的人，人民法院宣告死亡的判决作出之日视为其死亡的日期；因意外事件下落不明宣告死亡的，意外事件发生之日视为其死亡的日期。

第四十九条 自然人被宣告死亡但是并未死亡的，不影响该自然人在被宣告死亡期间实施的民事法律行为的效力。

第五十条 被宣告死亡的人重新出现，经本人或者利害关系人申请，人民法院应当撤销死亡宣告。

第五十一条 被宣告死亡的人的婚姻关系，自死亡宣告之日起消灭。死亡宣告被撤销的，婚姻关系自撤销死亡宣告之日起自行恢复，但是其配偶再婚或者向婚姻登记机关书面声明不愿意恢复的除外。

第五十二条 被宣告死亡的人在被宣告死亡期间，其子女被他人依法收养的，在死亡宣告被撤销后，不得以未经本人同意为由主张收养关系无效。

第五十三条 被撤销死亡宣告的人有权请求依照继承法取得其财产的民事主体返还财产。无法返还的，应当给予适当补偿。

利害关系人隐瞒真实情况，致使他人被宣告死亡取得其财产的，除应当返还财产外，还应当对由此造成的损失承担赔偿责任。

第四节 个体工商户和农村承包经营户

第五十四条 自然人从事工商业经营，经依法登记，为个体工商户。个体工商户可以起字号。

第五十五条 农村集体经济组织的成员，依法取得农村土地承包经营权，从事家庭承包经营的，为农村承包经营户。

第五十六条 个体工商户的债务，个人经营的，以个人财产承担；家庭经营的，以家庭财产承担；无法区分的，以家庭财产承担。

农村承包经营户的债务，以从事农村土地承包经营的农户财产承担；事实上由农户部分成员经营的，以该部分成员的财产承担。

第三章 法　　人

第一节 一般规定

第五十七条 法人是具有民事权利能力和民事行为能力，依法独立享有民事权利和承担民事义务的组织。

第五十八条 法人应当依法成立。

法人应当有自己的名称、组织机构、住所、财产或者经费。法人成立的具体条件和程序，依照法律、行政法规的规定。

设立法人，法律、行政法规规定须经有关机关批准的，依照其规定。

第五十九条 法人的民事权利能力和民事行为能力，从法人成立时产生，到法人终止时消灭。

第六十条 法人以其全部财产独立承担民事责任。

第六十一条 依照法律或者法人章程的规定，代表法人从事民事活动的负责人，为法人的法定代表人。

法定代表人以法人名义从事的民事活动，其法律后果由法人承受。

法人章程或者法人权力机构对法定代表人代表权的限制，不得对抗善意相对人。

第六十二条 法定代表人因执行职务造成他人损害的，由法人承担民事责任。

法人承担民事责任后，依照法律或者法人章程的规定，可以向有过错的法定代表人追偿。

第六十三条 法人以其主要办事机构所在地为住所。依法需要办理法人登记的，应当将主要办事机构所在地登记为住所。

第六十四条 法人存续期间登记事项发生变化的，应当依法向登记机关申请变更登记。

第六十五条 法人的实际情况与登记的事项不一致的，不得对抗善意相对人。

第六十六条 登记机关应当依法及时公示法人登记的有关信息。

第六十七条 法人合并的，其权利和义务由合并后的法人享有和承担。

法人分立的，其权利和义务由分立后的法人享有连带债权，承担连带债务，但是债权人和债务人另有约定的除外。

第六十八条 有下列原因之一并依法完成清算、注销登记的，法人终止：

（一）法人解散；

（二）法人被宣告破产；

（三）法律规定的其他原因。

法人终止，法律、行政法规规定须经有关机关批准的，依照其规定。

第六十九条 有下列情形之一的，法人解散：

（一）法人章程规定的存续期间届满或者法人章程规定的其他解散事由出现；

（二）法人的权力机构决议解散；

（三）因法人合并或者分立需要解散；

（四）法人依法被吊销营业执照、登记证书，被责令关闭或者被撤销；

（五）法律规定的其他情形。

第七十条 法人解散的，除合并或者分立的情形外，清算义务人应当及时组成清算组进行清算。

法人的董事、理事等执行机构或者决策机构的成员为清算义务人。法律、行政法规另有规定的，依照其规定。

清算义务人未及时履行清算义务，造成损害的，应当承担民事责任；主管机关或者利害关系人可以申请人民法院指定有关人员组成清算组进行清算。

第七十一条 法人的清算程序和清算组职权，依照有关法律的规定；没有规定的，参照适用公司法的有关规定。

第七十二条 清算期间法人存续，但是不得从事与清算无关的活动。

法人清算后的剩余财产，根据法人章程的规定或者法人权力机构的决议处理。法律另有规定的，依照其规定。

清算结束并完成法人注销登记时，法人终止；依法不需要办理法人登记的，清算结束时，法人终止。

第七十三条 法人被宣告破产的，依法进行破产清算并完成法人注销登记时，法人终止。

第七十四条 法人可以依法设立分支机构。法律、行政法规规定分支机构应当登记的，依照其规定。

分支机构以自己的名义从事民事活动，产生的民事责任由法人承担；也可以先以该分支机构管理的财产承担，不足以承担的，由法人承担。

第七十五条 设立人为设立法人从事的民事活动，其法律后果由法人承受；法人未成立的，其法律后果由设立人承受，设立人为二人以上的，享有连带债权，承担连带债务。

设立人为设立法人以自己的名义从事民事活动产生的民事责任，第三人有权选择请求法人或者设立人承担。

第二节 营利法人

第七十六条 以取得利润并分配给股东等出资人为目的成立的法人，为营利法人。

营利法人包括有限责任公司、股份有限公司和其他企业法人等。

第七十七条 营利法人经依法登记成立。

第七十八条 依法设立的营利法人，由登记机关发给营利法人营业执照。营业执照签发日期为营利法人的成立日期。

第七十九条 设立营利法人应当依法制定法人章程。

第八十条 营利法人应当设权力机构。

权力机构行使修改法人章程，选举或者更换执行机构、监督机构成员，以及法人章程规定的其他职权。

第八十一条 营利法人应当设执行机构。

执行机构行使召集权力机构会议，决定法人的经营计划和投资方案，决定法人内部管理机构的设置，以及法人章程规定的其他职权。

执行机构为董事会或者执行董事的，董事长、执行董事或者经理按照法人章程的规定担任法定代表人；未设董事会或者执行董事的，法人章程规定的主要负责人为其执行机构和法定代表人。

第八十二条 营利法人设监事会或者监事等监督机构的，监督机构依法行使检查法人财务，监督执行机构成员、高级管理人员执行法人职务的行为，以及法人章程规定的其他职权。

第八十三条 营利法人的出资人不得滥用出资人权利损害法人或者其他出资人的利益。滥用出资人权利给法人或者其他出资人造成损失的，应当依法承担民事责任。

营利法人的出资人不得滥用法人独立地位和出资人有限责任损害法人的债权人利益。滥用法人独立地位和出资人有限责任，逃避债务，严重损害法人的债权人利益的，应当对法人债务承担连带责任。

第八十四条 营利法人的控股出资人、实际控制人、董事、监事、高级管理人员不得利用其关联关系损害法人的利益。利用关联关系给法人造成损失的，应当承担赔偿责任。

第八十五条 营利法人的权力机构、执行机构作出决议的会议召集程序、表决方式违反法律、行政法规、法人章程，或者决议内容违反法人章程的，营利法人的出资人可以请求人民法院撤销该决议，但是营利法人依据该决议与善意相对人形成的民事法律关系不受影响。

第八十六条 营利法人从事经营活动，应当遵守商业道德，维护交易安全，接受政府和社会的监督，承担社会责任。

第三节 非营利法人

第八十七条 为公益目的或者其他非营利目的成立，不向出资人、设立人或者会员分配所取得利润的法人，为非营利法人。

非营利法人包括事业单位、社会团体、基金会、社会服务机构等。

第八十八条 具备法人条件，为适应经济社会发展需要，提供公益服务设立的事业单位，经依法登记成立，取得事业单位法人资格；依法不需要办理法人登记的，从成立之日起，具有事业单位法人资格。

第八十九条 事业单位法人设理事会的，除法律另有规定外，理事会为其决策机构。事业单位法人的法定代表人依照法律、行政法规或者法人章程的规定产生。

第九十条 具备法人条件，基于会员共同意愿，为公益目的或者会员共同利益等非营利目的设立的社会团体，经依法登记成立，取得社会团体法人资格；依法不需要办理法人登记的，从成立之日起，具有社会团体法人资格。

第九十一条 设立社会团体法人应当依法制定法人章程。

社会团体法人应当设会员大会或者会员代表大会等权力机构。

社会团体法人应当设理事会等执行机构。理事长或者会长等负责人按照法人章程的规定担任法定代表人。

第九十二条 具备法人条件，为公益目的以捐助财产设立的基金会、社会服务机构等，经依法登记成立，取得捐助法人资格。

依法设立的宗教活动场所，具备法人条件的，可以申请法人登记，取得捐助法人资格。法律、行政法规对宗教活动场所有规定的，依照其规定。

第九十三条 设立捐助法人应当依法制定法人章程。

捐助法人应当设理事会、民主管理组织等决策机构，并设执行机构。理事长等负责人按照法人章程的规定担任法定代表人。

捐助法人应当设监事会等监督机构。

第九十四条 捐助人有权向捐助法人查询捐助财产的使用、管理情况，并提出意见和建议，捐助法人应当及时、如实答复。

捐助法人的决策机构、执行机构或者法定代表人作出决定的程序违反法律、行政法规、法人章程，或者决定内容违反法人章程的，捐助人等利害关系人或者主管机关可以请求人民法院撤销该决定，但是捐助法人依据该决定与善意相对人形成的民事法律关系不受影响。

第九十五条 为公益目的成立的非营利法人终止时，不得向出资人、设立人或者会员分配剩余财产。剩余财产应当按照法人章程的规定或者权力机构的决议用于公益目的；无法按照法人章程的规定或者权力机构的决议处理的，由主管机关主持转给宗旨相同或者相近的法人，并向社会公告。

第四节 特别法人

第九十六条 本节规定的机关法人、农村集体经济组织法人、城镇农村的合作经济组织法人、基层群众性自治组织法人，为特别法人。

第九十七条 有独立经费的机关和承担行政职能的法定机构从成立之日起，具有机关法人资格，可以从事为履行职能所需要的民事活动。

第九十八条 机关法人被撤销的，法人终止，其民事权利和义务由继任的机关法人享有和承担；没有继任的机关法人的，由作出撤销决定的机关法人享有和承担。

第九十九条 农村集体经济组织依法取得法人资格。

法律、行政法规对农村集体经济组织有规定的，依照其规定。

第一百条 城镇农村的合作经济组织依法取得法人资格。

法律、行政法规对城镇农村的合作经济组织有规定的，依照其规定。

第一百零一条 居民委员会、村民委员会具有基层群众性自治组织法人资格，可以从事为履行职能所需要的民事活动。

未设立村集体经济组织的，村民委员会可以依法代行村集体经济组织的职能。

第四章 非法人组织

第一百零二条 非法人组织是不具有法人资格，但是能够依法以自己的名义从事民事活动的组织。

非法人组织包括个人独资企业、合伙企业、不具有法人资格的专业服务机构等。

第一百零三条 非法人组织应当依照法律的规定登记。

设立非法人组织，法律、行政法规规定须经有关机关批准的，依照其规定。

第一百零四条 非法人组织的财产不足以清偿债务的，其出资人或者设立人承担无限责任。法律另有规定的，依照其规定。

第一百零五条 非法人组织可以确定一人或者数人代表该组织从事民事活动。

第一百零六条 有下列情形之一的，非法人组织解散：

（一）章程规定的存续期间届满或者章程规定的其他解散事由出现；

（二）出资人或者设立人决定解散；

（三）法律规定的其他情形。

第一百零七条 非法人组织解散的，应当依法进行清算。

第一百零八条 非法人组织除适用本章规定外，参照适用本法第三章第一节的有关规定。

第五章 民事权利

第一百零九条 自然人的人身自由、人格尊严受法律保护。

第一百一十条 自然人享有生命权、身体权、健康权、姓名权、肖像权、名誉权、荣誉权、隐私权、婚姻自主权等权利。

法人、非法人组织享有名称权、名誉权、荣誉权等权利。

第一百一十一条 自然人的个人信息受法律保护。任何组织和个人需要获取他人个人信息的，应当依法取得并确保信息安全，不得非法收集、使用、加工、传输他人个人信息，不得非法买卖、提供或者公开他人个人信息。

第一百一十二条 自然人因婚姻、家庭关系等产生的人身权利受法律保护。

第一百一十三条 民事主体的财产权利受法律平等保护。

第一百一十四条 民事主体依法享有物权。

物权是权利人依法对特定的物享有直接支配和排他的权利，包括所有权、用益物权和担保物权。

第一百一十五条 物包括不动产和动产。法律规定权利作为物权客体的，依照其规定。

第一百一十六条 物权的种类和内容，由法律规定。

第一百一十七条 为了公共利益的需要，依照法律规定的权限和程序征收、征用不动产或者动产的，应当给予公平、合理的补偿。

第一百一十八条 民事主体依法享有债权。

债权是因合同、侵权行为、无因管理、不当得利以及法律的其他规定，权利人请求特定义务人为或者不为一定行为的权利。

第一百一十九条 依法成立的合同，对当事人具有法律约束力。

第一百二十条 民事权益受到侵害的，被侵权人有权请求侵权人承担侵权责任。

第一百二十一条 没有法定的或者约定的义务，为避免他人利益受损失而进行管理的人，有权请求受益人偿还由此支出的必要费用。

第一百二十二条 因他人没有法律根据，取得不当利益，受损失的人有权请求其返还不当利益。

第一百二十三条 民事主体依法享有知识产权。

知识产权是权利人依法就下列客体享有的专有的权利：

（一）作品；

（二）发明、实用新型、外观设计；

（三）商标；

（四）地理标志；

（五）商业秘密；

（六）集成电路布图设计；

（七）植物新品种；

（八）法律规定的其他客体。

第一百二十四条 自然人依法享有继承权。

自然人合法的私有财产，可以依法继承。

第一百二十五条 民事主体依法享有股权和其他投资性权利。

第一百二十六条 民事主体享有法律规定的其他民事权利和利益。

第一百二十七条 法律对数据、网络虚拟财产的保护有规定的，依照其规定。

第一百二十八条 法律对未成年人、老年人、残疾人、妇女、消费者等的民事权利保护有特别规定的，依照其规定。

第一百二十九条 民事权利可以依据民事法律行为、事实行为、法律规定的事件或者法律规定的其他方式取得。

第一百三十条 民事主体按照自己的意愿依法行使民事权利，不受干涉。

第一百三十一条 民事主体行使权利时，应当履行法律规定的和当事人约定的义务。

第一百三十二条 民事主体不得滥用民事权利损害国家利益、社会公共利益或者他人合法权益。

第六章 民事法律行为

第一节 一般规定

第一百三十三条 民事法律行为是民事主体通过意思表示设立、变更、终止民事法律关系的行为。

第一百三十四条 民事法律行为可以基于双方或者多方的意思表示一致成立，也可以基于单方的意思表示成立。

法人、非法人组织依照法律或者章程规定的议事方式和表决程序作出决议的，该决议行为成立。

第一百三十五条 民事法律行为可以采用书面形式、口头形式或者其他形式；法律、行政法规规定或者当事人约定采用特定形式的，应当采用特定形式。

第一百三十六条 民事法律行为自成立时生效，但是法律另有规定或者当事人另有约定的除外。

行为人非依法律规定或者未经对方同意，不得擅自变更或者解除民事法律行为。

第二节 意思表示

第一百三十七条 以对话方式作出的意思表示，相对人知道其内容时生效。

以非对话方式作出的意思表示，到达相对人时生效。以非对话方式作出的采用数据电文形式的意思表示，相对人指定特定系统接收数据电文的，该数据电文进入该特定系统时生效；未指定特定系统的，相对人知道或者应当知道该数据电文进入其系统时生效。当事人对采用数据电文形式的意思表示的生效时间另有约定的，按照其约定。

第一百三十八条 无相对人的意思表示，表示完成时生效。法律另有规定的，依照其规定。

第一百三十九条 以公告方式作出的意思表示，公告发布时生效。

第一百四十条 行为人可以明示或者默示作出意思表示。

沉默只有在有法律规定、当事人约定或者符合当事人之间的交易习惯时，才可以视为意思表示。

第一百四十一条 行为人可以撤回意思表示。撤回意思表示的通知应当在意思表示到达相对人前或者与意思表示同时到达相对人。

第一百四十二条 有相对人的意思表示的解释，应当按照所使用的词句，结合相关条款、行为的性质和目的、习惯以及诚信原则，确定意思表示的含义。

无相对人的意思表示的解释，不能完全拘泥于所使用的词句，而应当结合相关条款、行为的性质和目的、习惯以及诚信原则，确定行为人的真实意思。

第三节 民事法律行为的效力

第一百四十三条 具备下列条件的民事法律行为有效：

（一）行为人具有相应的民事行为能力；

（二）意思表示真实；

（三）不违反法律、行政法规的强制性规定，不违背公序良俗。

第一百四十四条 无民事行为能力人实施的民事法律行为无效。

第一百四十五条 限制民事行为能力人实施的纯获利益的民事法律行为或者与其年龄、智力、精神健康状况相适应的民事法律行为有效；实施的其他民事法律行为经法定代理人同意或者追认后有效。

相对人可以催告法定代理人自收到通知之日起一个月内予以追认。法定代理人未作表示的，视为拒绝追认。民事法律行为被追认前，善意相对人有撤销的权利。撤销应当以通知的方式作出。

第一百四十六条 行为人与相对人以虚假的意思表示实施的民事法律行为无效。

以虚假的意思表示隐藏的民事法律行为的效力，依照有关法律规定处理。

第一百四十七条 基于重大误解实施的民事法律行为，行为人有权请求人民法院或者仲裁机构予以撤销。

第一百四十八条 一方以欺诈手段，使对方在违背真实意思的情况下实施的民事法律行为，受欺诈方有权请求人民法院或者仲裁机构予以撤销。

第一百四十九条 第三人实施欺诈行为，使一方在违背真实意思的情况下实施的民事法律行为，对方知道或者应当知道该欺诈行为的，受欺诈方有权请求人民法院或者仲裁机构予以撤销。

第一百五十条 一方或者第三人以胁迫手段，使对方在违背真实意思的情况下实施的民事法律行为，受胁迫方有权请求人民法院或者仲裁机构予以撤销。

第一百五十一条 一方利用对方处于危困状态、缺乏判断能力等情形，致使民事法律行为成立时显失公平的，受损害方有权请求人民法院或者仲裁机构予以撤销。

第一百五十二条 有下列情形之一的，撤销权消灭：

（一）当事人自知道或者应当知道撤销事由之日起一年内、重大误解的当事人自知道或者应当知道撤销事由之日起三个月内没有行使撤销权；

（二）当事人受胁迫，自胁迫行为终止之日起一年内没有行使撤销权；

（三）当事人知道撤销事由后明确表示或者以自己的行为表明放弃撤销权。

当事人自民事法律行为发生之日起五年内没有行使撤销权的，撤销权消灭。

第一百五十三条 违反法律、行政法规的强制性规定的民事法律行为无效，但是该强制性规定不导致该民事法律行为无效的除外。

违背公序良俗的民事法律行为无效。

第一百五十四条 行为人与相对人恶意串通，损害他人合法权益的民事法律行为无效。

第一百五十五条 无效的或者被撤销的民事法律行为自始没有法律约束力。

第一百五十六条 民事法律行为部分无效，不影响其他部分效力的，其他部分仍然有效。

第一百五十七条 民事法律行为无效、被撤销或者确定不发生效力后，行为人因该行为取得的财产，应当予以返还；不能返还或者没有必要返还的，应当折价补偿。有过错的一方应当赔偿对方由此所受到的损失；各方都有过错的，应当各自承担相应的责任。法律另有规定的，依照其规定。

第四节 民事法律行为的附条件和附期限

第一百五十八条 民事法律行为可以附条件，但是按照其性质不得附条件的除外。

附生效条件的民事法律行为，自条件成就时生效。附解除条件的民事法律行为，自条件成就时失效。

第一百五十九条 附条件的民事法律行为，当事人为自己的利益不正当地阻止条件成就的，视为条件已成就；不正当地促成条件成就的，视为条件不成就。

第一百六十条 民事法律行为可以附期限，但是按照其性质不得附期限的除外。附生效期限的民事法律行为，自期限届至时生效。附终止期限的民事法律行为，自期限届满时失效。

第七章 代　　理

第一节 一般规定

第一百六十一条 民事主体可以通过代理人实施民事法律行为。

依照法律规定、当事人约定或者民事法律行为的性质，应当由本人亲自实施的民事法律行为，不得代理。

第一百六十二条 代理人在代理权限内，以被代理人名义实施的民事法律行为，对被代理人发生效力。

第一百六十三条 代理包括委托代理和法定代理。

委托代理人按照被代理人的委托行使代理权。法定代理人依照法律的规定行使代理权。

第一百六十四条 代理人不履行或者不完全履行职责，造成被代理人损害的，应当承担民事责任。

代理人和相对人恶意串通，损害被代理人合法权益的，代理人和相对人应当承担连带责任。

第二节 委托代理

第一百六十五条 委托代理授权采用书面形式的，授权委托书应当载明代理人的姓名或者名称、代理事项、权限和期间，并由被代理人签名或者盖章。

第一百六十六条 数人为同一代理事项的代理人的，应当共同行使代理权，但是当事人另有约定的除外。

第一百六十七条 代理人知道或者应当知道代理事项违法仍然实施代理行为，或者被代理人知道或者应当知道代理人的代理行为违法未作反对表示的，被代理人和代理人应当承担连带责任。

第一百六十八条 代理人不得以被代理人的名义与自己实施民事法律行为，但是被代理人同意或者追认的除外。

代理人不得以被代理人的名义与自己同时代理的其他人实施民事法律行为，但是被代理的双方同意或者追认的除外。

第一百六十九条 代理人需要转委托第三人代理的，应当取得被代理人的同意或者追认。

转委托代理经被代理人同意或者追认的，被代理人可以就代理事务直接指示转委托的第三人，代理人仅就第三人的选任以及对第三人的指示承担责任。

转委托代理未经被代理人同意或者追认的，代理人应当对转委托的第三人的行为承担责任，但是在紧急情况下代理人为了维护被代理人的利益需要转委托第三人代理的除外。

第一百七十条 执行法人或者非法人组织工作任务的人员，就其职权范围内的事项，以法人或者非法人组织的名义实施民事法律行为，对法人或者非法人组织发生效力。

法人或者非法人组织对执行其工作任务的人员职权范围的限制，不得对抗善意相对人。

第一百七十一条 行为人没有代理权、超越代理权或者代理权终止后，仍然实施代理行为，未经被代理人追认的，对被代理人不发生效力。

相对人可以催告被代理人自收到通知之日起一个月内予以追认。被代理人未作表示的，视为拒绝追认。行为人实施的行为被追认前，善意相对人有撤销的权利。撤销应当以通知的方式作出。

行为人实施的行为未被追认的，善意相对人有权请求行为人履行债务或者就其受到的损害请求行为人赔偿，但是赔偿的范围不得超过被代理人追认时相对人所能获得的利益。

相对人知道或者应当知道行为人无权代理的，相对人和行为人按照各自的过错承担责任。

第一百七十二条 行为人没有代理权、超越代理权或者代理权终止后，仍然实施代理行为，相对人有理由相信行为人有代理权的，代理行为有效。

第三节 代理终止

第一百七十三条 有下列情形之一的，委托代理终止：

（一）代理期间届满或者代理事务完成；

（二）被代理人取消委托或者代理人辞去委托；

（三）代理人丧失民事行为能力；

（四）代理人或者被代理人死亡；

（五）作为代理人或者被代理人的法人、非法人组织终止。

第一百七十四条 被代理人死亡后，有下列情形之一的，委托代理人实施的代理行为有效：

（一）代理人不知道并且不应当知道被代理人死亡；

（二）被代理人的继承人予以承认；

（三）授权中明确代理权在代理事务完成时终止；

（四）被代理人死亡前已经实施，为了被代理人的继承人的利益继续代理。

作为被代理人的法人、非法人组织终止的，参照适用前款规定。

第一百七十五条 有下列情形之一的，法定代理终止：

（一）被代理人取得或者恢复完全民事行为能力；

（二）代理人丧失民事行为能力；

（三）代理人或者被代理人死亡；

（四）法律规定的其他情形。

第八章 民事责任

第一百七十六条 民事主体依照法律规定和当事人约定，履行民事义务，承担民事责任。

第一百七十七条 二人以上依法承担按份责任，能够确定责任大小的，各自承担相应的责任；难以确定责任大小的，平均承担责任。

第一百七十八条 二人以上依法承担连带责任的，权利人有权请求部分或者全部连带责任人承担责任。

连带责任人的责任份额根据各自责任大小确定；难以确定责任大小的，平均承担责任。实际承担责任超过自己责任份额的连带责任人，有权向其他连带责任人追偿。

连带责任，由法律规定或者当事人约定。

第一百七十九条 承担民事责任的方式主要有：

（一）停止侵害；

（二）排除妨碍；

（三）消除危险；

（四）返还财产；

（五）恢复原状；

（六）修理、重作、更换；

（七）继续履行；

（八）赔偿损失；

（九）支付违约金；

（十）消除影响、恢复名誉；

（十一）赔礼道歉。

法律规定惩罚性赔偿的，依照其规定。

本条规定的承担民事责任的方式，可以单独适用，也可以合并适用。

第一百八十条 因不可抗力不能履行民事义务的，不承担民事责任。法律另有规定的，依照其规定。

不可抗力是指不能预见、不能避免且不能克服的客观情况。

第一百八十一条 因正当防卫造成损害的，不承担民事责任。

正当防卫超过必要的限度，造成不应有的损害的，正当防卫人应当承担适当的民事责任。

第一百八十二条 因紧急避险造成损害的，由引起险情发生的人承担民事责任。

危险由自然原因引起的，紧急避险人不承担民事责任，可以给予适当补偿。

紧急避险采取措施不当或者超过必要的限度，造成不应有的损害的，紧急避险人应当承担适当的民事责任。

第一百八十三条 因保护他人民事权益使自己受到损害的，由侵权人承担民事责任，受益人可以给予适当补偿。没有侵权人、侵权人逃逸或者无力承担民事责任，受害人请求补偿的，受益人应当给予适当补偿。

第一百八十四条 因自愿实施紧急救助行为造成受助人损害的，救助人不承担民事责任。

第一百八十五条 侵害英雄烈士等的姓名、肖像、名誉、荣誉，损害社会公共利益的，应当承担民事责任。

第一百八十六条 因当事人一方的违约行为，损害对方人身权益、财产权益的，受损害方有权选择请求其承担违约责任或者侵权责任。

第一百八十七条 民事主体因同一行为应当承担民事责任、行政责任和刑事责任的，承担行政责任或者刑事责任不影响承担民事责任；民事主体的财产不足以支付的，优先用于承担民事责任。

第九章 诉讼时效

第一百八十八条 向人民法院请求保护民事权利的诉讼时效期间为三年。法律另有规定的，依照其规定。

诉讼时效期间自权利人知道或者应当知道权利受到损害以及义务人之日起计算。法律另有规定的，依照其规定。但是自权利受到损害之日起超过二十年的，人民法院不予保护；有特殊情况的，人民法院可以根据权利人的申请决定延长。

第一百八十九条 当事人约定同一债务分期履行的，诉讼时效期间自最后一期履行期限届满之日起计算。

第一百九十条 无民事行为能力人或者限制民事行为能力人对其法定代理人的请求权的诉讼时效期间，自该法定代理终止之日起计算。

第一百九十一条 未成年人遭受性侵害的损害赔偿请求权的诉讼时效期间，自受害人年满十八周岁之日起计算。

第一百九十二条 诉讼时效期间届满的，义务人可以提出不履行义务的抗辩。

诉讼时效期间届满后，义务人同意履行的，不得以诉讼时效期间届满为由抗辩；义务人已自愿履行的，不得请求返还。

第一百九十三条 人民法院不得主动适用诉讼时效的规定。

第一百九十四条 在诉讼时效期间的最后六个月内，因下列障碍，不能行使请求权的，诉讼时效中止：

（一）不可抗力；

（二）无民事行为能力人或者限制民事行为能力人没有法定代理人，或者法定代理人死亡、丧失民事行为能力、丧失代理权；

（三）继承开始后未确定继承人或者遗产管理人；

（四）权利人被义务人或者其他人控制；

（五）其他导致权利人不能行使请求权的障碍。

自中止时效的原因消除之日起满六个月，诉讼时效期间届满。

第一百九十五条 有下列情形之一的，诉讼时效中断，从中断、有关程序终结时起，诉讼时效期间重新计算：

（一）权利人向义务人提出履行请求；

（二）义务人同意履行义务；

（三）权利人提起诉讼或者申请仲裁；

（四）与提起诉讼或者申请仲裁具有同等效力的其他情形。

第一百九十六条 下列请求权不适用诉讼时效的规定：

（一）请求停止侵害、排除妨碍、消除危险；

（二）不动产物权和登记的动产物权的权利人请求返还财产；

（三）请求支付抚养费、赡养费或者扶养费；

（四）依法不适用诉讼时效的其他请求权。

第一百九十七条 诉讼时效的期间、计算方法以及中止、中断的事由由法律规定，当事人约定无效。

当事人对诉讼时效利益的预先放弃无效。

第一百九十八条 法律对仲裁时效有规定的，依照其规定；没有规定的，适用诉讼时效的规定。

第一百九十九条 法律规定或者当事人约定的撤销权、解除权等权利的存续期间，除法律另有规定外，自权利人知道或者应当知道权利产生之日起计算，不适用有关诉讼时效中止、中断和延长的规定。存续期间届满，撤销权、解除权等权利消灭。

第十章　期间计算

第二百条　民法所称的期间按照公历年、月、日、小时计算。

第二百零一条　按照年、月、日计算期间的，开始的当日不计入，自下一日开始计算。

按照小时计算期间的，自法律规定或者当事人约定的时间开始计算。

第二百零二条　按照年、月计算期间的，到期月的对应日为期间的最后一日；没有对应日的，月末日为期间的最后一日。

第二百零三条　期间的最后一日是法定休假日的，以法定休假日结束的次日为期间的最后一日。

期间的最后一日的截止时间为二十四时；有业务时间的，停止业务活动的时间为截止时间。

第二百零四条　期间的计算方法依照本法的规定，但是法律另有规定或者当事人另有约定的除外。

第十一章　附　　则

第二百零五条　民法所称的“以上”“以下”“以内”“届满”，包括本数；所称的“不满”“超过”“以外”，不包括本数。

第二百零六条　本法自 2017 年 10 月 1 日起施行。